Palucca – Die Biografie

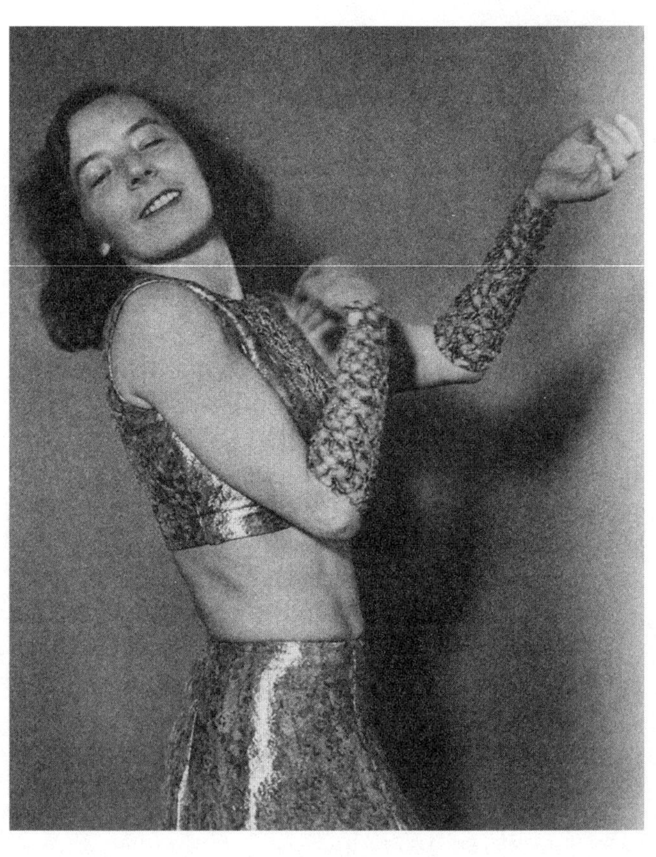

Susanne Beyer

Palucca
Die Biografie

AvivA

Für Lelia

Inhaltsverzeichnis

Ein deutsches Jahrhundertleben – Vorwort

Eine Frau auf der Bühne der Dresdner Semperoper, in einem eng anliegenden Kleid aus mokkabrauner, schimmernder Seide. Das Kleid betonte den schmalen Körper und die stolze Haltung der Frau, es knitterte leicht, wenn sie sich verbeugte und den rechten Arm hob, um ins Publikum zu winken. Die Frau lächelte scheu, blickte auf die vollen Ränge, drehte sich um, da standen ihre besten Schüler hinter ihr, wie eine Mauer, als wollten sie sie schützen. Die Schüler überragten die 1,58 Meter große Frau, die ein Leben lang wie ein Kobold genannt wurde: »Palucca« oder von Freunden »Puck« oder »geliebte Palikke-Palukke«.

Doch »Palucca« war ein großer Name. Keine deutsche Tänzerin war je so beliebt wie sie. Sie galt als eine Erfinderin des modernen Tanzes. Und sie hatte ihre vielen Bewunderer in ganz Deutschland durch die Wechselfälle des 20. Jahrhunderts begleitet. Palucca war immer da, auch wenn sich politisch, gesellschaftlich und kulturell in Deutschland alles geändert hatte. Sie war eine Symbolfigur des Jahrhunderts, die Einfluss hatte – sie war die machtvollste Tänzerin, die es hierzulande je gab.

In der Semperoper wurde sie gefeiert wie ein Weltstar, alle waren gekommen, an diesem 8. Januar 1987, um sie zu ehren an ihrem 85. Geburtstag. In der Dresdner Oper war sie als junges Mädchen in den zwanziger Jahren aufgetreten, da lernte sie gerade den Ausdruckstanz bei der legendären Mary Wigman.

Später füllte sie alleine die großen Bühnenhäuser des Landes, brauchte dafür kein Ensemble, keinen Regisseur und keine Lehrerin mehr, sondern dachte sich ihre Tänze selbst aus: »Serenata«, ein Tanz wie ein Liebeslied, tastend, suchend, schwebend, mit weichen Gelenken, kreisenden Hüften, eine Hommage vielleicht an ihre Vorfahren, die aus dem Orient gekommen waren. Oder ihren »Rosenkavalierwalzer«, den sie so hart und verzerrt tanzte, mit Ecken, Kanten und Winkeln, als wollte sie sich lustig machen über die Walzerseligkeit der wilhelminischen Epoche, in der sie aufgewachsen war. Palucca tanzte geometrische Formen, wurde zum Halbkreis, zur Linie. Sie tanzte mit dem Raum um sich herum und der Raum mit ihr, sie machte ihn weiter und enger, stieß ihn weg und holte ihn zu sich heran. Der Raum war ihr Geliebter, ihr Partner, ihr Gegner, ihr Feind.

So hatte Palucca Erfolg, jahrzehntelang und überall: in Berlin, München, Hamburg, in Breslau und in Paris. Und wenn die Leute aus ihren Vorstellungen kamen, dann tanzten sie auf der Straße selber weiter, gelöst und beschwingt, denn Paluccas unbändige Lust an der Bewegung war ansteckend. Sie besaß, so schrieben Kritiker, »die Gabe des Frohmachens«. »Wenn man sie sieht, sagt man nicht: Wie herrlich ist die Palucca, sondern wie herrlich ist das Leben!«[1]

Palucca – geboren im Jahre 1902 – gehörte zur ersten Generation Frauen, die sportlich sein wollten, athletisch. Und wenn die Leute heute ihr Bewusstsein für den Körper schulen, für die Atmung und das Spiel der Muskeln, dann ist das auch Paluccas Vermächtnis. Rudolf von Arnheim, der große Kulturpsychologe des 20. Jahrhunderts, hat das Geheimnis von Paluccas Karriere mit einem einzigen Satz beschrieben: »Sie nahm, was die Welt ihr gab«. Heute lässt sich sagen, dass der Arnheimsche Satz auch umgekehrt gilt: Die Welt nahm, was Palucca ihr gab.

An ihrem 85. Geburtstag in der Semperoper in Dresden war sie längst zur Ikone ihrer Kunst geworden, zur Ikone der Stadt, in der sie lebte und an der sie vielleicht mehr hing als an allem anderen. Sie hatte mit dafür gesorgt, dass Dresden in den zwanziger Jahren ins Zentrum der künstlerischen Moderne rückte: Damals wurde sie von Wassily Kandinsky und Ernst Ludwig Kirchner gemalt. Künstler wie Paul Klee, Otto Dix, Alexej von Jawlensky und László Moholy-Nagy besuchten sie in ihrem Haus, in dem sie gemeinsam mit ihrem Ehemann, dem einflussreichen, charmanten und großzügigen Kunstmäzen Friedrich Bienert, lebte. Palucca und Bienert sind die Personifizierung der glamourösen, der Goldenen Zwanziger Jahre in Dresden gewesen, und Palucca ist der Stadt treu geblieben, hat hier ihre renommierte Tanzschule gegründet, ist zur Dresdner Institution geworden, genauso wie die Semperoper, auf deren Bühne sie nun, 1987, stand: Applaus von allen Rängen, für ihr Lebenswerk, auch für ihre Treue.

Fünf Jahre später, 8. Januar 1992: Wieder Dresden, Paluccas 90. Geburtstag. Wieder hätte sie die Semperoper haben können für eine große Feier. Doch sie wollte sich nicht feiern lassen, zog sich in ihr Haus zurück, in die Wiener Straße. Im Wohnzimmer im Erdgeschoss standen Sektgläser und belegte Brote, Journalisten von der »Bild«-Zeitung warteten auf Palucca, wollten sie sprechen. Die westdeutschen Medien hatten sie schnell als ostdeutschen Superstar entdeckt, als jemanden, der so prototypisch für das gesamte Jahrhundert stand, dass sie auch exemplarisch für das gesamte Deutschland – für den Osten und den Westen – stehen konnte. Doch Palucca verschanzte sich in ihrem Zimmer im ersten Stock und kam nicht herunter. Seit gut zwei Jahren hatte sie sich kaum mehr gerührt, hatte sich seit dem Mauerfall zurückgezogen. Briefe, in denen Freunde oder Bekannte leidenschaftlich die politische Lage kommentierten und fragten, was denn Paluccas Meinung dazu sei, ließ sie von ihrer Privatsekretärin beantworten, auf immer gleiche Weise: Sie fühle sich nicht gut, viele Grüße.

Palucca hatte erfahren, dass sie von engen Vertrauten bespitzelt worden war, aber auch anderes, was sie jetzt jeden Tag auf den Straßen sah, passte ihr nicht. Grellbunte Werbeflächen und Wahlplakate westdeutscher Parteien inmitten einer grauen Steinwüste – falsche Farben, falsche Töne, da war Palucca empfindlich. »Das sind Dinge, die nicht gehen«, sagte sie.

Die Wende in die neue Bundesrepublik vollzog sie nur widerwillig, denn sie hatte zu viele Wenden im 20. Jahrhundert mitgemacht: Sie wurde in die Kaiserzeit hineingeboren und fiel als wildes Naturkind auf. Sie geriet in die Wirren der Revolution nach dem Ersten Weltkrieg und stolzierte mit Bubikopf und kurzem Rock als »Neue Frau« durch die Weimarer Republik. Sie war in der Nazi-Zeit die von Goebbels geförderte »deutscheste Tänzerin«, wurde dann aber nach einem jubelumtosten Auftritt bei der Olympiade 1936 in Berlin von NS-Führern plötzlich degradiert, durfte nur noch mit einer Sondergenehmigung auftreten, denn nun galt sie als so genannte Halbjüdin. Hitler persönlich entschied über den »Fall Palucca«. Sie irrte durch die Dresdner Bombenangriffe vom Februar 1945, verlor ihre Wohnung, ihre Bilder, ihre Bücher und viele ihrer Briefe. Nur wenige Tage nach dem Sieg der Alliierten über die Deutschen wurde sie zur Trümmerfrau des Tanzes, sorgte dafür, dass das deutsche Kulturleben erstaunlich schnell wieder aufblühte. Sie war eine bewunderte Weltenwandlerin zwischen Ost und West, so lange die Teilung währte, tat sie das Ihrige dafür, dass der Kontakt zwischen den beiden deutschen Staaten nicht abriss. Deswegen wurde sie in der DDR von eifrigen Agenten belauert. Als letzte der unzähligen Auszeichnungen ihres Lebens aber nahm sie im wiedervereinigten Deutschland das Bundesverdienstkreuz entgegen.

Es war typisch für sie, wie sie ihre letzten beiden großen Geburtstage – ihren 85. und ihren 90. – begangen hat. Das eine Mal war sie der Mittelpunkt eines Bühnenhauses gewesen, das andere Mal war sie auf andere Weise ebenfalls zum Mittelpunkt des Interesses geworden: und zwar durch einen wohlkalkulierten Rückzug. Sich zeigen und dann wieder verschließen, sich annähern und wieder auf Distanz gehen, die Erregung des Publikums anheizen und gleichzeitig abwehren – nach diesem Prinzip hat Palucca gelebt, auf diese Weise hat sie das Interesse an sich wachgehalten, so dass sie am Ende als eine der wenigen Frauen des 20. Jahrhunderts auf ein siebzigjähriges öffentliches, sehr erfolgreiches Berufsleben als Künstlerin zurückschauen konnte.

Palucca starb 1993. Warum hatte sie sich in den letzten Jahren ihres Lebens, in den Jahren nach dem Mauerfall, zurückgezogen? Sorgte sie sich um ihren Ruf in der Nachwelt? Hatte sie Angst, wie sie – die bisher unantastbar gewesen war – nun von den Jüngeren bewertet werden würde?

Sie wird geahnt haben, dass ihre Entscheidung, in der DDR zu leben, dort alle erdenklichen Privilegien beanspruchen zu wollen und sich damit weit abzuheben vom Alltag der meisten DDR-Bürger, nun, da die Vertreter der alten Bundesrepublik die Deutungshoheit über die neueste Geschichte für sich beanspruchten, kritisch gesehen werden würde – kritisch gesehen werden musste. Dass es überhaupt um ihre erstaunliche politische Anpassungsfähigkeit würde gehen müssen, – ausgerechnet sie, die sich so viele Freiheiten genommen hatte, die bereit gewesen war, mit Konventionen zu brechen, künstlerischen Konventionen sowieso, aber auch mit gesellschaftlichen: die mit verschiedenen Männern gelebt hatte und auch mit Frauen – ausgerechnet Palucca war eine Repräsentantin nicht nur freizügiger, sondern auch repressiver Systeme geworden.

Warum? Sie war »ganz gut durchgekommen« durch die Himmel- und Höllenfahrt des 20. Jahrhunderts, das gab sie selber zu. Aber wie ging das, das »Gut-Durchkommen«? Was war der Preis? Es sind Fragen, die mitten hineinführen in die Bruchstellen deutscher Geschichte – es sind sehr deutsche Fragen.

Gret Palucca war, so schrieb ihr Geliebter, der bedeutende Kunstförderer Will Grohmann, ein »hundertprozentiger Mensch«, »dem nichts Menschliches fremd ist, ein stolzer Mensch, der mit niemandem tauschen würde, ein totaler Mensch, der immer derselbe ist und jedesmal ein anderer.«[2]

Fotos gibt es von Palucca hunderte. Sie drückte sich in ihrem Tanz aus, aber eben auch auf Fotos, posierte schon als Baby und ließ sich auch noch als Neunzigjährige gerne porträtieren. Doch etwas ist seltsam mit diesen Fotos: Es ist kaum möglich, die Spuren der Zeit darauf zu finden.

Palucca hat die entscheidenden Phasen des 20. Jahrhunderts mitgemacht, sie hat die Zeit genutzt und alles, was sie ihr bieten konnte. Und doch ist genau das ihr nicht anzusehen. Frisur und Kleidung, Ausdruck und Blick, da ändert sich ein Leben lang kaum etwas. Weil die Moden ihr nie etwas anhaben konnten, wirkt sie immer sagenhaft modern. Ihre wehenden halblangen Haare, ihr sehniger Körper, ihr üppiger Busen, viel nackte Haut und darüber irgendein unauffälliges Oberteil, irgendeine Hose – das Foto könnte eben erst, im gerade vergangenen Moment aufgenommen worden sein.

Palucca hat sich gern allein fotografieren lassen und in der Natur. Aber wie soll man dem Strand, dem Felsen, dem Strauch, der zufällig neben ihr steht, schon anmerken, in welchem Jahr er dort steht? Da helfen dann nur die blassen Bleistiftnotizen auf den Rückseiten der Fotos in Paluccas Schönschrift: »Sylt 1935«, »Hiddensee 1956/57«.

Und wenn solche Hinweise fehlen, gibt manchmal ein Grammophon im Hintergrund einen Anhaltspunkt – oder die Personen, die neben ihr zu sehen sind. Ihre Mutter mit ernstem und verschwommenem Blick. Ihr Bruder, der sich eng an sie herandrängt. Ihr Ehemann Friedrich Bienert, der sie ganz genau mustert und dabei skeptisch seine Nase kräuselt. Ihr Liebhaber Will Grohmann, der auf Sylt akkurat in

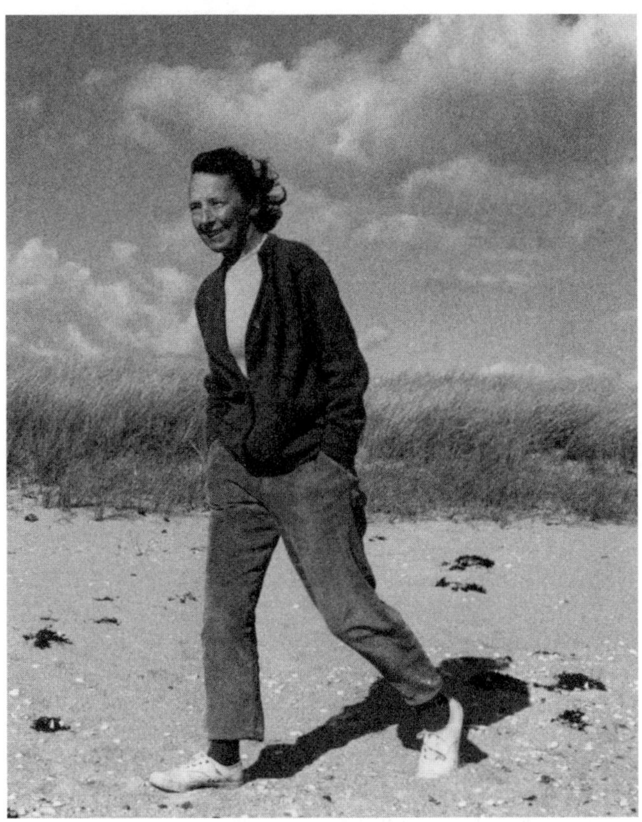

Palucca auf Sylt, 1959

Hemd und Hose neben ihr sitzt, während sie fast nackt und entspannt ihren braunen Körper der Sonne zuwendet. Ihre Lebensgefährtin Marianne Zwingenberger mit Herrenfrisur und Hosenträgern.

Palucca ist über die Leute, die da neben ihr sitzen, stehen oder auch mal liegen, besser zu erkennen, besser einzuordnen in ihr eigenes Leben, das sie so entschlossen gestaltete. Und deswegen soll sie auch in dieser Biografie gemeinsam mit den Menschen, die sie umgaben, betrachtet werden. Bisher ließen die Quellen einen intimeren Blick gar nicht zu, denn Paluccas Privatkorrespondenz war gesperrt. Inzwischen aber ist sie zugänglich, tausende Briefe sind es, die im Archiv der Akademie der Künste in Berlin etliche Regalmeter einnehmen. In den Briefen, die erst ab 1945 einigermaßen vollständig vorliegen, weil vieles aus der Zeit davor im Dresdner Bombeninferno vom 13. Februar 1945 verbrannte, ist Palucca nun endlich im Dialog mit ihren Freunden zu beobachten, mit Bekannten, Verwandten, mit Funktionären, Friseusen und Intendanten.

Palucca bewahrte all diese Briefe auf, denn sie wollte zeigen, dass ihr Leben nicht nur vom Tanz bestimmt war. Sie hatte immer darauf bestanden, dass sich gerade Künstler für den Alltag begeistern müssten: für Farben und Formen, für die Natur, fürs Wetter, fürs Reisen. »Es soll nichts Unwesentliches geben«, so sagte sie, »der Mensch und der Künstler müssen Hand in Hand gehen«.[3] Eine ihrer besten Schülerinnen, die bekannte Regisseurin Ruth Berghaus, sagte über sie: »Tanzen ohne an Lebensformen zu denken, hielt sie für unkünstlerisch. Tanz zu unterrichten, ohne das tägliche Mittagessen zu bestimmen, für sinnlos«.[4]

Aus den herzergreifenden und sachlichen, barschen und liebevollen Briefen ihres Nachlasses lässt sich viel herauslesen. Zurückgeholt in ihre Zeit und in ihr Umfeld bekommt Palucca Konturen: Das Prinzip Palucca wird sichtbar.

Paluccas Prägungen in der Kaiserzeit

»Hüte Dich« – Die Vorfahren

Die väterlichen Vorfahren, die Palukas, hatten lange im Süden Europas gelebt. Die Familie geht zurück auf Johann Paluka, einen Kaufmann, der am 20. Oktober 1810 in Mazedonien geboren wurde. Im Geburtsjahr des Familiengründers gehörte Mazedonien noch zum Osmanischen Reich. Erst elf Jahre später befreiten sich die Griechen von der Herrschaft des Sultans von Konstantinopel. Johann Paluka hatte einen deutschen Vornamen und gehörte doch der griechisch-orthodoxen Kirche an.[1]
Spätestens 1839 ging er nach Nürnberg, im darauffolgenden Jahr bekam er dort mit der gerade erst 17-jährigen Wilhelmine Luise Baier ein Kind. Das Kind wurde auf den Namen Johann Wilhelm getauft, evangelisch, denn die Mutter war Protestantin. Johann Wilhelm Paluka sollte Paluccas Großvater werden, der bei seinen Nachkommen noch immer bekannt ist für sein ausgeprägtes Selbstbewusstsein: »Der war ein ganz Wilder«.[2]

Als junger Mann ging Johann Wilhelm Paluka wieder aus Nürnberg fort. Wie sein Vater wurde er Kaufmann und machte sich in den Süden Europas auf: nach Konstantinopel. In die Heimat seines Vaters, nach Mazedonien, hätte er kaum gehen können, die Deutschen waren dort nicht beliebt: Der bayerische König, der Wittelsbacher Otto, war 1862, nachdem er dreißig Jahre regiert hatte, aus Griechenland vertrieben worden.

In Konstantinopel aber lebten viele Deutsche. Die Stadt nahm Fremde aus allen möglichen Ländern auf, es gab ein deutsches Krankenhaus, eine deutsche Schule und auch eine deutsche evangelische Gemeinde, zu der Johann Wilhelm Paluka und seine Münchner Frau Rosalie Lagger gehörten.[3] Johann Wilhelm Paluka eröffnete ein eigenes Geschäft, einen »Bazar Allemand«, in dem er deutsche Produkte verkaufte,[4] angeblich handelte er auch mit alkoholfreiem bayerischen Bier.[5] Er wurde mit seinem deutsch-türkischen Handel ein reicher Mann, kaufte sich einen bürgerlichen Palast an der Grand Rue de Pera, an der nördlichen Uferseite des Goldenen Horns. In dieser mondänen Straße lebten die meisten der ausländischen Kaufleute in Konstantinopel. Sie betrieben hier elegante Geschäfte.

Das Haus der Palukas hatte eine Dachterrasse und war umgeben von Palmen und einem Park,[6] es wirkte westlich und großbürgerlich. Wie viele andere Mitteleuropäer, die sich in Konstantinopel niedergelassen hatten, versuchte Johann Wilhelm Paluka, mit seinem Haus eine Nische des Vertrauten in der Fremde einzurichten.

Und so kamen in Konstantinopel Eigenheiten des Orients und Okzidents zusammen. Reiseliteraten berichteten, wie auf den Boulevards die Kutschen entlangrumpelten und auf den krummen, ungepflasterten und schlüpfrigen Gassen verschleierte Frauen in weiten Gewändern vorsichtig einen Fuß vor den anderen setzten. Sie trafen auf Französinnen in langen, aber eng geschnürten Kleidern. Die Türkinnen und die Ausländerinnen schützten sich mit schwarzen Regenschirmen vor der Sonne. Die deutschen und französischen Männer trugen Zylinder, die Türken Feze oder Turbane. In den offenen Läden hockten Handwerker bei der Arbeit und unterhielten sich mit Händlern, die ihre Ware auf dem Kopf oder Rücken in großen geflochtenen Körben transportierten. In den Kaffeehäusern saßen Männer auf Bänken, die mit Teppichen bespannt waren, sie schlürften ihren Mokka oder zogen an der Wasserpfeife. Auf den Häuserwänden prangten französische Aufschriften. Und über all dem erhoben sich die Kuppeln der Moscheen mit den bronzenen Halbmonden, die ihre beiden Spitzen dem blauen Himmel und der Sonne entgegenreckten.[7] Die Einheimischen und die Mitteleuropäer, die von den türkischen Zeitgenossen kühl

Franken genannt wurden, hätten unterschiedlicher kaum leben können: Reiche Türken ließen ihre Angestellten im Untergeschoss ihrer Häuser wohnen und lebten selbst in den oberen Stockwerken, bei den reichen Franken war es genau umgekehrt. Die Franken ließen ihre Schuhe in der Kirche an, die Türken zogen ihre in der Moschee aus. Dafür ließen die Türken bei einer Begrüßung ihren Hut auf dem Kopf, die Deutschen und Franzosen nahmen ihn ab. Die Türken schrieben von rechts nach links, sie setzten das Datum ans untere Ende eines Briefes, die Mitteleuropäer schrieben von links nach rechts und setzten das Datum an den Kopf.

So blieb es nicht aus, dass sich die Fremden und die Türken nicht immer verstanden. Die Kinder der Fremden aber, die beide Lebensarten kennen lernten, konnten sehen, dass es verschiedene Varianten gab, durchs Leben zu kommen. Das war für sie Chance und Gefahr zugleich.

Max Paluka, der Vater Gret Paluccas, wurde 1872 wiederum in Konstantinopel geboren. Er wurde von der Wertevielfalt geprägt und nicht wie seine Generationsgenossen in Deutschland vom Werterigorismus der Kaiserzeit. Er sollte ein wagemutiger Mensch werden, aber auch zu viel riskieren.

Max Paluka hatte drei Brüder und fünf Schwestern, von denen zwei allerdings nicht einmal ein Jahr alt wurden. Sie wuchsen in großem Reichtum in Konstantinopel auf: Die Kinder wurden auf Ölbildern porträtiert, in Samtkleidern mit weißem Kragen. Paluccas Großvater Johann Wilhelm Paluka hielt seine Kinder mit seinem Jähzorn in Schach. Er spuckte ihnen ins Essen, wenn sie nicht auf ihn hörten.[8] Einmal war die gesamte Familie am Hofe des Sultans Abdul Hamid II. eingeladen. Das Essen zog sich über unzählige Gänge hin und der Vater verbot den Kindern, irgendetwas davon zu essen, sie sollten warten bis zum Nachtisch. Der kam dann spät und in Gefäßen, die mit Samt ausgeschlagen worden waren: Es war ein Diamant für jeden Gast. Die Kinder waren enttäuscht, weil sie hungrig die Tafel verlassen mussten.[9] Mit Diamanten konnten sie nicht allzu viel anfangen, denn reich waren sie sowieso. Sie sollten vom Vater ein Vermögen erben. Was aber aus dem Vermögen werden würde, diese Frage trieb Johann Wilhelm Paluka um. Er änderte sein Testament wieder und wieder – genauso, wie das seine Enkelin Gret Palucca später tun sollte. Vor allem seinem Erstgeborenen Wilhelm muss der Vater misstraut haben. Er warnte seine Frau so eindringlich vor ihm, dass der Spruch »Hüte Dich vor Willi« über Generationen weitergetragen und der Umgang mit Geld, die Angst vor Verschwendung zu einem ständigen Thema in der Familie wurde.[10]

Der Zweitgeborene Adolf erbte das Unternehmen, führte es erfolgreich bis 1918 weiter, firmierte sogar unter »Bazar Allemand – Konstantinopel, New York«. Auch zum Hof des Sultans hatte Adolf Paluka engen Kontakt. Bei seinen Nachkommen kursiert ein Pergament, das vom Hof ausgestellt worden war und auf dem in goldener Schrift die Verdienste des Deutschen um die Hunde des Sultans gewürdigt wurden: Es war ihm gelungen, die Tiere, wenn sie krank waren, wieder zu kurieren.[11] Die Tierliebe und auch der Respekt vor unternehmerischem Talent sollten ein Leitmotiv in der Familiengeschichte werden. Adolf Paluka war der Einzige, der noch längere Zeit in Konstantinopel blieb. Alle anderen Palukas verließen früher oder später die durch Jungtürkenaufstände und vorrevolutionäre Unruhen unsichere Stadt und zogen in den deutschsprachigen Raum.

Max Paluka – Paluccas Vater – und seinen Geschwistern fiel die Umstellung auf die westlich-mitteleuropäische Welt schwer. Sie gründeten Familien, ließen sich wieder scheiden, zogen hierhin und dorthin.[12] Nur Johann Wilhelm Paluka, Paluccas Großvater, der in Deutschland aufgewachsen war und das Land schon kannte, der nur noch sein Alter hier zu verbringen hatte, kam in seiner vertrauten Heimat gut zurecht.[13]

Dass die Familie aus einem anderen Land gekommen war, dass sie reich gewesen war, privilegiert, sich aber der großbürgerliche Anspruch nach der Rückkehr nach Deutschland nicht halten ließ, ist das, wovon die Nachkommen noch lange berichteten.[14] Auch Palucca fühlte sich oft wie eine Fremde. Ihr enger Freund und langjähriger Liebhaber Will Grohmann schrieb in den dreißiger Jahren in einem Porträt über seine Freundin, dass Deutschland Paluccas »Wahlheimat« war. Sie sei von weit her gekommen, »fremdes Blut« fließe in ihren Adern, aber in Deutschland wolle sie bleiben.[15]

»Vergessenes und Verdrängtes steigt heute noch aus der Tiefe des Unbewußten«[16], sollte Grohmann über Palucca schreiben. Und: »Das Vorher und Nachher ist da, diese Kräfte gehen durch sie hindurch und entrücken sie für ganze Tage«.[17]

»Vergiß mich nicht« – Die Eltern

Max Paluka und Rosa Merfeld waren die Eltern von Gret Palucca. Max Paluka wurde in Deutschland Kaufmann und Apotheker.[1]

Rosa Merfeld wurde 1880 geboren[2] und stammte aus einem jüdischen Elternhaus. Ihr Vater aber, Karl Kohn, der auch Kaufmann gewesen war und sich ebenfalls auf Vorfahren in Konstantinopel berief, der aus dem ungarischen Burgenland über Wien nach Nürnberg gekommen war – dieser Karl Kohn hatte beschlossen, die Spuren jüdischer Herkunft zu verwischen. Er legte 1884 seinen unverkennbar jüdischen Nachnamen ab und nahm den Namen seiner Frau an. Seine Kinder und er hießen nun Merfeld. Noch bevor er 1891 an den Folgen einer Entzündung des Fußballens starb, soll er prophezeit haben, dass es den Juden in Deutschland sehr bald schlecht ergehen würde. Tatsächlich war der Kohn-Merfeldsche Zweig der Einzige innerhalb der Großfamilie, der den Holocaust im 20. Jahrhundert überlebte.[3]

Auch die Merfelds waren Juden, wohlhabende Tuchfabrikanten aus Bielefeld.

Somit waren es zwei Großbürgerkinder, die am 22. Januar 1901 heirateten. Beide wussten, was es hieß, Außenseiter zu sein: Max Paluka, der 28-jährige Bräutigam aus dem Ausland, und Rosa Merfeld, die 20-jährige jüdische Braut.

Max Paluka war klein und kräftig und sah südländisch aus, hatte dunkle Haare und braune Augen. Seine Oberlippe war stark geschwungen und er lächelte freundlich. Seine junge, stattliche, ebenfalls brünette Frau sah man auf Fotos kaum lächeln. Sie war anspruchsvoll und labil.

Max Paluka und Rosa Merfeld lebten zusammen in München, einer Stadt, die der Schriftsteller Thomas Mann im Jahr ihrer Hochzeit halb schwärmerisch, halb ironisch als »schön und gemächlich« beschrieb: Die Leute bewegten sich, so sah es der Literat, mit »hastlosem Schlendern«, waren von

»Erwerbsgier nicht gerade gehetzt«. Über den »festlichen Plätzen und weißen Säulentempeln«, den »antikisierenden Monumenten und Barockkirchen« spannte sich »strahlend ein Himmel von blauer Seide«: »München leuchtete«.[4]

Um die Jahrhundertwende kamen viele Künstler in die Stadt und verunsicherten die alteingesessenen bayerischen Bürger. Und so konnte ein Schriftsteller wie Thomas Mann hier in München sein Lebensthema finden, über den kaum zu überwindenden Gegensatz zwischen Bürgertum und Künstlertum schreiben. Der Künstler, den Thomas Mann in seinen Erzählungen und Romanen beschrieb, stammte aus bürgerlichem Milieu und suchte ein bürgerliches Publikum, scheiterte aber im Leben und in der Kunst an bürgerlichen Normen.[5]

Die Konflikte, die Thomas Mann beschrieb, trieben auch die Palukas um. Das junge Paar versuchte, in München Familientraditionen fortzusetzen und ein bürgerliches Leben zu führen, doch gerade Rosa Paluka fühlte sich auch von Künstlern angezogen. Tagsüber ging sie in Cafés und abends ins Theater, ständig war sie unterwegs, wie auf der Suche und sie suchte auch: Schauspielerin wollte sie werden, doch sie wusste nicht, wie man das machte, einen Beruf erlernen. Sie litt unter dem unerfüllten Wunsch und lenkte sich nur noch mehr ab.[6]

Die Palukas lebten in einem Innenstadtviertel, das nicht als reines Künstlerviertel galt, sondern auch von wohlhabenden Bürgern bewohnt war: im Lehel, in der Nähe der Isar, wo überall die Münchner Aufbruchstimmung spürbar war und wo zahlreiche Bürgerhäuser im Jugendstil entstanden. In der Bruderstraße standen imposante, mehrgeschossige Häuser nah aneinander und zum Englischen Garten waren es nur ein paar Schritte.

Mit dem Geld seines Vaters hatte Max Paluka zusammen mit einem Schwager einen Parfümerie- und Toilettenwarenhandel in der Innenstadt eröffnet, in bester Lage, ganz in der

Nähe vom Marienplatz, gleich hinter dem neuen, kräftig verzierten, neogotischen Rathaus. Die Kunden der Kaiserzeit hatten einen überfeinerten, pompösen Geschmack und schätzten Parfümerie- und Toilettenwaren sehr, kauften Schnurrbartbinden, Duftwasser und Hutnadeln. Die Schwabinger Künstler jedoch, die ständig an Max Palukas Geschäft vorbeimussten, wenn sie von der Innenstadt in ihr Viertel wollten, hatten beschlossen, den Kult um Äußerlichkeiten zu verachten. Ein Maler wie Paul Klee, der später mit Palucca befreundet war, lebte Anfang des Jahrhunderts in Schwabing und übte sich an Spottbildern über Kaiser Wilhelm II. und Kaiser Franz Joseph I. Klee zeigte die Monarchen nackt, ohne jede Herrschaftsinsignien.[7] Klee – Künstler aus bürgerlichem Milieu und damit genau jener Typus, den Thomas Mann beschrieb – ließ sich vom gerade erwachenden Körperkult anstecken, von einer neuen Natürlichkeit. Er besuchte Tanzveranstaltungen und Varietés und spürte beim Anblick der Tänzerinnen einen »unheimlich unbewußten Genuß«.[8]

So wurde Palucca mit ihrem Geburtsort München, mit den beruflichen und privaten Interessen ihrer Eltern, hineingeboren in die Spannungen zwischen Bürgertum und Künstlertum, zwischen der Lust an Repräsentation und dem Bedürfnis nach einem Körperbewusstsein fernab von Korsetts, von langen Röcken und gezwirbelten Schnurrbärten.

Am 8. Januar 1902 wurde Palucca geboren. Es zeigte sich bald, dass sie das südländische Aussehen ihres Vaters geerbt hatte, seine braunen Augen und eine Haut, die schnell bräunte, sich intensiv goldbraun färbte und anfing zu leuchten, sobald sie erhitzt war. Sie wurde getauft auf den Namen Margarethe Paluka und von den Eltern mit den üblichen Abkürzungen gerufen: Gret und Gretl – Namen, die an Goethes blonde, liebliche und urdeutsche Mädchenfigur Gretchen aus dem »Faust« erinnerten und zur Tochter der Palukas

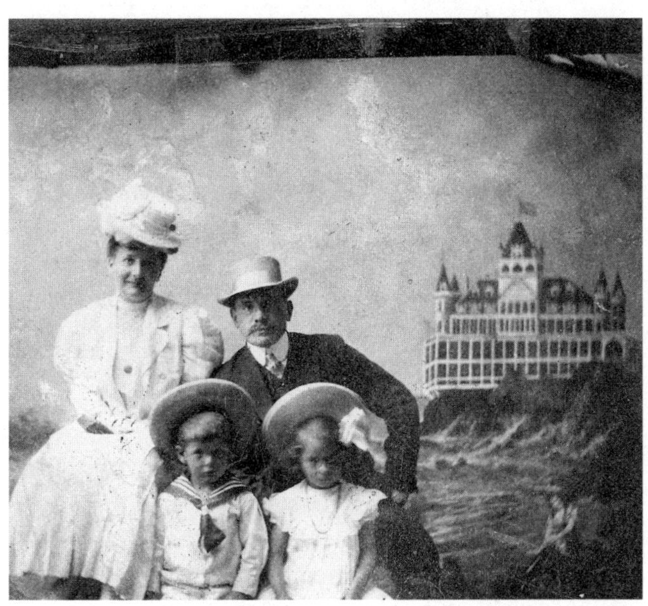

Rosa und Max Paluka mit Hans und Gret, um 1908

nicht passten. Als Erwachsene hörte sie weder auf Margarethe noch auf Gret und Gretl, sondern verzichtete ganz auf ihren Vornamen: Es blieb »Palucca«.

Schon zwei Monate nach Grets Geburt war die Mutter wieder schwanger. Grets Bruder Hans wurde im Dezember desselben Jahres geboren. Sie waren schnell aufeinander gefolgt, später, im Alter, sollte Palucca manchmal erzählen, sie sei ein Zwilling gewesen.[9] Gret und Hans hießen wie das einsame Geschwisterpaar Hänsel und Gretl aus Grimms Märchen. Sie hingen sehr aneinander und waren sich die wichtigsten Spielgefährten. Der scheue Junge war der Mutter jedoch näher als das aufgeweckte Mädchen.[10]

Das Familienleben spielte sich nicht gut ein. Max Paluka hatte Schulden machen müssen, um sein Geschäft zu finanzieren, die hohe Ladenmiete zu bezahlen, die Ware, die er verkaufen wollte, anzukaufen, doch er kam nicht dazu, die Schulden abzubezahlen, sondern musste immer neue aufnehmen. Das Geld, das er einnahm, war meist schon ausgegeben, bevor der Monat zu Ende war – Rosa Paluka kaufte rauschhaft ein, Kleider, Hüte, Schirme, sie konnte nicht umgehen mit Geld und wollte als Frau eines Geschäftsmannes und Tochter aus wohlhabendem Haus so viel ausgeben, wie es ihr gefiel. Immer wieder stritten Max und Rosa Paluka über Geld, es gab Vorwürfe, hin und her: Er nehme zu wenig ein, sie gebe zu viel aus – sie konnten sich nicht einigen. Doch sie stritten auch um die Kinder. Rosa Paluka war noch jung und konnte sich schwer auf die Erziehung konzentrieren, zwei Kinder so schnell hintereinander, zwei Kinder, die gleichzeitig die Treppen hochgetragen oder gefüttert werden wollten, das war anstrengend. Rosa Paluka ließ die Kinder immer öfter bei den Großmüttern, die beide in München lebten und gerne halfen, die aber an Rosa Palukas Umtriebigkeit auch verzweifelten.

Rosas Mutter, Mathilde Merfeld, hatte zuhause ein Klavier stehen und spielte viel, wenn die Kinder da waren. Gret begann, zu den Klängen zu wippen, sich zu drehen und in die Hände zu klatschen. Sie lernte früh, ihren Charme einzusetzen. »Ich war als ganz kleine [sic] sehr freundlich, das haben mir meine Verwandten erzählt«, so berichtete sie später. »Ich bin manchmal zu fremden Menschen hingegangen, habe einen Knicks gemacht und gesagt: Tanz mal mit mir« – »Ich wollte eigentlich immer tanzen«.[11]

Manchmal gab Rosa Paluka die Kinder bei Mathilde Merfeld ab und war dann tagelang verschwunden, niemand wusste, wo sie steckte. Wenn sie wieder auftauchte, hatte sich der Schuldenberg der Palukas meist noch vergrößert. Schon als Palucca drei Jahre alt war, musste ihr Vater Konkurs anmelden, sein Schwager und Geschäftspartner setzte sich nach Österreich ab.[12]

Der Konkurs war vor allem für Max Paluka eine Katastrophe, denn auch er empfand sich als Großbürger. Er sorgte dafür, dass die Kinder immer vornehm angezogen waren, mit Schnürstiefeln, Reiterhosen und Blazern, der kleine Hans Paluka musste eigentlich immer Matrosenanzüge tragen, selbst zum Tirolerhut.[13]

Durch den Konkurs wurde das Familienleben noch unruhiger. Der Vater suchte nach einer neuen Arbeit, fand jedoch keine. Seine Frau zog alleine fort, kehrte zwar bald wieder zurück, lebte aber wenig später schon wieder unter einer anderen Adresse als ihr Ehemann. Im Frühjahr 1906 schließlich zog sie zu ihrer Mutter nach Schwabing, wo sie bis zum Herbst desselben Jahres blieb.[14]

Rosa Paluka traf sich in der Zeit der Trennung mit ihrem Mann, verhandelte mit ihm, suchte einen Ausweg aus der wirtschaftlichen Misere. Noch im Laufe des Jahres 1906 entschieden sich die Palukas doch für einen gemeinsamen Weg: Wie so viele Gescheiterte, Perspektivlose und Erlebnishungrige planten sie die Auswanderung nach Amerika. Max Palukas Vater hatte als Konsul Kontakte zum kaiserlichen deutschen Konsulat nach Kalifornien und konnte seinen Sohn dorthin vermitteln. Max und Rosa Paluka hofften nun, dass sie die Probleme, die sie in München miteinander gehabt hatten, im neuen Land hinter sich lassen könnten.

Und so reiste Max Paluka schon einmal voraus, um die Stelle anzutreten. Die meisten Auswanderer fuhren erst nach Bremerhaven oder Hamburg und bestiegen dort die Schiffe. Familien hatten Kabinen für sich, denn die großen Schlafsäle, die es auf den Auswandererschiffen früherer Jahre gegeben hatte, waren inzwischen durch kleine Räume ersetzt worden, überhaupt war das Reisen auf den modernen Dampfschiffen, die sich in den 1870er Jahren gegen die Segelschiffe durchgesetzt hatten, sicherer und komfortabler geworden. Die meisten Passagiere verbrachten, sofern es das Wetter zuließ, den Tag auf dem Promenadendeck. Für jeden von ihnen war eine solche Schiffsfahrt ein intensives Naturerlebnis: der Seewind, die Gischt, die Wellen, die sich am Bug brachen – Gret prägte diese Reise bis ans Ende ihres Lebens, immer wieder sollte sie zur Erholung das Wasser und die Weite suchen. »Ihre Sehnsucht ist das Meer des Nordens«, hieß es über sie.[15]

Das San Francisco, in das Gret Paluka, ihr Bruder und ihre Mutter dann kamen,[16] war gerade von einem großen Erdbeben erschüttert worden. Die Erdplatten des San-Andreas-Grabens waren auf einer Länge von 400 Kilometern ruckartig aufgerissen, und in San Francisco waren die Häuser in sich zusammengefallen, die Gleise der Cable Cars hatten sich zu Zickzacklinien verbogen und weil auch die Wasserleitungen zerstört worden waren, hatte die Feuerwehr die kleinen Schwelbrände, die überall entstanden waren, nicht löschen können. Die Brände hatten sich zu einem Feuersturm verdichtet. Drei Tage hatten die Flammen gewütet, danach sah die Stadt aus wie ein glühendes Ruinenfeld. Die Kalifornier machten sich schnell an den Wiederaufbau, die Palukas konnten sie dabei beobachten.[17]

In San Francisco besuchte Gret vormittags die amerikanische Volksschule.[18] Dort war sie umgeben von Gleichaltrigen, die eine andere Sprache sprachen, und hier lernte Gret, sich möglichst nicht über Sprache auszudrücken, sondern lieber durch Bewegung. Später als Tänzerin sollte sie sagen: »Was die Menschen verbindet, ist die Sprache. Tänzer wollen jedoch nicht mit Worten kommunizieren, sondern ihren Körper sprechen lassen. Dazu gehört wahnsinnig viel.«[19]

Auch wenn sie noch nicht wusste, dass sie Tänzerin werden würde, trainierte sie jetzt schon so, als habe sie allein dieses Ziel vor Augen. Sie verbrachte die Nachmittage auf der Straße, um zu rennen, zu klettern und Rollschuh zu fahren. An den Rollschuhen hatte sie besonderen Spaß. Nachdem ihr jemand den Walzertakt beigebracht hatte, übte sie, eins-zwei-drei, auf den Rollschuhen Walzer zu tanzen, sich eigene Choreografien auszudenken. Die anderen Kinder auf der Straße und die vorbeigehenden Passanten applaudierten. Gret dachte sich auch Kunststücke aus, gewagte Sprünge und Drehungen, trainierte auf Tempo, riskierte viel auf ihren Rollen, denn gerade das Rollschuhlaufen erforderte Mut in einer Stadt, in der selbst die Straßenbahnen an dicke Seile gekettet wurden, damit sie nicht die Berge herunter rauschten. Ihren Eltern gefiel es, wenn sie ihre Tochter tanzen sahen: »Meine Eltern waren beide musische Menschen«, erzählte Palucca später, »sie ließen mir völlige Freiheit«.[20]

Gret fühlte sich sehr sicher in ihrem Körper. Und hier in Amerika strahlte sie, wenn eine Kamera auf sie gerichtet war, sie musste nun auch nicht mehr dauernd repräsentieren: Ihre Strümpfe durften an den nackten Beinen herunterrutschen, die Kleider zerknittern, die Schuhe verdrecken.[21] Nur die Mutter wagte sich selbst an den Strand nur mit bewährter wilhelminischer Vorzeigegarnitur, mit strahlend weißen Röcken und Rüschenblusen.

Rosa Paluka war nicht glücklich in Amerika, denn natürlich hatten sich ihre Probleme durch den Wechsel der Kontinente nicht erübrigt, sondern waren nur noch schlimmer geworden. Hier konnte Rosa Paluka erst recht nicht als Schauspielerin auftreten, sie war sprachlich isoliert und vermisste ihre Künstlerfreunde aus München. Wieder begann sie, zu viel Geld auszugeben. Sie fühlte sich gefesselt an Mann und Kinder. Denn auch wenn die Kinder viel auf der Straße unterwegs waren, die kleine Gret immer mit Hans im Schlepptau, machten sie der Mutter hier in Amerika noch mehr Arbeit als in München. Hier gab es keine Großmütter, die helfen konnten. Also stritten Max und Rosa Paluka wieder miteinander, und Gret tat alles, um davon verschont zu werden, sie verließ so oft, wie es ging, das Haus und rannte auf die Straße, möglichst weit weg.

Streit, neue Versuche und wieder Streit – 1909, nach drei Jahren Amerika, beschloss Rosa Paluka, ohne ihren Mann, aber mit den beiden Kindern nach Deutschland zurückzukehren. Sie wollte sich scheiden lassen. In der bürgerlichen Welt aber ließ man sich nicht scheiden. Familien mussten zusammenhalten. Und so hatten die Palukas nun in jeder Hinsicht gegen die Grundfesten bürgerlichen Selbstverständnisses verstoßen: Sie waren keine Familie mehr, sie hatten ihr Vermögen verloren und damit eigentlich auch die Zugehörigkeit zur bürgerlichen Klasse.

Später schrieb Will Grohmann über die Herkunft seiner Freundin Palucca: »Auf dem Grund wird Tragik sein, zu viel Erbe oder dunkle Ahnung«.[22] Grohmann wies damit darauf hin, dass sich Palucca als erwachsene Frau schwer tat mit ihrer Familiengeschichte, mit dem, was ihr und den Ihrigen widerfahren war.

Vater und Tochter mussten sich nun in Amerika voneinander verabschieden. Wieder bestieg Gret, gemeinsam mit Mutter und Bruder, ein Schiff. Mit Amerika sollte Gret für immer abschließen. Später würde sie sich, anders als andere berühmte Tänzerinnen, nicht mehr dorthin wagen, um zu tanzen. Sie mied diesen Kontinent, genauso wie sie Zeit ihres Lebens die Erinnerung an ihre Kindheit mied.

Rosa Paluka ging mit den Kindern nicht nach München zurück, sondern ging in die Stadt, die neben München die wichtigste deutsche Künstlerstadt war: nach Dresden.

Der Vater blieb erst einmal in Amerika und schrieb Briefe an seine Tochter: »vergiß mich nicht«, »so lange habe ich nichts gehört – von Niemandem«. Einmal suchte er einen ganz kleinen Brief aus, nicht viel größer als die Fläche einer Kinderhand, mit einer winzigen, bunten Zeichnung, auf der zwei Pferde einen Heuwagen ziehen: »Hearty Good Wishes« – »Von Herzen gute Wünsche« – stand in geschwungener Schrift darüber. Der Vater legte diesem Brief einen Geldschein bei[23] und wird ohnehin manches gezahlt haben für seine geschiedene Ehefrau. Denn Rosa Paluka bestand auf ihrem gesellschaftlichen Rang. Sie meldete ihre Tochter

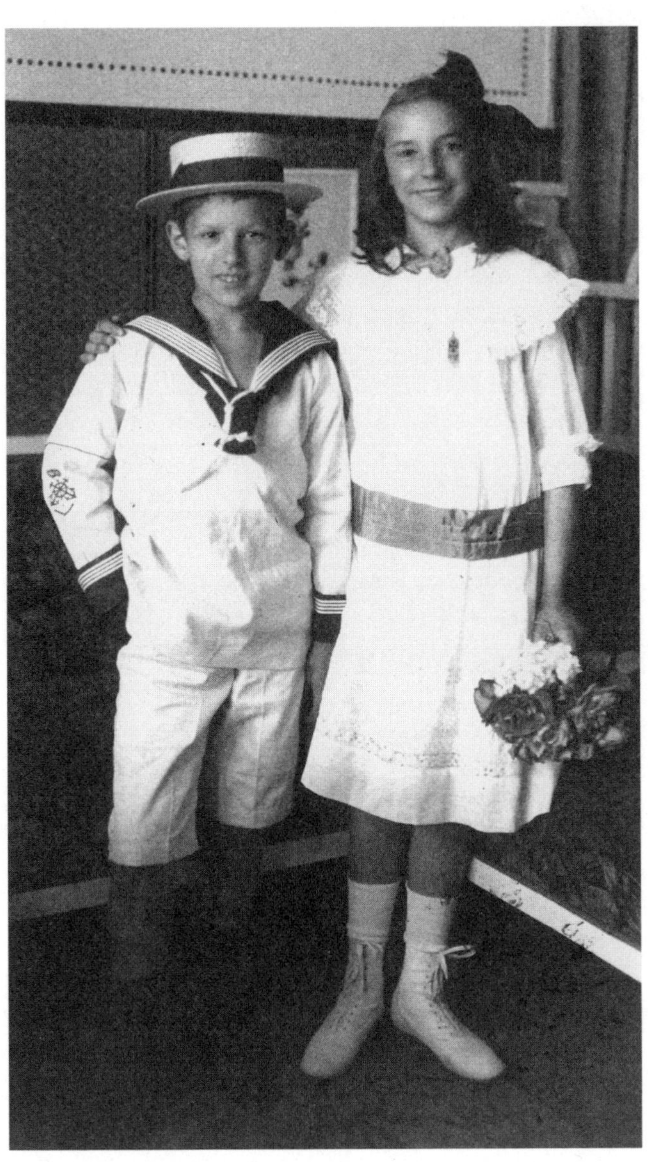

Gret Palucca mit ihrem Bruder Hans, ca. 1912

in Dresden in einer »Lehr- und Erziehungsanstalt für Mädchen höherer Stände«[24] an. Nun musste die Schule den Rahmen bieten, den die Familie selbst nicht mehr stellen konnte.

»Selbstbeweise meines Mutes« – Bewegung als Ausweg

In Dresden sollte Gret Paluka, bis auf zwei Unterbrechungen in ihrer Jugendzeit, für immer leben. Die Stadt galt nicht nur als besonders kunstsinnig, sondern auch als wunderschön. »Niemand lebte auf dieser Welt, der diese Stadt kannte und hätte sie nicht mit besonderer Liebe geliebt«, so schwärmte einmal ein Dresdner auf typische Weise.

Rosa Paluka suchte hier Kontakt zu bekannten Künstlern und spielte an kleinen Theatern.[1] Und sie lernte schnell den Chorleiter der Oper kennen, Karl Maria Pembaur, einen blassen Mann mit Nickelbrille und wuchtigem Schnurrbart, der von nun an Rosa Paluka und ihre Tochter Gret auf Ausflügen in einer Kutsche begleitete[2] und sich in ihrem Wohnzimmer ans Klavier setzte.

Wenn Pembaur spielte, blieb auch Gret zuhause und dachte sich zu den Klängen Tänze aus. Ihr war jetzt schon klar, dass sie immer nur tanzen wollte, doch, so sagte sie später, »ich wußte keinen Weg, ich wußte nicht, wie ich das machen sollte, das war mir alles vollkommen fremd.«[3] Irgendwann fiel ihr ein, dass sie Ballerina werden könnte. Als Ballerina würde sie auf neue Weise ihre Familie repräsentieren, würde vor einem Publikum auf der Bühne stehen. Und sie würde sich immerzu bewegen, aber gebändigt, so wie es im Wilhelminismus akzeptiert war.

Eigentlich aber gebärdete sich Gret lieber wild, rannte mit den Jungen aus der Nachbarschaft um die Wette, war angriffslustig, suchte die Gefahr,[4] kletterte auf hohe Bäume. Einmal hatte sie ihre Sachen gepackt und war von zu Hause weggelaufen. Sie wollte zum Zirkus, weil sie die Tiere liebte und die Artistinnen bewunderte. Als sie reumütig wieder nach Hause zurückgekehrt war, hatte die Mutter verstanden, dass nun etwas passieren musste, dass die Tochter lernen musste, ihren Bewegungsdrang zu zügeln.

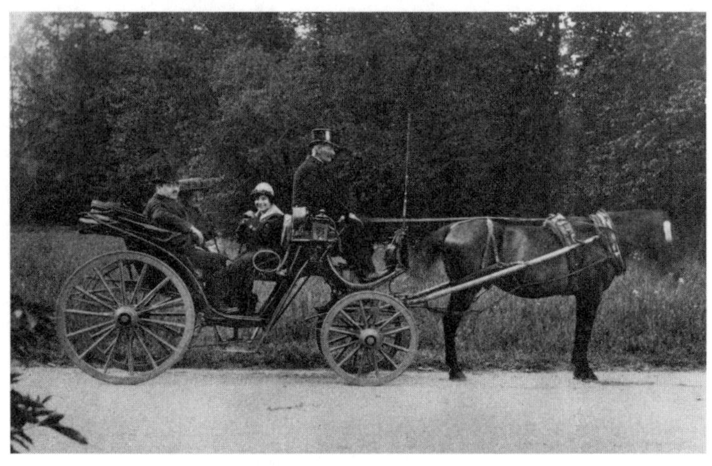

Palucca (r.) mit ihrer Mutter und Karl Maria Pembaur, um 1920

Karl Maria Pembaur, der Freund der Mutter, hatte den entscheidenden Einfall. Er empfahl Gret an Heinrich Kröller, einen Tänzer, der in ganz Europa aufgetreten war und nun als Ballettmeister an der Dresdner Oper arbeitete.[5] Bei Kröller sollte Gret Unterricht nehmen. Und sie folgte diesem Rat, stellte sich bei Kröller vor und wurde genommen. Kröller galt als Ausnahmepädagoge, auch als aufgeschlossen gegenüber modernen Ideen, doch bisher hatte sich kaum eine der neueren Ideen durchgesetzt, die europäische Tanzkunst war in Routine erstarrt. Zwar hatten sich in Paris 1908 der russische Impresario Sergei Diaghilew und Vaclav Nijinski – der zum berühmtesten Tänzer aller Zeiten werden sollte – zusammengetan und waren dabei, mit ihren »Ballets Russes« für enormen Wirbel zu sorgen. Denn Nijinski sprang so hoch, wie es niemand für möglich hielt, gleichzeitig versuchte er sich von der klassischen Schule zu lösen und dem ewigen Emporstreben etwas entgegenzusetzen, zu stampfen und zu schleifen und mit geometrischen Formen zu experimentieren, doch all das war neu und in Dresden noch nicht angekommen.

Sie ging regelmäßig zur Unterrichtsstunde bei Kröller in die Oper, und sie hatte es von zu Hause auch nicht weit dorthin: Die Palukas wohnten in einer Etagenwohnung in der Südvorstadt,[6] die gleich hinter dem Hauptbahnhof lag, einer Gegend mit vielen Hotels und Pensionen, vielen Fremden, die hier für kurze Zeit lebten oder Neuankömmlingen, die sich von hier aus eine Bleibe suchten. Dresden war im Laufe der Industrialisierung eine attraktive Stadt geworden, in die viele Leute aus dem Umland und von überall her gekommen waren, um in Fabriken von Neuem zu beginnen: Der Dresdner Steingutbetrieb »Villeroy & Boch« hatte sich zu einem der bedeutendsten Keramikproduzenten in Deutschland entwickelt, der größte deutsche Nähmaschinenhersteller Clemens Müller war in Dresden ansässig, in der Löbtauer Glasmanufaktur wurde erstmalig in der Welt Glas industriell hergestellt, auch die erste deutsche Schokoladenfabrik war in Dresden gegründet worden, die erste Zigarettenfabrik ebenfalls, inzwischen gab es hier über zwanzig solcher Fabriken. Die im Jahr 1912 errichtete Zigarettenfabrik Yenidze, die aussah wie eine orientalische Moschee, sollte zum Symbol der Dresdner Tabakindustrie werden. Und das erste Mundwasser der Welt, »Odol«, kam auch aus Dresden. Die Stadt wuchs und prosperierte und die Südvorstadt, in der die Palukas wohnten, war ein guter Standort.

Zu ihrem Ballettunterricht konnte Gret direkt durch die Altstadt gehen, vorbei am Hauptbahnhof, der als einer der modernsten Bahnhöfe Europas galt, hinein in die Prager Straße, die als Hauptgeschäftsmeile der Stadt im ganzen Land bekannt war. Bald musste sie am Schloss entlang, wo damals der Wettiner Friedrich August III. lebte, der König von Sachsen. Hinter dem Schloss ging sie links an der katholischen Hofkirche vorbei und über den Theaterplatz hinüber und schließlich hinein in die berühmte, von Gottfried Semper gebaute Oper. Sehr oft ging das Mädchen diesen Weg entlang und es prägte sich bei ihr mehr ein als der reine Streckenverlauf: Immer wieder am Schloss vorbeizukommen, machte ihr bewusst, in einer Monarchie zu leben, und der Reichtum und die Pracht der Dresdner Einkaufsstraßen weckten Ansprüche fürs Leben.

Auch der Dresdner Erich Kästner, der drei Jahre älter war als Gret Paluka, sollte später als Schriftsteller immer wieder darauf hinweisen, dass Dresden einen unauslöschbaren Sinn für Schönheit, für stimmige Proportionen wachrufen konnte. In seinen Kindheitserinnerungen *Als ich ein kleiner Junge war* schrieb Kästner: »Wenn es zutreffen sollte, daß ich nicht nur weiß, was schlimm und häßlich, sondern auch, was schön ist, so verdanke ich diese Gabe dem Glück, in Dresden aufgewachsen zu sein.« Denn: »Ich mußte, was schön sei, nicht erst aus Büchern lernen [...]. Ich durfte die Schönheit einatmen wie Försterkinder die Waldluft«, so fuhr Kästner fort und begann dann Dresdner Eigenarten zu beschreiben: die Rampische Straße mit den Barockfassaden, das Palais am Großen Garten, die Elbe, die Brücken, die Hügel, die Wälder mit dem Gebirge am Horizont. »Geschichte, Kunst und Natur schwebten über Stadt und Tal [...] wie ein von seiner eigenen Harmonie bezauberter Akkord.«[7]

Wenn das Mädchen Gret Paluka seinen üblichen Weg von zu Hause durch die schöne Stadt zur Oper hinter sich gebracht hatte, stellte es sich im Übungssaal ganz hinten an die Ballettstange, hinter all die Tänzerinnen, die hier für die nächste Vorstellung trainierten und deren Übungen es dann nachmachte. Wieder und wieder wurden die immer gleichen Positionen eingeübt. Kröller ging an der Reihe der Tänzerinnen entlang, verbesserte, ermunterte und ermahnte sie und gab noch einmal eine der üblichen Positionen vor. Nach der eigentlichen Stunde bat Kröller Gret manchmal zum Einzelunterricht. Er selbst griff zu seiner Geige und spielte darauf und rief Gret über das eigene Spiel hinweg seine Anweisungen zu. Gret hatte Mühe, sich auf die Monotonie der immer gleichen Übungen zu konzentrieren, doch sie merkte auch, dass sie durch die Wiederholung ihre Technik verfeinern konnte. Sie brachte es besonders bei den Sprüngen weit. Wenn sie sprang, dann war es beinahe, als könne sie für einen kurzen Moment in der Luft stehen. Sie konnte eine unglaubliche Körperspannung aufbauen, aber auch ganz weich werden, fließend auf den Boden hinsinken, als habe sie gar keine Knochen – sie war ohne Zweifel ein großes Talent. Später aber gab sie zu: »Ich war keine gute Schülerin.«[8]

So war auch Kröller nie ganz zufrieden mit ihr. Sie merkte, dass sich ein innerer Zwiespalt zwischen dem auftat, was ihr als Ideal vom Tanz vorschwebte, und dem, was Kröller ihr beibrachte. Aus diesem Grund verließ sie viele Ballettstunden unglücklich. Sie wollte immer nur tanzen, aber wie sie tanzen sollte, lag ihr nicht. Sie wollte das Tempo selbst bestimmen und außerdem lieber trampeln. Im Gruppenunterricht musste sie im Reigen mit den anderen schweben. Trotzig trippelte sie einen halben Schritt hinterher. Kröller war entsetzt, doch Gret war das egal. Dieses ewige Emporstreben, das Lächeln, Gespreiztsein fand sie »kitschig und sentimental«. »Da mußte ich nu' klassisch machen«, schimpfte sie, »und das lag mir einfach nicht. Da habe ich einfach alles falsch gemacht«.[9]

Außerdem sah sie auch nicht so aus, wie sich die Leute eine Ballerina vorstellten. Sie war nicht ätherisch und zerbrechlich, sondern kraftvoll, energiegeladen und sportlich. Und sie aß auch gerne. Erst später, als ältere Frau nahm sie kaum noch etwas zu sich, wurde immer zarter und ließ alle Welt an ihren Krankheiten und ihrer vermeintlichen Schwäche teilhaben, so als habe sie im Nachhinein doch dem Bild einer zierlichen Tänzerin entsprechen wollen.

Es brauchte etliche Stunden bei Kröller, bis Gret bereit war, ihre Tutus zu tragen, ihre Arme elegant in der Taille abzustützen und beim Walzer ein freundliches Gesicht zu machen. Doch ihr Trotz legte sich nie ganz. Sie wollte »nicht hübsch und lieblich tanzen«,[10] darauf beharrte sie. Doch vorerst konnte sie ohnehin nicht mehr zu Kröller gehen. 1914, nach knapp fünf Jahren in Dresden, wollte die Mutter wieder ihr Leben ändern. Sie wollte wieder heiraten und noch einmal mit den Kindern umziehen. Es war das Jahr, in dem der Erste Weltkrieg ausbrach.

Rosa Paluka heiratete Rudolf Berthold, einen Amtsrichter aus Plauen im Vogtland, einer kleinen Stadt im äußersten Südwesten Sachsens. Das Vogtland grenzt ans Böhmische, an Thüringen und Franken, das Fichtel- und das Erzgebirge sind nicht weit – doch nach Dresden waren es, je nach Verkehrsmittel, mehrere Stunden Fahrt.

Rudolf Berthold, der neue Mann, war promovierter Jurist, bezog ein regelmäßiges Einkommen. Der kleine Plauener Rahmen reichte ihm aus, er suchte nicht das Abenteuer, nicht die große Welt.

Rosa Paluka aber hätte ahnen können, dass ihr ein Leben in Plauen, nach den Stationen in München, in San Francisco, in Dresden, nicht liegen würde. Doch die Aussicht, gut versorgt zu werden, war verlockend und auch die Hoffnung, sich selbst entkommen zu können.

Gret war nicht begeistert von dem Wechsel nach Plauen. Sie war von der Liebe der Dresdner zu ihrer eigenen Stadt infiziert, fühlte sich an Dresden gebunden, wollte nicht woanders leben. Wieder musste sie neue Schulkameraden kennen lernen, sie musste den Ehemann der Mutter als neuen Vater akzeptieren. Doch mit der Schule hatte sie einigermaßen Glück. Diese war erst 1912 von Bildungsreformern gegründet worden und sah ihre Aufgabe darin, die Schülerinnen nicht nur auf eine Rolle als gebildete Ehefrau vorzubereiten, sondern ihnen auch berufliche Perspektiven zu eröffnen. Die Mädchen konnten hier Französisch und Englisch lernen, Geschichte, Kunstgeschichte, Erdkunde, Naturgeschichte, Naturlehre, Rechnen und Mathematik, Zeichnen, Schreiben, Turnen, Gesang und Musiklehre, Nadelarbeiten und Stenografie. Durch ihre Bewegungskünste wurde Gret bei ihren Mitschülerinnen schnell bekannt. Sie war »der Held der Klasse«, so erinnerte sich eine Mitschülerin später, »besonders während der Turnstunden«: »Mit innerlichem Gruseln sahen wir sie mit flatternden Haaren durch die Turnhalle bis beinahe an die Decke fliegen, wenn es uns mal erlaubt wurde, stehend in den Ringen zu schaukeln«.

Einmal führte ein Klassenspaziergang an einer Wiese vorbei, dort schlugen die Schülerinnen Purzelbäume, Gret aber »kunstvolle Räder«. Sie übte Hand- und Kopfstände, und am Ende des Ausflugs, als die anderen Mädchen erschöpft waren, sagte der Lehrer über Gret: »Die hat es gut, wenn sie auf den Füßen nicht mehr weiterlaufen kann, tut sie es auf den Händen«.

In den Pausen verblüffte Gret die neuen Lehrer mit halsbrecherischen Gymnastikübungen. Sport war ihr bestes Fach, in den anderen Fächern langweilte sie sich schnell. Sie hing lieber ihren eigenen Gedanken nach. Im Geschichtsunterricht ging es einmal um den römischen Volkstribun Tiberius Gracchus. Gret meldete sich und fragte, wie der denn seine Sonntage verbracht habe. Der Lehrer war so entsetzt über diese Frage, dass Gret sich blamiert fühlte und sich deswegen noch Jahrzehnte später an diese kleine Episode erinnerte.[11] Doch sie nahm nun mal scheinbare Nebensächlichkeiten wichtig und erkannte im Laufe ihres Lebens, dass sie recht damit hatte, dass man viel über jemanden erfahren konnte, wenn man wusste, wie er seine Sonntage verbrachte.

Wenn sie in der Schule oft innerlich abwesend war, sich wegträumte und eigenen Gedanken nachhing, dann war sie zu Hause meist tatsächlich abwesend, verschwand bei jeder Gelegenheit auf die Straße, in den Wald oder auf den Sportplatz. Denn die Stimmung dort hatte sich nicht gebessert.

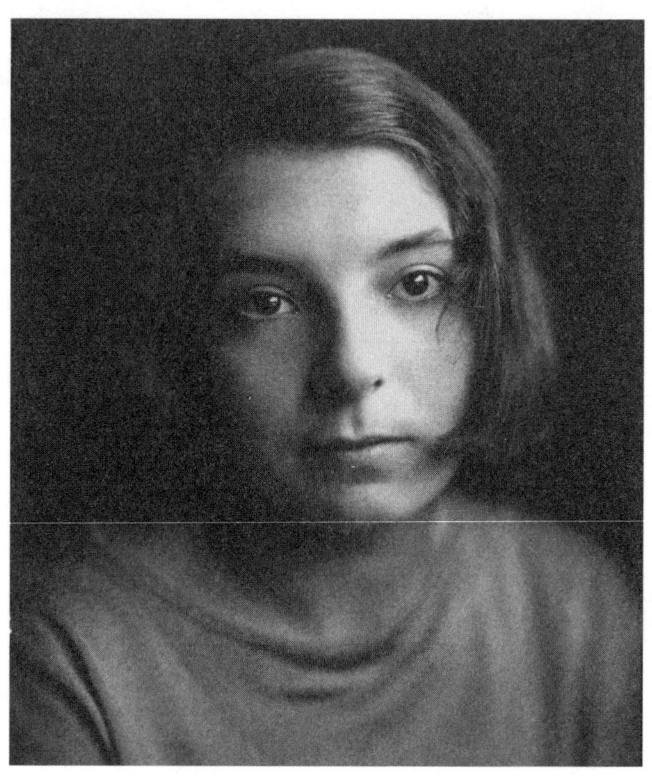

Gret Palucca, zwanziger Jahre

Die Mutter war auch jetzt nicht zufrieden – nun war es das Leben in der Provinz, das sie störte. Sie vermisste die Theater und Cafés der Großstädte.

Gret wich den Klagen der Mutter aus und übte ein straffes Trainingsprogramm ein, das sie unermüdlich wiederholte. Jeden Tag lief sie lange Strecken, sprang weit und hoch, dehnte sich, machte Spagat und Brücken. Sie wurde immer selbstbewusster, konnte immer schneller reagieren, ihre Beine und Arme immer besser koordinieren. Sie wurde gelenkiger und noch kräftiger. Sie verfeinerte ihre Technik und verbesserte ihren Gleichgewichtssinn. Jedes Mal verausgabte sie sich und gab bald selber zu, »besessen« zu sein: »Ich bin Fanatikerin«.[12] Sie konnte auch aus dem Stand heraus springen, ohne vorher in die Knie zu gehen und wusste, dass das eine technische Meisterleistung war. Und als ihr jemand ein Zirkusseil schenkte, balancierte sie nicht nur, sondern versuchte sich auch am Überschlag und an Sprüngen. Sie musste sich, so sagte sie, »Selbstbeweise meines Mutes bringen«.[13]

Manchmal, am Ende des Trainings, dachte sie sich zu einer Melodie, zu einem Musikstück, das sie im Kopf hatte, ihre eigenen Tänze aus, verwandelte sich in eine orientalische Prinzessin, in einen fliegenden Vogel, in eine Akrobatin. »Ich glaube, daß jeder Mensch träumen muß«,[14] sagte sie. Mit ihren Träumereien belohnte sie sich für die vorherigen Strapazen. Irgendwann dachte sie sich auch Publikum dazu, schaffte sich ihre eigene, imaginäre Bühne und lebte darauf hin, einmal auf einer richtigen Bühne zu stehen. Sie legte ihre ganze Energie in den Tanz, aber der Tanz wurde auch zu ihrem wichtigsten Energiespender.[15] Sie musste einfach tanzen, so sagte sie und bekannte später: »Ich hatte innerlich immer genug mit mir zu tun, dass ich meine Phantasie loswerde.«[16]

Nach knapp drei Jahren in Plauen traute sie sich ihren ersten Bühnenauftritt zu. Sie war nun 15 Jahre alt. Sie meldete sich bei einer Schulaufführung für einen Solotanz an und merkte schnell, dass es etwas anderes war, nur vor sich hin zu tanzen oder vor einem richtigen Publikum zu bestehen. Ihre ganze Schule würde kommen und die Jungen aus dem Gymnasium sollten auch im Publikum sitzen. Wochenlang arbeitete sie an ihrer Choreografie, sie wollte nach einem Walzer von Joseph Lanner tanzen. Und irgendwann war dann der Zeitpunkt gekommen, an dem sie auf die Bühne musste. Es war der 2. Dezember 1917, abends um 19

Uhr. Der große Pratersaal in Plauen war adventlich geschmückt, die Zuschauerreihen voll – noch Jahrzehnte später erinnerte sich eine Mitschülerin daran, dass Gret Erfolg gehabt hatte. Sie hatte es geschafft, das Publikum mitzureißen, hatte die Leute mit ihrer eigenen Freude am Tanz angesteckt. Die Schüler aus dem Jungen-Gymnasium applaudierten am meisten.[17]

Überall in Deutschland fingen die Leute behutsam an, Sport zu treiben, lagen spärlich bekleidet am Meer, sonnten sich und badeten. Doch viele schämten sich auch für ihren Körper, waren durch das Wüten des Ersten Weltkriegs ohnehin verunsichert und hielten umso mehr an alten Gewohnheiten fest. Grets Lehrerinnen waren selber noch in einer Zeit aufgewachsen, in der es nicht üblich war, sich zu sehr mit dem eigenen Körper zu beschäftigen und so verhüllten sie sich, trugen hochgeschlossene Blusen.[18] Und Grets Mitschülerinnen imitierten ihre Lehrerinnen, trugen toupierte Haare, die sie mit riesigen Schleifen zusammenbanden.

Gret aber ließ ihre langen Haare offen und locker über die Schultern fallen, dann schnitt sie ihre Haare ab und frisierte sie zu einem Pagenkopf. Und sie wagte sich auch näher an die jungen Männer heran als die anderen Mädchen, hakte sich für Fotos unerschrocken bei ihnen unter. Sie lachte frei und sicher in die Kamera.[19]

Doch obwohl Gret durch ihr Aussehen und ihr sportliches Talent auffiel, stundenlang alleine trainierte, war sie keine Einzelgängerin. Ihre Freundinnen und Freunde waren ihr wichtig, sie feierte zusammen mit ihnen Fasching, gemeinsam machten sie Ausflüge in den Wald. Gret reichte auch ein Poesiealbum herum, das in braunes Leder gebunden und mit goldenen Schnörkeln verziert war. Es füllte sich mit Tusche- und Aquarellzeichnungen, bevölkerte sich mit lauter Ilses, Louises und Gretas, die dem »lieben Gretel« mit frommen Sprüchen, Psalmen und Liedern, mit Gelehrtem von Goethe und Gellert die besten Wünsche auf den Lebensweg mitgaben. Doch die Schrift im Album wechselte im Laufe der Jahre von den steilen, ziselierten Buchstaben der Frakturschrift hin zur nüchternen lateinischen Schrift. Und nicht nur die Form änderte sich, sondern auch der Ton und die Bedeutung der Einträge: Im Dezember 1918, als der Erste Weltkrieg vorüber war, notierte Grets Mitschülerin Käthe Beyer: »Nicht die Gewalt der Armee, noch die Tüchtigkeit der Waffen, sondern die Kraft des Gemüts ist es, welche Siege erkämpft«.[20]

Doch Gret hatte da längst erfahren, was es bedeutete, wenn die Waffen tüchtig sind. Der Erste Weltkrieg hatte für sie nicht irgendwo in der Ferne stattgefunden, sondern hatte auch ihr eigenes Leben erfasst. Sie hatte mit ihren Mitschülerinnen Strümpfe, Schals und Kniewärmer für Soldaten gestrickt, hatte an »Vaterländischen Abenden« Weihegebete mitgesprochen und »Heilig Vaterland« angestimmt – und sie hatte auch um ihren Vater getrauert.

Max Paluka war Soldat gewesen, er war im Sommer 1915 irgendwo in Russland gefallen. Er, der Deutsche aus Konstantinopel, der in Amerika sein Glück versucht hatte, war mit Pickelhaube auf dem Kopf als 42-jähriger deutscher Soldat in den Ersten Weltkrieg gezogen. Er gehörte zu den zwei Millionen deutschen Soldaten, die in diesem Krieg getötet wurden. Keiner der Beteiligten hatte sich zu Beginn des Gemetzels vorstellen können, dass ein Krieg, mit modernem Schlachtgerät ausgefochten, mit jenen der Vergangenheit nichts mehr zu tun haben würde.

In den Münchner Neuesten Nachrichten stand am 23. Juli 1915 zum Abschied: »Tief erschüttert zeigen wir hiermit an, dass unser geliebter Bruder Herr Max Paluka, Offiziersstellvertreter, Inhaber des Eisernen Kreuzes zweiter Klasse am 20. Juli den Tod fürs Vaterland starb. In tiefster Trauer: Die Familien: Paluka, Schroeder, Kroeber, Mehling. München, Smyrna, Linz, Bamberg, Lübeck.«[21] Dass Max Paluka ein

Ehemann gewesen war und Vater von zwei Kindern, stand nicht in der Todesanzeige.

Dennoch hatten seine Kinder ihrem »lieben Papa« Briefe geschrieben. Sie mussten sich darin ein wenig abmühen mit ihren Formulierungen, denn der Vater war ihnen nicht mehr nahe. Den letzten Brief schickten sie 1915 ab, ein halbes Jahr, bevor der Vater starb. Für diesen Brief hatten sie Bleistiftlinien vorgezogen und dem Vater dann in Schönschrift für Geldgeschenke gedankt, die sie auf die Sparkasse bringen wollten. Sie erzählten ihm, dass nun der letzte Ferientag gekommen sei, die Schule wieder anfange, dass es wieder tüchtig geschneit habe. Hans klagte, dass er zum Zahnarzt müsse, »weil meine Zähne gerade gemacht werden müssen«, und Gret schrieb von einem »Kränzchen«: »Da kommen wir jede Woche zusammen. Wir sind im Ganzen sieben« – »Schreibe mir doch einmal, was Du den ganzen Tag für Dienst machst«. »Hoffentlich bekommst Du bald Urlaub, dass Du mir von den Soldaten erzählen kannst«,[22] schrieb Grets Bruder.

Nach dem Tod des Vaters blieb Gret nur noch der Stiefvater, der zwar freundlich zu ihr war, aber dennoch Distanz hielt. Und es blieben ein paar Verwandte, Verwandte der Mutter vor allem, die in Spanien lebten und die Kinder manchmal aufnahmen. Die Merfeld-Böttichers wohnten in Madrid, waren jüdisch, wohlhabend, kunstsinnig. Mit ihrer vier Jahre jüngeren Cousine freundete sich Gret an.[23]

Gret hatte durch die weiten Reisen, durch die Verwandtschaft, die sich in alle erdenklichen Himmelsrichtungen verstreut hatte, durch das Leben auf zwei Kontinenten schon viel erlebt – viel Anregendes, aber auch Bedrückendes. Und so traute sie sich mit 16 Jahren schon zu, ein beinahe selbstständiges Leben zu beginnen. Sie machte ihren Traum wahr, kehrte im Jahr 1918 für ihren Schulabschluss nach Dresden zurück und meldete sich wieder in der Schule für Mädchen höherer Stände an, die sie vor ihrem Umzug nach Plauen schon besucht hatte. Zu der Schule gehörte ein kleines Internat, wo sie sich einquartierte.[24]

Doch das alte Dresden, die Stadt der Pracht, der Freude und der Leichtigkeit, in die Gäste aus ganz Europa gekommen waren, um in der luxuriösen Prager Straße einzukaufen, gab es nicht mehr. Dresden war eine Stadt der Trauer. Allein in der sächsischen Armee hatte es 110000 Tote, über 296000 Verwundete und 64000 Vermisste gegeben.[25] Ihre Angehörigen liefen in schwarzer Kleidung durch die Stadt – einer Kleidung, die sich von der Vorkriegsmode unterschied: die langen, engen Röcke und die Stehkragenkombinationen verschwanden, genauso wie der deutsche Kaiser verschwunden war. Auf den Straßen lungerten Männer herum und bettelten. Männer ohne Arme, ohne Beine, mit zerfetzten Uniformen. Der Maler Otto Dix, der auch im Krieg gewesen und dann nach Dresden, in seine Studienstadt, zurückgekehrt war, malte diese geschundenen Kreaturen mit erbarmungsloser Genauigkeit. Ein Bild, auf dem Männer mit zerschmetterten Armen und Beinen vor einem Geschäft zu sehen sind, in dem künstliche Beine und Bandagen verkauft werden, nannte Otto Dix »Prager Straße«.[26]

Auch der sächsische König, Friedrich August III., dankte ab, und zwar mit den legendären Worten »Macht doch Euren Dreck alleene«.[27] Dresden war nun keine Residenzstadt mehr. Im Circus Sarrasani wurde die bürgerlich-demokratische Republik ausgerufen. Die neuen Volksbeauftragten erließen im November 1918 eine neue Wahlordnung, die das allgemeine, gleiche, direkte und geheime Wahlrecht für Männer und Frauen vorsah. Der Übergang von der Monarchie zur Demokratie ging mit schweren Unruhen einher, die sich auch in den folgenden Jahren nicht legten. So endeten etwa Mitte April 1919 die Proteste von Kriegsversehrten gegen Rentenkürzungen mit der Ermordung des Kriegsministers, der aus dem Ministerium an die Augustusbrücke gezerrt, in die Elbe gestürzt und mit Gewehrfeuer getötet wurde.[28]

In dieser Zeit hatte Gret eigenen Kummer. Ihr Bruder war gestorben. Am frühen Morgen des 24. Februar 1919 hatte er sich im Bad eingeschlossen, Gas war ausgetreten, um Punkt 7 Uhr morgens war der Bruder tot. Die Plauener Sterbeurkunde hielt fest, dass der Verstorbene Hans Joseph Paluka 16 Jahre alt war.[29] Gret war viel mit ihrem Bruder zusammen gewesen, bis sie aus Plauen weggegangen war. Er war der einzige Gleichaltrige, der die verschiedenen Stationen ihres jungen Lebens miterlebt hatte. Ihre Geschichte war auch seine Geschichte gewesen: die Scheidung der Eltern, die Heirat der Mutter, der Tod des Vaters, München, San Francisco, Dresden, Plauen. Und nun starb Hans Paluka, kurz nachdem Gret die Familie verlassen hatte. Die Mutter machte der Tochter Vorwürfe, sie, die Schwester, habe nicht aufgepasst auf den Bruder.[30] Die Familie, zumindest die entfernteren Verwandten, wussten selbst nie genau, was passiert war, ob es ein Selbstmord als Reaktion auf die instabilen Verhältnisse in der Familie und im Land oder ob es ein Unfall war.

1902 waren die Palukas zu viert gewesen. Sie hatten inmitten einer noch unangefochteten Kaiserära versucht, einen stabilen Lebensverbund zu gründen. Nun, nach dem Weltenbrand des Krieges, nach dem Ende der Monarchie, war nur noch eine Restfamilie übrig geblieben: Mutter und Tochter, die wenig miteinander anzufangen wussten.

Für Gret war der Tod des Bruders ein Schock, von dem sie sich nie erholte. Von nun an hielt sie Distanz zu den Menschen, so sehr sie auch in Zukunft noch Freunde suchte, machte sie sich doch nie mehr ganz abhängig von anderen, selbst von ihren Nächsten nicht. Sie blieb ein leidenschaftlicher Mensch, doch sie konnte ihre Mitmenschen auch mit einer merkwürdigen Gleichgültigkeit überraschen. Leidenschaft und Gleichgültigkeit existierten wie unverbunden nebeneinander.

Durch den Tod des Bruders war für Gret auch Plauen, der Ort ihrer Jugendtage, tabu geworden. Später sagte sie Auftritte in Plauen kurzfristig ab und als alte Frau ließ sie sich verleugnen, wenn ehemalige Mitschüler aus Plauen sich vor ihre Haustür wagten und bei ihr klingelten. Sie wich vor den Plauener Erinnerungen zurück, so wie sie auch an Amerika nicht mehr erinnert werden wollte. Sie schämte sich ihrer Vergangenheit.

Aus Dresden ging Gret nur noch ein einziges Mal fort, gleich als sie die Schule abgeschlossen hatte. Sie folgte ihrem Lehrer Heinrich Kröller ans Münchner Hof- und Nationaltheater und war dort seine Ballettelevin. Auch in München hatte der Prinzregent abgedankt, auch hier gab es Unruhen. Gret wohnte bei ihrer jüdischen Großmutter in Schwabing und ging jeden Tag zum Training ins Theater. Die Großmutter wohnte in der Martiusstraße, in einem neuen, noblen Etagenhaus für Großbürgerfamilien. Von dort aus musste Gret nur die Leopoldstraße hinunter gehen, um zum Theater zu kommen. Die Münchner Farben, das Ockergelb der Theatinerkirche und die lässige Pracht der Innenstadt erinnerten an Dresden, doch bei Kröller wurde Gret auch an etwas anderes erinnert: Der Ballettmeister war immer noch nicht überzeugt von ihrem Talent. Er konnte zwar sehen, wie gut sie sprang und dass sie Ideen hatte, doch er sah auch, dass sie sich immer noch nicht in Gruppen einfügen konnte, mal vorpreschte, mal verzögerte. Kröller beobachtete sie eine Weile und schließlich riet er ihr, mit dem Tanzen aufzuhören, ihre Träume von einer Karriere als Ballerina aufzugeben. Und Gret gab selber zu: Ballett »füllte mich nicht aus; ich wollte mehr ausdrücken können, wußte aber keinen Weg«.

Bis sich der Weg eröffnen sollte, vergingen ein paar ratlose Monate. Gret wollte nicht zurück nach Plauen, aber ihr fehlte eine konkrete Idee für die Zukunft. Ein Bühnenleben, das war es, wonach sie sich immer noch sehnte, und so verbrachte sie nun ihre freien Stunden damit, sich zu verkleiden, verschiedene Rollen auszuprobieren: Mal verwandelte sie sich in eine Dame in Hut und Pelz, mal wurde sie zum Soldaten im Militärmantel. Sie ließ sich in den verschiedenen Posen fotografieren und lächelte zuversichtlich in die Kamera.[31]

Erst einmal blieb sie in München bei Kröller, traf sich aber manchmal mit ihrer Mutter in Dresden und ging mit ihr aus. Beide fühlten sich hingezogen zu Künstlern und nach dem Tod von Hans versuchten sie, über diese Gemeinsamkeit Verbindung miteinander zu bekommen. Sie besuchten Gesellschaften, auf denen auch der berühmte Tenor Richard Tauber eingeladen war oder der Filmregisseur Fritz Lang, überhaupt waren sie viel unterwegs, im Theater, in Cafés, in der Oper. Wäre es so weitergegangen, hätte Gret das Schicksal ihrer Mutter wiederholt, hätte sich treiben lassen von ihren unerfüllten Wünschen nach Bühne und nach Publikum.[32]

Doch Gret hatte Glück. Bei den vielen Künstlertreffen im Jahr 1919 lernte sie einen reichen jungen Mann kennen, Friedrich Bienert, den Erben eines Mühlenimperiums. Bienert suchte ebenfalls die Freundschaft zu Künstlern. Gret, die so temperamentvoll war und beweglich, die sich immer auf die Tanzfläche drängte und in die Mitte des Geschehens stürzte, gefiel ihm. Irgendwann kamen sie ins Gespräch und fingen an, gemeinsam auszugehen, immer dann, wenn Gret wieder in Dresden war. Die Freundschaft zwischen Gret und Bienert begann in dem Jahr, in dem Grets Bruder gestorben war.[33]

Im Spätherbst gastierte Gret mit Kröllers Truppe in Dresden. Wieder einmal verabredete sie sich mit ihrer Mutter, gemeinsam wollten sie am 7. November einen Abend mit der Ausdruckstänzerin Mary Wigman besuchen. Sie wusste nicht viel über Mary Wigman, nur, dass sie sich dem Expressionismus verschrieben und viel radikaler als Nijinsky und Diaghilew mit tänzerischen Konventionen gebrochen hatte.

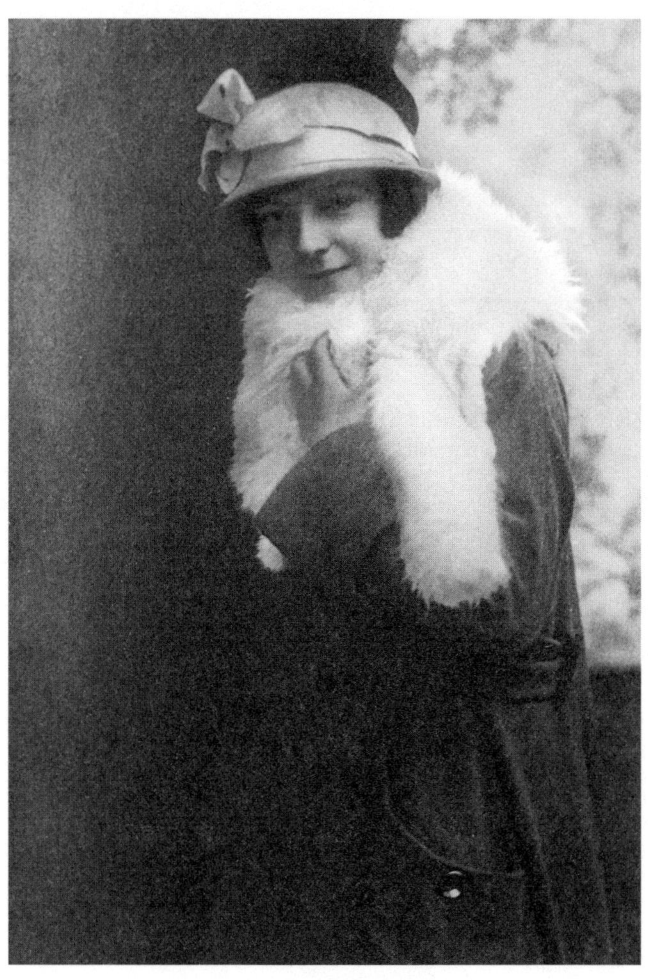

Gret Palucca, 1929

Doch als Mary Wigman dann auftrat und zu tanzen begann, sah Gret sofort, dass bei dieser Frau alles ganz anders war, dass Mary Wigmans Tanz nichts mit Ballett zu tun hatte und dass sie auch nicht so aussah, wie man es von einer Frau

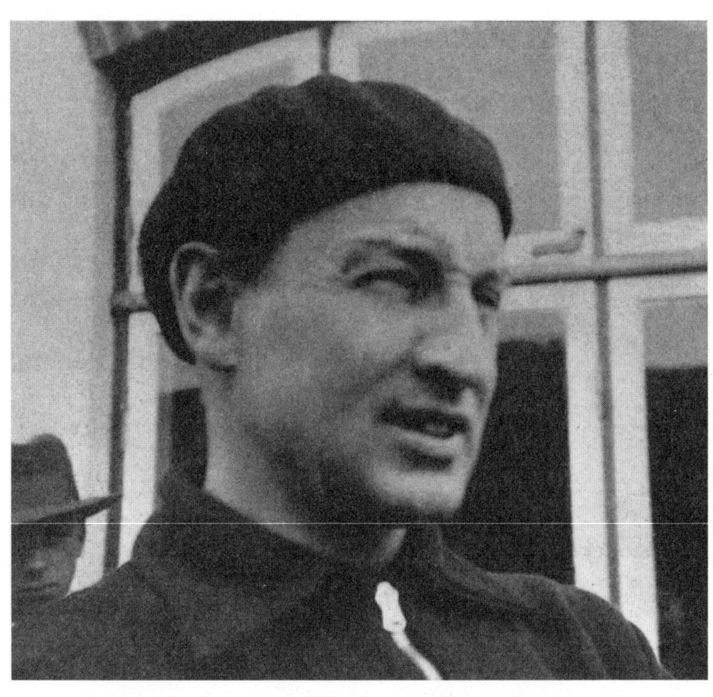

Friedrich Bienert

erwartete: das herbe, bleich geschminkte Gesicht beinahe zur Maske erstarrt, die Lippen rot, das Kleid locker fallend. Mary Wigman beanspruchte die ganze Konzentration im Raum für sich, auf der Bühne stand nur sie allein, es gab keine Dekoration und keine Musik. Wigman gab sich wie eine überreizte Nonne, wie eine Tempeltänzerin, wie ein Urwaldtier. Sie saß auf dem Boden, trampelte mit den Füßen und drehte sich sitzend wild im Kreis. Sie wütete und klagte und gab sich dann ganz der Trauer, der Elegie hin. Ihr Auftritt war ein Feuerwerk der Emotionen, da war nichts gebändigt, da kam alles unmittelbar, eruptiv heraus.

Gret war außer sich vor Begeisterung. Sie wusste sofort, dass da auf der Bühne etwas geschah, was viel mehr mit ihr selber zu tun hatte als das, was Kröller schon seit Jahren von ihr verlangte. Als der Auftritt vorbei war und Gret mit ihrer Mutter nach Hause ging, sprach sie nur noch davon, zu Mary Wigman zu gehen. Sofort war es ihr selbstverständlich, dass »ich nur dort hingehen konnte, dass nur Mary Wigman mir helfen konnte, weil sie genau das verkörperte, was ich in mir spürte«.[34]

Nach diesem 7. November 1919 gelang es Gret, sich vom Ballett und von Kröller zu lösen. Elf Jahre später sollte sich noch einmal ein Weg zu Kröller eröffnen. Im Jahre 1930, als sich Kröller das Leben genommen hatte, wurde ihr die Ballettmeisterstelle am Münchner Hof- und Nationaltheater angeboten. Aber sie lehnte das Angebot ab. Sie hatte Kröller inzwischen längst überflügelt.

Mary Wigman hatte ihr dabei geholfen. Sie wurde mit ihrem Tanz für Gret das neue, große Vorbild. »Es ist sehr schwer, der heutigen Generation klarzumachen, was für uns damals Mary Wigman bedeutete«, sagte sie später. »Es war etwas so unerhört Neues, so Elementares, daß mir sofort klar wurde: Entweder lerne ich bei ihr tanzen, oder ich lerne es nie! Hier war der neue Tanz, der meinem Ideal entsprach«.[35]

Paluccas Förderer in der Weimarer Republik

»Hier war der Mensch, den ich brauchte« – Mary Wigman, die Lehrerin

Wenn Gret fotografiert wurde, dann meist alleine, nur selten gesellte sich der Vater dazu, nur ein paar Mal die Mutter oder der Bruder. Im Hintergrund lag irgendein See, ein verdorrter Baum, ein Fels. Palucca gab all diese Fotos in ihren Nachlass und ließ die Betrachter raten, woher sie kam, zu wem sie gehörte.[1]

Mary Wigman jedoch markierte in ihrem Nachlass den Ort ihrer Herkunft genau und stellte klare Bezüge zu ihrer Familie her: Von ihrem »Vaterhaus« in Hannover schrieb sie in ihrem Tagebuch und schilderte die soliden Verhältnisse im Haus ihrer Eltern. Konkurse, Scheidungen, so etwas gab es hier nicht.

Mary Wigmans Eltern wussten die Chancen, die sich im ausgehenden 19. Jahrhundert durch die Technisierung ergeben hatten, zu nutzen: Ihre Vorfahren waren Mägde und Schäfer gewesen, sie hatten sich aus bescheidenen Verhältnissen hochgearbeitet, hatten – anders als die Palukas – nichts geerbt, und wollten ihren neuen Wohlstand durch wohlkalkulierte Experimente ausbauen, aber auch sichern,[2] ihren Kindern Freiheit lassen, aber auch Geborgenheit geben. Mary Wigman dachte als Erwachsene gerne an ihre Herkunft, an ihre Mutter, ihren Vater, ihre Geschwister zurück und konnte mit allen Sinnen ihre Kinderzeit heraufbeschwören. Wenn es ihr schlecht ging, notierte sie in ihr Tagebuch Szenen ihrer Kindheit und leitete ihren Rückzug in die Welt von früher mit einem Satz ein, den sie immer wiederholte: »Ich erinner mich«.

Sie erzählte sich selber von eben jenem »Vaterhaus« in Hannover, das Vater Heinrich Wiegmann zusammen mit seinen zwei Brüdern gekauft hatte, und in dem die drei Brüder im Erdgeschoss einen Fachhandel für Nähmaschinen und Fahrräder betrieben – beides, Nähmaschinen und Fahrräder, kamen gerade in Mode. In diesem Haus wurde Mary Wigman am 13. November 1886 als Marie Wiegmann geboren. Die Mutter trug »bunte, helle, prächtige Sommerkleider«, machte Butterkuchen für Mary und Milchkaffee, den diese dann »gierig aus blauen Puppentassen« trank: »Spielen, spielen, den ganzen Tag, das war schön«.

»Im dicken, warmen weißen Kachelofen brutzelten zur Winterzeit die Bratäpfel«. Und es gab »kein einziges Weihnachtsfest ohne den im Kerzenlicht erstrahlenden Weihnachtsbaum«. In der »tiefen Festernische in der Wohnung, hinter Vorhängen, konnte man vor sich hinträumen«.[3]

Auch Mary Wigmans Vater starb früh, doch nicht wie Max Paluka weit weg auf einem Schlachtfeld und getrennt von der Familie, sondern zu Hause in einem eigenen Krankenzimmer, in dem die Kinder ihn besuchten. Wenn die neunjährige Mary zu ihm ging, dann strich sie sich die »vom Spielen zerzausten Haare glatt«, und als er dann starb, war das Zimmer voller Menschen. Mutter und Tochter weinten.[4]

Auch als junge Frau scheute Mary Wigman sich nicht, ihre Gefühle zu zeigen. Sie drückte ihre Trauer, ihre Wut, Angst und Scham in ihren Tagebüchern aus und in ihrem Tanz: Sie tanzte Gefühle.

Im Jahr 1910 ging sie als junges Mädchen nach Hellerau und näherte sich damit ihrer späteren Wahlheimat Dresden. Hellerau war die erste Gartenstadt Europas und lag auf den Hügeln über Dresden. Hier lernte Mary Wigman nach einer neuen Methode des Schweizer Rhythmiklehrers Émile Jacques-Dalcroze, Musik in Bewegung umzusetzen. Sie legte ihr Korsett ab, ihre langen Röcke, Hüte und Hutnadeln, trug von nun an die Haare kurz und kleidete sich nach der Reformmode in weiten Gewändern. Nachdem sie die Ausbildung abgeschlossen hatte, ging sie in die Schweiz, auf den Monte Verità, auf dem die so genannten Lebensreformer in einer Kommune zusammenlebten. Dort lernte sie Rudolf von Laban kennen, der, wie er selber sagte, eine »Tanzfarm«[5] gegründet hatte: Laban war der Guru, der große Initiator der modernen Tanzbewegung, und Mary Wigman nannte ihn einen »Priester einer ungekannten Religion«[6]. Wenn Laban sich mit seinen Schülerinnen auf einer Lichtung oder am Ufer das Lago Maggiore traf, wirkte er wie ein Prophet mit seinen Jüngerinnen, trug wie ein Dandy weiße kurze Hosen und seine Schülerinnen gruppierten sich in weiten Gewändern und mit offenen, langen Haaren um ihn herum. Bei den Übungen gab Laban einzelne Worte vor, Töne oder Ideen: Wie bewegt sich ein Schleier im Wind? Und die Schülerinnen improvisierten dazu, sollten den Raum entdecken, in allen Richtungen den »freien Tanz« suchen.[7]

Ab 1914 trat sie selber auf, sie wollte »frei werden von der Musik«[8], notierte sie in ihr Tagebuch. Mary Wigman war die erste, die ganz ohne Musik auf der Bühne tanzte. Manchmal ließ sie sich von einem Schlaginstrument den Rhythmus vorgeben, meist ein asiatischer Gong, mit dem sie dann an die allgemeine Südseesehnsucht appellierte. Sie wollte nicht nur frei werden von der Musik, sondern auch frei von vorgegebenen Handlungen. Sie nutzte neue Bühnentechniken, ließ Scheinwerfer aufleuchten und wieder abblenden, trat vor schwarzen Vorhängen auf und nicht, wie klassische Tänzer, vor Tannenwald- oder Schlossattrappen.[9] Alles sollte sich auf sie und ihren Tanz konzentrieren.

Wenn Mary Wigman tanzte, dann zog sie sich in sich selbst zurück, und doch wirkte es so, als vollziehe sie eine Art Kultus, als beschwöre sie geheimnisvolle Mächte, denen sie sich dann unterwarf. Ein Kreis war für sie eine magische Figur. Einmal beschrieb sie, wie eine Tänzerin – sie selbst – einen Kreis in den Raum zeichnet: »Sie bannt diesen Kreis in diesen Raum, ward von ihm gebannt. Geheime Kraft geht von ihm aus, hält die Füße. [...] Wer kann sie erlösen? Sie verlor die Macht über sich. Von fremder Gewalt gejagt, rasen die Füße den qualvollen Kreislauf. Es brennt ihr der Kopf, der Körper.«[10]

Ihre Aufführungen waren suggestiv, dramatisch und theatralisch, wirkten ekstatisch und intellektuell zugleich, und das alles war für die Zuschauer, die an die Konventionen der bürgerlichen Hochkultur gewöhnt waren, schwer zu verkraften. So verliefen ihre ersten fünf Bühnenjahre schlecht. Mary Wigman verausgabte sich, doch die wenigen Leute, die überhaupt kamen, blieben nicht lange und verließen, mal zornig, mal gelangweilt, den Zuschauerraum. Oft war es nur Mary Wigmans Mutter, die bis zum Ende der Vorstellung blieb und hinterher vorsichtig Zweifel äußerte, ob dieser Ausdruckstanz denn auch das Richtige sei.[11]

Bei einem Auftritt in Berlin im Herbst 1919 waren die Zuschauerreihen wieder so gut wie leer und die paar Leute, die sich herbemüht hatten, ließen das Programm versteinert über sich ergehen. Dann war auch noch der Pianist betrunken, spielte irgendetwas, nur nicht das, was Mary Wigman vorher mit ihm abgesprochen hatte. Verzweifelt lief sie nach der Vorstellung in ihre Garderobe[12] und wunderte sich dann, dass zwei junge Männer zu ihr kamen und ihr sagten, wie gut ihnen der Abend gefallen habe.[13] Und dass sie sie einladen wollen nach Dresden und dort für ein gutes Publikum sorgen würden.

Einer der beiden Männer war Will Grohmann, der später der Freund Paluccas werden sollte und damals – mit Anfang dreißig – dabei war, ein ambitionierter Förderer von Künstlern zu werden: Ausstellungen zu organisieren und Rezensionen, Essays, später ganze Bücher über Künstler zu schreiben. Der Abend, den er in Dresden für Mary Wigman organisierte, war der 7. November 1919, jene Vorstellung, mit der ihr der Durchbruch gelingen sollte und bei der im Publikum das Mädchen Gret Paluka saß. Nach diesem Abend dauerte es noch vier Monate, bis Mary Wigman und Gret zusammenkamen. Mary Wigman wurde von Woche zu Woche bekannter und tanzte vor vollen Sälen. Und Gret überlegte, wie sie sich an Wigman heranwagen könnte.

Im März 1920 putschten rechtsextreme Nationalisten, allen voran Wolfgang Kapp, gegen die neue demokratische Regierung. Delegierte der Nationalversammlung flohen aus Berlin und begaben sich am 13. März nach Dresden. Im ganzen Reich wurde der Generalstreik ausgerufen. Mary Wigman, die gerade im Sächsischen auftrat, schaffte es noch nach Dresden, saß dann aber dort fest.

Die Lokführer, selbst die Straßenbahnschaffner streikten in diesen Tagen, die Dresdner Cafés und Restaurants hatten geschlossen, in der Stadt arbeiteten überhaupt nur noch die Angestellten der Elektrizitäts-, Wasser- und Gaswerke. Einige Dresdner hatten sich bewaffnet, die meisten Leute aber blieben zu Hause, denn in der Altstadt wurde geschossen, verirrte Kugeln steckten in der Sophienkirche, dem Zwinger und dem Taschenbergpalais.[14] Allein auf dem Postplatz fielen 59 Demonstranten unter den Salven der Reichswehr.[15]

Gret gehörte zu den wenigen Menschen, die sich überhaupt auf die Straße trauten. Sie wagte sich sogar in die Altstadt, denn sie hatte herausgefunden, dass Mary Wigman im Palasthotel wohnte und wollte die Gelegenheit nutzen, sich bei ihr vorzustellen. Das Palasthotel sah aus wie ein Stadtschloss, lag in unmittelbarer Nähe des Zwingers und bekam in diesen Tagen auch ein paar Schüsse ab. In einem Trakt des Hotels war ein Lazarett untergebracht worden.

Gret kam sicher dort an und ließ sich den Gesellschaftsraum zeigen, in dem die Wigman ihre Gäste empfing. »Ich hatte fürchterliche Hemmungen, weil ich mir eben dachte, ich sei unbegabt«. Sie zog sich ihre Ballettschuhe an, klopfte an der Tür und wurde von Wigmans Assistentin Berthe Trümpy hineingerufen, die sie von nun an kritisch betrachtete.[16] Wigman fand gleich Gefallen an dem knabenhaften Mädchen mit den wirren Haaren und forderte sie auf, draufloszutanzen. Doch Gret wusste nicht, was sie tun sollte. Bei Kröller hatte sie gelernt, nur das zu machen, was der Lehrer ihr sagte. Also flüsterte sie: »Ich habe keine Musik dazu«. »Dann sing etwas«, sagte Mary Wigman.

Gret begann, wie sie es bei Kröller gelernt hatte, auf halber Spitze zu trippeln und mit einem imaginären Ball zu spielen. Wigman musste lachen und sagte: »Beug Dich nach rückwärts.« Gret schlug eine Brücke. Und dann sprang sie, »sie sauste einfach in die Luft«,[17] staunte Mary Wigman später, so hoch, dass die venezianischen Kristalllüster, die eben noch an der Decke hingen, gemeinsam mit ihr zu Boden gingen. Davon war Mary Wigman dann wirklich beeindruckt. Und Gret zufrieden mit sich: »Mary Wigman hat eben doch so viel aus mir herausgelockt«.[18]

Wigman sagte ihr, sie solle die Kristallstücke mitnehmen und in die Elbe schmeißen. Und wiederkommen solle sie auch – als Schülerin. Gret sagte später: »Ich habe schon bei der Aufnahmeprüfung gemerkt, dass das das einzig richtige war.«[19]

Und so ließ Gret nach der Begegnung mit Mary Wigman den klassischen Tanz hinter sich, doch war ihr immer anzumerken, dass Ballett die Basis für ihren Ausdruckstanz gewesen war. Gret würde Elemente aus beiden Richtungen zu einem eigenen Stil verbinden, der ihr Markenzeichen werden sollte. Bald nannte sie sich nur noch »Palucca«. Das klang geheimnisvoll und rasant, hatte Rhythmus und erinnerte Gret an ein Marionettentheaterstück, das sie als Kind gesehen hatte, ein Stück mit der lustigen Figur »Palikke-Palukke«.

Palucca hatte das Glück, dass Mary Wigman plötzlich beschlossen hatte, in Dresden zu bleiben und dort eine Schule zu gründen, die bald in ganz Europa bekannt war. Eigentlich hatte Wigman nach Zürich zurückkehren wollen, doch die Zürcher Fremdenpolizei hatte ihr keine längerfristige Aufenthaltserlaubnis erteilt, und so kaufte ihre Assistentin

Berthe Trümpy eben ein Haus in Dresden. Trümpy hatte dafür Geld von ihrem Vater, einem Schweizer Industriellen, bekommen, hatte mit Schweizer Franken zahlen können,[20] die in der Nachkriegszeit viel wert waren. Das Haus, das sie kaufte, lag in der Schillerstraße, einer Hauptstraße, die von der Dresdner Neustadt, einem verwinkelten und dicht bebauten Arbeiterviertel, hin zum Villen- und Kurort Weißer Hirsch führte.

In ihrer Anfangszeit als Mary Wigmans Schülerin konnte Palucca zusehen, wie sich das Haus in der Schillerstraße veränderte und zum Sinnbild des Expressionismus wurde. Den größten Raum, den Übungssaal, ließ Mary Wigman in einem gedeckten Rotton[21] streichen und zwar nicht nur die Wände, sondern auch die Decke und sogar die Türen. Die ersten Besucher waren überrascht, »prallten zurück«, wie Mary Wigman zufrieden in ihr Tagebuch notierte.[22]

Mary Wigmans eigenes Zimmer im ersten Stock ließ sie mit Goldpapier bekleben, und die Möbel, die sie dort hineinstellte, hatte sie schwarz streichen lassen. Die Möbelpacker, die die Sachen ins Haus trugen, fragten zuerst, wo »das Sarglager«[23] denn nun hin solle. Die schwarzen Regale sollten an die Wand, da kamen die vielen Bücher hinein und lauter Mitbringsel von den Tourneen. Der schwarze Flügel kam in eine Ecke und ragte von dort in den Raum hinein. Der schwarze Sessel, die schwarze Couch und der schwarze Couchtisch kamen in die Mitte des Zimmers. Auf den Tisch legte Wigman eine Goldbrokatdecke und unter eines der beiden Fenster kam dann noch ihr wuchtiger Schreibtisch, der eine leichte Biegung hatte und an dem Mary Wigman saß und Tagebuch schrieb.[24] Das Zimmer von Berthe Trümpy wurde grün gestrichen und der Treppenaufgang blau. Der Stall im Hof, den Wigman später zu einem zweiten Übungsraum umbauen ließ, strahlte dann kanariengelb.

Der 1. September 1920 war der erste richtige Schultag. Da gab es zwar noch kein elektrisches Licht, auch kein Wasser, kein Gas, dafür aber gelbe Birnen im Garten, Rosen und Federnelken.[25]

Die neuen Schüler hatten Spaß, ihre exzentrische Lehrerin zu beobachten. Sie richteten sich an Mary Wigmans Selbstbewusstsein auf, denn viele waren zutiefst verunsichert an die Schule gekommen, sie mussten sich in der neuen Republik zurechtfinden, die Schrecken des Krieges und das Ende der Monarchie verwinden. Die alte Welt, in der sie aufgewachsen waren, gab es nicht mehr. Wucherer, Spekulanten, Schieber versuchten ihr Glück. Palucca merkte, dass nicht nur sie alleine mancherlei Schicksalsschläge zu bewältigen hatte, sondern dass auch ihre Mitschüler ihre Väter und Brüder verloren hatten und mit dem Krieg den gesellschaftlichen Status, den gewohnten finanziellen, bürgerlichen Rahmen.

Für Palucca, die sich auf eine respektable bürgerliche Herkunft sowieso nicht mehr berufen konnte, war das Ende der wilhelminisch-bürgerlichen Ära auch eine Chance. Sie war durch ihre sportliche Begabung und ihre Natürlichkeit gut gerüstet für den Zeitenwandel.

Sie hatte sich ein Zimmer in der Nähe der Schule genommen und konnte es morgens gar nicht abwarten, in die Wigman-Villa zu kommen. Sie stand früh auf, frisierte sich ihren Pagenkopf so, dass er sich mit einer kräftigen Welle nach innen lockte, dass ihre Haare beinahe so aussahen wie der Helm eines jungen Ritters, dass sie androgyn wirkte – ein Mädchen mit einem modischen Garçonne-Einschlag.[26] Sie trug meistens ein einfaches, knielanges Kleid. Für den Unterricht brauchte sie nicht viel einzupacken, Schuhe schon gar nicht, denn in der Wigman-Schule wurde barfuß trainiert. Die Schüler sollten den Boden unter sich spüren.

Und hier in der Wigman-Schule fühlte Gret buchstäblich wieder Boden unter den Füßen: »Es ist wirklich etwas Fantastisches, wenn man zu einem Meister kommt und restlos ›ja‹ sagen kann und weiß, das ist für dich der richtige

Mensch, ein wahrer Künstler«, sagte sie.[27] Sie fühlte sich wohl und von Mary Wigman gefördert und gelenkt: »Hier war der Mensch, hier war der Führer, den ich brauchte«,[28] bekannte sie. »Ich fühlte mich befreit und entdeckte mich neu«. In der Wigman-Schule musste sie keine starren Übungseinheiten abarbeiten wie noch bei Kröller im Münchner Hof- und Nationaltheater. Jeder Tag verlief etwas anders als der vorherige, einen Stundenplan gab es nicht.

Wenn Palucca in der Schule angekommen war, wartete Berthe Trümpy schon auf sie. Die beiden begannen mit dem Training. Berthe Trümpy musste ihre Nervosität verbergen, denn eigentlich war sie es, die Palucca etwas beibringen sollte, doch sie wusste bald, dass ihre Schülerin viel besser war als sie und vor allem viel besser springen konnte: hoch und kraftvoll und trotzdem leicht, so als koste es sie gar keine Mühe. Paluccas Sprungtalent, da war Trümpy sich sicher, war nur mit dem von Nijinsky zu vergleichen: »Diese Sprungleichtigkeit, man hat sie, oder sie ist mit keiner Übung zu erreichen«,[29] sagte Trümpy bewundernd.

Doch Berthe Trümpy bemühte sich, eine gute Lehrerin zu sein, bat Palucca, ihr Bein hochzuheben, und wenn das Bein dann sofort an Paluccas Ohr klatschte, zuckte sie zusammen und dachte, sie hätte Palucca »kaputtgemacht«[30], wie sie später zugab. Irgendwann kamen die anderen Schüler dazu und gemeinsam fingen sie an, Choreografien auszudenken und einzustudieren, manchmal auch zu improvisieren. Mary Wigman, gab dann – wie sie es bei ihrem Lehrer Laban auf dem Monte Verità in der Schweiz gelernt hatte – Stichworte vor, eine Idee, eine Szene, forderte die Schüler beispielsweise auf, Radfahrer zu sein.

Erst einmal waren Paluccas Mitschüler an der Reihe. Sie erzählten pantomimische Geschichten, guckten verträumt vor sich hin, stiegen von ihren imaginären Rädern ab, täuschten eine Panne vor. Dann war Palucca dran. Sie beugte sich vornüber wie ein Rennfahrer, strampelte besessen drauflos und verausgabte sich völlig.[31] Mary Wigman stutzte, wunderte sich über Paluccas willensstarken Einsatz, sagte aber noch nichts. Für sie selber, für Mary Wigman, bedeutete Improvisieren, den eigenen Gefühlen nachzuspüren und diese dann auszudrücken. Palucca aber entwarf ein Bild von sich, das ihr gefiel, und versuchte, dem Bild mit Virtuosität und Kraft nahezukommen. Sie arbeitete mit Vorsatz, mit Bemühen und Ehrgeiz. Mary Wigman dachte viel über Palucca nach, beobachtete sie oft ganze Tage. Palucca war ihr unheimlich. Oft fühlte sie sich überrannt von Paluccas Energie, schaute aber gleichzeitig auch auf sie herab, empfand sich selber als feingeistiger, intellektueller. Und es war nicht leicht für Wigman anzuerkennen, dass ihr Palucca technisch überlegen war.

Doch noch passierte mit jedem Tag zuviel Neues, noch war die Stimmung zu optimistisch, als dass die Konflikte zwischen der Lehrerin und der Schülerin, die sich jetzt bereits anbahnten, schon offen hätten aufbrechen können. Noch verehrte Palucca ihre Lehrerin: »Mary Wigman hat uns viel Freiheit gelassen«, erzählte sie später, »auch wenn sie von uns ausgesprochen viel verlangt hat, auch technisch, aber es war eine vollkommen andere Technik, wir mußten unsere Körper restlos beherrschen und hatten die Freiheit uns so auszudrücken, wie wir es empfanden, aber auch wie wir unsere Ideen verwirklichen wollten.«[32]

Bis in den späten Abend blieben Palucca und ihre Mitschüler in der Schule, verabschiedeten gegen 22 Uhr ihre Lehrerin, die sich in weiten, asiatischen Abendgewändern in ihr Zimmer im ersten Stock zurückzog. Bis nach Mitternacht hörten Spaziergänger auf der Straße die regelmäßigen Schläge des Gongs, Klaviergeklimper, die Schritte und Sprünge der Schüler und wie sie aufstöhnten, wenn die Muskeln anfingen zu schmerzen.

Manchmal aber verschwand Mary Wigman abends nicht in die oberen Räume, sondern klatschte energisch in die

Hände, sagte »Schluss für heute« und fragte, wer denn noch Lust habe, mit in die Stadt zu gehen. Palucca hatte immer Lust. Oft schlenderte sie dann mit einer ganzen Truppe Schülerinnen und Mary Wigman an der Spitze die Schillerstraße hinunter, wenn sie Glück hatten, erwischten sie noch eine Straßenbahn und dann ging es in die Prager Straße, wo in den vergangenen Monaten viele Tanzcafés eröffnet hatten. Sie besuchten besonders gern das Tanzcabaret »Barberina«, in dem Industrielle, Intellektuelle und Künstler ein- und ausgingen – so auch Friedrich Bienert, der junge Mühlenfabrikant, mit dem Palucca sich angefreundet hatte.

Der Dichter Theodor Däubler kam oft dazu, die Maler Otto Dix und Oskar Kokoschka, und wenn einer der Herren Lust hatte zu tanzen, dann sagte Palucca nicht nein. Den Gästen im Tanzcabaret fiel auf, dass es von den Wigman-Schülerinnen vor allem Palucca war, die es nicht lange an den Stehtischen im Hintergrund hielt, die es in den Vordergrund drängte. Auf der Tanzfläche probierte sie nacheinander und ohne Pause die neuen Tänze der Saison, den Shimmy, Charleston, Black-Bottom und Foxtrott. Doch sie ließ sich von ihren Tanzpartnern nicht gern führen, versuchte entweder selber zu führen oder löste sich von ihren Partnern und tanzte allein vor sich hin.[33] Bis in die frühen Morgenstunden war sie in Bewegung, das entging auch Mary Wigman nicht. Wigman merkte aber, dass sie den erstaunlichen Energien dieser Schülerin nichts entgegensetzen konnte und beschränkte sich auf milde Formen der Ermahnung: »Du kannst machen, was du willst, aber früh um acht stehst du ordentlich da und arbeitest«, sagte sie zu Palucca.[34]

Im übrigen hatte Mary Wigman nichts dagegen, wenn ihre Schüler in Dresden immer bekannter wurden, denn über ihre Schülerinnen konnte sie sich selber gut einführen in die Gesellschaft. Sie sorgte dafür, dass Palucca bei Festen wohlhabender Dresdner auftreten konnte, dort Geld verdiente oder wenigstens warm essen konnte. Palucca war immer mit vollem Einsatz dabei. Sie genoss auch das Leben in der »fantastisch künstlerischen Stadt«, wie sie selber sagte, schwärmte von der Architektur, dem Theaterleben, den vielen Malern. »Das war für uns junge Menschen natürlich wunderbar«, sagte sie später.[35] Und Paluccas Begeisterung war mitreißend. Morgens war sie die erste in der Wigman-Schule und nachts die letzte, sie lernte schneller als die anderen Wigman-Schüler,[36] sprang höher und weiter. »Du warst damals unser erstes und bestes Stück«, erinnerte sich auch Berthe Trümpy mehr als fünfzig Jahre später in einem Brief an Palucca. Doch sie ließ durchblicken, dass es auch Spannungen gab unter den Wigman-Schülern, und dass es Palucca war, die die Konflikte auslöste, so dass sie, Berthe Trümpy, ihre Mitschülerin manchmal wütend »Krätchen« nannte.[37]

Einmal trat Berthe Trümpy zusammen mit Palucca auf. Trümpy und Palucca sollten symmetrische Kreisbahnen laufen, und Palucca lief schneller und immer schneller, fing an zu springen, achtete überhaupt nicht darauf, ob Trümpy noch mitkam, so dass Trümpy nichts anderes übrig blieb, als Palucca während der Vorstellung zuzurufen: »Mach nicht solche Riesensätze, ich komm nicht mehr mit.« Mary Wigman, die mitten auf der Bühne stand, sah mit an, wie Trümpy sich quälte: »Gott sei Dank ging der Tanz seinem Ende zu, sonst wäre vielleicht noch ein Unglück geschehen«, stöhnte sie hinterher.[38]

Wie bei Kröller scherte Palucca aus, sie lächelte, wenn alle anderen ernst blickten, sie überforderte die anderen mit ihrer Energie, mit ihrem ungestümen, vorwärtsdrängenden Temperament, sie verunsicherte sie auch, weil sie überhaupt nicht kaschierte, wie sehr sie den Wettbewerb liebte und dass es ihr Spaß machte, die anderen hinter sich zu lassen, besser zu sein. Ihre Mitschülerinnen bewunderten und fürchteten sie. Wie bei Kröller sagte sie auch hier schon bald, dass sie »irgendwie anders, eben wilder« tanzen musste. Vor allen

Dingen wollte sie nichts Harmonisches tanzen: »Das lag mir überhaupt nicht, die Harmonie im Tanz«.[39] Sie wollte wild und lebhaft sein, positiv und lebensbejahend.[40] Täglich, so bekannte sie, arbeitete sie bei Mary Wigman daran, nicht lieblich zu sein. Später erzählte sie: »Wenn ich jetzt so darüber nachdenke, war dieses in der ersten Zeit und in meiner damaligen tänzerischen Unerfahrenheit mein stärkster Kampf. Meine Parole hieß: Ich will nicht hübsch und lieblich tanzen«.[41]

Mary Wigman verlangte auch nicht von ihr, hübsch und lieblich zu sein, aber sie wünschte sich, dass Palucca sich in die Gruppe einfügte und nicht immer nur das machte, was ihr im Moment gefiel. Einmal fuhr Mary Wigman mit Palucca und den anderen Schülern aufs Land, um dort einen Auftritt in der Oper »Orpheus und Eurydike« einzutrainieren. Als sie sich gerade warm machten, gesellten sich ein paar Bauern dazu und beobachteten die Proben. Sie konnten sehen, dass Mary Wigman und Palucca sich immer wieder stritten, denn Palucca gefiel überhaupt nicht, was sich Mary Wigman für sie ausgedacht hatte. Irgendwann war es Mary Wigman zu viel, sie zischte Palucca zu: »Tanz doch, was Du willst«. Trotzig legte Palucca los, machte einen Spagat nach dem anderen, ein akrobatisches Kunststück nach dem nächsten. Als sie fertig war, kam ein Bauer auf sie zu und berührte sie ungläubig: »Tatsächlich, sie ist nicht aus Gummi«, sagte er. Palucca freute sich, war begeistert und empfand das Kompliment auch als Triumph über Mary Wigman.[42]

Palucca tanzte lieber alleine, Mary Wigman aber setzte als Lehrerin und Choreografin alles daran, ihre Tänzer in der Gruppe zu einem Ganzen verschmelzen und in elegischen Wogen durch den Raum fließen zu lassen. Wenn Palucca nicht dabei war, schaffte sie es, jeden Einzelnen in der Gruppe so zu führen, dass er wirkte, als sei er ein Teil von ihr. Und auch das Publikum wurde beinahe hypnotisiert von dem kultischen Laufen und Schreiten, von dem rhythmi-

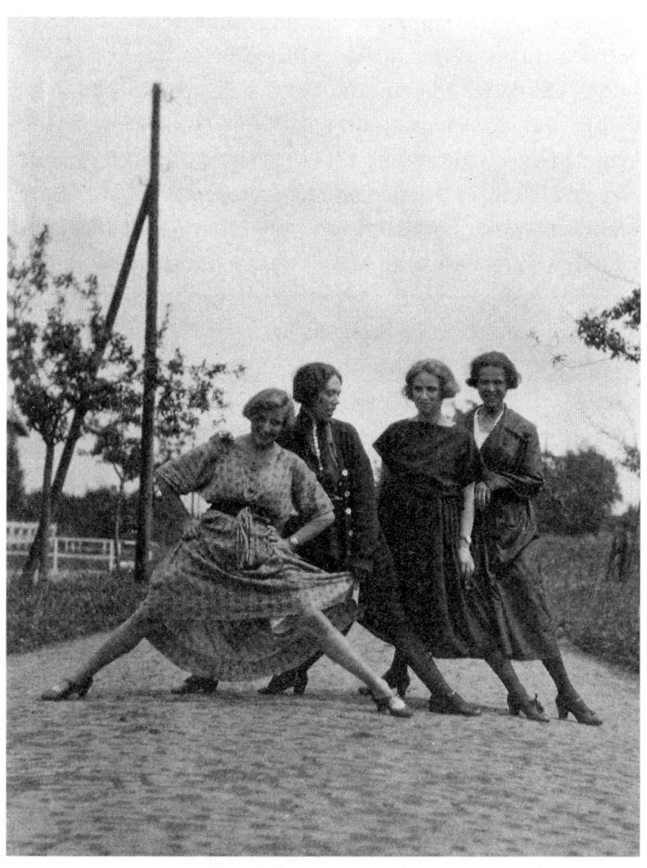

Gret Palucca, Mary Wigman, Berthe Trümpy und Lena Hanke, 1920

schen Schlagen der Trommel oder des Gongs. Feierlich und ernst ging es bei Mary Wigmans Aufführungen zu, als hätten sich alle zu einer okkulten Messe zusammengefunden. Doch wenn Palucca dabei war, störte sie mit ihrer Lebendigkeit die feierliche Stimmung, sie fiel in der Wigman-Gruppe auf – zu sehr.

Die Wigman-Gruppe war schon Ende 1920 gegründet worden, Mary Wigman hatte ihre Schülerinnen Palucca, Berthe Trümpy und Lena Hanke zu sich gerufen und ihnen gesagt, dass sie von nun an zur »Kammertanzgruppe Mary Wigman« gehören könnten. Mary Wigman plante gemeinsame Auftritte, in Dresden und in ganz Deutschland. Die drei Mädchen waren begeistert und schon am 14. Januar 1921 gaben sie gemeinsam mit Mary Wigman ihr Debüt im Dresdner Konzertsaal: einen »Totentanz«, eine »Danse macabre« zur Musik von Camille Saint-Saëns.

Mary Wigman war anspruchsvoll, sie wollte ihr Publikum herausfordern und auch erziehen. Bald schon war bekannt, dass ihre Tänzerinnen nicht unbedingt schön sein mussten, und schon diese Tatsache allein galt als unerhört, als sensationelle Neuigkeit. Der Feuilletonchef des »Berliner Tageblatts«, Fred Hildenbrandt, schrieb erstaunt in einem Artikel: »Es gab im Beginn des neuen Tanzes eine Zeit, in welcher ich der sicheren Meinung war, eine Tänzerin müsste, erstens, zweitens, drittens, bevor überhaupt der Tanz begänne, schön sein, auserlesen, vollkommen gewachsen und von Angesicht wunderbar. Wie irrig und altertümlich war diese Meinung! Siehe, es macht nichts mehr aus. Sie braucht nicht mehr schön zu sein, sie kann einherwehen, und man vergisst das Gesicht. Sie kann dahinfegen, und der Ausdruck ihres Körpers kann so faszinierend sein, dass alles andere zurücktritt und nur dieser Körper im Raume sich bewegt, dieser Zustand sich vollzieht, dass jemand imstande ist, durch ein Heben der Hand oder ein Beugen der Knie etwas zu sagen, was sonst auszusagen beinahe unmöglich ist«.[43]

Bei Kröller hatte Palucca darunter gelitten, dass sie nicht so aussah wie eine typische Ballerina. Auch als Mary Wigmans Schülerin war sie noch unsicher, sie band ihren üppigen Busen zurück und kaschierte ihn durch weite Oberteile. Doch bald merkte sie, dass sie beim Publikum, so wie sie war, mit ihren leuchtenden braunen Augen und ihrer dunklen

Haut, mit ihren sensiblen Händen und ihrer kraftvoll-erotischen Ausstrahlung gut ankam und dass die Kritiker vor allem darauf achteten, wie sie tanzte. Als sie 1921 in einer modernen Inszenierung des Shakespeare'schen »Sommernachtstraum« den Oberelf, den Assistenten des frechen, dreisten, irrlichternden und dennoch liebenswerten »Puck« im Dresdner Schauspielhaus gab, lobten die Kritiker ihre Frische und Originalität, ihre Spontaneität und Unbefangenheit – um das Aussehen ging es gar nicht.

Palucca war erleichtert, dass Mary Wigman ein neues Frauenbild durchsetzte und sie beobachtete auch, dass Mary Wigman Künstlerkollegen ganz anders behandelte, als es noch ihre Mutter getan hatte. Mary Wigman gab sich nicht damit zufrieden, für Künstler zu schwärmen und ihnen nahe zu sein, sondern sie begegnete Künstlern von gleich zu gleich. Sie lud ihre Künstlerfreunde in ihr Zimmer ein, ließ sich von Emil Nolde malen oder hörte dem Dresdner Pianisten Paul Aron zu, wie er an ihrem Flügel die neuen, expressiven Werke junger Komponisten spielte. Auch Will Grohmann kam oft und erzählte von seinem neuen Interesse für die Abstraktion in der Malerei und von den Malern, die er entdeckte oder förderte – gerade begann er sich für die surreal-verträumten Arbeiten von Paul Klee zu interessieren und für die dynamisch-geometrischen Farbkompositionen von Wassily Kandinsky.[44]

Mary Wigmans Besucher waren oft beim Unterricht mit dabei und so sah Grohmann auch Palucca das erste Mal. Sie fiel ihm auf, doch noch machte er sich nicht allzu viel aus ihr, er empfand sie als sehr jung und unerfahren. Er selber stand am Anfang seiner Karriere als Förderer moderner Kunst und interessierte sich mehr für die reifen und intellektuellen Frauen. Seine eigene Frau war sehr klug und zwölf Jahre älter als er und Mary Wigman war auch belesen, so dass sich die beiden über alle möglichen neuen Kunsttheorien unterhielten.

Palucca selber bewunderte Grohmann sehr, aber auch sie nahm ihn noch nicht als einen Mann wahr, mit dem sie näher verbunden sein könnte. Sie ging lieber mit Friedrich Bienert aus. Der mochte es gern, dass sie jung und ausgelassen war. Er war lange im Krieg gewesen, sogar bei der großen Schlacht an der Somme, und war mit dem Bedürfnis zurückgekommen, selber wieder jung zu sein. So sah man ihn mit Palucca im Dresdner Nachtleben herumtollen. Friedrich Bienert wollte aus Palucca eine gefeierte Solotänzerin machen, er überlegte sich jetzt bereits, wie er sie fördern und vermarkten könnte.

Palucca wohnte mit der jungen Malerin Hilde Goldschmidt zusammen in einer Wohnung. Hilde Goldschmidt war Meisterschülerin beim Maler Oskar Kokoschka, der damals in Dresden als Professor an der Kunst-Akademie unterrichtete. Palucca unterhielt sich oft mit ihrer Mitbewohnerin abends vor dem Einschlafen oder morgens beim Frühstück über ihre Lehrer und die beiden Mädchen stritten darüber, ob es nun besser sei, bei Wigman Tänzerin zu werden oder bei Kokoschka Malerin. Sie lagen sich, so erzählte Palucca, ständig in den Haaren, denn Hilde Goldschmidt war ebenso begeistert von Kokoschka wie sie von Wigman.

Tatsächlich schafften es Kokoschka und Wigman, ihre Schüler auf ähnliche Weise mitzureißen. Kokoschka lebte in den zwanziger Jahren in Dresden so unbeschwert wie nie zuvor, seine Gemälde, die hier entstanden, wirken sinnlich und frei, strahlend und frisch.[45] Von seinem Zimmer in der Akademie konnte er auf die Dresdner Neustadt am anderen Flussufer sehen, auf die Augustusbrücke, den Fluss und den Himmel und allein diese Ansicht malte er zehnmal,[46] zuerst schemenhaft, fast impressionistisch und in viele Blautöne aufgelöst und dann immer konturierter, farbenfroher, mit schärferen Umrissen.

Wie Mary Wigman wollte Kokoschka seinen Schülern keine Techniken beibringen, sondern ihre Empfindungen wecken[47] und sie herausfordern. Er schonte sie nicht, sondern galt – wie Wigman – als launisch, unnachgiebig und kompromisslos, verstand es aber, die Schüler durch seine emotionale Wucht zu begeistern.[48] Hilde Goldschmidt, so wünschte Kokoschka sich, sollte über Palucca ein »zeichnerisches Tagebuch« führen, und so lief sie manchmal ganze Tage hinter Palucca her und malte sie, ganz gleich, ob Palucca sich wusch, umzog oder übte.[49] Palucca und Hilde Goldschmidt feuerten sich gegenseitig an, künstlerisch so weit wie möglich zu kommen.

Tatsächlich wurde auch Hilde Goldschmidt eine erfolgreiche Malerin. Überhaupt trafen in Dresden viele junge Frauen aufeinander, die sehr bekannt werden sollten. Auch die spätere Nazi-Filmemacherin Leni Riefenstahl war als Zwanzigjährige nach Dresden gekommen, hatte sich bei Mary Wigman vorgestellt und war angenommen worden. Auch sie wohnte in der Nähe der Schule, auch sie bewunderte die Wigman, doch sie hatte genauso wie Palucca Mühe, sich in den Gruppentanz einzuordnen.[50] Obwohl Palucca und Leni Riefenstahl nicht viel miteinander zu tun hatten, konnte sich Riefenstahl noch Jahrzehnte später daran erinnern, »dass Gret Palucca damals wegen ihrer besonderen Begabung auffiel«,[51] dass man gesehen habe, »dass sie berühmt wird«: »Sie war wie eine tanzende Blume, schwerelos.«[52]

Doch Leni Riefenstahl entging auch nicht, dass sich Palucca und Mary Wigman sehr voneinander unterschieden. Palucca war »ein Bündel Fröhlichkeit«, sagte Riefenstahl, ihre Bewegungen waren nicht stilisiert wie die der Wigman, sondern impulsiv.[53] Es war allen an der Schule klar, dass sich ein schwerer Konflikt anbahnte.

Die jungen Frauen, die bei Mary Wigman lernten oder mit der Schule zu tun hatten, wurden in Dresden schnell erkannt. Sie trugen ihre Haare und Röcke kürzer als die anderen Mädchen und sie traten selbstbewusster auf. Der Dresdner Philologe und passionierte Tagebuchschreiber Victor Klemperer notierte in den frühen zwanziger Jahren, dass er wieder einmal zwei »Wigweiber« getroffen hat: »arg verhungerte, feine Geschöpfe«[54]. Tatsächlich waren viele der Wigman-Schülerinnen bleich und arm, hatten Schulden und dachten sich, hungrig wie sie waren, ein tägliches Ritual aus, das sie »Abendessenspazieren die Schillerstraße entlang« nannten: Sie gingen an der Wigman-Schule los, kauften sich ein oder zwei Brötchen beim Bäcker und im nächsten Obstladen einen Apfel. Nachdem sie dieses reichhaltige Mahl aufgegessen hatten, spazierten sie ins Schillercafé und beschlossen ihr Abendessen mit einer Tasse Kaffee. Hatte eine von ihnen einen Groschen übrig, konnten sie als musikalische Begleitung die Ungarische Rhapsodie Nr. 2 von Franz Liszt hören – das Hammerklavier im Schillercafé hatte nur diese einzige Rolle.

Palucca verstand es zwar auch, mit sehr wenig Geld zurechtzukommen und bekam zudem noch regelmäßig Geldgeschenke von ihren wohlhabenden spanischen Verwandten, doch sie wusste auch, dass ihre Bescheidenheit nur die eine Seite ihres Wesens war, dass sie gepaart war mit absoluten Ansprüchen. Ihre Angst, ob sie je als moderne Tänzerin genug verdienen würde, konnte Friedrich Bienert aber zerstreuen. Er war großzügig, holte Palucca mit dem Auto ab, zahlte in den Restaurants die Rechnungen.

So hatte jeder unterschiedliche Strategien, mit den kargen Zeiten umzugehen. Mary Wigman versuchte die Geldnot, von der auch sie betroffen war, effektvoll zu überspielen: Ihr Zimmer, das sie mit einfachem Goldpapier hatte tapezieren lassen – mit Papier, mit dem Kinder basteln – gab sie selbstverständlich als ihren »goldenen Salon«[55] aus. Und sie verstand es auch, mit wenigen Mitteln große Feste zu feiern, vor allem Faschingsfeste, denn auch hier konnten sie und ihre Gäste sich verhüllen und verstecken, wie es wirklich um sie stand. Palucca verkleidete sich für diese Feste

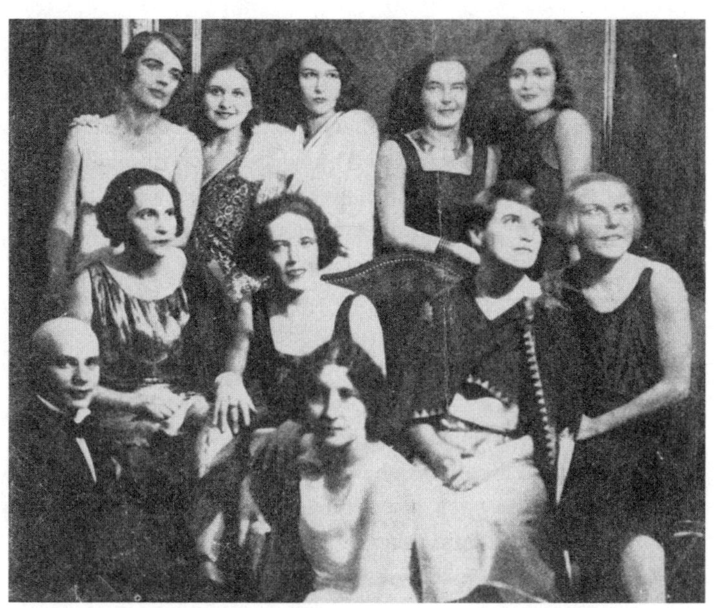

Treffen von TänzerInnen zum 10-jährigen Berufsjubiläum Mary Wigmans: stehend: Trude Engelhart, Grete Wallmann, Vera Skoronel, Gret Palucca, Yvonne Georgi; sitzend: Elisabeth Wigman, Mary Wigman, Berthe Trümpy, Hanya Holm; vorne: Harald Kreutzberg, Yella Schirmer

gerne so, dass sie überhaupt nicht mehr zu erkennen war. Und einmal, als sie sich zu Hause in ihrer Wohngemeinschaft mit Hilde Goldschmidt gerade für ein solches Fest bei Wigman umgezogen hatte, kam Oskar Kokoschka vorbei, fasste sie an und sagte: »Ach, ich hab' gedacht, Sie sind gar kein Mensch«.[56]

Wenn Palucca mit der Wigman-Gruppe auf Tournee ging, fehlte das Geld für alles Mögliche, vor allem aber für Übernachtungen im Hotel. Deswegen übernachtete Palucca oft bei Freunden von Mary Wigman. Einmal wurde sie zu Ludwig Mies van der Rohe geschickt, der damals noch ein junger und kaum bekannter Architekt war, später aber einer der bedeutendsten Vertreter der Klassischen Moderne werden sollte, berühmt für die Klarheit und technische Perfektion seiner Glas- und Stahlbauten. Als Palucca an der Tür zu seiner Berliner Wohnung klingelte, wunderte sie sich über den »großen, ziemlich starken Mann«, der ihr da öffnete. Er war mit lauter Glühbirnen behängt und gerade dabei, zu einem Kostümfest zu gehen. Er lieh Palucca einen Hut, nahm sie mit und ließ sie später auf seiner Chaiselongue übernachten. »Er war sehr kameradschaftlich zu mir, erklärte mir seine Zeichnungen und Entwürfe«, erzählte Palucca.[57]

Die Dresdner und Berliner Künstler maskierten sich, sie feierten, gaben sich frivol und machten sich so auch über die vorherige wilhelminische Epoche lustig. Denn damals in der Kaiserzeit hatten sich die Leute jeden Tag so ausstaffiert, dass sie kaum noch zu erkennen waren. Palucca merkte sich die Vorteile der Maskerade, wusste bald, wie nützlich es sein konnte, nicht das zu sein, was man vorgibt zu sein. Und sie genoss einfach auch die vielen Feste, weil sie sich alle zusammen auf diesen Festen ablenken konnten von der Panikstimmung, die durch die Wirtschaftskrise, vor allem durch die Inflation der Jahre 1922 und 1923, überall umging.

Die Dresdner Firmen waren durch die Flaute hart getroffen, vor allem in der Luxusindustrie, in den Zigaretten- und Schokoladenfabriken fehlte es an Rohstoffen, so dass die Zigarettenfirmen von Dresden nach Hamburg verlagert wurden. Der Industriestandort Sachsen war gefährdet.[58] In Dresden hatten vor allem Arbeiter begonnen, gegen die steigenden Preise zu demonstrieren. Am 18. November 1922 trafen sich Tausende von Demonstranten zu einer Kundgebung auf dem Dresdner Fischhofplatz und riefen: »Hunger« und »Nur Arbeit kann uns retten«. Dann sangen sie die »Internationale«, liefen zum Rathaus, einige rannten weiter in die Prager Straße und plünderten Konditoreien und Kleidungsgeschäfte.[59] Durch die Streiks und Demonstrationen wurde auch das Reisen immer schwieriger. Mal streikten die Lokführer, mal die Busfahrer.

Trotzdem begaben sich Palucca und ihre Mitschülerinnen auf ihre Tourneen, warteten früh morgens auf kalten Bahnhöfen, fuhren Holzklasse, traten in unbeheizten Sälen auf, schliefen in »Billigsthotels«, wie eine Wigman-Schülerin klagte.[60] Sie hatten dauernd Hunger, froren und wussten nicht, was aus ihnen werden sollte, doch Palucca ließ sich nicht davon abhalten, sich als Tänzerin zu entwickeln und auszuprobieren, was zu ihr passte. Seit Mary Wigman ihren Schülern erlaubte, sich an eigenen Choreografien zu versuchen, dachte sie kaum noch an etwas anderes: »Wir mußten alle regelmäßig eigene Tänze erfinden und arbeiten«, schwärmte Palucca, »und das hat uns riesige Freude gemacht«.[61] Doch sie merkte, wie sie sich immer mehr von Mary Wigman entfernte: »Einerseits hing ich an Marys Arbeit, andererseits hatte ich mich schon nach einer anderen Seite entwickelt«.[62]

Im dritten Jahr an der Wigman-Schule durfte sie auf den Tourneen Soloeinlagen geben, die eigenen Choreografien vor Publikum präsentieren. Sie hatte sich zu Claude Debussys rasanter Ragtime-Adaption »Golliwogs Cakewalk« eine wilde Choreografie ausgedacht, wurde damit in den Programmheften vorgestellt, konnte endlich allein auf die Bühne, und wenn es Applaus gab – und es gab jedes Mal sehr viel davon –, dann war es ein Beifall nur für sie. Bei »Golliwogs Cakewalk« stolzierte Palucca, sie rollte ihre Augen nach rechts, nach links, guckte, als sei sie erstaunt über ihre eigenen Bewegungen. Sie bog ihren Körper vor und zurück, bis hin zum Überschlag, zum Purzelbaum, sie sprang weit und hoch und spreizte dabei ihre Beine zum Spagat. In dieser ersten eigenen Choreografie zeigte sie schon, was typisch für sie werden sollte: Sie integrierte akrobatische Elemente in ihren Tanz und trat auf wie ein Kind oder wie ein Kobold. Konservative Kritiker waren bestürzt, wunderten sich über das »Tohuwabohu des Sich-Wälzens«,[63] warnten Palucca, sie solle es nicht übertreiben, sie neige zu einer »Übersteigerung des Gefühls«.[64] Andere aber schrieben anerkennende Rezensionen über diesen lustigen, grotesken Tanz: Eine »akrobatische Clownerie« sei das, »ein Tumult der Verrenkungen«.[65]

Palucca gestand später, dass sie bei ihren frühen Tänzen alles zeigen wollte, »was ich konnte an Akrobatik, das fand ich eben schön. Ob das sehr künstlerisch war, ist eine andere Frage.«[66] Doch Friedrich Bienert bestärkte Palucca darin, zu ihrem eigenen Ausdruck zu stehen und immer mehr Soloauftritte zu wagen, und bald schon hatte Palucca einen festen Kreis eigener Bewunderer.

Die Vorstellungen der Wigman-Gruppe wurden immer voller, die Zuschauer zahlten im März 1923 schon 150 Mark allein fürs Programmheft[67] und wollten vor allem Palucca sehen.[68] In jenem Frühjahr 1923 trat Palucca mit ihren Mitschülerinnen in der Berliner Volksbühne am Bülowplatz auf und das Publikum war so begeistert, dass bald die nächsten neun Vorstellungen ausverkauft waren.[69] Palucca freute sich, war stolz und wurde übermütig – so übermütig, dass es zum Bruch mit Mary Wigman kam.

Es passierte während einer der neun Vorstellungen, diesmal in der Berliner Philharmonie, die bis auf den letzten Platz besetzt war. Palucca hatte nur einen kleinen Sprungrhythmus zu tanzen und sollte sich dann schnell wieder in die Gruppe einfügen. »Und da habe ich plötzlich während des Tanzes gemerkt«, so erzählte sie, »daß ich anders tanzen mußte – ich spürte, daß das, was ich hier tanzte von mir, nicht mehr so ganz echt war«.[70] Also wagte sie einen Extrasprung, der nicht vorgesehen war, wandte sich dann mit strahlendem Lächeln dem Publikum zu und »hatte ihren ersten Applaus sozusagen auf ›offener Szene‹«, so schrieb Mary Wigman in ihr Tagebuch und fügte resigniert an: »Sie konnte es nicht lassen«.[71]

Im Publikum hatte ein Rezensent gesessen, der so begeistert war von Palucca, dass er ihre kleine Einlage nutzte, um mit Wigmans symbolisch-magischer Ausdruckskunst abzurechnen. Palucca, so beschloss er, war die eigentliche Künstlerin: Wigman, schrieb er verächtlich, verkörpere die »erdachte und erkämpfte Idee«, Palucca aber »die geglückte Vollbringung«. »Tanzt die Wigman Schlagworte, so schlägt die Palucca die Worte durch Tanz«. »Ist die Wigman die geborene Propagandistin und Lehrerin, so ist die Palucca die geborene Tänzerin«.[72]

Der Rezensent hatte die Unterschiede zwischen Palucca und Wigman aufgedeckt und erspürt, dass Palucca eine große Zukunft bevorstand, dass sie ganz sicher die populärere Tänzerin werden würde. Andere Kritiker stimmten ihm zu: »Bei Wigman ist das Publikum ergriffen und hingerissen«, schrieb einer, »aber bei Gret ist das Publikum toll. Es ist dies eine unverkennbare Wirkung der technischen Höchstleistungen und der (im Vergleich mit Wigman) sehr viel leichteren Verständlichkeit ihrer Tanzkunst«.[73]

Viele Kritiker einigten sich von nun an darauf, dass Mary Wigman die intellektuelle, manchmal sehr angestrengte und anstrengende Tänzerin sei, die sich auf das Dunkle, auf das Abgründige, Unheimliche konzentriere – eine typische Vertreterin des Spätexpressionismus und damit einer Ausdrucksweise, die gerade dabei war, aus der Mode zu kommen. Palucca aber wurde zur Repräsentantin der reinen Bewegungsfreude, die Kritiker freuten sich an ihrer Jugend, ihrem Charme und Übermut.

Mary Wigman konnte nicht hinnehmen, dass sie gegen ihre Schülerin ausgespielt wurde. Sie las die Artikel, war fassungslos, rief Palucca zu sich und sagte ihr, dass sie in Zukunft weder in ihrer Tanzgruppe noch in der Wigman-Schule erwünscht sei.

Palucca war nicht überrascht, dass Mary Wigman die Trennung wollte. Sie wusste, dass sie das provoziert hatte.

Es war ein »schmerzlicher Prozeß«, sich von Wigman zu lösen, das gestand sie, doch sie sagte auch, dass dieser Schritt nötig war.[74] »Es kommt der Zeitpunkt, wo man seinen eigenen Weg sucht, einen anderen Weg gehen will«. Schon bald nach dem großen Krach konnte sie anerkennen, was sie ihrer Lehrerin zu verdanken hatte. »Ich bin mir bewußt, daß ich ohne die Begegnung mit ihr nicht das geworden wäre, was ich heute bin«, sagte sie schon 1930.[75] Und fünfzig Jahre nach der Trennung, war es Palucca, die am Sarg von Mary Wigman redete, ihr mit warmen Worten dankte, dafür, dass sie ihrem Leben und ihrer Kunst die entscheidende Richtung gegeben hatte.[76]

Dass sie irgendwann nicht mehr miteinander auskommen würde, das hatte sich schon lange angedeutet, eigentlich schon am Anfang, bei der ersten Begegnung im Dresdner Palasthotel. Mary Wigman wollte Gruppen führen, Palucca aber wollte eine Solistin sein. Sie wollte tanzen wie ein Kind, unbeschwert von theoretischen und spirituellen Überlegungen, die für Mary Wigman zum Tanz dazugehörten. Palucca sagte, sie wolle »nichts verkünden«, »nichts stehen lassen, was nicht reine Bewegung war«.[77]

Die Kritiker wussten nicht, dass Palucca eine belastete Kindheit gehabt hatte und dass es eigentlich merkwürdig war, dass sie nun so fröhlich auftrat, während Mary Wigman, die ein so sinnenfrohes Kind gewesen war, sich so düster gab. Doch hätten die Kritiker um die Hintergründe gewusst, hätten sie sich erklären können, dass Mary Wigman weniger Angst hatte vor ihren dunklen Seiten, weil sie sich sicher fühlte und selber gut einzuschätzen wusste. Und dass sich Palucca lieber auf die antrainierte Sicherheit ihrer Muskelkraft verließ, weil es eine andere Sicherheit für sie kaum gegeben hatte.

Später, als sie genauso bekannt war wie die Wigman, wies Palucca die Journalisten in Interviews durchaus darauf hin, dass eine heitere Tänzerin nicht automatisch ein heiterer Mensch sein müsse: Wenn das Leben ernst sei, entstehe oft heitere Kunst und umgekehrt, so betonte sie. Und dann sagte sie gern einen Satz, mit dem sie sich selber charakterisieren wollte, der aber auch als Seitenhieb gegen Mary Wigman verstanden werden konnte: »Tiefe und Schwere darf man nicht verwechseln. Was aus der Tiefe kommt, ist leicht. Wie könnte es sonst aufsteigen?«[78]

Den Kritikern kamen die Unterschiede zwischen Palucca und ihrer Lehrerin, die durch die Trennung nun unübersehbar geworden waren, sehr gelegen. Bald begannen sie, ihren Lesern am Beispiel der beiden Tänzerinnen darzulegen, dass sich die Zeit geändert hatte, dass Mary Wigman, die 16 Jahre älter war als Palucca, immer noch die Schmerzen und die Schrecken des Krieges ausdrücken wollte, dass aber Palucca für eine neue Zeit stand, in der die Leute nicht mehr dauernd an den Krieg denken mussten, sondern wieder Spaß am Fortschritt bekamen.

Tatsächlich kam, unmittelbar nachdem sich Wigman und Palucca getrennt hatten, die Währungsreform. Im November 1923 wurde die Rentenmark eingeführt und bald ging es den Deutschen wieder besser. Sie hatten Geld und gaben es auch aus, kauften sich Grammophone und tanzten zu den quäkenden Klängen, sie probierten eigene Fotoapparate aus, die so handlich waren, dass sie auf Ausflüge mitgenommen werden konnten. Die Leute guckten begeistert den Flugzeugen beim Starten und Landen zu und immer mehr konnten sich sogar ein eigenes Auto leisten. Überall wurde diskutiert über die neuen Spitzenleistungen von Motoren und Maschinen, über die neue Konstruktionsweise von Häusern, über Glas und Stahl. Und so riefen die Künstler und vor allem die Kritiker eine neue Nüchternheit, eine »Neue Sachlichkeit« aus. Und sie machten Palucca, die schon während der Inflation einen sprühenden Optimismus verbreitet hatte, die ihren Körper als technische Hochleistungsmaschine vorführte, zur Verkünderin der Neuen Sachlichkeit.

Für die Kritiker passte auf einmal alles zusammen. Sie sahen, dass die Leute auf die Fußballplätze gingen, in die Boxkampfarena und zum Sechstagerennen und so waren sie begierig darauf, dem Publikum eine sportliche Tänzerin zu präsentieren. Um die Neuartigkeit Paluccas herauszustreichen, musste Mary Wigman in den Artikeln als Repräsentantin des Vergangenen, des Düsteren und Angsterfüllten herhalten. Palucca durchschaute selbst, was da passierte: »Man schrieb immer wieder dasselbe«, spottete sie später, »Mary war mehr so wie die Priesterin des Tanzes, feierlich und erhaben. Ich war einfach anders, sehr wild und lebhaft, sehr positiv und lebensbejahend«.[79]

Palucca und ihr Freund Friedrich Bienert wussten, dass es nun zu handeln galt, dass sie die positive Stimmung nutzen mussten. Bienert half Palucca sofort nach ihrer Trennung von Mary Wigman Ende 1923, eine Solokarriere vorzubereiten. Alleine hätte sie es kaum geschafft: Agenten bezahlen, Plakate drucken, Räume anmieten, Pianisten buchen, Anzeigen aufgeben – das war alles teuer und aufwändig, ein engagierter Mäzen war das Beste, was ihr passieren konnte.

Und so saßen die jungen Wigman-Schülerinnen, die gerade noch verschreckt den Rauswurf Paluccas kommentiert hatten, abends im Café und konnten kaum glauben, was Palucca für ein Glück hatte. Sie hatte einen Mann erobert, der bereit war, alles für sie zu tun.[80] Bald schon konnte Bienert Erfolge vorweisen. Im November 1923 erschien im mondänen Modejournal »Die Dame« eine Hymne auf Palucca: »Wenn die Palucca zwei Takte vorbeiflitzt«, so hieß es da, »applaudiert der Saal mitten hinein. Ja, wenn sie nur die Nase zeigt, sind die Leute ganz hin. Warum? Wenn sie mit ihrer Frische, Heiterkeit und Schmissigkeit ihre Rhythmen hinschmettert, pfeift man im höchsten Grade auf alle Theorien, Anschauungen, Schlagworte und Lehrsätze.«[81]

Zum Jahreswechsel 1923/24 ließ Bienert Plakate drucken, auf denen Paluccas erster Soloauftritt angekündigt wurde, im Januar wurden die Plakate aufgehängt, da bereitete sich Palucca schon auf ihren Auftritt vor. Am Abend des 1. Februar 1924 füllten sich die Zuschauerreihen im Dresdner Vereinshaus und Palucca musste hinaus auf die Bühne – »starker Besuch«, »stürmischer Beifall«, hieß es am nächsten Tag in den Dresdner Nachrichten.[82] Und Palucca sagte später: »Als ich so die ersten Male auf die Bühne kam, da bin ich eben ziemlich vom Publikum verwöhnt worden.«[83]

Der Anfang war geschafft. Palucca machte weiter, wagte sich in immer schnellerer Folge auf die Bühne, entwickelte einen Tourneeplan, bekam einen eigenen und sehr renommierten Agenten, Arthur Bernstein, der mit Intendanten Verträge aushandelte, für Palucca Hotels und Pensionen aussuchte und Routen quer durch Deutschland festlegte. Die Kritiker folgten ihrem Weg mit Interesse. Viele sahen noch lange in ihr die Wigman-Schülerin, verglichen sie immer wieder mit der Wigman, einige aber merkten allmählich, dass Palucca keine Geschichten erzählen wollte, dass sie eigentlich gar keine Ausdruckstänzerin war, sondern, wie sie selber sagte, »nichts als Tanz«[84] zeigte, keine Symbolik, sondern einfach nur Bewegungen:

> Schwingungen, Wendungen, Sprünge.
> Schweben, stoßen, spannen, lockern, verzögern,
> zurückfallen, vorwärtsdrängen.
> Den Raum weiten, verengen.
> Zur Linie werden, zum Winkel, zum Halbkreis,
> und diese Formen wieder verzerren.
> Sich multiplizieren im Raum und dann verschwinden.

Ein »ungegenständlicher Tanz« sei das, so schrieb ein Kritiker verwundert, abstrakt wie die Bilder der Konstruktivisten.[85] Und Palucca bestätigte in den ersten Interviews, die sie nun gab: »Meine Tänze haben keinen anderen Inhalt und Sinn als eben den Tanz, die natürliche Bewegung«.

Für Mary Wigman war ein Kreis ein kosmisches Symbol, wenn sie eine Kreisbahn gelaufen war, dann hatte sie sich durch den Kreis »gebannt«, auf magische Weise »von der Mitte regiert« gefühlt. Palucca aber lief einfach ihre Runden und genoss nur die Form an sich: die Perfektion der geometrischen Figur.[86]

Auf den Plakaten, die ihre Auftritte ankündigten, sollte in Zukunft immer nur »Tanz Palucca« stehen.[87] Mit ihrem Tanz zeigte sich Palucca, ohne sich zu einer Weltanschauung zu bekennen. Es war wie bei einer Maskerade, wie bei einem Kostümfest: Palucca stand auf einer Bühne, jeder sah sie, aber trotzdem blieb sie ein Geheimnis, die Entschlüsselung lag im Auge des Betrachters.

»Mein Mann läßt Sie herzlich grüßen« – Friedrich Bienert, der Mäzen

Schon bald nach der Trennung von Mary Wigman heiratete Palucca Friedrich Bienert. Es war eine Verbindung, die in Dresden für Aufsehen sorgte: die aufstrebende, aber noch junge, unfertige Tänzerin, von der keiner so genau wusste, woher sie kam, und der etablierte Jung-Unternehmer, dessen Familie allseits bekannt war. Doch es wirkte nur so, als hätten sich da ein Mann und eine Frau aus zwei völlig unterschiedlichen Sphären miteinander verbunden. Auch Palucca kam aus einer großbürgerlichen Kaufmannsfamilie, wie Paluccas Vater hatte Friedrich Bienert viele Geschwister und viel Geld.[1]

Die Bienertsche Mühle war schon früh in eine Fabrik umgewandelt worden, mit Turbinen, Teigknetmaschinen und rotierenden Backherden.[2] Die Fabriken standen im Dresdner Vorort Plauen – der Ort hieß zufällig genauso wie die Stadt im Vogtland, in der Palucca zur Schule gegangen war. Die Bäcker der Region waren abhängig von den Lieferungen und es hieß in Dresden, dass in den Mühlen nicht Mehl, sondern Gold gemahlen wurde.[3] Chronist Victor Klemperer verglich die Bienerts mit den Fuggern.[4]

Der Mittelpunkt der Familie war Ida Bienert, Friedrichs exzentrische Mutter, mit der sich Palucca gleich gut verstand und die sie, genauso wie Ida Bienerts Kinder, »Ma-Ida« nennen durfte.[5] Es gefiel Ida Bienert, dass ihr Sohn sich mit einer jungen und so modernen Künstlerin zusammengetan hatte, denn sie selber interessierte sich leidenschaftlich für alle Formen moderner Kunst, vor allem für die moderne Malerei. Ida Bienert führte ein offenes Haus, umgab sich mit vielen Künstlern. Ihr Ehemann Erwin war bei den Feiern und Empfängen im Haus zwar dabei, doch er hielt sich im Hintergrund, galt in Dresden als »kleines, eisgraues Männchen«. »Madame Bienert«, so notierte Victor Klemperer amüsiert in sein Tagebuch, war die »Königin von Plauen«, »Typus gutmütige italienische Hurenwirtin«, »mit nackten schlaffen vollen Armen, großen langen Ohrringen«.[6]

Es gab viele Leute in Dresden, die sich über Ida Bienert lustig machten, sie »verrückte Ida« nannten, weil sie einfach so Kunst kaufte und Künstlern begegnete wie Freunden. Bei Klemperer provozierte Ida Bienert »leise komisch[e]« Assoziationen. Sie war ihm zu umtriebig, zu aufgedonnert auch für ihre »fünfzig Jahre«.[7] Er spottete über ihr »verfallenes gelbes Gesicht«, ihre »entfärbte[n]« Augen, gab aber zu, dass sie gutmütig war und nicht »affectiert, nicht protzig« – dass die Beschäftigung mit ihr und ihrer Sammlung »ziemlich zeitraubend u. sehr interessant« sein dürfte.[8]

Viele Künstler der Moderne waren von Ida Bienert abhängig, sie unterstützte sie durch den Ankauf von Bildern und regelmäßige Geldgeschenke. »Hoffentlich hilft Frau Bienert ausgiebig [...], sonst bin ich geliefert«, schrieb etwa der deutsch-italienische Dichter Theodor Däubler, »ich brauche etwas von Frau Bienert« – »Frau Bienert wird mir [...] wieder helfen«.[9] Däubler war mit Ida Bienert sehr befreundet, beriet sie manchmal bei ihren Kunstkäufen.

Will Grohmann, Paluccas späterer Freund, kannte auch die Bienerts gut und schrieb, dass alle »Kunstfreunde, die Dresden besuchten«, in den zwanziger Jahren den großen Einfluss der Familie zu schätzen wussten: »Wenn Maler wie Klee und Kandinsky früher als in anderen Städten hier diskutiert wurden und Anerkennung fanden, so ist dies der klaren Aufbauarbeit Ida Bienerts mit zu verdanken«.[10]

Ida Bienert sammelte Cézanne, van Gogh, Gauguin und Picasso, sie besaß »Die Näherin«, ein berühmtes Bild von 1905 aus Picassos rosa Periode. Sie hatte auch Munchs »Akte mit rotem Tuch« gekauft und nicht weniger als elf Werke von Chagall: die »Frau mit Blumenstrauß« etwa und die »Russische Sphinx«. Sie kaufte Franz Marcs Komposition »Elefant, Pferd, Kuh«, eines der letzten Bilder, das Marc

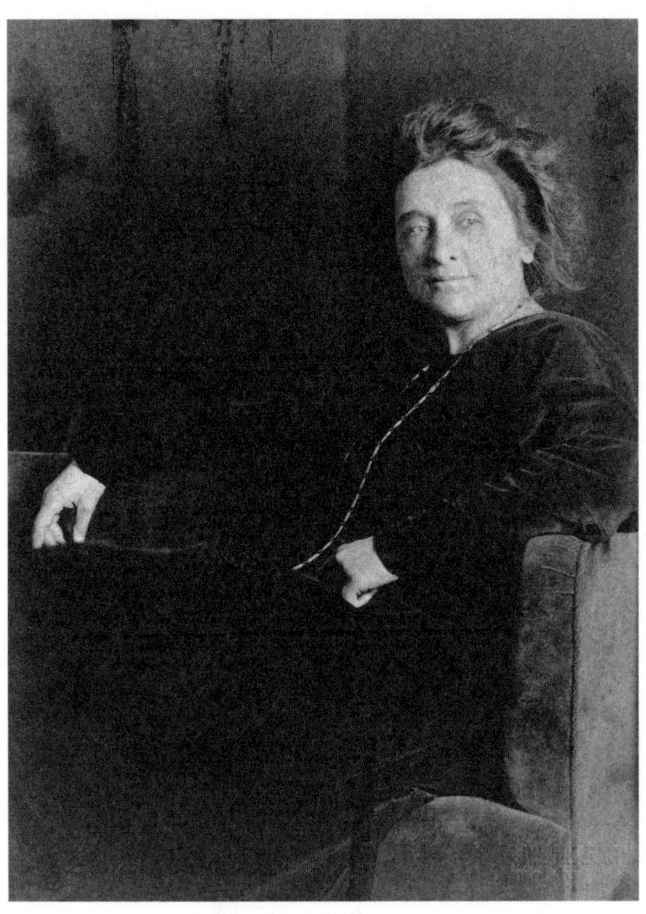

Ida Bienert, 1912

gemalt hatte, bevor er im Ersten Weltkrieg gestorben war. Sie kaufte Noldes »Südseelandschaft mit Papageien« und Kokoschkas »Stilleben mit Kaninchen« und seine berühmte »Katze«, die ihre Betrachter auf so merkwürdig gelassene Weise fixiert. Kokoschka schätzte Ida Bienert sehr, dankte ihr in einem Brief für ihr »warmes Herz, für ihre Gastfreundlichkeit«.[11]

Ida Bienert war keine Intellektuelle, nicht besonders gebildet, tat sich schwer mit dem Briefeschreiben, doch sie hatte ein untrügliches Gespür für Qualität.[12] Sie suchte in den Bildern »nach dem Geheimnis des Lebens«, so vermutete Grohmann, der sich mit den Werken intensiv beschäftigt, sogar ein Buch über sie geschrieben hatte: die Sammlung sei der »Versuch einer Weltdeutung«.[13]

Die Sammlung hing dicht an dicht im Haus der Bienerts und viele Besucher waren erst einmal irritiert, wenn sie das erste Mal hierher kamen: »Prunkvollste Villa in der Würzburger Straße«, »unendlich viele Salonecken«, notierte Klemperer in sein Tagebuch, »im Erdgeschoß nur Salons u. Bildersammlung. Nur Moderne u. Modernste. Farbenkleckse u. geometrische Flächen, Stereometrisches. Auch Chinesisches. Ich verstehe nichts davon.«[14]

Doch Palucca hatte sich in den vergangenen Jahren genug mit Malerei beschäftigt, um bei den Bienerts zurechtzukommen. »Es waren herrliche Bilder«, so schwärmte sie. Manchmal drängte es sie so sehr danach, die Bilder zu sehen, dass sie einfach unangemeldet bei den Bienerts auftauchte. Sie durfte sich jedes Mal so viel Zeit vor den Bildern nehmen, wie sie nur wollte.[15]

Sie war auch schon als Wigman-Schülerin bei Festen im Bienertschen Haus aufgetreten: »Liebes Gretel, ich sehe immer noch, wie Du das erste Mal bei uns warst und tanztest und wie schön wir Dich hundert und hundertmal gefunden haben«, schrieb Friedrich Bienerts Schwester Ise mehr als fünfzig Jahre später.[16]

Palucca tanzte bei diesen Gelegenheiten in der Eingangshalle der Villa, die über zwei Etagen ging, denn da stand ein schwarzer Flügel, auf dem sie begleitet werden konnte. Direkt über dem Flügel hing das bedeutendste Bild von Kandinsky aus seiner frühen abstrakten Phase: »Träumerische

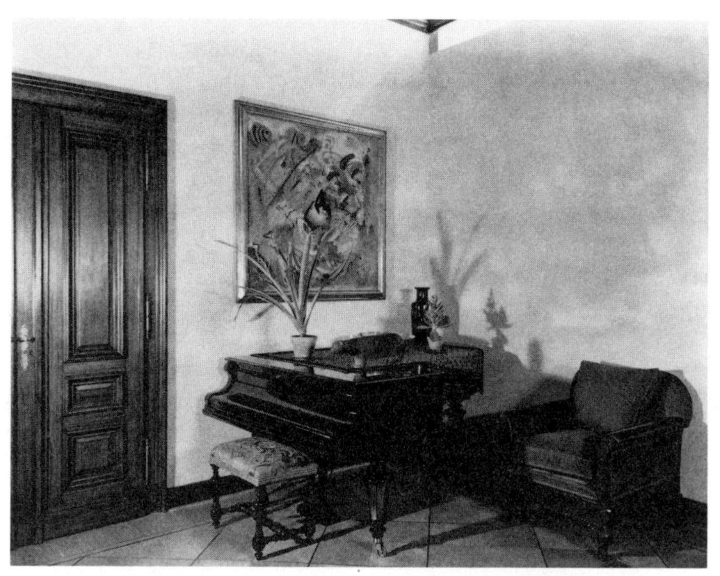

Flügel und Kandinsky-Gemälde in der Villa Bienert

Improvisationen« aus dem Jahre 1913, auf dem um eine blaue Mitte herum verschiedene Farbformen, Linienkürzel und graphische Einsprengsel treiben. Zuschauer von Paluccas Tanz konnten sehen, dass es da eine Verwandtschaft zwischen dem Bild und dem Tanz gab, einen deutlichen Willen zur Abstraktion, geometrische Muster, Kraft und Konzentration.

Auch für Friedrich Bienert war Palucca mit ihrem technikbetonten und zugleich temperamentvollen Tanz eine Verkörperung der modernen Ideale. Und dann war sie noch jung – gut zehn Jahre jünger als er[17] – und wenn die Bienerts Feste feierten, war sie der Mittelpunkt auf der Tanzfläche. Bienert war begeistert von ihrem Temperament und für Palucca war es nicht schwer, von Bienert begeistert zu sein. Er war klug, hatte eine selbstständige und selbstbe-

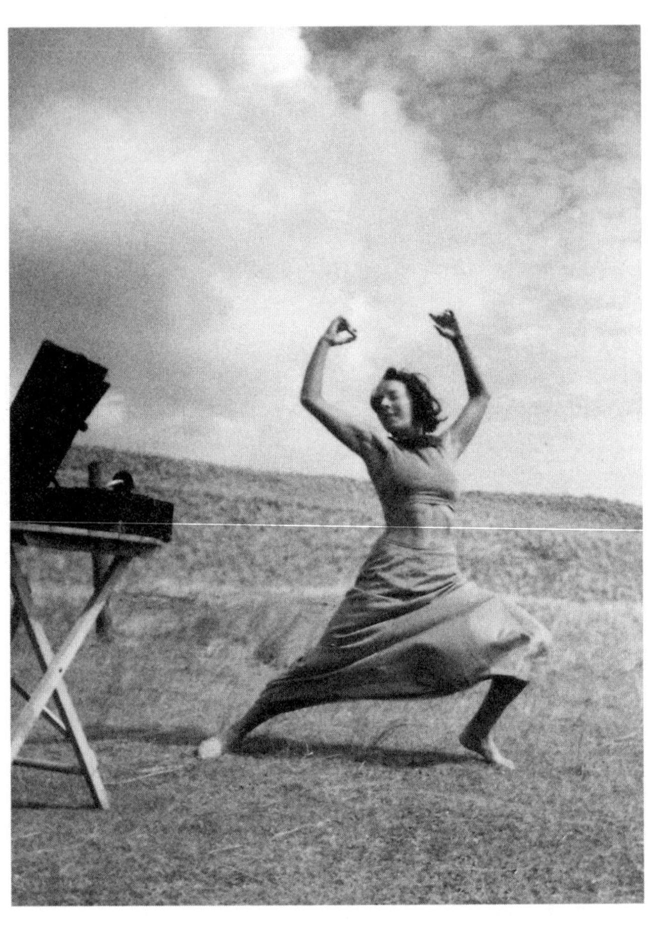

Palucca auf Sylt, um 1937

wusste Frau als Mutter – alles sprach dafür, dass er seiner eigenen Frau viele Freiheiten lassen würde. Er war ein erfolgreicher Unternehmer, leitete die Mühlen als Geschäftsführer. Er war sozial engagiert und politisch links, hatte einen wachen, kritischen Blick. Außerdem fiel er in Dresden durch seinen radikal-schlichten Stil auf, trug gerne Sakkos, bei denen er das Revers abgeschnitten hatte oder Anzüge mit geraden asiatischen Schnitten.[18] Es hieß, er sei der begehrteste Junggeselle der Stadt.

Am 12. Januar 1924 gingen Palucca und Friedrich Bienert auf das Dresdner Standesamt und heirateten.[19] Friedrich Bienert unterschrieb die Heiratsurkunde mit klaren, elegant geschwungenen Buchstaben und »Margarethe Bienert geb. Paluka« mit etwas steifer Krakelschrift.[20] Sie hatte Kinderhände, schrieb ein Freund einmal, und sie hatte auch eine Kinderschrift.[21] Und ihr Ehemann umsorgte sie nun wie ein Vater sein Kind.

Die jungen Bienerts fuhren bald nach ihrer Hochzeit und dann immer wieder nach Sylt. Palucca fühlte sich hier wohl, genoss das Meer, »hier oben ist es ja so unglaublich schön, ich kann mich nur schwer trennen«, schrieb sie bei einem ihrer frühen Aufenthalte.[22]

Auf Sylt tanzte sie nackt durch die Dünen. Mit Bienert baute sie sich ein Lager zwischen den Dünen, ein einfaches aus Handtüchern und einer flachen Liege. Manchmal hatten sie ein Grammophon dabei und Schellackplatten und Bienert kurbelte die Musik an. Palucca hob sich in die Luft, ihre Haare flogen im Wind und warfen bizarre Schatten auf den Sand. Wenn sie wieder ankam auf dem Boden, landete sie oft in den Wellen, denn sie tanzte gern direkt am Ufer.

Palucca wurde auf Sylt oft fotografiert, so genau, dass auf den Bildern ihre Gänsehaut zu sehen ist und kleine Falten auf ihrer Nase, wenn sie lachte. Und wie sie mit ihrem schwarzen Badeanzug und ihrer weißen Kappe ins Meer ging, wie sie aus dem Meer herauskam und tat, als sei sie eine Nixe oder ein Ungeheuer.[23]

Friedrich Bienert und Palucca verkrochen sich meistens in List, am nördlichsten Ende der Insel. Bienert war hier schon als Kind mit seinen Eltern gewesen, vor dem Ersten Weltkrieg, als es nur wenige Badegäste auf der Insel gegeben hatte. Und die vielen Badegäste, die nun, in den zwanziger Jahren, nach Sylt fuhren, zog es selten nach List, sie fuhren eher in die Inselmitte, nach Kampen oder Westerland, wie Thomas Mann mit seinen sechs Kindern oder Marlene Dietrich mit ihrer Tochter.[24] Während sich die prominenten Urlauber in ihren weißen Hosen und Kleidern und in dunkelblauen Jacken auf den Promenaden gegenseitig zeigten und sich an den gut besuchten Stränden von Strandwächtern beim Baden zurückpfeifen ließen, suchten Bienert und Palucca die Einsamkeit am Strand von List. Und sie brauchten nicht viel, nahmen eine Holzkiste mit, auf der sie ihre Getränke abstellten, und einen schwarzen Seesack, in den sie ihre Badesachen gestopft hatten.

So machten sie auf einfache Weise Urlaub am mondänsten Ferienort des Landes. Bienert trug seine teure, aber unprätentiöse Kleidung, eine schwarze Pluderhose, einen schwarzen Rollkragenpullover und ein schwarzes Käppi, Palucca machte es ihm nach, trug Hose, Hemd und Käppi in weiß. So gingen sie zusammen durch die braun-violetten Heidefelder, an geduckten und reetgedeckten Friesenhäusern vorbei, die von Steinwällen umgeben waren. Sie wurden gegrüßt von Bauern, die einen Bollerwagen mit Milchkannen an ihnen vorbeizogen. Die Bienerts liefen in den frühen Abend hinein, bis sie von ihren langen Schatten nach Hause begleitet wurden.[25]

Sie übernachteten bei Niels Diedrichsen und seiner Frau Brunhilda, wohlhabenden Bauern, denen das halbe Listland gehörte. Oder sie gingen zu den Dethlefs oder den Paulsens – List war ein beschaulicher Bauern- und Fischerort mit wenigen Häusern. Bald kannte jeder das junge Ehepaar aus Dresden.[26]

An den Abenden tanzte Palucca manchmal im Gasthof »Königshafen« nur für ihren Mann und für die Dorfbewohner. Sie alle tranken Schnaps, die Musik kam vom Grammophon. Da etwas anderes als Marschmusik auf der Insel

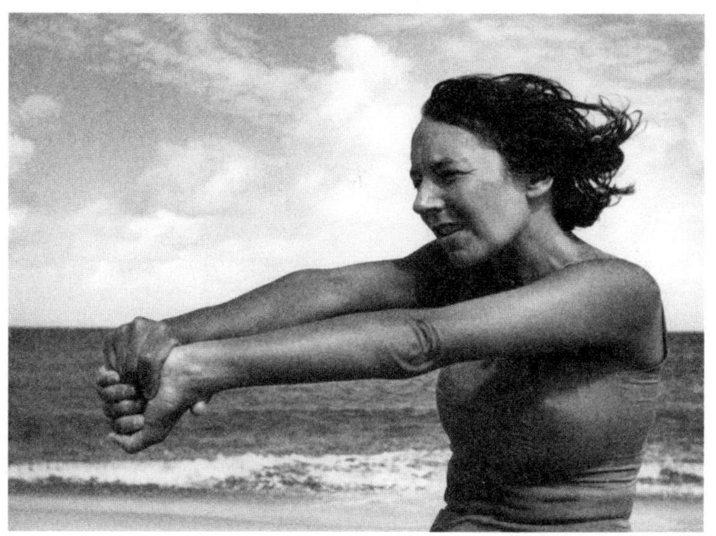

Palucca auf Sylt, um 1937

nicht zu bekommen war, improvisierte Palucca zu den scheppernden Klängen und monotonen Rhythmen – »eigentlich schrecklich«, sagte sie, aber ihr Publikum war begeistert, das entging ihr nicht.[27]

Bienert und seine Frau hatten irgendwann auch ein Boot im Lister Hafen liegen, das »Palucca« hieß und mit dem sie um den Sylter Ellenbogen herum segelten.

Urlaub an der See zu machen, möglichst zwei Mal im Jahr, wurde für Palucca genauso wichtig wie das restliche Jahr über hart zu arbeiten. »Ich habe sehr aufgepasst, dass ich das ausgleiche«, sagte sie später, »in meinen Ferien habe ich auch Ferien gemacht, keine großen Reisen«. Sie wollte lieber, so sagte sie, »ganz einfach leben«.[28]

Nicht nur im Urlaub achteten Bienert und Palucca auf einen schlichten und zugleich noblen Stil, mit dem sie ande-

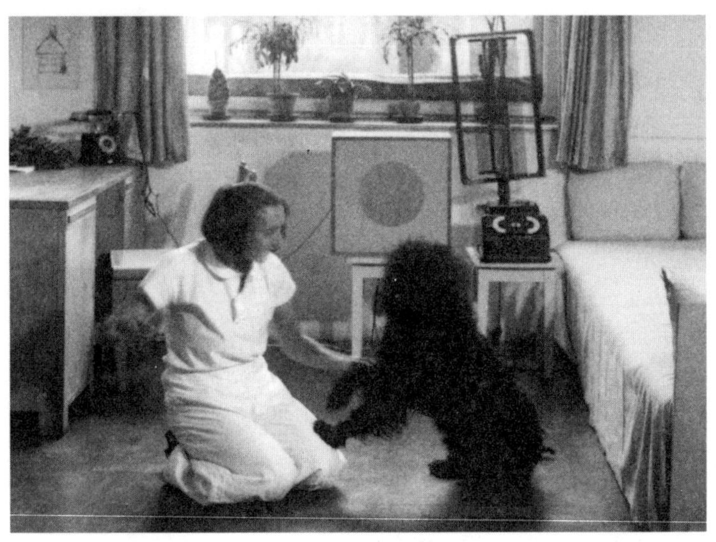

Palucca in ihrer Wohnung in der Bürgerwiese, Ende der zwanziger Jahre

re Leute auch verwirrten: »Ich bin einerseits bescheiden, andererseits anspruchsvoll. Das macht es für die Leute schwierig«,[29] gab Palucca später einmal zu. Doch in die neue Ära, die nun anbrach, in die »Goldenen Zwanzigerjahre«, in der so viel von der »Neuen Sachlichkeit« die Rede war, passte dieser Mix aus Bescheidenheit und Noblesse gut. Palucca trug oft knielange, gerade geschnittene Röcke oder weit geschnittene Hosen. Und die Villa, die sie nun gemeinsam bezogen, sollte ganz anders aussehen als eine normale bürgerliche Wohnung, aber auch ganz anders als die Wigman-Schule oben in der Schillerstraße und als Ida Bienerts Haus in Plauen: kein Farbenrausch und auch nicht vollgestopft mit Bildern oder Erinnerungsstücken an die Vergangenheit. Die Wohnung sollte feierliche Leere ausstrahlen.

Bienert und Palucca hatten sich für eine Wohnung in der Bürgerwiese entschieden, einer Straße in der Dresdner Altstadt, zwischen Hauptbahnhof und Elbe, zentral, aber doch grün, gleich mehrere Parks, der »Große Garten«, grenzten an die Bürgerwiese an.

Die Wohnung der Bienerts im Erdgeschoss der Villa war gestrichen worden, die meisten Wände weiß, auch die Türen und alle Böden. Dann gab es noch ein nachtblaues Zimmer, ein schwarzes und ein schwarzblaues. Im schwarz-blauen Zimmer hingen nur Bilder von Paul Klee.[30]

Palucca genoss es, durch Bienert einerseits abgesichert zu sein, andererseits auf vieles verzichten zu können, ihre Bedürfnisse zu reduzieren. Ihre Mutter hatte immer möglichst viele Dinge haben müssen, nie war es genug gewesen. Palucca aber konnte nun erleben, dass weniger auch mehr sein konnte.

Bald machte sie selber einen Kult um Farben und Formen. Am liebsten war ihr das Weiße, das Klare und Unverfälschte. Die Farben blau, grün, gelb und rot mochte sie zwar auch, aber möglichst matt, mit einem Stich ins Graue. »Ich habe lieber das Einfache, auch keine grellen Farben«, sagte sie, »weil meine Phantasie da mehr Basis hat«.[31] Wenn ihr etwas zu üppig, schrill und unförmig vorkam, dann sagte sie knapp: »Das sind Dinge, die nicht gehen«. Und die Leute, die ihr Postkarten schickten, wussten schon bald, dass Palucca zwar Bilder von Gebäuden und Kirchen liebte, dass es aber romanische Gebäude sein mussten, klare Linien, keine barocke Üppigkeit.

Die Besucher der neuen Wohnung in der Bürgerwiese staunten über die Einrichtung: »Ich hatte ein solches Haus, eine stilistisch so konsequente Einrichtung noch nie gesehen«, erzählte ein Gast: »alles in diesem Haus war weiß! Weiße Wände, weiße Böden, weiße Möbel, weiße Vorhänge, ein weißer Flügel; die Räume waren in ihrer Klarheit so licht und nobel, daß ich glaubte, etwas so Schönes noch nie gesehen zu haben. Ein Blumenstrauß in weißer Vase, auf dem Tisch oder auf dem Boden, wirkte in seiner Farbigkeit darin wie ein Wunder und Paluccas großer schwarzer Pudel wie ein Geschöpf, nur geschaffen, diese Helligkeit und Leichtigkeit noch deutlicher zu machen. Es war für mich ein unvergeßlicher Eindruck«.[32]

Friedrich Bienert hatte einen schwarz gestrichenen Raum. Nebeneinander, wie an einer Leiste, waren Masken aufgehängt.[33] Palucca bezog ein in Nachtblau gestrichenes Zimmer.[34] »Die Farbe hatte Kandinsky angegeben und auch kontrolliert«, sagte sie. Mit Kandinsky waren sie beide nun befreundet. »Wenn Menschen, die ein bißchen sensibel waren, zu mir kamen, sagten sie immer: ›Wie können Sie bloß darin leben, das ist so wahnsinnig klar, da kann man sich überhaupt nicht verstecken‹«.[35]

Paluccas späterer Freund Will Grohmann empfand ihr Zimmer als »sehr groß und hoch«, »asketisch die Einrichtung, das Nötigste«. Er brachte die Farbe mit Paluccas Charakter in Verbindung: »Goethe empfand das Blau als Schleier des Schwarzen, als vor uns zurückweichend ins Unenendliche, als Widerspruch von Unruhe und Ruhe. So war es auch. Weit und unirdisch. Sie selbst ebenso. Plötzlich sehr nahe, aber von weit her und weit hin entschwindend. Immer erst im Unendlichen berührend«.[36] Über Paluccas Art zu lieben sollte Grohmann einmal schreiben: »Es wird viel Distanz dabei sein, und was die Menschen Liebe nennen, wird es nicht sein«.[37]

Tatsächlich führte Palucca keine konventionelle Ehe. Sie lebte mit Friedrich Bienert unter einem Dach und doch in eigenen Räumen. Sie reiste mit ihm zusammen und dann wieder allein. In Briefen, in denen sie von Urlaubsreisen erzählte, kam es schon mal vor, dass sie ihren Mann überhaupt nicht erwähnte. Schon bald nach ihrer Hochzeit berichtete sie Paul Klee, den sie über ihren Mann kennengelernt hatte, von einer Reise nach Sizilien und erzählte darin nur von ihren eigenen Erlebnissen. Drei Wochen machte sie Urlaub in Taormina, badete und lag den ganzen Tag in der

Sonne und schrieb nun an Klee, dass sie »vor den vielen Menschen« dort »geflüchtet« sei. Auch hier brauchte sie Distanz.[38]

Bienert respektierte Paluccas Eigenständigkeit und umsorgte sie zugleich liebevoll. Und es war nicht leicht für ihn, immer den richtigen Moment für das eine und das andere zu finden. Er stellte die Haushälterin Therese ein, ließ Palucca von einem Chauffeur durch die Stadt fahren und eine Telefonanlage legen, so dass Palucca ihre Auftritte und Tourneen von zuhause aus organisieren konnte.[39] Bienert lud auch Leute nach Hause ein, die seine Frau interessierten, er verausgabte sich völlig, arbeitete unermüdlich an ihrer Karriere – versuchte, zumindest mit der Tänzerin in Verbindung zu bleiben.

Und obwohl sich Palucca hütete, die klassische Ehefrauenrolle einzunehmen, bemühte sie sich, eine gute Partnerin zu sein. Bald nach ihrer Hochzeit, im November 1924, schrieb sie Paul Klee einen Brief, fragte, ob sie ihm ein Bild abkaufen dürfe, das sie dann Friedrich Bienert schenken würde: »Sehr verehrter Herr Klee, durch Herrn Kandinsky haben Sie sicher schon von meiner Bitte gehört. [...] Ich möchte meinem Mann, der am 12. November Geburtstag hat, sehr gerne ein Bild schenken, es war schon immer mein Wunsch, ihn damit zu überraschen, vielleicht kann ich es jetzt endlich einmal tun. In Ihrer Ausstellung hier liebte ich besonders ›die Fuge in Rot‹ und ›der Berg des heiligen Stieres‹. Herr Kandinsky sagte mir schon, dass das erste Bild nicht in Frage käme, aber eventuell das Andere. Ich wäre sehr glücklich und Ihnen sehr dankbar, wenn Sie mir bitte möglichst bald Näheres darüber schreiben würden. Ich würde Ihnen dann sofort antworten. Ich weiss auch gar nicht, ob Sie sich von dem Bild trennen wollen. [...] Mein Mann lässt Sie auch herzlich grüssen, wir freuen uns sehr, wenn Sie wieder einmal zu uns kämen. Ihnen und Ihrer Frau Gemahlin die besten Grüsse [sic]. [...] Ihre Palucca«.[40]

Am übernächsten Tag schon erfuhr Palucca, dass sie eines der Bilder kaufen konnte. »Ich habe mich so gefreut«, schrieb sie an Klee, »Sie können sich gar nicht vorstellen, welche Freude Sie mir damit gemacht haben. Meinen Mann überrasche ich am Freitag damit«.[41]

An Paluccas neuem Leben als wohlhabende Künstlerin wollten allerdings auch andere ihren Anteil haben. Paluccas Mutter verließ Plauen und ihren zweiten Ehemann Rudolf Berthold und nahm sich eine eigene Wohnung in Dresden, in der Nähe der Bürgerwiese. Immer wieder suchte sie unangemeldet ihre Tochter auf, wollte sich Geld leihen, wollte die neuen Freunde der Tochter kennen lernen. Es war nicht leicht für Palucca, damit umzugehen, sich abzugrenzen, denn die Mutter drohte immer wieder damit, sich etwas anzutun. So waren die ersten Monate von Paluccas Ehe von den Ansprüchen und Drohungen der Mutter überschattet. Palucca hatte zwar durch ihre Heirat mit einem erfolgreichen Kaufmann die familiäre Ordnung wiederhergestellt, hatte die Traditionen der Großeltern fortgesetzt, hatte mit ihrer Bühnenkarriere sogar Sehnsüchte der Mutter erfüllt, doch es war nicht auszuschließen, dass sich die Mutter gerade dadurch zurückgesetzt fühlte.

Ende September 1925 entschloss sich Palucca, der Mutter kein Geld mehr zu leihen. Alles spricht dafür, dass die Mutter daraufhin ihre Drohung wahrmachte.[42] In den frühen Morgenstunden des 28. September 1925 wurde Rosa Berthold, geschiedene Paluka, in der Dresdner Tischerstraße tot aufgefunden. Sie hatte im Alter von 45 Jahren Selbstmord begangen.

Ihr zweiter Mann Rudolf Berthold wollte nun nie wieder heiraten: »Ich brauche meine Nervenkraft für die Arbeit«, sagte er nach dem Tod seiner Frau.[43] Palucca – beim Tod ihrer Mutter erst 23 Jahre alt, eine junge Frau ohne Eltern und Geschwister – beschloss ebenfalls, ihre Nervenkraft vor allem für ihre Arbeit zu nutzen.

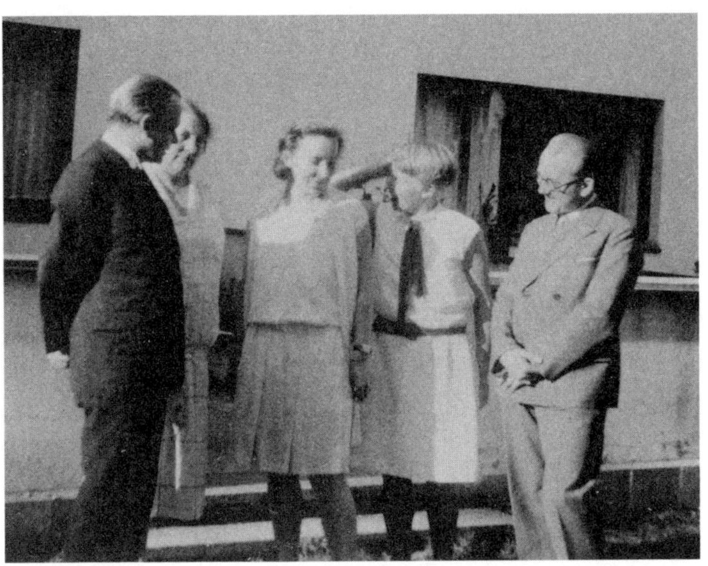

Paul und Lily Klee, Palucca, Karla Grosch und Herbert Trantow, um 1925

Doch ihre Schuldgefühle verlor Palucca nie. Verwandte berichten, dass sie sich schon am Tod des Bruders schuldig gefühlt hatte, dadurch, dass sie nicht da gewesen war, fort gegangen war aus Plauen. Wann immer die Rede kam auf ihre Familie, auf Mutter und Bruder, erstarrte Palucca, meist schwieg sie, manchmal wurde sie rot. Nur selten gab sie ihre Schuldgefühle preis und dann brach der Schmerz über diese frühen Verluste so heftig aus ihr heraus, dass sie selber darüber erschrak und wieder verstummte.[44]

Als Vermächtnis ihrer Mutter blieb ihr die Angst vor Maßlosigkeit. Wenn irgendwo in einem Hotel oder in einem Trainingsraum ein Wasserhahn tropfte, schimpfte sie über die unnötige Verschwendung.

Kurz vor dem Tod der Mutter hatte sie bereits entschieden, eine eigene Schule für Tanz zu eröffnen. Sie wusste, dass ihre Lust an der Bewegung, die wie die Verschwendungslust der Mutter auch Züge einer Sucht hatte – einer Sucht allerdings, die sich konstruktiv fürs Leben nutzen ließ – ihr auf lange Sicht nicht die Zukunft sichern konnte. Sie brauchte Schüler, die ihren Namen in die Welt trugen.

Doch ihr war bei dem Plan, eine eigene Schule aufzubauen, nicht ganz wohl. Sie wusste, dass es für Mary Wigman hart sein würde, wenn es auf einmal Konkurrenz zur Wigman-Schule in derselben Stadt gäbe. Und tatsächlich waren Wigman und ihre Schüler empört über Paluccas Vorhaben und schimpften so sehr darüber, dass Palucca später so tat, als sei es ein Zufall gewesen, dass da auf einmal Schüler kamen: »Im Grunde habe ich immer gern vermittelt, aber von mir aus habe ich nicht so schnell unterrichten wollen. Aber tatsächlich, da kam eine ehemalige Wigman-Schülerin zu mir, die wollte lieber mit mir arbeiten. Die kam und man kann sagen, daß sie mich dazu zwang, ihr Stunden zu geben und da war ich natürlich in einem furchtbaren Konflikt, und das habe ich ihr auch gesagt und wir hatten deswegen auch eine große Auseinandersetzung gehabt. Sie sagte aber, sie müsse zu mir, sie wollte mehr so wie ich tanzen, sie hätte schon im Unterricht bei Wigman mir immer zugeschaut und hätte dabei immer von mir gelernt; das hätte ihr einfach mehr zugesagt. Das war bei ihr wie bei mir nicht etwa ein Protest – das lag an der Unterschiedlichkeit von Mary und mir. Ich hatte allerdings große Konflikte in mir, weil ich mir sagte, ich bin in Dresden und Mary ist in Dresden und sie kam eben aus der Wigman-Schule – aber was sollte ich machen – das Mädchen ging ja nicht mehr in die Wigman-Schule, und da habe ich ihr eben Stunden gegeben.«[45]

Schon bald allerdings war Paluccas Schule aus Dresden nicht mehr wegzudenken. Auch hier half Friedrich Bienert wieder, zahlte, was nötig war und noch viel mehr. Seine Sekretärin arbeitete nun auch für Palucca, und Bienert besorgte Sponsoren für die Schule, vergab Stipendien an Schülerinnen.[46]

In der Anfangszeit nahm Palucca nur Mädchen auf und unterrichtete sie zu Hause in der Bürgerwiese. Der größte Raum der Wohnung wurde zum Übungssaal. Es war ein Raum mit hohen Fenstern, aus denen die Schülerinnen auf den Park blicken konnten. Im Sommer, wenn die Fenster offen standen, schwebte der Duft der Sträucher vom Großen Garten in den Raum hinein und die Schülerinnen konnten das Getrappel der Pferde hören, die Droschken mit Ausflüglern durch den Park zogen. Im Übungsraum klemmte eine Stange zwischen zwei Fenstern, ein Gong stand in der Ecke und ein Flügel an einer fensterlosen Wand. Auf dem Flügel lagen chinesische Becken, javanische Buckelgongs und Tamburine. Im Jahr 1926 kaufte Bienert Palucca für 400 Mark ein rautenförmiges Bild des niederländischen Malers Piet Mondrian, ein geometrisches Farbflächen- und Linienarrangement: »Rautenkomposition mit drei Linien und Blau, Grau und Gelb«. Von Mondrian war Palucca begeistert, sie sagte, sie wolle so tanzen, wie Mondrian male. Und so hängte sie das klare und scheinbar einfache Bild in den Übungsraum direkt über den Flügel. Sonst waren die Wände leer.[47] »Ich fand das sehr schön, ein schneeweißer Saal und über dem schwarzen Flügel das Bild«,[48] sagte Palucca.

1926 mieteten sie und ihr Mann auch einen offiziellen Schulraum an, in bester Lage, im Johanneum, in der Augustusstraße 1, direkt neben der vor sich hin bröckelnden Frauenkirche, die damals schon das liebste Dresdner Sorgengebäude war und mit öffentlicher Hilfe vor dem Zusammensturz gerettet werden musste.[49]

Wenn kein Besuch zu versorgen oder zu unterhalten war, dann wurde viel gearbeitet in der Bürgerwiese. Morgens nach dem Frühstück, das die Haushälterin Therese vorbereitet hatte, ging Bienert in seine Bibliothek und diktierte Briefe. Seine Sekretärin kam oft hierher, manchmal aber fuhren die beiden auch nach Plauen zur Mühle, wo Friedrich Bienert als Geschäftsführer arbeitete. Palucca aber empfing am Vormittag ihren Pianisten Herbert Trantow an der Haustür, gemeinsam gingen sie dann in den Übungsraum. Palucca machte sich warm, lief ihre Runden durch den Raum und begann dann mit ihrem technischen Training, übte neue Sprünge und manchmal fluchte sie: »Ich schaffe das nie«.[50] Trantow nannte sie, um sie zu befeuern und an ihre magischen Koboldkräfte zu erinnern, »Puck«, und wann immer er das zu ihr sagte, ging es schon wieder besser.[51] Sie fingen an zu improvisieren. Palucca begann, »sich wie unter einem [...] Zwang zu bewegen«, so sagte Trantow, und er selber versuchte, sich »auf ihre Welle einzuschwingen«, sie zu begleiten auf seinem Flügel.[52] Danach probten sie das neue Programm, oft waren auch die erfolgreichsten Tänze der vorherigen Saison dabei, die Palucca dann aber immer veränderte.

Irgendwann war sie müde, ging in ihr Zimmer und ruhte sich aus. Sie trainierte immer zu viel, war danach völlig erschlagen, erst wenn ihre Kräfte ausgeschöpft waren, genehmigte sie sich eine Pause.

Nach der Ruhepause kamen die Schülerinnen, entweder in den Übungsraum in der Bürgerwiese oder in den Schulraum in der Augustusstraße. Palucca begrüßte sie immer matt und die Schülerinnen wunderten sich jedes Mal über ihre Kraft beim Unterricht. Da stand sie dann da, mit ihren 1,58 Metern kleiner als die meisten ihrer Schülerinnen und höchstens genauso alt wie sie, reckte ihren Oberkörper vor, spornte sie mit mädchenhaft-überschlagender Stimme an, griff zur Trommel, hetzte sie durch den Raum und stoppte sie plötzlich: Sie sollten sich entspannen, locker sein und dann wieder spannen – die Beine, den Rücken, die Arme, den Hals, den Kopf, gespannt sein wie eine Stahlfeder. Entspannen, spannen, entspannen, spannen, immer schneller der Wechsel. Dann auf den Atem konzentrieren: tief hinein in den Bauchraum atmen, und die Bewegung ansetzen, von der Körpermitte aus, von der Atmung unterstützt. Sich vorstellen, in die Füße zu atmen, in die Knie, in die Oberschenkel, Hüften, Hände, Arme, Schultern, Hals, Kopf. Ausprobieren, auf welche Weise man durch einen Raum gehen kann, schreiten und gleiten, huschen, federn, springen, drehen, fallen, schwingen. Den Kopf bewegen, ihn schütteln, kreisen, ruckartig oder weich die Richtung ändern, ihn wiegen und fallen lassen. Sich geben wie eine Revuetänzerin, wie ein gefangener Vogel, hässlich, schön. Sich bewegen wie eine Katze oder ein Reh, gegen einen Sturm ankämpfen, eine Maschine sein, eine Puppe.[53] »Ihr müsst auch mit dem Kopf tanzen und manchmal mit den Beinen denken«. »Kopiert nicht, findet Eigenes«.[54]

»Nicht nachlassen! – Intensiv! – Heiter! – Nicht trampeln! – Fest auftreten! – Leicht, leicht! – Kühn! – Nicht verkrampfen! – Na los! – Drauflos! – Nicht so laut! – Ruhig! – Sicher! – Hoch, hoch – weg vom Boden! – Nicht anstoßen! – den Anderen spüren!«

»Paluccas Stunden barsten vor Intensität«, so erzählte eine Schülerin, »und waren so anstrengend, daß wir danach völlig ausgepumpt und am Ende unserer Kräfte waren« – »Sie steckte uns an mit ihrer herrlichen tänzerischen Präsenz; wir waren gut, weil sie es war«.[55] Palucca war künstlerisch eine »Verschwenderin«[56], sagte ihr Pianist über sie. Paluccas Schülerinnen waren zwar am Ende ihrer Kräfte, wenn die Stunde vorbei war, aber sie fühlten sich gleichzeitig ganz locker, wie erlöst. Sie waren durch Palucca zu sich selbst gekommen.

Palucca ließ ihre Schüler sehr selbstständig werden, anders als Mary Wigman, von der sich viele Schüler auch nach dem Ende ihrer Lehrzeit abhängig fühlten. Palucca sorgte dafür, dass die Schüler zu ihrem eigenen Stil fanden. »Ich will gewiss keine Nachahmer erziehen«,[57] sagte sie immer wieder. Natürlich ließ sich das nicht immer vermeiden, schon modisch kopierten viele Schülerinnen ihre Lehrerin, ließen sich Pagenköpfe schneiden und trugen nur noch gedämpfte Palucca-Farben. Doch im Tanz achtete die Lehrerin streng darauf, dass die Schülerinnen sich selber kennen lernten. Sie ließ die Schülerinnen stundenlang improvisieren und improvisierte dabei selbst. »Jede Improvisation ist einmalig«, so schwärmte sie, »ich kann keine Bewegung, keinen Rhythmus, keinen Spannungszusammenhang genauso wiederholen, auch wenn die Musik wiederholt würde. Alles fließt und die Vergänglichkeit ist vielleicht das schönste daran.«

Die »restlose Konzentration auf den Augenblick«[58] fand Palucca erregend und belebend. Zu ihren Schülerinnen sagte sie: »Es ist wichtig, daß Ihr kühn drauflos improvisiert, damit jeder weiß, was in ihm steckt. Ihr müßt Euch einfach mal verausgaben, ihr müßt richtig eine Suggestion ausüben«.[59]

Obwohl sie gleich alt war wie viele ihrer Schülerinnen, ging sie nicht kumpelhaft mit ihnen um. Sie klopfte ihnen nicht auf die Schulter und umarmte sie nicht, sondern begrüßte sie höchstens mit einem leichten Händedruck.

Sie forderte von ihren Schülerinnen den ganzen Einsatz, also genau jenen Einsatz, den sie selber zu geben bereit war. Moderner Tanz war in Mode gekommen, aber Palucca wollte nicht, dass ihre Schülerinnen tanzten, weil es gerade modern war. Sie wollte, dass sie im Tanz ihre Bestimmung sahen. Wenn sie merkte, dass das so war, dann förderte sie ihre Schützlinge mit ganzer Kraft und vermittelte ihnen einen »Mut zur Eigenart«, wie eine Schülerin sagte: »Nicht so wie sie zu sein, aber so echt wie sie auf eigene Art, war das große Ziel.«[60] Palucca forderte ihre Schülerinnen auf, selbst zu erfinden, schöpferisch zu sein und vor allem authentisch. Sie merkte sofort, wenn sich die Schülerinnen verstellten. Wenn die jungen Leute albern waren und an falscher Stelle lachten, rügte Palucca sie: »Was lachst Du denn jetzt? Das nimmt Dir die Energie, die Konzentration!«[61]

Palucca bestand darauf, dass bei einem guten Tanz alles zusammenkam: Fantasie und Ordnung, Intuition und Disziplin, Improvisation und Form, Chaos und Technik. Jede Schülerin aber musste für sich herausfinden, wie die verschiedenen Kräfte bei ihr zusammenwirkten. Paluccas Lieblingsschülerinnen waren die, die sich durchsetzten, die einen eigenen Stil und sogar eine eigene Technik entwickelten. Meist hatte sie für eine gewisse Zeit eine bestimmte Schülerin im Visier, konfrontierte sie mit besonderen Ansprüchen und ließ keinen Augenblick locker, bis sie das Gefühl hatte, dass aus der Schülerin eine Künstlerin geworden war.

Und so verstand Palucca es, den Schülerinnen das Gefühl zu geben, wichtig zu sein. Sie konnte sich blitzschnell Namen merken, Gesichter einprägen, eingehen auf Bedürfnisse, wenn sie merkte, dass das nötig war. Sie vermittelte den Schülerinnen und auch den anderen Lehrern, die sie nach und nach einstellte, dass sie unbedingt dazugehörten, ja, dass sie selber, Palucca, sogar abhängig war von ihnen: »Wenn ich Dich nicht hätte, wäre es schlimm«, sagte sie dann. Doch es war auch anstrengend für sie, die Bedürfnisse so vieler Leute im Blick zu behalten, sie konnte das nicht durchhalten und verfiel immer wieder in Abwehr und Distanz, wollte auf einmal mit niemandem etwas zu tun haben, und das konnte für diejenigen, die vorher von ihr so liebevoll beachtet worden waren, irritierend sein.[62]

Einer der Lehrer, der an Paluccas Schule kam, war ihr Pianist Herbert Trantow. Er teilte seinen Stoff in mehrere Fächer auf: Rhythmik, Tanzkomposition, Raumgestaltung, Tanzgeschichte, Philosophie.[63] Trantow war – ab 1927 – einer von immerhin sieben Lehrern an der Schule. Er musste so oft vertreten werden wie Palucca selber, denn die beiden gingen von Oktober bis April auf ihre Tournee, in kleine Städte, in große Städte, meist waren sie mit dem Zug unterwegs, Paluccas Ankleiderin war auch dabei, die drei wechselten die

Orte fast täglich. Trantow half beim Koffertragen und bei der Suche nach den für sie gebuchten Unterkünften. Manchmal wurden sie an den Bahnhöfen von den Impresarios der Kulturhäuser oder von deren Helfershelfern abgeholt, manchmal mussten sie sich auch allein durchschlagen mit Taxis oder Bussen. Das allerdings machte Palucca weniger zu schaffen als der ständige Wechsel von Hotelzimmern. Nachts lag sie oft wach und versuchte, die fremdartigen Geräusche einzuordnen, mal fuhr ein Zug in der Nähe, mal lärmten frühmorgens Kinder im Hof. Palucca konnte überhaupt nur schlafen, wenn sie in den Hotelzimmern so abgeschirmt wie möglich war und am besten gar nichts von der Außenwelt mitbekam. Dunkel und ruhig und möglichst im oberen Stock wollte Palucca untergebracht sein. Doch auch wenn ihr die Wünsche erfüllt wurden, blieb doch eine Überempfindlichkeit, eine Angst vor den Zumutungen der anderen.[64] Manchmal las sie dann die halbe Nacht. Zugleich konnte sie sich keine Erschöpfung leisten. 75 Solotanzabende hatte sie im Jahr zu bewältigen und sie brauchte ihre volle Kraft und Konzentration, um sich auf ein immer neues Publikum einzustellen. Manchmal staunte sie selber, »wie ich das alles durchgehalten habe«.[65]

Am Ende einer Vorstellung empfing sie Zuschauer auch hinter der Bühne, denn oft tat es ihr gut, wenn sie unmittelbare Reaktionen bekam. Manchmal ließ sie sich auch überreden, noch etwas trinken oder essen zu gehen. So baute sie sich überall treue Anhänger auf, doch diese Anhänger wurden hin und wieder auch so enttäuscht wie Paluccas Schülerinnen. Denn an einigen Abenden reichte Paluccas Kraft nicht mehr aus, um auf andere zuzugehen, zuzuhören, dann wollte sie einfach nur noch Ruhe haben und rauschte nach der Vorstellung direkt ins Hotelzimmer und wies diejenigen, die sie aufhalten wollten, schroff ab. Palucca konnte ihre Kräfte schlecht einschätzen, auf Überforderung folgten Zusammenbrüche. »Leider sehe ich immer nur Hotels, Theater, Eisenbahnen«,[66] klagte sie dann. Nicht einmal die langen Zugfahrten zwischen den Auftritten nutzte sie, um sich zu erholen. Sie suchte sich meist Abteile aus, in denen sie ganz allein war und wenn Trantow dabei war, wusste er, dass er sie während der Fahrt kaum ansprechen durfte. Palucca schloss ihre Augen und repetierte Minute für Minute ihr Programm. Auch dafür brauchte sie ihre ganze Konzentration und einmal ärgerte sie sich, als in einem solchen konzentrierten Augenblick vier Männer ihr Abteil betraten. Trotzig tat sie so, als schliefe sie, wunderte sich aber nach einer Weile, dass von den Männern ebenfalls nichts zu hören war. Sie öffnete ihre Augen einen Spalt weit und sah, dass einer der Männer die Finger über eine stumme Klaviertastatur gleiten ließ, der andere im Polster lehnte und seinen Geigenbogen durch die Luft strich – es waren vier Musiker, die sich genauso wie Palucca auf Tournee befanden und still ihr Programm durchspielten.[67]

Nach ihren Tourneen wurde Palucca regelmäßig krank, litt oft unter Grippe. Sie versetzte sich dann selber in einen komatösen Zustand, war, auch wenn sie nicht schlief, kaum ansprechbar. Wenn es ihr etwas besser ging, las sie hintereinander mehrere Romane, Biografien oder Krimis, versank regelrecht in die fremden Welten. Sie wurde von der Haushälterin umsorgt, bekam alles ans Bett gebracht und es schien manchmal so, als genieße sie ihre Zusammenbrüche.

Ohnehin war Palucca der Wechsel aus Tournee und Unterricht in Dresden sehr recht: »Wenn ich unterwegs war und Tanzabende gab, da konnte ich es schon gar nicht mehr aushalten, bis ich in die Schule zurückkam«,[68] sagte sie. Und wenn sie in der Schule war, freute sie sich auf die Tourneen. »Ich habe eben Freude an der Arbeit«.[69]

In Dresden ging Palucca manchmal mit ihren Schülerinnen aus, in Cafés oder Tanzlokale, in den Circus Sarrasani unter einer goldenen Kuppel am Carolaplatz oder in eines der neuen Kinos. Oder sie ging mit ihnen in die Galerien und

Museen, machte sie mit neuen Bildern oder Meisterwerken früherer Zeiten bekannt, um sie später in den Unterrichtsstunden aufzufordern, sich von den Bildern anregen zu lassen und die Szenerien nachzutanzen. Palucca wollte, dass ihre Schülerinnen zu umfassend gebildeten Künstlerinnen wurden. Viele waren neu in der Stadt, kamen aus ganz Deutschland hierher, aber auch aus Griechenland, Schweden, England, Amerika.

Wenn Palucca nicht mit ihren Schülerinnen unterwegs war, saß sie zusammen mit ihrem Mann in ihrem Wohnzimmer, wo sie über neue Tanzabende, Tourneen und über Werbung sprachen. Manchmal zog sich Bienert dann wieder an seinen Schreibtisch zurück, rief seine Sekretärin noch einmal zu sich und diktierte ihr Briefe: an den Künstler Alexej von Jawlensky, an den Architekten Heinrich Tessenow, an Kandinsky – ob sie nicht ein paar freundliche Worte über seine Frau aufschreiben könnten, die er in einem Palucca-Prospekt abdrucken würde. »Sehr geehrter Herr von Jawlensky, [...] wäre es Ihnen möglich, auch ein paar Zeilen darüber zu schreiben, welchen Eindruck Palucca auf Sie, besonders im Hinblick auf Ihr eigenes künstlerisches Schaffen gemacht hat?«[70] – »Sehr verehrter lieber Herr Kandinsky, [...] Außerdem habe ich heute wieder mal eine riesengroße Bitte an Sie oder Ihre Frau. Ich bin gerade dabei, für meine ›Tänzerin‹, wie sich die Frau Else Lasker-Schüler immer ausdrückt, einen neuen Propaganda-Prospekt drucken zu lassen [...], ob sie eventuell bereit wären, eine ganz kurze Bemerkung zu unserem Prospekt beizutragen?« Kandinsky war einverstanden und als der Text fertig war, schrieb er: »Ich hoffe, dass der Text Ihrer Frau und Ihnen zusagen wird. Es würde mir sehr leid tun, wenn es nicht der Fall wäre. Ich dachte, pure Begeisterung in hohen Tönen ist ja sehr gut, aber auch ein trockenes Besprechen hat seinen Wert [...] Herzliche Grüße von uns beiden an Sie beide und es soll Ihnen recht gut ergehen. Ihr Kandinsky«.[71]

An den Architekten und ehemaligen Berliner Stadtbaurat Ludwig von Hoffmann schrieb Bienert: »Es ist mir unsagbar peinlich, in Ihren Augen als schrecklicher Quälgeist erscheinen zu müssen, aber in Bezug auf die Kunst meiner Frau bin ich zu allem fähig, selbst auf die Gefahr hin, mir alle Sympathien zu verscherzen«.[72]

Doch Bienert verscherzte sich mit seinem »kleinlichen Eifer«[73], wie er selbstironisch schrieb, keine Sympathien. Die Künstler nahmen seine Anfragen gelassen hin, taten ihm den Gefallen und schrieben etwas Brauchbares auf. Sie bekamen selber genug von Bienert, durften bei ihm oder bei seiner Mutter übernachten, wenn sie in Dresden waren, konnten an beide ihre Bilder verkaufen – es war ein Geben und Nehmen. Außerdem machte es den meisten Künstlern nicht viel Mühe, ein paar Zeilen zu schreiben, Paul Klee etwa notierte handschriftlich zwei, drei Sätze, für die er sich offensichtlich nicht allzu viel Zeit genommen hatte.[74]

Trotzdem wurde natürlich geredet in der Stadt und überall sonst, wo Palucca auftrat, dass diese Künstlerin ganz besonders von ihrem Mann profitierte und man fragte sich, ob sie es wirklich so weit gebracht hätte ohne ihn: »Auch gibt es, glaube ich, immer noch Menschen, die sich wirklich einbilden, daß die ganze Presse von mir bestochen worden wäre«, klagte Friedrich Bienert einmal in einem Brief an Kandinsky.[75]

Palucca hatte ihrem Ehemann zwar viel zu verdanken, doch sie selber war es, die es durch ihre Auftritte schaffte, das Publikum auf ihre Seite zu ziehen. Bienert gab nur den Anstoß. Außerdem war er sowieso nicht zu bremsen. Er hatte immer neue Ideen, fragte Kandinsky einmal ungeduldig, wo denn der Künstler László Moholy-Nagy stecke: »Ich wollte ihn sehr bitten, mir auch einen Abzug zu schicken, von der ausgezeichneten Aufnahme, wo meine Frau aus der Tür herauskommt. Sicher fände ich eine illustrierte Zeitschrift, die dieses Bild veröffentlicht«.[76] Und er sorgte auch dafür, dass

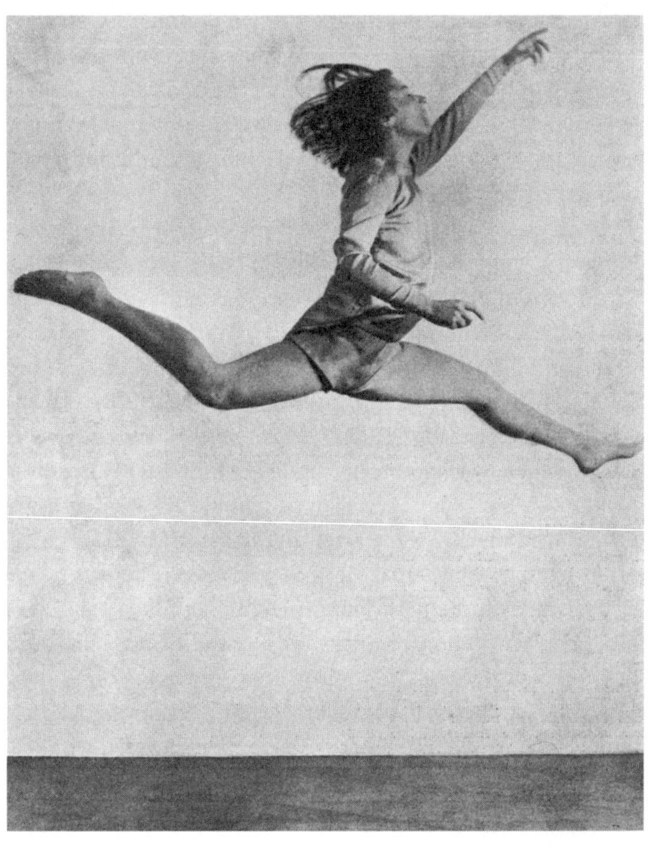

Sprung, 1936

Palucca und ihre Schule auf einer »Ausstellung für Gesundheitspflege, soziale Fürsorge und Leibesübungen« mit Fotos vertreten waren, hatte genaue Vorstellungen davon, wie die Schautafel auszusehen habe: bespannt mit schwarzem Stoff, »der von hier aus mitgeschickt wird«, »die einzelnen Photographien sind auf schwarzer Pappe [...] aufgezogen und mit ganz einfachen schwarzen Leisten unter Glas gerahmt«.[77]

Dem Direktor des Ufa-Hauses in Berlin schrieb Bienert, »da sich die Tänzerin Palucca für den Film sehr interessiert, so würde sie auch sehr gern bereit sein, besondere Tänze für den Film zu komponieren«, und er selbst würde »letzten Endes« »einen Teil der Unkosten [...] übernehmen«. Und als die Ufa-Leute für einen ganzen Film mit Palucca nicht zu begeistern waren, schrieb Bienert, »ob nicht wenigstens für die Wochenschau eine Aufnahme der Tänzerin in Betracht kommen könnte«.[78]

Bienert und Palucca wussten, dass Filme immer wichtiger wurden. In den vergangenen Jahren waren auch in Dresden überall Kinematographentheater geöffnet worden – geschäftstüchtige Leute hatten sich leere Läden angemietet, ein paar Stühle aufgestellt und dann Filme gezeigt; auch Filmpaläste waren gebaut worden, zwischen Hauptbahnhof und Postplatz gab es allein sieben davon.[79]

Doch Bienert gelang es nicht, einen Vertrag zwischen Palucca und der Ufa auszuhandeln. Dennoch fand er eine Möglichkeit, seine Frau auf andere Weise noch bekannter zu machen: durch Werbung. Werbung gehörte inzwischen mit öffentlich angeschlagenen Emailleschildern, mit Leuchtreklamen und mit 400 Litfasssäulen zum Dresdner Alltag dazu.[80] Auch die Firma Bienert warb an Straßenbahnwagen groß mit »Bienert-Mehl«. Und nun gab es die Zigarettenbilder, auf denen Palucca zu sehen war, und die Firma Kaffee Hag warb mit einem Palucca-Sprungfoto in den Zügen der Reichsbahn.[81] Durch die Sprungbilder wurde Palucca so bekannt, dass sogar Amerikanerinnen bei Deutschlandbesuchen die Fotografin der Sprungbilder, Charlotte Rudolph, aufsuchten und von ihr verlangten, mit ihnen ähnliche Aufnahmen zu machen wie mit Palucca. Die Fotografin bat die Damen zu springen, doch der Effekt war nicht der gewünschte, denn die Amerikanerinnen hatten sich gedacht, dass die Sprungfotos mit Palucca durch Tricks fingiert worden waren, »vielleicht vom Tisch runter, und mit Fön, damit die Haare fliegen«,[82] amüsierte sich Palucca. Aber da gab es keine Tricks. Palucca sprang fast unmenschlich hoch.

Paluccas Sportlichkeit, mit der sie im Wilhelminismus noch eine Außenseiterin gewesen war, passte nun endgültig in die Zeit: Sport war eine Massenbewegung geworden. Wenn die Leute nicht selber im Verein oder auf den vielen firmeneigenen Trainingsplätzen Sport trieben, dann begaben sie sich als Zuschauer in die neuen Stadien. Denn die Leute hatten jetzt auch mehr Freizeit als früher, der 8-Stunden-Tag war gesetzlich festgeschrieben worden.[83] Und so bot Palucca an ihrer Schule auch Kurse für Laien an, veranstaltete regelmäßig einen Tag der offenen Tür, an dem die Dresdner kommen und mitmachen konnten. Vielen, die da kamen, um sich auszuprobieren, war anzusehen, dass sie Anfänger waren, dass sie zuvor kaum je Sport getrieben hatten. Ihnen fehlte beinahe jedes Gespür für ihren Körper, sie konnten ihre Arme und Beine nicht gleichzeitig und schon gar nicht wechselseitig bewegen. Palucca ging auch in Sport- und Gymnastikvereine, warb da für ihre Schule, schaute sich auch da genau an, wen sie für geeignet hielt. Sie wurde zur Missionarin der Bewegungsfreude.

Auch bei Paluccas »Winterfeldzug« – wie Bienert die Tourneen seiner Frau nannte[84] – kamen immer mehr Stationen dazu. Palucca füllte schon ab Mitte der zwanziger Jahre die Bühnenhäuser und Konzertsäle in ganz Deutschland und in europäischen Großstädten, trat in Hamburg, Leipzig auf, in Paris, Zürich, in Warschau und auch in vielen kleinen Städten. Berlin war eine besonders wichtige Station, denn die Reichshauptstadt galt mit ihren fast vierzig Theatern, drei Opernhäusern, zahlreichen Varietés und Kabaretts als Mittelpunkt des deutschen Bühnenlebens.

Anders als Mary Wigman tanzte Palucca immer zu Musik, denn sie wollte das »Unkörperlichste, die Musik« mit dem »menschlichen Körper in Einklang bringen«.[85] Palucca arbeitete mit Gegensätzen, gab sich modern und traditionell,

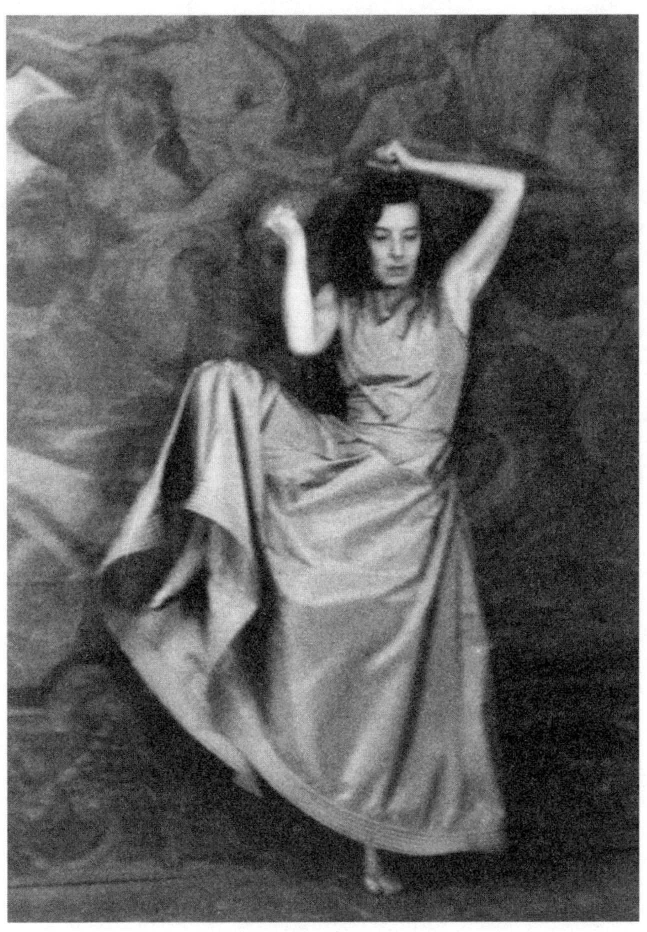

Palucca

männlich und weiblich. Die Zuschauer empfanden Paluccas Sprünge als maskulin, kraftvoll, ihren Blick als feminin, charmant, kokett. Die Leute liebten vor allem ihren »Rosenkavalierwalzer«, mit dem sie seit 1927 die Musik von Richard Strauss interpretierte. Da kam sie mit einem hellen, langen Kleid auf die Bühne, einem Kleid, das bis zu den Hüften eng war und dann zu den Knöcheln weit herunterfiel. Während eines Laufschritts schwang sie das eine Bein so weit in die Höhe, dass die Beine zum Spagat wurden, gleichzeitig bog sie ihren Oberkörper zu einer gespannten Linie zurück, so dass er mit dem nach oben geschlagenen Bein einen scharfen Winkel bildete. Sie riss beide Arme zu einer Seite, ballte die Fäuste, so dass sie mit all den Ecken, Winkel und Kanten am Körper aggressiv wirkte, während sich ihr Rock ganz weich über den Spagat der Beine zu einem Halbkreis formte.[86] Es war eine Hommage an den Walzer, aber auch eine Verfremdung, hart und weich zugleich. Und wenn Palucca den populären Charleston tanzte, dann variierte sie auch den, sie öffnete und schloss pulsierend ihre Beine, machte dazu aber unzählige andere Verrenkungen, unterbrach die Beinbewegung, setzte sie dann fort, in dem sie die Beine nun nicht mehr gleichzeitig öffnete und schloss, sondern mal nach rechts, mal nach links schlenkerte.

Palucca griff alles Mögliche auf und verfremdete es. Wenn sie die Arme ausbreitete und durch den Raum schwebte, dann sah sie nicht aus wie eine ätherische Elfe, sondern eher wie ein Kind, das Flugzeug spielt: Ihre Arme durchschnitten den Raum. Auch ihre Marschbewegungen wirkten kindlich, sie marschierte mit gebeugten Armen und geballten Fäusten. Immer wieder wirkte es, als sei sie mit den Gedanken ganz woanders, als lasse sie ihren Körper ein Eigenleben führen, ja als überlasse sie sogar einzelne Körperteile sich selbst: Arme, Beine, Füße, Hände bewegten sich wild, dabei aber schaute sie wie unbeteiligt in die Ferne, als betrachte sie etwas, das weit weg lag von ihr selbst, weit weg von der Bühne, dem Raum, der Zeit, dem Hier und Jetzt.[87] Sie wehrte die Erregung der Zuschauer ab und trieb sie zugleich hoch, wirkte präsent und entrückt zugleich, präzise und ungezügelt, leicht und kraftvoll, als kämen die Erfahrungen verschiedener Leben, die Erfahrungen von Frauen und Männern, Kindern und Alten in ihr zusammen.

Und so zog sie ihre Zuschauer nicht nur mit ihrer Heiterkeit und ihrer Virtuosität in ihren Bann, sondern auch mit ihrer unverwechselbaren Komplexität. Jeder Zuschauer konnte sich mit Palucca identifizieren: mit dem Kindlichen, dem Reifen, Männlichen, Weiblichen, Ungestümen, Hingebungsvollen. Und deswegen schlossen sie die Zuschauer in ihr Herz, sie konnten sich in ihr spiegeln. Ihre Fähigkeit mitzureißen war einmalig: »Palucca wurde geliebt – und das von Anfang an«, hieß es über sie. »Palucca wollte nicht aufrütteln, sie wollte beglücken. Sie tanzte nicht den Kampf, sondern die Versöhnung herbei. Sie tanzte die Liebe«.[88]

Schon 1926 hieß es in einer Kritik: »Keine deutsche Tänzerin hat ihren Körper so in der Gewalt. Keine beherrscht so wundervoll ihre Glieder, keine Tänzerin besitzt einen solchen Wechsel des Ausdrucks von der zartesten Hingabe zum höchsten stählernen Sprung«. »Palucca beherrschte, gestaltete souverän den Raum. Sie verfügte über eine makellose Technik, einen wahrhaft durchmeditierten Körper«, schrieb eine Zuschauerin.[89] »Immer wieder, wenn ich sie tanzen sah, fragte ich mich: Warum kann ich nicht so einfach sein?«, schrieb eine Schülerin über Palucca und attestierte ihr, »unglaublich« und »genial« zu sein.[90]

Am Ende des Programms verschwand Palucca hinter die Bühne, wartete kurz die Reaktionen des Publikums ab und wenn draußen Jubel ausbrach, kam sie wieder, denn das Publikum erwartete nun ihre berühmten Zugaben, die inzwischen fest zu ihrem Programm dazugehörten. Palucca nannte ihre Zugaben »Technische Improvisationen« und spielte damit auf eine Vorliebe der Zeit an: Es war bei vielen Künstlern, vor allem bei den Konstruktivisten, Mode geworden zu zeigen, wie etwas gemacht wird: Architekten legten die Stahlskelette und damit die Konstruktionsweise von Häusern frei und Palucca präsentierte bei ihren Improvisationen – wie sie selber sagte – »Ausschnitte aus meinem Training«[91]. Sie boxte, steppte, schlenkerte Arme und Beine wie ein Clown ohne Knochen. Oder sprang am Platz höher und immer höher, federnd wie ein Ball, ganz gelöst. Oder sie ging vom Ende der Bühne auf den Zuschauerraum zu, so als steige sie Treppen herab, obwohl die Bühne völlig eben war. Oder sie sank unendlich langsam in den Boden, wirkte wieder so, als habe sie keine Knochen, als verwandle sich da ein Mensch in ein unstoffliches Wesen. Und der Pianist musste aus dem Stegreif etwas spielen, einen Fox oder Shimmy, denn die neueste Tanzmusik kam beim Publikum besonders gut an. Damit auch jeder glaubte, dass die Improvisationen wirklich erst in dem Moment entstanden, wenn Palucca sie vortanzte, ließ sie sich manchmal aus dem Publikum Ideen zurufen. Die Leute waren begeistert und wollten gar nicht mehr aufhören.

»Niemals blieb es unter zwei Wiederholungen«, unter zwei Zugaben, erzählte Pianist Herbert Trantow. »Jubel – Dankbarkeit«, »alle waren wir glücklich«,[92] sagte eine Zuschauerin. Viele Zuschauer fühlten sich angesteckt von Paluccas Energie, tanzten nach den Vorstellungen auf der Straße selber weiter. Palucca brauchte das Publikum für ihren Tanz, die Stimmungen und Spannungen der Leute, die ihr zusahen, übertrugen sich auf sie. Und doch ließ sie das Publikum auch immer wieder spüren, dass es zu ihrer Zuwendung auch eine Gegenseite gab. Sie brachte es fertig, eine ganze Weile mit dem Rücken zum Publikum zu tanzen.[93] Später sollte Will Grohmann über Palucca schreiben, dass es diese »Polarität« aus Anwesenheit und Abwesenheit war, durch die sie ihr Publikum nur noch mehr faszinierte.[94] Die Rezensionen allerdings waren nicht immer nur positiv. Palucca hatte ihre Bewunderer, aber auch genauso treue Gegner, die sich über Jahre nicht von ihr überzeugen ließen. Vor allem die Anhänger Mary Wigmans kritisierten, dass Palucca nichts weiter als nur tanzen wollte, dass sie sich von

Theorien fernhielt.[95] So war es ein schwankender Boden, auf dem sich Palucca bewegte. Sie war nun, in wenigen Jahren, zu einer der bekanntesten Tänzerinnen Europas geworden, aber sie hatte auch ungeheuer viel Kraft, Geld und Werbemittel investiert. Und sie wusste, dass die Stimmung jederzeit kippen konnte.

Denn sie hatte im Lauf der zwanziger Jahre viel Konkurrenz bekommen. Der moderne Tanz war populär geworden und hatte sich in die unterschiedlichsten Richtungen entwickelt. Bei den modernen Malern gab es längst Kubisten, Konstruktivisten, Realisten, Dadaisten. Bei den Tänzern war es nun ähnlich. Palucca galt weiterhin als die wichtigste Tänzerin der Neuen Sachlichkeit, als diejenige, die die Perfektion der reinen Form verkörperte. Andere verlegten sich auf die Groteske, wieder andere auf Clownerien, und in den Nachtbars und Varietés traten Glitter-Girls auf, halbnackt mit Perlen und Strass behängt. Anita Berber zelebrierte öffentlich ihren Drogenrausch und wurde von Otto Dix als femme fatale gemalt, mit bleichem Gesicht und gebrochenem Blick. Josephine Baker kam aus Amerika nach Berlin, präsentierte ihre bronzeglänzende Haut und ihren Bananenrock und tanzte den Charleston.[96] Ekstase und Distanz, Romantik und Rationalität, Kunst und Unterhaltung, Witz, Satire und Pathos – alles war nun möglich.[97] »Außer Zeitschriften und Verlagsunternehmungen mehrt sich nichts so erschreckend wie die Zahl der Tänzerinnen«, schrieb ein Chronist, »zweifellos stehen wir vor unerhörten Möglichkeiten des Tanzes. Der Mensch des reifen 20. Jahrhunderts kann von ihm umgeprägt werden«.[98]

Doch die wenigsten, die jetzt eine Karriere begannen, konnten sich lange halten.

»Für einen jungen Menschen ein großes Glück« – Künstlerfreunde

Palucca kannte einflussreiche Künstler, die ihr dabei halfen, immer populärer zu werden. Bei ihren Auftritten saßen oft in den ersten Reihen Künstler, die sie während ihres Tanzes zeichneten oder malten. Emil Nolde, so erzählte Palucca, hielt in Berlin den Stuhl zwischen sich und seiner Frau Ada frei, um dort seine Stifte und Blöcke abzulegen.[1]

Friedrich Bienert hatte dafür gesorgt, dass Palucca von einem ganz Netz von Förderern und Bewunderern umgeben war. Wenn Palucca am Ende ihrer Tournee im April wieder zuhause war, lud ihr Mann die Künstler nach Dresden ein und bewirtete sie. »Lieber Herr Bienert! Ich danke Ihnen sehr für Ihren freundlichen Brief und Ihre freundliche Einladung. Sehr gerne komme ich zu Ihnen«, schrieb Theodor Däubler: »Da ich in Dresden mit niemandem verzankt bin, freut mich jeder Gast, den sie einladen. Mit Dixens käme ich gern zusammen«.

Friedrich Bienert gab gern Abendessen, machte sich dabei selber Gedanken, was er den Gästen anbieten sollte. Fleisch und Gemüse mussten farblich zueinander passen, die Soßen durften nicht dickflüssig, sondern mussten durchsichtig sein. Palucca machte sich die Vorlieben ihres Mannes zu eigen und behielt sie ein Leben lang bei.

Bienert gab auch große Feste, vor allem Kostümfeste wie Mary Wigman, denn er und Palucca hatten immer Lust, sich zu verkleiden, jemand anderes zu sein – »die Kurie feiert ein weltliches Fest«, lautete einmal das Motto eines Festes, bei dem es durchaus frivol zugegangen sein soll.[2] Bei diesen Festen scharten sich die Künstler um die verlockend junge Palucca und so bestand auch ihre Schwiegermutter darauf, dass Palucca auch auf deren Feste kommen und für gute Stimmung sorgen sollte. Ida Bienert selber trug auf ihren Festen gerne ein enges rotes Samtkleid, einmal tanzte sie mit ihrem Lieblingsdichter Theodor Däubler einen so feurigen Tango, dass ihre Töchter ganz verzweifelt guckten.[3]

An solchen Abenden bei Ida Bienert kamen vor allem Künstler, die sich auf die visuellen Fächer verlegt hatten, Tänzerinnen wie Palucca und Mary Wigman oder Architekten wie Walter Gropius und Ludwig Mies van der Rohe oder Maler wie Oskar Kokoschka und Emil Nolde.[4] Dichter wie Däubler oder Else Lasker-Schüler waren in der Minderheit. Überhaupt waren die visuellen Künste in der Weimarer Republik besonders beliebt.[5]

Palucca hörte vor allem auf die Ratschläge bildender Künstler. Sie ließ sich von Paul Klee sagen, dass sie doch besser nicht nach Suiten von Bach tanzen solle, denn Bach sei so vollendet, dass da nichts mehr hinzuzufügen sei, auch kein Tanz. Sie diskutierte auch mit dem Foto-Künstler László Moholy-Nagy darüber, ob sie beim Tanz in die Knie gehen dürfe, denn Moholy-Nagy fand das sentimental, Palucca aber sagte, dass es manchmal nicht zu vermeiden sei.[6] Die Debatten machten ihr Spaß und spornten sie an, immer aufs Neue an sich zu arbeiten. Palucca bewunderte Maler und Fotokünstler sehr, sie schätzte sie viel mehr als andere Tänzer. Tanzen zu können, das war ihr selbstverständlich. Tanz war eine flüchtige Kunst. Ein Maler aber legte sich mit einem Werk fest, und das nötigte Palucca, die sich selber nicht gern festlegte, Respekt ab.

Die Künstler, die nicht aus Dresden kamen, übernachteten oft bei Ida Bienert – bei den »lieben Bienerts«[7], wie Kandinsky sie nannte. Die Künstler wurden verwöhnt von Angestellten, bekamen Frühstück, Mittag- und Abendessen, und wurden vom Bienertschen Chauffeur gefahren. Die Bienerts benahmen sich wie fürstliche Mäzene früherer Zeiten. Die revolutionären Unruhen der Jahre 1918 und 1919 hatten an ihrem elitären Selbstverständnis nichts geändert.

Nicht anders ging es bei Palucca und Friedrich Bienert zu. Bei den »jungen Bienerts«[8] wie Kandinsky sie in Abgrenzung

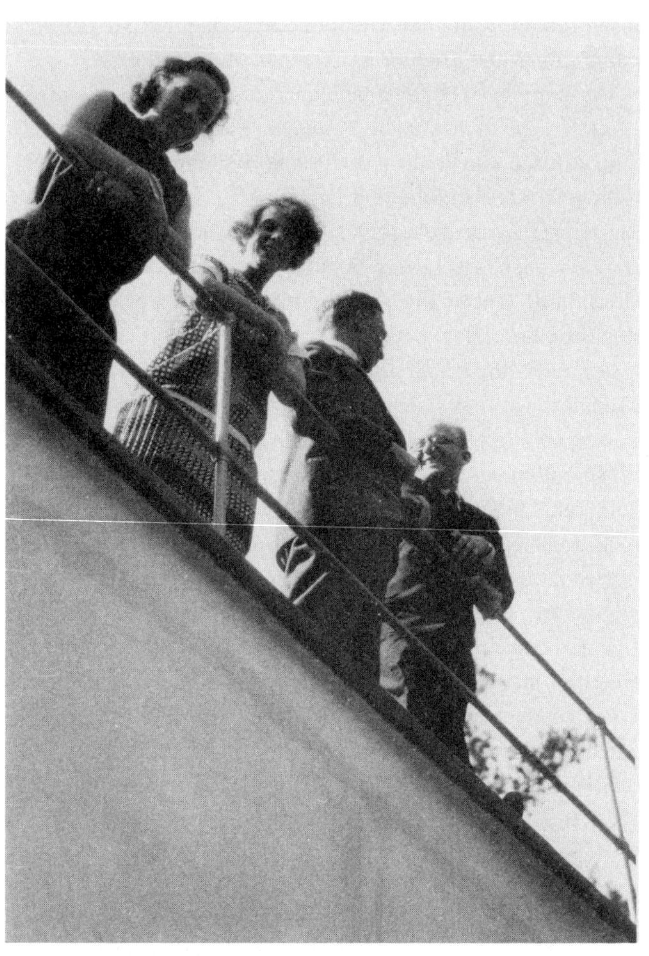

Palucca, Nina und Wassily Kandinsky sowie Herbert Trantow auf dem Dach eines Meisterhauses in Dessau, um 1925

zu den »lieben Bienerts« nannte, blieben viele Gäste auch über Nacht und wenn sie die Künstler einmal nicht unterbringen konnten, bezahlten sie ihnen ein Hotelzimmer. Palucca war stolz auf diese Besuche: »Kommen Sie morgen nachmittag zu uns, dann sehen Sie Kandinsky«,[9] schrieb sie einmal auf einen Zettel und steckte ihn einer fast gleichaltrigen Schülerin zu. Den Klees überließen sie und ihr Mann auch mal ihre Wohnung und fuhren selber nach Österreich. Von dort aus schrieben sie dann eine Karte an ihre eigene Adresse: »Herrn Paul Klee und Frau Klee. Bürgerwiese 25. Herzliche Grüße aus dem Zug in Kufstein. Hoffentlich geht es Ihnen nicht gar zu schlecht bei uns. Ihr Fritz Bienert. Viele Grüsse [sic] Ihre Palucca«.[10] Das Motiv der Karte war mit Bedacht gewählt: Es zeigte ein Gebirgsmassiv und sollte Paul Klee, der in Bern aufgewachsen war, an seine Heimat erinnern.

Auch der russische Künstler El Lissitzky kam 1926 bei Palucca unter. Er arbeitete für die Internationale Kunstausstellung in Dresden an einem »Raum für konstruktive Kunst«. Auf der Internationalen Kunstausstellung vertreten zu sein, war eine hohe Auszeichnung für Künstler. El Lissitzky wollte in dem Raum, an dem er baute, moderne Werke der Öffentlichkeit vorstellen und die Wirkung der Bilder verstärken, indem er die Wände, an denen sie hingen, auf besondere Weise gestaltete: Er setzte Lamellen – senkrecht und unterschiedlich bemalt – davor, um für die vorbeigehenden Ausstellungsbesucher eine »optische Dynamik« herzustellen.[11] Ida Bienert finanzierte das Ganze und es brauchte eine Weile, bis der Raum fertig war. Gleich mehrere Nächte verbrachte Lissitzky bei Palucca in der Bürgerwiese, aß mit ihr zu Abend und erzählte ihr, wie er den Raum gestalten wolle. Palucca hörte fasziniert zu, wusste aber, dass ihr Mann diesmal nicht einverstanden war mit dem Besuch. Er selber war verreist und fürchtete, dass der lungenkranke Lissitzky seine Frau anstecken könnte. »Wir haben uns [...] schrecklich gezankt«, erzählte Palucca später. »Ich habe ihm gesagt, daß mir die Krankheit egal ist, wenn es um einen Maler geht, der mich interessiert«. Als die Kunstausstellung eröffnet war, ging Palucca immer wieder hin. Mit der Ausstellung gelang vielen modernen Künstlern der Durchbruch und Palucca genoss es, Teil eines bedeutsamen Geschehens zu sein. Sie fand in den Bildern Elemente ihres Tanzes wieder.

Sie versuchte, auch Paul Klee zur Internationalen Kunstausstellung zu locken: »Verehrter Herr Klee, die Ausstellung ist unsagbar schön, ich bin so froh Ihre Bilder jetzt oft sehen zu können. Kommen Sie doch auch bald zu uns! Ihnen und Ihrer Familie sehr viele Grüße, Ihre Palucca«.[12]

Palucca und ihr Mann reisten oft nach Dessau, die Elbe entlang Richtung Nordwesten, mit dem Auto vorbei an Pferdefuhrwerken, die immer noch auf den Landstraßen zu sehen waren. Sie wollten in Dessau die Bauhausmeister besuchen. Das Bauhaus war 1919 als Hochschule für Gestaltung in Weimar gegründet worden und galt bald als die wichtigste Ausbildungsstätte der Avantgarde, an der die Elite der Moderne unterrichtete: Kandinsky, Klee, der Maler und Bildhauer Oskar Schlemmer oder der Maler Lyonel Feininger, der Architekt Walter Gropius, der auch Bauhaus-Direktor war, oder László Moholy-Nagy, der aus Ungarn über Russland nach Deutschland gekommen war. 1925 waren die Bauhausleute von Weimar vertrieben und in Dessau aufgenommen worden. Wassily Kandinsky und seine Frau Nina bewohnten jetzt zusammen mit Paul Klee und seiner Frau Lily ein Doppelhaus, das Bauhausdirektor Walter Gropius als »Meisterhaus« hatte bauen lassen. Es war ein würfelförmiges, weißes, kahles Gebäude, das am Stadtrand in einem lichten Kiefernwald stand. Palucca und Bienert waren dort immer willkommen.

Kandinsky rief Palucca oft in sein Atelier im ersten Stock und bat sie, ihre Tänze einzuüben. Manchmal hörte sie währenddessen Paul Klee in der anderen Wohnung Geige spielen. Klees Atelier grenzte direkt an Kandinskys an und die Wände waren dünn. Oft ging Palucca auch hinüber in die andere Wohnung, in Klees Atelier, das immer sehr aufgeräumt war, und schaute sich seine Bilder an.[13] Ihr Mann sammelte Klees poetische, durchscheinende, traumverlorene Kompositionen und ihre Schwiegermutter sollte bald 40 Klee-Bilder besitzen. Ida Bienert war Mitglied der Klee- und der Kandinsky-Gesellschaft, unterstützte die Künstler finanziell und bekam dafür deren Bilder zu guten Preisen angeboten. Doch Palucca schwärmte nicht nur für Klees Bilder, sie mochte auch den Menschen, sein »schönes, vergeistigtes Gesicht«, »diese wunderschönen Augen.« Sie fand ihn »fantastisch«.[14]

Palucca besuchte im Bauhaus Vorlesungen, wenn etwa Kandinsky über das Braun in den Bildern Rembrandts sprach. Abends wurde sie auf der Bauhausbühne zur gefeierten Diva und schimpfte bei diesen Gelegenheiten selbstbewusst über die Konstruktion der Bühne, die sie selber mit eingeweiht hatte. Sie machte Walter Gropius Vorwürfe, »daß er von außen nach innen und nicht von innen nach außen gebaut hat«. »Die Bauhausbühne ist ja keine Bühne in dem Sinne, eigentlich ist es ein größeres Podium,« sagte sie später abschätzig und fügte an, dass dieses Podium »ein bißchen zu klein« für sie gewesen ist. Gropius nahm Paluccas Kritik gelassen hin, »das waren gute Streitgespräche«, sagte Palucca, »danach war alles wieder in Ordnung«.[15]

Doch trotz der kleinen Bühne waren Paluccas Auftritte im Bauhaus ein großer Erfolg. Es war wie an den meisten Orten, an denen sie auftrat. Die Zuschauer fühlten sich angesteckt von ihrer unbändigen Bewegungsfreude, und weil es immer so wirkte, als könne sie sich einfach so über die Gesetze der Schwerkraft hinwegsetzen, wurden manche Zuschauer so übermütig, dass sie versuchten, Palucca nachzumachen und sich dabei sogar in Gefahr brachten. Hier in Dessau waren die Studenten dermaßen außer sich, dass sie die Glasfassade des Bauhausgebäudes hochkletterten und davon abgehalten werden mussten, vom Dach zu springen.[16] Palucca hatte ihnen das Gefühl vermittelt, schwerelos zu sein.

Bienert, Palucca und die Bauhausmeister genossen die gegenseitigen Besuche zwischen Dresden und Dessau, die Bauhausmeister konnten sich dabei auch ablenken vom schwierigen Alltag an ihrer Hochschule. Denn hier hatten sich zwei Fraktionen gebildet, die sich derartig bekämpften, dass die Streitereien zwischen Palucca und Mary Wigman vergleichsweise harmlos wirkten, obwohl es um ähnliche Themen ging: Diejenigen, die sich vor allem als Techniker und Rationalisten verstanden, wie etwa Gropius oder Moholy-Nagy, bekämpften Maler wie Klee und Kandinsky, die darauf beharrten, dass die entscheidenden Anregungen für die Arbeit aus den Gefühlen kommen müssten. Somit wurde auch hier die Neue Sachlichkeit gegen den Expressionismus ausgespielt, Funktionalität gegen Individualismus. Die Vertreter beider Fraktionen beschimpften sich auf Hochschulsitzungen, überwarfen sich über Lehrkonzepte, sprachen oft tagelang nicht miteinander, wussten aber, dass sie sich irgendwie einigen mussten, damit das Projekt Bauhaus nicht wieder gefährdet würde. Kandinsky, der eigentlich selber mit Elementen der Neuen Sachlichkeit experimentierte und Spaß an geometrischen Formen hatte, verkündete trotzig eine »Neue Romantik«, vor allem, um die Fraktion der Techniker damit zu ärgern.

Palucca kam mit Vertretern aus beiden Lagern gut aus, mit Gropius und Moholy-Nagy wie auch mit Kandinsky und Klee. Ihr Tanz galt zwar als neusachlich und technisch perfekt, doch sie wusste, genauso wie Kandinsky, dass es ganz ohne Gefühle nicht ging. Sie konnte die Zuschauer nur dann mitreißen, wenn sie starke emotionale Impulse aussandte.

Doch es gab auch noch andere Konflikte, von denen sowohl die Dessauer als auch die Dresdner umgetrieben waren: Es war der alte Widerspruch zwischen Bürgertum und Künstlertum. Friedrich Bienert arbeitete eher widerwillig als Geschäftsführer des Mühlenimperiums,[17] war nicht ausgefüllt von dieser Aufgabe und stürzte sich auch deswegen in die Kampagnen für seine Frau. Palucca tat sich ihrerseits schwer damit, Friedrich Bienert bei seinen bürgerlichen Verpflichtungen als Geschäftsmann zu unterstützen, weigerte sich, bei Geschäftsessen mitzugehen, hatte aber auch ein schlechtes Gewissen, weil sie wusste, dass sie als Tänzerin auch deshalb so erfolgreich war, weil Bienert sie so einzigartig unterstützte. Noch Jahrzehnte später erzählte Palucca in privaten Gesprächen, dass sie ihren Mann immer wieder enttäuscht hatte, ihm auch nicht hatte zuhören können, wenn er über Probleme in der Firma sprach. Sie fühlte sich zur Frau eines Geschäftsmannes einfach nicht gemacht.[18] Kandinsky und Klee wiederum waren froh, dass sie sich durch ihren Professorenstatus in Dessau nicht mehr nur als freie Maler verdingen mussten, sondern endlich ein bürgerliches Leben führen konnten. In Briefen an die Dresdner freuten sie sich über ihr höheres Gehalt[19] und darüber, dass sie »Tischbesuch« empfingen und sich dafür »gesellschaftlich« machten.[20] An frühlingshaften Tagen, wenn der Flieder blühte, machten die Bauhäusler – mal mit, mal ohne die Bienerts – Ausflüge in die Umgebung, mieteten sogar wie zu Kaisers Zeiten Pferdekutschen. Sie achteten auf einen regelmäßigen Tagesablauf, hielten ihre Mittagsruhe ein und wenn sie gemeinsam aßen, nahmen die Männer den Vorsitz am Tisch ein. Die bürgerlichen Konventionen machten ihnen Spaß und das war ein Grund für sie, vorerst am Bauhaus zu bleiben, auch wenn sie die ewigen Debatten bald leid waren.

Es waren keine Bohemiens, die zwischen Dessau und Dresden das Künstlerleben bestimmten, sondern Bürgerkünstler, geprägt von der Kaiserzeit. Sie alle versuchten von der Ästhetik der Kaiserzeit wegzukommen, doch im Alltag hielten sie an traditionellen Gewohnheiten fest, vor allem die Herren, die kaum je ohne Anzüge und gestärkte Hemden zu sehen waren und sich Jüngeren gegenüber wie Patriarchen alten Schlages benahmen. Hin- und hergerissen zwischen Altem und Neuem waren die Bürgerkünstler ständig auf der Suche nach der passenden Rolle. So ergaben sich auch Konflikte mit Palucca.

Schon Mary Wigman hatte gegenüber Palucca ihre Rolle nicht finden können, war gleichzeitig ihre Lehrerin und Konkurrentin gewesen. Bienert nahm als Ehemann eine Doppelrolle ein, versuchte ein gleichberechtigter Partner zu sein und zugleich ein patriarchaler Förderer. Und auch manche Künstler wussten nicht, wie sie mit Palucca umgehen sollten, weil Palucca selber ständig zwischen den Rollen hin- und herwechselte, sich mal als Gastgeberin, als Mäzenatengattin gab, mal als eigenständige Künstlerin, mal als beeinflussbares Mädchen. Palucca war, wie viele Frauen ihrer Generation, unsicher, wie sie sich verhalten sollte, es gab kaum Vorbilder. Und so probierten sich die jüngeren Frauen aus.

Als ältere Frau beschrieb Palucca einmal ihr Verhältnis zu dem deutsch-russischen Künstler Alexej von Jawlensky in den zwanziger Jahren und schilderte dabei auch, wie sehr da traditionelle und moderne Vorstellung durcheinandergeraten waren. Als Jawlensky einmal bei den Bienerts übernachtet hatte und Palucca ihn – ganz Gastgeberin – zum Frühstück bitten wollte, suchte sie ihn im ganzen Haus, fand ihn aber erst im Souterrain. Er hatte sich dorthin geflüchtet, um seine Schuhe zu putzen und die Nähe von Haushälterin Therese zu suchen: »›Ach‹, sagte er, ›ich kann nicht allein sein‹«. Dann musste er von der Bürgerwiese aufbrechen, Palucca bat ihn zu bleiben. Doch er meinte, er müsse zu seiner Frau, die er immer »Göttin« nannte, nach Wiesbaden zurück. Diesmal hatte »die Göttin« – und das amüsierte Palucca noch Jahrzehnte später – eine Kinderkrankheit, die Masern, und wollte ihrerseits nicht allein sein. Also reiste Jawlensky ab und Palucca sah ihn das nächste Mal in Wiesbaden wieder, als sie dort auftrat. Auch dann gab es Stoff für Anekdoten, denn wenn Jawlensky zu Paluccas Gastspielen kam, setzte er sich jedes Mal in die Mitte des Zuschauerraums. »In meinem Rosenkavalierwalzer kommt eine Bewegung wie eine angedeutete Verbeugung vor«, so erzählte Palucca, »da stand Jawlensky, der Kavalier durch und durch war, immer mitten im Publikum auf und hat sich höflich verbeugt. In seiner Ritterlichkeit hatte er die Empfindung, wenn eine Dame sich beim Tanz zuneigt, dann müsse sich doch ein Herr erheben und sich verbeugen«.[21]

Palucca erzählte von Männern, die Zuflucht bei Haushälterinnen suchen, von Göttinnen mit Kinderkrankheiten, von Frauen, die sich auf der Bühne wie Männer verbeugen und von Männern, von »Kavalieren«, die sich in ihrer »Ritterlichkeit« ebenfalls verbeugen – es war ein einziges Rollenwirrwarr. Doch Palucca verstand sich mit Jawlensky trotzdem gut: »Ich hatte ihn in seiner Naivität wirklich gern, und er mochte mich auch«,[22] sagte sie.

In der naiven, in der kindlichen Rolle fühlte sie sich selber ebenfalls am wohlsten, umgab sich am liebsten mit Leuten, die ihr etwas beibrachten, die Autoritäten waren für sie – so als wollte sie ihre eigene Erziehung nachholen, als habe sie damals als Kind, als sie so oft allein oder auf der Straße mit den Jungen unterwegs gewesen war, etwas verpasst. Mary Wigman war eine solche Autorität gewesen, und nun waren da die Künstler und Ida Bienert, an deren Sammlung Palucca ihren Kunstgeschmack schulen konnte. Und Friedrich Bienert, der seine Frau liebte und förderte.

Palucca suchte vor allem Kontakt zu Älteren. Jawlensky war fast vierzig Jahre älter, Kandinsky 35 Jahre älter als sie: »Ich war jung und überschäumend, und er hat mich immer wieder etwas zurechtgerückt.«, sagte sie und fügte an: »Ich bin nun kein intellektueller Mensch, und er mußte mich ein bißchen zwingen, daß ich etwas sage«. Und sie gab auch zu: »Ich hatte eigentlich immer etwas Angst vor seiner Kritik«.[23] Kandinsky duzte Palucca, doch sie selber hätte dies »gar nicht gewagt«.[24] Sie siezte ihn und schaute zu ihm auf.

Dennoch spürte sie eine »innere Verbindung«[25] zu ihm und fühlte sich geehrt, wenn er zu ihr nach Dresden kam.

Kandinsky kam immer dann hierher, wenn seine Frau Nina eine neue Dauerwelle brauchte. Das dauerte jedes Mal ein paar Stunden und in dieser Zeit ging Kandinsky oft in die Villa an der Bürgerwiese. Er klingelte vorher bei Palucca an und fragte, ob er vorbeikommen dürfe, um beim Training zuzuschauen. Nicht immer war es ihr recht, wenn er sie beobachtete, während sie einen Tanz einstudierte: »Wenn man so am Anfang der Arbeit an Tänzen oder Suiten stand, dann konnte Kandinskys scharfsichtige Kritik wie Messerstiche berühren. Damit mußte man fertig werden«, erzählte Palucca. Und doch: »Ich probte ja sowieso und konnte und wollte ihm das Zuschauen nicht untersagen«. Außerdem, so bekannte sie später, war es »natürlich für einen jungen Menschen ein großes Glück«,[26] dass sich jemand wie Kandinsky Zeit nahm. Also empfing sie ihn, ging mit ihm gemeinsam in ihren großen, hellen Übungssaal, wo er sich auf einen Hocker setzte. Palucca begann mit dem Training und Kandinsky sah genau hin, was sie da machte, forderte sie auf, Kreise zu laufen oder sich zu Dreiecken zu verzerren. Sie unterhielten sich oft darüber, wie man als Maler oder als Tänzerin mit dem Raum umzugehen habe. »Für mich ist der Raum immer eine Selbstverständlichkeit gewesen«, sagte Palucca, »aber es ist mir wirklich zum Bewußtsein gekommen, als Kandinsky mir sehr viel erzählt hat. Da sind mir durch seine Anregung viele Dinge nochmal klarer geworden.«[27]

Palucca tat alles, was Kandinsky ihr sagte, manchmal setzten sie sich auch hin und unterhielten sich nur, doch Palucca war dann schüchtern und sagte nicht viel, stellte lieber lauter Fragen. Irgendwann bat Kandinsky Palucca, ihm doch ein paar Fotos mitzugeben und sie suchte welche aus ihrer Anfangszeit als Solotänzerin aus. Kandinsky nahm die Fotos nach Dessau mit und zuhause fing er dann an, die

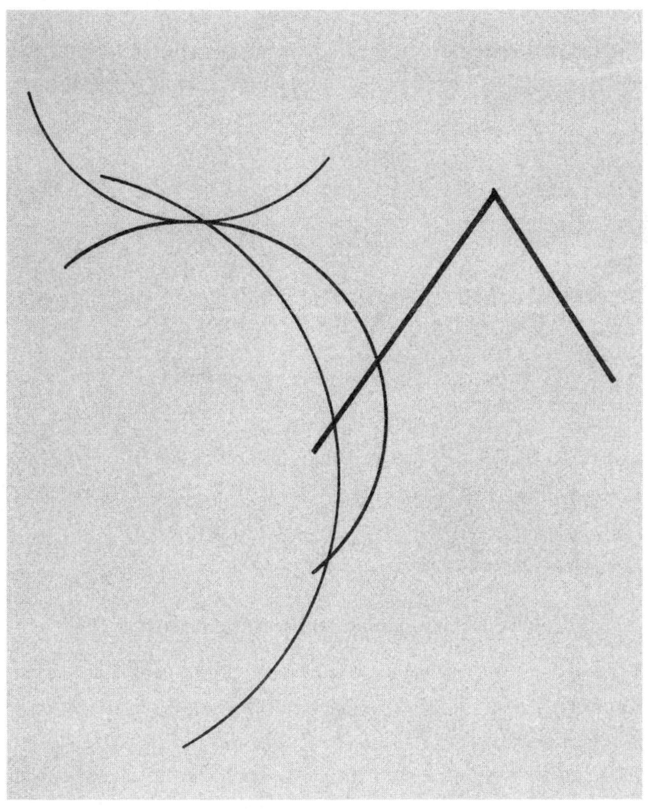

Wassily Kandinsky: Tanzkurve zu einem Tanz Paluccas, 1926

Fotos nachzuzeichnen, die gefrorene Bewegung festzuhalten. Er machte aus Palucca dynamische Strichmännchen und verstärkte damit den geometrischen Eindruck ihres Tanzes, denn er fand an ihrem gespannten Körper lauter geometrische Figuren wieder: ein Bein zum Dreieck angewinkelt, das andere zum Halbkreis, Rumpf und Arm als gerade Linie oder der Rumpf durchgestreckt zum Halbkreis. Doch Kandinsky gab mit den Strichmännchen nicht nur Paluccas

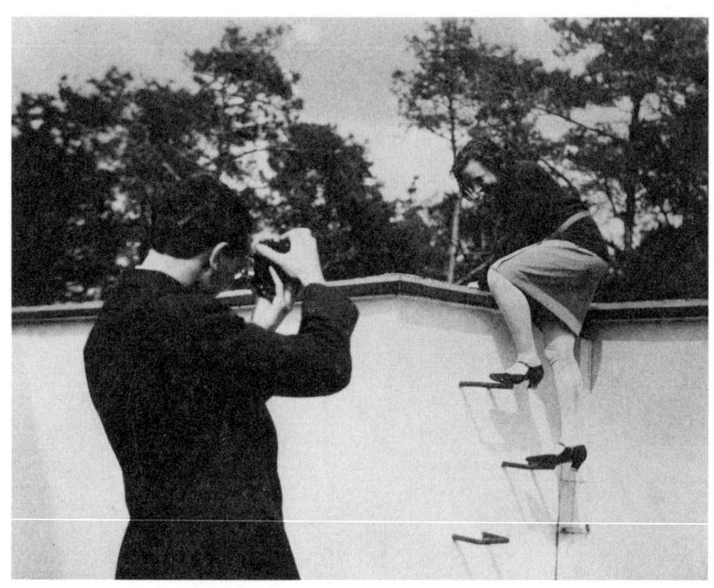

Palucca und Moholy-Nagy im Bauhaus Dessau, um 1930

Bedürfnis nach Klarheit wieder, sondern charakterisierte sie auch, wies auf ihre Kindlichkeit hin.

Kindlich verhielt sich Palucca auch, wenn sie mit dem jüngsten Bauhausmeister zusammen war, mit László Moholy-Nagy, den alle, die ihn das erste Mal sahen, für einen Studenten hielten.[28] Moholy-Nagy war ein attraktiver, kraftstrotzender Mann, der gerne in Montagekluft über das Bauhausgelände ging. »Ich habe ihn sehr gut gekannt«, sagte Palucca. Die beiden trafen sich ständig, waren regelrecht vernarrt ineinander. Moholy-Nagy reiste Palucca hinterher, besuchte in verschiedenen Städten ihre Aufführungen, begleitete sie zum Tänzerkongress nach Essen und registrierte stolz, dass die Leute verrückt waren nach ihr, dass sie ihr Publikum zu größter Begeisterung bringen konnte, ihn selbst eingeschlossen.[29] Einmal kam er nachts nach Dresden zu Paluccas Haus in der Bürgerwiese. Er nahm sich eine im

Garten herumstehende Leiter, stieg hinauf und klopfte an Paluccas Schlafzimmerfenster. Palucca öffnete das Fenster und wusste nicht, ob sie sich über den nächtlichen Besuch freuen oder ärgern sollte. Einerseits fürchtete sie, die Nachbarn oder ihr Ehemann könnten etwas mitbekommen von der Eskapade ihres Freundes, andererseits fühlte sie sich geschmeichelt – wenn sie später von dieser Episode erzählte, ließ sie offen, ob sie den Freund nun hineingelassen hat oder nicht.[30]

In Dessau liefen Palucca und Moholy-Nagy wie Raufbolde um das Bauhausgebäude herum, dabei fotografierte Moholy-Nagy Palucca, wie sie in die Höhe sprang oder von irgendwoher herunter und es störte ihn nicht, dass die Bilder mal überbelichtet, mal verwackelt waren. Er rückte vor allem die muskulösen Beine von Palucca in den Mittelpunkt. So wurde Palucca zu einer Hauptfigur in Moholy-Nagys Werk und auf den Ausstellungen seiner Bilder überall auf der Welt war von nun an Palucca zu sehen.

Doch auch Moholy-Nagys Frau Lucia verbrachte Zeit mit Palucca. Lucia Moholy nutzte sie ebenfalls als Fotomodell, produzierte gemeinsam mit ihr eine Serie von Schmuckfotos. Palucca ließ sich mit dem einzigen Schmuckstück, das sie je besaß – einem großen Mondsteinring – fotografieren, schob ihre Hand mit dem Ring ganz nah an das Objektiv heran und wirkte dadurch auf dem fertigen Foto viel kleiner als ihre Hand, wie ein Kobold mit überdimensionierten Extremitäten.[31]

László Moholy-Nagy war von der Fotografie genauso besessen wie Palucca vom Tanz und so wollte er, dass auch sie Fotografieren lernte, denn er meinte, dass jemand, der so gekonnt Bilder im Raum entwerfen konnte, auch gut fotografieren müsste. Als Palucca zu einem Urlaub aufbrach, schenkte er ihr einen Apparat, damit sie etwas bei sich trug, was mit ihm verbunden war. Palucca aber hatte gar kein Interesse an dem Gerät. Trotzdem befiel sie eine »Sterbensangst, daß ich zurückkomme und Moholy kein Foto zeigen könne«: »Da habe ich einen Esel geknipst, dabei aber nicht die Entfernung eingehalten. So hatte ich einen riesengroßen Eselskopf auf dem Bild!« Als Palucca dann zurückkam und Moholy-Nagy die Bilder zeigte, die aussahen wie Schnappschüsse eines Kindes, war er begeistert vor allem von dem Eselskopf. »Er dachte, ich hätte das so komponiert, aber ich verriet ihm, daß es aus Versehen war«.[32]

Wenn Palucca mit den älteren Bauhausmeistern in Dessau zusammen war, mit Kandinsky oder auch Klee, brachte sie Leben nach Dessau, forderte die Älteren auf, mit ihr herumzualbern. Einmal posierte sie gemeinsam mit den Klees für Moholy-Nagys Kamera, sie stellten sich in einer Reihe auf, legten sich gegenseitig die Arme auf die Schultern und hoben wie Revuetänzer ein Bein in die Höhe. »Da hatten wir einen vergnügten Tag, gute Laune«, schwärmte Palucca noch Jahrzehnte später, als sie sich ein Foto der gemeinsamen Tanzeinlage ansah.[33] Ein anderes Mal traf Palucca sich in ausgelassener Runde mit Wassily und seiner Frau Nina auf dem Dach eines Meisterhauses und Palucca winkte von der Brüstung hinunter, als gelte es, einem imaginären Publikum nach einem gelungenen Auftritt zu danken.[34]

In der kindlichen Rolle konnte Palucca ihre gegensätzlichen Anlagen miteinander verbinden, konnte dominant sein, Forderungen stellen und trotzdem damit rechnen, dass ihr verziehen wurde. Sie konnte energiegeladen, burschikos und bedürftig zugleich sein und verkörperte mit diesem Mix aus gegensätzlichen Eigenschaften einen Typus, der gerade in Mode kam: den Typus der »Neuen Frau«. Auf Werbeplakaten wurden Frauen wie Palucca gerne vorgezeigt, mit Bubikopf, sportlich, gelenkig, trainiert und knabenhaft. Doch gleichzeitig wurde dieser

Frauentypus in Zeitungen auch karikiert und als vermännlicht verspottet,[35] denn einerseits ging von Frauen, die arbeiteten und sich androgyn zurechtmachten, der Reiz des Neuen aus, andererseits wirkten sie bedrohlich. Palucca geriet selber mitten hinein in diese Konflikte, sie wurde von den einen bewundert, von den anderen beargwöhnt, viele Frauen priesen ihre erotische Ausstrahlung, manche Männer wiederum behaupteten, sie wirke überhaupt nicht anziehend.

Otto Dix war so jemand, der von Palucca hochgradig irritiert war. Eigentlich waren die Bienerts mit den Dixens befreundet, sie wohnten nicht weit voneinander weg, vor allem die Männer verstanden sich gut. Bienert und Dix waren derselbe Jahrgang, waren beide im Krieg gewesen und fühlten sich einander verbunden.[36] Dix kam oft mit seiner Frau bei den Bienerts in der Bürgerwiese vorbei – »wir waren viel zusammen«, sagte Palucca: Doch »dann kam die unglückselige Sache mit meinem Porträt«. Immer wieder brach Dix Porträtsitzungen mit ihr ab und behauptete, irgendetwas stimme mit ihrem Mund nicht, sie habe einen »unmöglichen Mund«, so gab Palucca Dixens Auffassung wieder. Beim ersten Mal kam er in die Bienertsche Wohnung in die Bürgerwiese. Die beiden begaben sich in Friedrich Bienerts Bibliothek, Dix schaute sich um, taxierte Palucca und verlangte schließlich von ihr, sie solle sich auf einen Stuhl setzen. Das wollte Palucca aber nicht: »Ich bin kein Sitzmensch, ich stehe lieber, schon durch das Tanzen und Unterrichten«, sagte sie. Da sagte Dix: »Nein, Du setzt Dich jetzt hin, und damit man etwas von der Tänzerin sieht, hebst Du irgendwie den Arm.« Wieder reagierte Palucca skeptisch, das wirke »so heroisch«, sagte sie. Dix war nicht umzustimmen und Palucca fügte sich. Doch die Sitzung verlief in schlechter Stimmung. Palucca merkte, dass sie nicht genügte und wurde nervös. Dix schaute unzufrieden und gab zu verstehen, dass er lieber bald gehen würde. Tatsächlich brach er die Sitzung ab. Dann kam er noch drei-, viermal in die Bienertsche Wohnung. Immer wieder musste sich Palucca in Positur begeben und beobachten, wie sich Dixens Laune schnell verschlechterte. Irgendwann verfiel er auf die Idee, dass es in seinem Atelier vielleicht besser laufen würde. Er bestellte Palucca hinaus in die Kesselsdorfer Straße, doch auch da beschimpfte er sie, warf sie sogar heraus: »Das wird nichts mit Dir«. Palucca sagte: »Da war's erstmal eine Weile aus mit uns«.[37]

Dix malte eigentlich die meisten seiner Freunde und störte sich nicht an Unstimmigkeiten, sondern betonte sie – zum Verdruss seiner Freunde – oft nur besonders gern.[38] Doch er beharrte darauf, ausgerechnet Palucca nicht malen zu können. Sie verstörte ihn zutiefst.

Dem Maler Ernst Ludwig Kirchner erging es ähnlich. Er kam oft in Dresden vorbei, hier hatte er von 1905 bis 1913 die Künstler-Vereinigung »Die Brücke« mitgegründet, und er hielt auch jetzt noch viele Kontakte in die Stadt, lud Dresdner Künstler zu sich nach Davos ein, wo er jetzt lebte. Palucca lernte ihn über die Bienerts und Grohmanns kennen, sie besuchte ihn in Davos, traf sich mit ihm zum Kaffee und unterhielt sich mit ihm, er kam auch in ihre Vorstellungen und versuchte, sie zu malen. Doch in seinem Tagebuch äußerte er sich verärgert über sie. Er wurde noch deutlicher als Dix, mäkelte gleich an Paluccas Busen herum und fürchtete sogar, dass sie krank sei: »Ich habe auch bei der Palucca gezeichnet etwas, doch ist hier viel weniger Reizvolles als bei der Wigman. P. ist weniger künstlerisch begabt, vielleicht auch krank. Irgendetwas stimmt da nicht«, so schrieb er 1926. Vier Jahre später lobte er immerhin, dass sie sich »körperlich sehr entwickelt« habe, leider aber »immer sehr angezogen sei«, »da sie schlechte Brüste hat«.[39] Palucca wusste schon, dass sie bei Kirchner keinen leichten Stand hatte. Er ließ

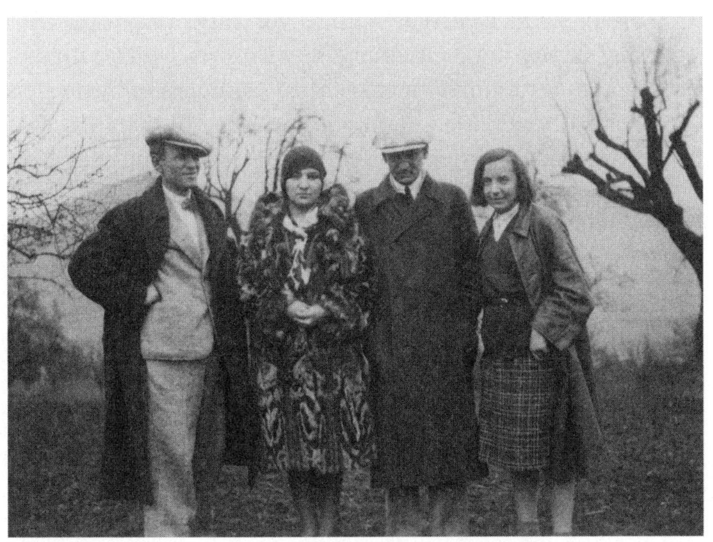

Otto und Martha Dix, Friedrich Bienert und Palucca

sie bei ihren Besuchen warten, verhielt sich, so sagte sie, »empfindlich und etwas eigenartig«[40]. 1932 sollte er Palucca doch noch mit dem bunten, picassoartigen Bild »Die springende Tänzerin« porträtieren, auf dem Palucca aussieht wie ein Raubvogel, der fröhlich seine Flügel hebt. Natürlich betonte er dabei vor allem ihren Busen, den er allerdings keineswegs schlecht aussehen ließ, sondern sehr rund.[41]

Dix und Kirchner konnten mit Palucca nicht umgehen. Sie wollten kein Kind in ihr sehen, sondern eine Frau und mit der Frau waren sie unzufrieden. Palucca war nicht lieblich, sie war auch nicht verrucht, ihre Erotik beruhte auf den Spannungen gegensätzlicher Eigenschaften, beruhte auf ihrer Präsenz und Distanz; das lag nicht jedem. Palucca registrierte die negativen Reaktionen durchaus, magerte im Laufe der Jahre ab, bald trug sie, wenn sie nicht gerade auftrat, vor allem Hosen. So entzog sie sich der Beurteilung ihres Körpers. Und sie strengte sich sehr an, Männer nicht zu verärgern, ordnete sich schnell unter. Sie zitierte die Freunde völlig arglos, wie etwa Dix zu ihr sagte: »Nein, Du setzt Dich hin« oder wie Moholy-Nagy ihren Tanz kritisierte: »Da bekam ich ganz schön von ihm ab, wenn ihm dies oder jenes nicht passte«.[42] Die Rolle der Kindlichen, der Naiven, die in ihrer Naivität doch eine gewisse List entwickelte, passte ihr am besten und so behielt sie im Alltag diese Rolle bei, auch wenn sie in ihrem Tanz bald sehr weibliche Seiten zeigte.

»Wir haben uns weiter gut verstanden« – Übergänge

Auch Friedrich Bienert hatte offenbar seine Vorstellungen davon, was zu Frauen passte und was nicht, wo Frauen dabei sein sollten und wo nicht. An jedem Montagabend verließ er die eheliche Wohnung und ging in die Innenstadt, um sich mit den »Hirschen« zu treffen, einem reinen Männerclub, den er anführte und bei dem sich Künstler, Juristen, Mediziner und Theologen in einem Café trafen.[1] Der Dichter Walter Hasenclever war regelmäßig dabei und der Regisseur Berthold Viertel. Der Maler Wolfgang Schulze, der sich Wols nannte und sich dem Surrealismus verschrieben hatte, kam dazu, Will Grohmann natürlich auch. Otto Dix war vor allem davon begeistert, dass er sich in den vielen Spiegeln des Cafés betrachten und auf Servietten und herumliegenden Papierschnipseln selber porträtieren konnte. Wenn Klee oder Kandinsky in der Stadt waren, wurden auch sie eingeladen. Frauen waren nicht erwünscht. Palucca war das recht. Sie sprach ohnehin nicht gern über sich und ihre Kunst. Und als Frau, die ihren Mann überall hin begleitete, verstand sie sich sowieso nicht. Sie ging gern ihre eigenen Wege. Bald zog sie die logische Konsequenz. Palucca und Friedrich Bienert beschlossen einvernehmlich, so miteinander zu leben, wie sie es vor ihrer Eheschließung getan hatten: gemeinsam auszugehen, herumzutollen wie Geschwister, aber nicht mehr voneinander zu verlangen, was sie sich nicht geben konnten. Sie trennten sich, ließen sich scheiden. »Wir haben uns weiter gut verstanden«, darauf bestand Palucca immer.[2]

Schon der Begriff Familie war für Palucca belastet, sie wollte keine Kinder und hat auch später kaum je bedauert, keine bekommen zu haben. Also musste sie auch keine Ehefrau sein. »Als Tänzerin verschenkt sie sich an alle, als Frau an niemanden. Wäre sie nur Frau, müßte sie als Frau ihr Schicksal erfüllen. Sie würde es nicht können«,[3] schrieb Will

Grohmann über Palucca. Friedrich Bienert aber würde später mit einer neuen Ehefrau ein Kind bekommen.

Am 20. Februar 1930 wurde das Scheidungsurteil, das am Landgericht Dresden am 16. Januar 1930 ausgesprochen worden war, rechtskräftig.

Wie vereinbart hielt Palucca engen Kontakt zu Friedrich Bienert, wie sie überhaupt zu den wichtigsten Menschen in ihrem Leben Kontakt zu halten wusste. Nur zur Familie riss der Faden. Vater, Bruder und Mutter waren tot und nun, einen Monat und drei Tage, nachdem ihre Scheidung vom Landgericht Dresden abgesegnet worden war, starb noch Paluccas jüdische Großmutter in München, Mathilde Merfeld. Sie war alt geworden, beinahe so alt, wie auch ihre Enkelin werden würde, 88 Jahre und zwei Monate.[4] Als Mathilde Merfeld im Jahr 1930 starb, zogen schon Nazi-Horden durch die so genannte Hauptstadt der Bewegung.[5]

Nach der Scheidung überließ Friedrich Bienert Palucca die Jugendstilwohnung in der Bürgerwiese. Er selber zog in die Künstlersiedlung und Gartenstadt Hellerau auf den Hügeln über Dresden. Bienert richtete sich in einem Doppelhaus ein, von dem er die eine Hälfte bewohnte, während er die andere – gastfreundlich wie er war – für Besucher freiließ. Sein Kunstgeschmack, sein Stilwille war so ambitioniert wie eh und je: In seinem neuen Haus bespannte er die Wände mit dem Jutestoff, aus dem die Mehlsäcke seiner Mühle gewebt waren – eine Methode, die erst Jahrzehnte später, in den siebziger und achtziger Jahren, populär werden würde.[6]

»Von irgendjemand hörte ich, dass Du und Fritz wirklich wieder befreundet wurdet«,[7] schrieb Bienerts Schwester Ise viel später an Palucca, und Bienert lud Palucca tatächlich regelmäßig zu sich ein. Einmal bat er auch seinen Freund Otto Dix dazu, damit sich die beiden nach der »unglückseligen Sache« mit dem Porträt wieder vertragen konnten.[8] Und er schickte Palucca auch weiter Kunstpostkarten als

Erinnerung an die gemeinsame Vorliebe für die Malerei – einige Karten zeigten Bilder aus seinem Besitz. Einmal sandte er ihr Pieter Brueghels »Schleckendes Kind« zu, einen Ausschnitt aus der berühmten »Bauernhochzeit«, und schrieb: »So ähnlich kam ich mir an meinem Geburtstag auch vor, wenn auch nicht ganz so jugendlich«. Lange Zeit gingen die Karten an seine alte Adresse: an die Bürgerwiese 25 oder auch zu den Dethlefs oder Paulsens auf Sylt, wo Palucca nun ohne ihn hinfuhr. »Wie geht es Dir?«, fragte er oft. Und als er sie ablöste bei einem Sylturlaub, schrieb er: »Seit Deiner Abreise hat die Insel viel von ihrem Glanz verloren«. Auf den Postkarten fehlte nie ein »herzlich« oder ein »herzlichst«.

Vier Jahre nach ihrer Scheidung beobachtete der Schauspieler Gerd Fröbe – damals ein junger, unbekannter Bühnenmaler von 21 Jahren – Palucca und Bienert, wie sie nachts in der Prager Straße ein neuartiges Automatenrestaurant plünderten. Die beiden gingen auch da vertraut miteinander um, wie Kinder beim Streichespielen.

Die Automatenrestaurants gab es noch nicht lange, die Kunden konnten sich hier selbst bedienen. Hinter kleinen Glasfenstern lagen belegte Brote, Wurst und Obst. Die Kunden mussten eine Mark einwerfen und schon sprang eine Glasscheibe hoch. Gerd Fröbe versuchte, sich an dem verlockenden Angebot des Restaurants vorbeizudrücken, sah aber auf einmal einen Acht-Zylinder neben sich am Straßenrand bremsen: »Ein Herr und eine kleine quirlige Dame stiegen aus«, so schrieb Fröbe, »und eilten in das Automatenrestaurant. Sie hatte einen weißen Ledersack dabei, und der elegante Herr klimperte mit einer Hand voller Markstücke. So an die zwanzig dürften es schon gewesen sein. Der Autotyp, die Kleidung der beiden und das viele Geld paßten so gar nicht in diese Umgebung. Da war meine Neugier nun doch größer als mein Hunger. Ich folgte den beiden in das Restaurant. Der Herr stand an der Automatenwand und warf in einen Schlitz nach dem anderen die ganze Reihe entlang Mark für Mark, während seine Begleiterin die Fächer ausräumte und die Semmeln, Würste und Weintrauben in ihren Ledersack warf. Das alles ging unter Lachen und Flaxen vonstatten. Wie die beiden die Fächer ausräumten, das hatte sowohl etwas von dem gierigen Zwang der Glücksspieler als auch von der Professionalität von Bankräubern. Damals kannte ich weder das eine noch das andere, aber später in Las Vegas und bei Filmaufnahmen von Bankräubern habe ich mich an das seltsame Paar erinnert, das ebenso rasch und lachend aus dem Lokal verschwand, wie es gekommen war.«

Wenige Tage später sah Fröbe die beiden wieder. Er selber ging mit Künstlerhut und Fliege an einem Nachmittag wieder einmal durch die Prager Straße und sah vor einem eleganten Schaufenster eine junge Frau stehen, die ihn mit ihrem blassen Teint, ihrem glatten brünetten Haar und ihren kräftigen Lippen an ein Gemälde von Otto Dix erinnerte: an Dixens »Junges Fräulein«. Fröbe sprach die Frau an und es stellte sich heraus, dass sie tatsächlich die Tänzerin Marianne Vogelsang war, die Dix Modell gesessen hatte. »Wie wir so redeten, kam aus einem der Geschäfte jene kleine quirlige Dame, die ich im Automatenrestaurant gesehen hatte. Mit federnden Schritten ging sie auf das Fräulein Vogelsang zu und fragte: ›Worüber redet ihr denn?‹ Marianne Vogelsang antwortete: ›Der junge Mann ist Maler, er hat mich gefragt, ob mich der Otto gemalt hat.‹« Fröbe war baff, so schrieb er später, er selber hätte nie den Mut gehabt von so einem großen Maler einfach als »Otto« zu sprechen. »Aber damit nicht genug. Die nächste Überraschung folgte sogleich: Das Dix-Modell stellte mich der kleinen Dame vor und nannte deren Namen: Gret Palucca. Die Palucca war in der Tanzszene ebenso berühmt wie Otto Dix als Maler. Neben Mary Wigman und Harald Kreutzberg zählte sie zu den prominentesten Vertreterinnen des modernen Ausdruckstanzes. Da stand ich nun, der junge unbekannte Bühnenmaler, neben einer der großen Tänzerinnen unserer Zeit und einer anderen, die von Otto Dix einfach als ›Otto‹ sprach. Ich gestehe, daß ich so etwas wie Minderwertigkeitskomplexe bekam. Dieser Umgang schien mir doch eine Nummer zu groß. Aber gerade als ich mich verabschieden wollte, hielt der Acht-Zylinder von neulich nacht am Straßenrand, und derselbe Herr, der mit den vielen Markstücken geklimpert hatte, stieg quietschvergnügt aus. Die drei duzten sich, und ich wurde ihm als Maler und Schüler von Professor Adolf Mahnke vorgestellt. Er war sofort der Herr der Situation und schlug vor: ›hier ist's so ungemütlich. Gehen wir doch auf einen Kaffee in die ›Barbarina‹.‹ Die Damen waren sofort einverstanden.« In der Bar bestellte die Gruppe Kaffee, Tee und Cognac, Bienert zahlte für alle.[9]

So behielt Bienert seiner ehemaligen Frau gegenüber die Rolle des Mäzens und Gastgebers bei. Und die beiden blieben der Mittelpunkt eines bewunderten Künstlerzirkels.

Trotzdem brach für Palucca mit ihrer Scheidung erst einmal eine unsichere Zeit an, denn die wirtschaftliche, auch die politische Lage war nun wieder so angespannt wie schon lange nicht mehr: Die so genannten Goldenen Zwanziger – die prosperierende Zeit nach der Währungsreform von 1923 – waren genau in ihre Ehejahre gefallen, doch Ende Oktober 1929, am »Schwarzen Freitag«, war die New Yorker Börse zusammengebrochen und das hatte Folgen in der ganzen Welt. »Gab es je ein traurigeres Weihnachtsfest als dieses?«, hatten Dresdner Journalisten zum Jahresende 1929 gefragt.[10]

Im Februar 1930, in Paluccas Scheidungsmonat, waren mehr als ein Drittel der Dresdner arbeitslos, sie fielen ins absolute Elend. Denn Sachsen wurde durch die Krise besonders getroffen. 15,6 Prozent aller Firmenbankrotte in der Republik trafen sächsische Firmen. Auch dadurch waren die

Sachsen nun besonders anfällig für die nationalsozialistische Propaganda: Nach den Landtagswahlen im Sommer 1930 war die NSDAP die zweitstärkste Partei in Dresden geworden. Bei der Landtagswahl im Jahr zuvor hatten sie nur 13000 Stimmen bekommen.[11] So deutete sich bereits an, dass die NSDAP auch bei den nächsten Reichstagswahlen stark zulegen würde. Die Repräsentanten der NSDAP inszenierten sich mit sozialrevolutionären Parolen als Sachverwalter der Arbeiter und das kam in Sachsen, wo es besonders viele Firmen gab, gut an. In den zwanziger Jahren war immer viel vom »roten Sachsen« die Rede gewesen, denn die Parteien SPD und KPD waren hier seit 1919 immer stark. Doch das rote Sachsen verwandelte sich in Windeseile in ein braunes Sachsen.[12] Inzwischen wurde auch Paluccas Tanz mit zwei bezeichnenden Worten charakterisiert: »Kraft« und »Freude«. Ihr Tanz passte in die Zeit.

Und so kam es, dass zwar die meisten modernen Tänzer unter der Wirtschaftskrise litten, das Publikum wegblieb, Tanzschulen und Tanzgruppen sich auflösten,[13] Palucca aber »alle Herzen zuflogen«, wie ein Kritiker schrieb: »Unbekümmert, unwahrscheinlich leicht, natürlich und mit charaktervollem Tempo tanzte sie mit ihrer Gruppe von einem Erfolg zum anderen«. Und selbst die New York Times schwärmte: »Sie hat eine zauberhafte Art, eine geistige Leichtigkeit, einen lyrischen Schwung, die die Schwere der teutonischen Atmosphäre brechen« – »Sie kam daher wie der Atem des Frühlings«.[14]

Palucca sorgte sich dennoch, dass auch sie bald unter der schwierigen Lage für Tänzer zu leiden haben müsste, sie tat alles, um sich vor dem Abstieg zu bewahren. Sie nahm fast jedes Auftrittsangebot an, auch wenn es von einem noch so entlegenen Ort kam. Sie fuhr nach Frankreich, nach Italien, Holland, Schweden, Dänemark, Norwegen, Jugoslawien, Polen, Ungarn und in die Schweiz, sie reiste und reiste, den halben Herbst über, den ganzen Winter, das halbe Frühjahr war sie unterwegs, sie kämpfte eisern jede aufkeimende Krankheit nieder, buhlte um die Gunst des Publikums, gab Zugaben, die bald genauso lange dauerten wie ihr Programm. In den Sommern der frühen dreißiger Jahre blieb sie in Dresden, doch sie dachte nicht an Pausen, sondern lud Tänzerinnen und Tänzer aus der ganzen Welt zu Sommerkursen ein. Das ganze Jahr hatten Paluccas Mitarbeiter die Kurse vorbereitet, geworben, Einladungen verschickt, Anmeldungen aufgenommen, Quartiere organisiert, und jedes Jahr während der Theaterpausen war es so weit: Palucca konnte Kollegen aus den verschiedensten Ländern als Schüler begrüßen. Sie verständigten sich buchstäblich mit Händen und Füßen, viele waren gekommen, um bei Palucca Sprungtechniken zu lernen. Auch die Kollegen waren verblüfft über ihre junge Lehrerin, es schien, als könne sich Palucca über alle Widerstände hinwegsetzen, nicht nur über die körperlichen.

Palucca erweiterte auch ihre Schule und eröffnete zwei Zweigstellen: eine in Berlin, im Grunewald, und eine in Stuttgart.[15] Sie schickte gute Absolventinnen ihrer Dresdner Schule in die anderen Städte und ließ sie dort unterrichten. Sie selber reiste regelmäßig nach Stuttgart und Berlin und hielt Stunden ab. So war sie nur noch mehr unterwegs.

In Dresden hatte sie 1927 ein neues großes Schulgebäude mit Übungsräumen und Duschen in der Räcknitzstraße bezogen. Dorthin kamen auch Zeitungsreporter und fotografierten die junge Schulleiterin, die sich für die Fototermine mit knöchellangen Kleidern und seitlich geknoteten Halstüchern zurecht gemacht hatte und sich dann in den Umkleidekabinen auf einer Bank sitzend oder im Übungsraum vor ihrer Klasse stehend fotografieren ließ,[16] mit einem ernsten Blick und einer angespannten Körperhaltung. Sie wusste, dass sie eine große Verantwortung trug, dass inzwischen ein ganzes Kollegium davon abhängig war, dass sie erfolgreich blieb.

Auf ihre Tourneen nahm sie ausgewählte Schülergruppen mit und vergaß dann manchmal, dass sie eine Autoritätsperson sein sollte. Als sie einmal mit Schülerinnen in München Station machte, gingen sie alle nach ihrer Aufführung noch in die Bar des Hotels Regina tanzen. Obwohl Palucca mehrfach von Männern aufgefordert wurde, verzichtete sie auf den Paartanz und improvisierte ohne Pause bis zum frühen Morgen ihre eigenen Tänze. Und als es dann schließlich Morgen war, bestand sie darauf, dass sie nun allesamt im Englischen Garten auf dem Kleinhesseloher See Boot fahren sollten.[17]

Mit ihrer Disziplin und ihrem kaum zu zügelnden Temperament faszinierte sie nicht nur ihre Schüler. Auch noch jemand beobachtete sie, analysierte sie, überlegte wieder und wieder, wie ihre Gegensätze zu erklären waren: Es war Will Grohmann, der neue Mann an ihrer Seite.

»Wir gehörten zusammen« – Will Grohmann, der Publizist

Grohmann war wie Bienert aus dem Dresdner Künstlerkreis nicht wegzudenken, obwohl er selber kein Künstler war. Er arbeitete als Studienrat am Gymnasium, verstand sich jedoch eigentlich als Medium zwischen Künstlern und einem breiteren Publikum, als großer Vermittler und ausgleichende Figur. Die Künstler suchten seine Nähe, er suchte die ihre – und sie hatten alle etwas davon.

Für Klee arrangierte er Übernachtungen in Dresden: »Sehr geehrter Herr Doctor Grohman [sic] [...], wollen Sie mir die Adresse unseres freundlichen Gastgebers mitteilen, damit wir ihm schreiben können, wenn es ernst wird«.

Grohmann schrieb Essays, Aufsätze und ein Aufsehen erregendes Buch über Klee, und der notierte in einem Brief, dass Grohmann ihm damit »die größte Freude gemacht« habe, »durch die liebevolle und verständnisvolle Art in mein Werk einzudringen« – »mit herzlichem Gruß [...] auch an unsere Dresdner gemeinsamen Freunde bin ich Ihr Klee« – »Ich muß Ihnen meine Bewunderung aussprechen, wie Sie mein compliziertes Innenleben zu zeichnen wußten. Ein paar Mal war es mir, als ob Sie mir leibhaftig drinnen säßen«.[1]

Grohmann bestärkte ihn und machte ihm Mut, schrieb über Klees Kabinett in einer Dresdner Ausstellung: »Sie können sich nicht vorstellen, wie schön das ist. Ihr Kabinett ist so getönt, daß jeder leise spricht, wenn er eintritt«. Klee bedankte sich auf seine Weise und schenkte Grohmann einige seiner Werke.[2]

Auch für Kandinsky organisierte Grohmann Ausstellungen, Übernachtungen, schrieb Aufsätze und eine Monografie.[3] Er verteidigte Kandinsky gegen den Vorwurf, Kommunist zu sein,[4] beriet ihn, in welchen Künstlerkreis er eintreten sollte,[5] war entgegenkommend in jeder Hinsicht:

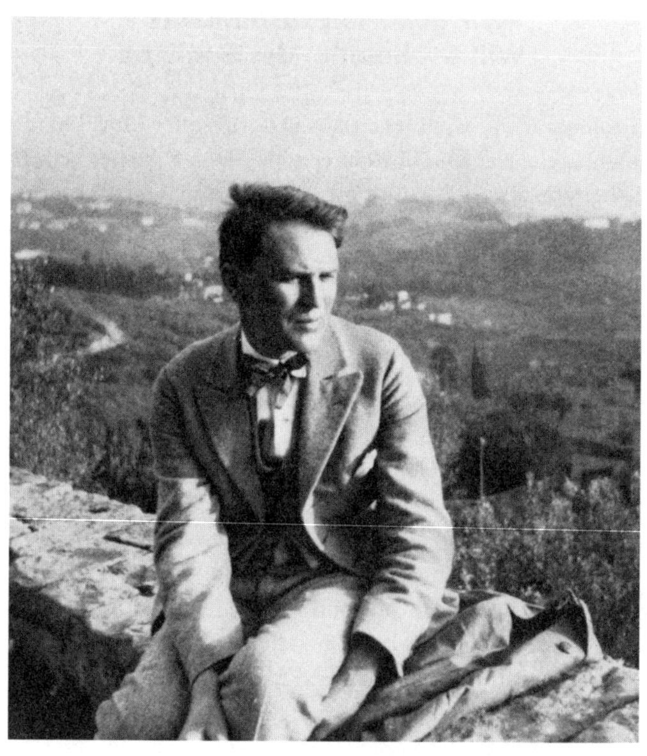

Will Grohmann, Florenz 1923

Er strich in seinen Schriften über Kandinsky alle Passagen, mit denen der Künstler nicht einverstanden war – vor allem jene über Kandinskys frühere Freundin Gabriele Münter.[6]

»Auf unsere ›sachlichen‹ Gespräche freue ich mich sehr«,[7] schrieb Kandinsky an Grohmann. »Hoffentlich sehen wir uns bald. Wir planen den nächsten Samstag [...] nach Dresden zu fahren, haben aber noch keine entgültige [sic] Antwort von Frau Palucca, da sie vielleicht den Tag für definitiv verabredet hält«.[8]

Einmal setzten Klee und Kandinsky gemeinsam ein Telegramm auf: »Unserem Freund und erfolgreichen Dolmetscher herzlichste Glückwünsche«.[9] Auch Mary Wigman sandte ihrem »liebsten Will« »in aller Herzlichkeit« Briefe.[10] Ida Bienert, deren Sammlung Grohmann in einem Buch beschrieb, war froh über »unser Buch«, »es ist so gut gelungen«: »Wenn ich Sie heut bitte, beifolgende 100 M als kleinen Gruß meiner Anerkennung freundlich anzunehmen, so bin ich mir wohl bewußt, daß das in keinem Verhältnis steht zu dem, was ich innerlich fühle, zu dem, was es sein müßte«.[11]

Selbst Friedrich Bienert schätzte den Nachfolger an der Seite Paluccas sehr, sie sahen sich viel.[12] Als Palucca mit Grohmann Urlaub auf Sylt machte, schrieb er: »Euch allen, besonders Will, viele Grüße«.[13]

Will Grohmann war beliebt, die Künstler, all die Leute, die er förderte und zu denen er Kontakt hielt, fühlten sich von ihm auf eine Weise erkannt, die ihnen schmeichelte. Er galt als »supercharmant«, als jemand, der ein untrügliches Gespür für »hohe Begabungen«[14] hatte. Im Laufe seines Lebens sollte er zum »Wegbereiter der Moderne«[15] werden, zum »maßgeblichen Interpreten und Biographen« der »Pioniere der Moderne«: einer der »big men der Weltkritik«, einschüchternd, »trotz seiner Liebenswürdigkeit und beispielhaften Höflichkeit«.[16] Grohmann war groß und schlank, hatte noble, beinahe cäsarische Züge, graue Augen, halb geöffnet, aus denen, so heißt es, von »Zeit zu Zeit ein kaltes Licht der Skepsis« aufblitzte. Seinen vollen, femininen Mund hatten Ernst Ludwig Kirchner und Otto Dix auf verschiedenen Porträts betont.[17]

In den frühen zwanziger Jahren hatten sich Palucca und Will Grohmann an der Wigman-Schule kennengelernt. Durch Paluccas Ehe mit Bienert waren sie sich nur noch näher gekommen. Bienert und Grohmann benahmen sich Frauen gegenüber ähnlich, waren fürsorglich, es lag ihnen viel daran, die Frauen zu fördern und sie in dem, was sie konnten, zu bestärken. Grohmann war immer dabei, wenn

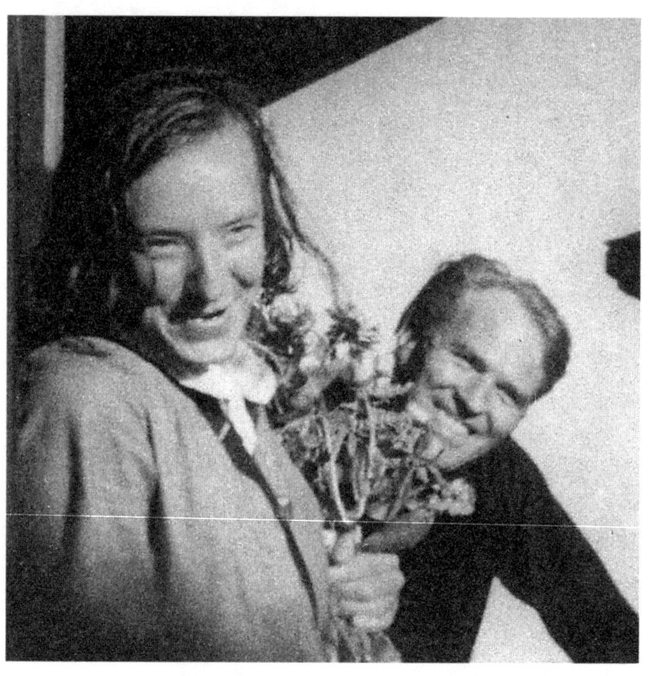

Palucca und Will Grohmann auf Sylt, 1942

die jungen Bienerts Feste gefeiert hatten, er war dazu gekommen, wenn die Bienerts nach Dessau gefahren waren, um sich die neuen Werke von Klee und Kandinsky anzuschauen und hatte alle bei den Bilderkäufen beraten. Er war dabei, wenn Friedrich Bienert sich abends mit den »Hirschen« traf und war der Hauptredner bei den Ausstellungseröffnungen moderner Künstler in Dresden. Wo Palucca war, da war auch Grohmann. Sie wurden ein Paar, auch wenn Grohmann verheiratet war und es blieb. »Wir gehörten zusammen«, sagte Palucca über sich und Grohmann. Grohmann übernahm ziemlich bald nach dem Beginn ihrer Liaison die Rolle, die vorher Bienert eingenommen hatte. Er schrieb Briefe und Pressetexte für sie.

Sie verbrachten viel Zeit miteinander, gingen zu zweit in Konzerte und Grohmann besuchte Palucca oft in der Bürgerwiese, wo sie sich über Kunst und Architektur unterhielten. Wenn Palucca Gäste von außerhalb hatte, schickte sie die Besucher auch zu Grohmann, damit sie sich seine Bildersammlung ansehen konnten. Palucca war stolz auf Grohmanns enzyklopädisches Wissen, er war stolz auf ihr Künstlertum. Palucca war der Körpermensch und Grohmann der Kopfmensch, der, wenn er mit ihr zusammen war, seinen Geist ruhen lassen konnte.

Doch nicht immer tat er sich leicht mit ihr: »Es ist schwer, richtig und unrichtig zu unterscheiden«, gab er zu: »Sie überläßt es der Intuition des anderen und ist enttäuscht, wenn er nicht versteht.« Grohmann versuchte zu verstehen, aber er konnte auch nur Paluccas Gegensätze festhalten: »Leidenschaft und Beherrschung«, so analysierte er, »Hilflosigkeit und äußerste Energie«, »Abenteuerlust und kindliche Scheu«. »Ab und zu Raubtier; Blick der tötet, Wort, das schneidet.« »Bei allem, die fraulichste Frau«,[18] »die Augen suchen das Fernste, der Mund das Nächste«[19]. Immer wieder kreisten seine Gedanken um Paluccas Distanzbedürfnis. Er ärgerte sich darüber und doch war es genau das, was ihn auch reizte an ihr.

Grohmanns Frau nahm hin, dass ihr Mann eine Freundin hatte.[20] Und so ergab sich für Palucca eine Konstellation, die ihr vertraut war: Grohmann und seine Frau hatten keine Kinder und waren deutlich älter als sie: Grohmann selber 15 Jahre älter, seine Frau sogar 27 Jahre älter, während Palucca wieder die Jüngere war, die wie eine Tochter sein konnte. Wieder konnte sie von den beiden Älteren lernen, von Grohmann sowieso, aber auch von seiner Frau: Gertrud Grohmann – die alle immer Eulein nannten – galt als hochintelligent, war ausgebildete Studienrätin und arbeitete als Übersetzerin vom Französischen ins Deutsche.[21] Sie übersetzte beispielsweise Marcel Aymé und Jules Supervielle oder Amédée Ozenfants Buch »Leben und Gestaltung« ins Deutsche. Gertrud Grohmann gab sich alle Mühe, Palucca miteinzubeziehen in ihre Ehe und lud sie zu sich nach Hause in den Garten zum Kaffeetrinken ein.[22] Auch Palucca gab sich Mühe bei solchen Treffen und zog sogar – was sie sonst nicht tat – eine weiße Bluse an.

Gertrud Grohmann wusste sich auch zurückzuziehen, nahm sich eine zweite Wohnung in Berlin, in der sie an ihren Übersetzungen arbeitete.[23] So konnten sich Palucca und Grohmann ungestört in Dresden treffen und gemeinsam sogar in den Urlaub nach Sylt fahren. Trotz aller Toleranz litt Gertrud Grohmann jedoch auf eine stille Weise, war immer wieder krank und klagte über starke Kopfschmerzen.

Auf Sylt lebte Palucca ihre kindliche Seite wieder aus. Sie ließ sich von der Sonne dunkelbraun braten, setzte Indianerschmuck auf und tanzte um ein imaginäres Lagerfeuer. Sie frühstückte im Garten fast nackt, während Grohmann in Hemd und Hose neben ihr saß, als müsse er gleich in die Schule und unterrichten. Auch im mädchenhaften Ambiente von Paluccas Ferienzimmer musste sich Grohmann erst zurechtfinden. Palucca aß und schlief oft in ein- und demselben Zimmer, zog morgens einen großen Tisch ans Bett und forderte Grohmann auf, sich gemeinsam mit ihr zum Frühstück aufs Bett zu setzen und sich dabei auch noch fotografieren zu lassen.[24]

Im Jahr 1934 fragten die Klees und die Kandinskys verunsichert beim Ehepaar Grohmann nach, warum sie denn so wenig von sich hören ließen. Tatsächlich hatte sich Will Grohmann zuückgezogen, ging ganz in seiner Beziehung zu Palucca auf, arbeitete an einem Buch über sie, ein Buch, in dem er mit bemerkenswerter Offenheit seine Liebe zu Palucca eingestand. Grohmann gab zu, dass sie »letzte Dinge« bei ihm berührt habe.

Vorsichtshalber verschleierte er, dass er der Autor war und wählte ein Pseudonym, nannte sich Olaf Rydberg. »Er hat immer gesagt, daß es niemand wissen soll«, erzählte Palucca später, »das mußte ich ihm versprechen«. »Alle würden sagen, daß er das Buch nur geschrieben habe, weil er mit mir befreundet war. Das wollte er nicht.«[25] Doch dadurch, dass er in die Rolle eines Fremden schlüpfte, scheute er sich nicht zu schreiben, dass er dieses Buch verfasst habe, um zu zeigen, »was ich zu erleben und zu lieben fähig bin«.[26] Und da man in Dresden durchaus Bescheid wusste, wer der eigentliche Autor war, konnten sich zumindest die Eingeweihten ihre Gedanken machen über das Verhältnis zwischen der Künstlerin und dem Künstlerfreund.

Mary Wigman verachtete Grohmann dafür, dass er dieses Buch schrieb. Sie war ja auch mit ihm befreundet und hatte ihm viel zu verdanken – er war es gewesen, der sie 1919 nach Dresden geholt hatte. Nun war sie fassungslos, dass ihr alter Freund ausgerechnet ihre große Konkurrentin als Gefährtin genommen hatte. »Er hat Palucca ein Buch geschrieben«, notierte sie wütend in ihr Tagebuch, »und hat sich geschämt, seine Autorenschaft zu bekennen. Es ist ein peinliches Buch, das aber in seiner Treibhausübersteigerung dieser Frau einen Nimbus gibt, in dem sie sich spiegeln und sonnen mag. Bekenntnis eines Liebenden oder Tagebuch eines Verführten habe ich es genannt.«[27]

In Grohmanns Buch bekamen die eingeweihten Leser gezeigt, dass Grohmann Palucca oft zu Hause besuchte, sich mit ihr über Literatur unterhielt, die sie gerne las, über Hölderlin, Kleist und Hamsun, über die Sprüche des chinesischen Denkers Laotse, die Palucca auswendig zitieren konnte, dass sie sich gemeinsam über die Abbildungen von Skulpturen, Bauten und Gemälden beugten, dass sich Palucca dann aussuchen durfte, was ihr am besten gefiel – das Bildnis einer schwäbischen Madonna, das ihr ähnlich sah –, dass Grohmann auch bei Paluccas Tanzabenden zuschaute, sich erst einmal fremd fühlte, bis sich der Vorhang öffnete und Palucca da stand: »ein Kind da oben«, »wie ein Vogel, der nachts vom Licht geblendet flattert« – »Hier ist nichts als ein Mensch mit sich«.[28]

Grohmann beschrieb auch, wie Palucca sich beim Publikum bedankte: »In der Geste des Dankes Tänzerin, in der Freude Mädchen, in der Ausstrahlung Künstlerin«, wie er sie hinter der Bühne besuchte, sie dann da saß und sich abschminkte, danach ihren »vielgereisten Garderobemantel« nahm und nach ihrem Koffer griff, er selber dann aber den Koffer nahm, weil er das Verlangen spürte, etwas zu helfen: »Weil es natürlich ist. Sie ist auch in dieser Situation Frau. Charme und Sachlichkeit, Weichheit und Energie, Nähe und Ferne.«[29]

Grohmann ließ keinen Zweifel daran, dass er Palucca immer im Blick behielt, dass er nichts übersehen wollte: »Haltung und Stimme beherrscht und überlegen. Schreiten, nicht gehen; sprechen, nicht reden«. Immer wieder fiel ihm ihre Beherrschung auf: »Man spürt, daß sie Leistung ist, hier hat ein Mensch maßlose Leidenschaft gebändigt, um nicht zu verbrennen.«

Er wunderte sich über »das Indirekte, das Wartenkönnen«: »Sie antwortete mir nach drei Jahren auf eine Frage, als hätte ich sie gestern gestellt.« Auch bekam er mit, dass es Worte gab, die sie »nicht hören kann. Viele Worte. Sie entstammen der Sphäre des unadligen Lebens. Sie ist empfindlich gegen Taktlosigkeiten, haßt unritterliche Menschen. Sie geht darin zu weit, aber vielleicht ist ihr Wunsch nach Schönheit Notwehr.« Schließlich kam er zu dem Ergebnis, dass sie ein »hundertprozentiger Mensch« sei, »dem nichts Menschliches fremd ist, ein stolzer Mensch, der mit niemandem tauschen würde, ein totaler Mensch, der immer derselbe ist und jedesmal ein anderer.«[30]

Doch Grohmann deutete in seinem Buch an, dass es manchmal auch schwer war, mit Palucca zurechtzukommen, dass jemand, der sie »zu nahe liebte«[31] sie würde hassen müssen, um ihrer Ferne willen, dass ihre Polarität anstrengend sein konnte: Er schilderte, wie sie von Kindern Blumen annahm und Briefe ihrer Verehrer beantwortete, im nächsten Moment aber nicht mehr angesprochen werden wollte: »Die Polarität erzeugt in ihrer Umgebung eine elektrische Geladenheit. Tritt sie in einen Kreis von Menschen, wird sie Mitte, ob sie will oder nicht. Wie ein Magnet verändert sie die Richtung menschlicher Beziehungen auf sich zu. Konflikte und Katastrophen, ganz gegen ihren Willen«.[32]

Er war stolz auf Palucca und kam gleichzeitig schlecht damit zurecht, dass seine Freundin auch von anderen Männern begehrt wurde, dass nach ihren Vorführungen immer Verehrer mit Blumensträußen warteten, dass sie in Briefen von Unbekannten angebetet wurde und er merkte auch, dass die vielen Leute, die von Palucca etwas wollten, ihm selber Aufmerksamkeit nahmen.

Einmal setzte er sich an seinen Schreibtisch, machte seinem Ärger Luft und erfand die fiktive Figur Amadeus, die sich in einem Dialog über den Tanz äußerte. Er ließ Amadeus über eine Tänzerin urteilen: »Ich stelle mir vor, daß so ein Geschöpf jeden Sinn für die Liebe verliert, wenn sie so oft an Hunderte oder Tausende beifallsbesessener Menschen Liebe abgibt.«[33]

Doch Palucca zeigte ihrem Freund auf ihre Weise ihre Hingabe. Sie erarbeitete ihren berühmtesten Tanz, die »Serenata«, nach der rhythmisch-monotonen Musik des spanischen Komponisten Isaac Albéniz. Der Tanz war Paluccas Liebeserklärung.

Und die Kritiker ahnten schnell, dass es sich bei der »Serenata« um ein Liebeslied handelte: »Scheu verhalten beginnt es. Hände tasten, suchen, finden den Raum«, so schrieb einer von ihnen. »Der Körper erwacht. Beseelt sich, lebt, liebt.«[34] Auch ein anderer Kritiker sah die »Intensität des Gefühls«: »Sie zelebriert diesen Tanz. Er ist wie eine einzige Botschaft an die Liebe, an den Geliebten, vielleicht an alle. Sie neigt sich hintenüber, sie ist ganz Erwartung, Verzauberung, letztes Gefühl. Sie öffnet den Mund: auch die Lippen schwingen mit«.[35] Die Kritiker schwärmten, wie sie da auf dem Boden kniete, »Rückwärtsbeuge, Oberkörper, schwingend, kreisend über demütigen Knien. Bild der Leidenschaft. Gewiß. Aber große, edle Leidenschaft. Stark und echt«.[36]

Palucca tanzte die »Serenata« mit einem wissenden, hintersinnigen, versonnen hingebungsvollen Lächeln. Sie tanzte, als ob sie nur an ihre Liebe denken könnte, als mache die Liebe sie schwerelos. Sie hatte einen weiten, schwingenden Rock an, der ihr auf den Hüften saß und dazu ein knappes Bustier. Sie sah aus wie eine Bauchtänzerin, eine Frau, die von ganz weit her kam.

Die »Serenata« war ein solcher Erfolg, dass Palucca damit 1934 in einem zwölfminütigen Vorfilm in die Kinos kam. Die erste Vorführung im Capitol am Zoo in Berlin wurde als Uraufführung »des ersten deutschen Tanzfilmes«[37] gefeiert. Auch Grohmann war von der »Serenata« begeistert und hatte die Botschaft verstanden: »Das Schwingen des Ich im Rhythmus und in der Melodie des Lebenstriebes, des Eros«.[38]

Mit der »Serenata« veränderte Palucca ihren Tanzstil, gab die wuchtigen, gerissenen und eckigen Bewegungen auf, für rundere, beschwingtere, fließendere, gebundene. Sie wurde weicher, graziöser, berührte sich häufig selbst, presste ihre Hände wie beim Charleston auf die Knie, verband ihre Arme über ihre Hände miteinander. Nun nahm sie immer öfter Historisches in ihr Repertoire auf, tanzte gern zu Barockmusik, noch lieber allerdings zu spanischer Musik. Ihre Handbewegungen wurden differenzierter, es wirkte, als spiele sie mit Kastagnetten, als wolle sie an den Flamenco erinnern.[39]

Und so waren es nicht nur »Kraft« und »Freude«, was dem Publikum der frühen dreißiger Jahre gefiel, es war auch Paluccas Entwicklung vom jungenhaften Frauentypus hin zu einer differenzierteren Weiblichkeit: Palucca passte nun, in ihrem ganzen Ausdruck – sportlich, energiegeladen,

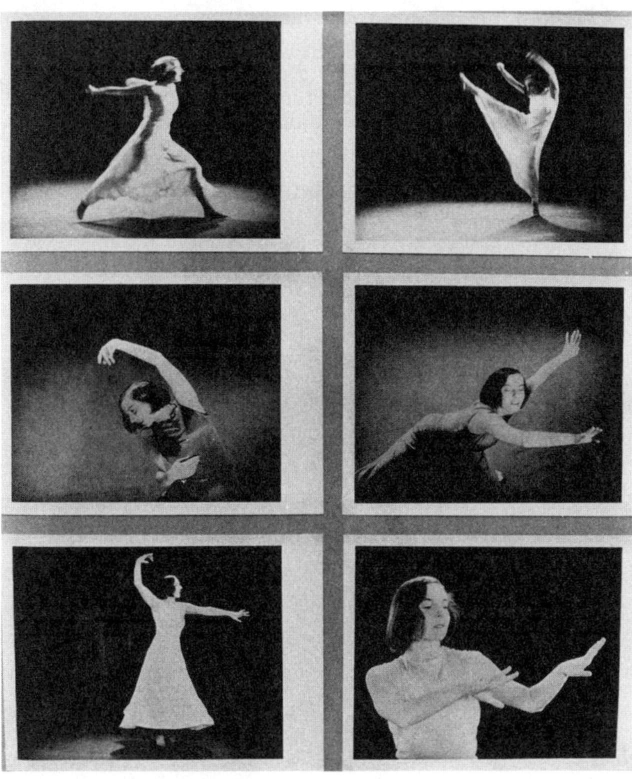

Ausschnitte aus Paluccas Film »Serenata«

immer noch kindlich und trotzdem »ganz Frau«, wie Grohmann vorsorglich bemerkte[40] – zum neuen Zeitgeist.

Denn Paluccas Beziehung zu Grohmann, ihr Erfolg mit der »Serenata«, ihre weibliche Ausstrahlung – diese ganzen neuen Entwicklungen fielen in die Zeit, in der die Nationalsozialisten an die Macht kamen, und es gab durchaus Zusammenhänge zwischen dem, was sich bei Palucca im privaten und künstlerischen Bereich getan hatte und dem, was sich nun politisch für sie ergeben sollte.

Palucca hatte durch Grohmann – und zuvor auch durch Bienert – gelernt, dass die Menschen an ihrer Seite gern teilhatten an ihrem Künstlertum und deswegen auch bereit waren, die Versorgerrolle zu übernehmen. Palucca hatte profitiert von den beiden Männern, davon, dass sie sie populär gemacht und dafür gesorgt hatten, dass das, was sie tat, für die Öffentlichkeit in schönen Glanz getaucht wurde. Palucca war abhängig geworden von dem Status, zu dem die Männer ihr verholfen hatten. Ihre Männer – wie auch die Künstlerfreunde und zuvor Mary Wigman – waren Autoritäten gewesen für Palucca. In der Staatsform, die sich nun bildete, in Hitlers Diktatur, waren diejenigen, die für Kulturpolitik zuständig waren, bereit, sich ebenfalls um Künstler zu kümmern, die sich gern an Autoritäten orientierten. So war die Verlockung für Palucca groß, ihrerseits die Nähe zu den Mächtigen zu suchen. Wie als Kind in Plauen oder als Schülerin Kröllers oder Wigmans konnte sie den Anschluss an eine Gruppe suchen und in der Gruppe eine herausgehobene Rolle spielen.

In der Weimarer Republik hatte es bei den modernen Tänzern und im Bauhaus viele Splittergruppen gegeben. Es gab keine Kulturinstitution, die alle künstlerischen Bereiche regelte. Im nationalsozialistischen Staat aber sollte es eine möglichst einheitliche Kunst geben, mit einer möglichst einheitlichen Gruppe von Künstlern, die vom Staat kontrolliert werden konnte. Diejenigen, die den Nationalsozialisten nicht passten, wurden ausgegrenzt, die anderen in die eigens geschaffene Reichskulturkammer eingebunden. Die Reichskulturkammer war ein monopolistisches Entscheidungszentrum, ein autoritäres quasi-persönliches Gegenüber, das die Künstler beobachtete, belohnte, bestrafte, lenkte. Für Palucca eine verführerische, eine fatale Konstellation.

Palucca und die Macht

»Ich weiß, daß Sie von mir enttäuscht sein werden« – Aufstieg im Nationalsozialismus

Am 31. Januar 1933 setzte sich Paul Klee in Dessau an seinen Schreibtisch und schrieb Will Grohmann einen Brief, der harmlos begann: »Das Jahr 1933 hat eingesetzt mit neuen Zeichnungen aus unverschämt grad sein sollenden Linien«. Er führte den Brief fort, mit einigem Geplänkel und schloss dann: »Noch etwas: Unser Hitler! Herzlichst Ihnen und Ihrer Frau Ihr Klee«.[1]

Es war der Tag, nach dem Hitler zum Reichskanzler gewählt geworden war.

Am Ende dieses verhängnisvollen Jahres 1933, am 3. Dezember, schrieb Klee wieder einen Brief an Grohmann, der wieder vergnügt anfing und unheilvoll endete: »Lieber Herr Grohmann, was für eine Fülle von Geburtstagen! Auch Sie; wie schön ist das alles beieinander. Felix, Frau Ida B.[ienert], Kandinsky, bald auch meine W.[enigkeit]. Ich denke viel an Sie und Ihre liebe Frau, und wie viel Gemeinsames sich jetzt auf negativem Gebiet ereignet hat«. Tatsächlich hatte sich viel »auf negativem Gebiet ereignet«.[2]

Klee war sofort angefeindet worden. Nur zwei Tage nach der Machtergreifung war an der Düsseldorfer Kunstakademie, an der er seit kurzer Zeit lehrte, ein neuer Direktor eingesetzt worden, ein überzeugter Nationalsozialist. Er hatte eine Hetzkampagne gegen Klee initiiert, im April war eine Hausdurchsuchung in Dessau angeordnet worden, wo die Klees noch wohnten. Schon Ende April hatte Klee seinen Lehrauftrag verloren.

Das Bauhaus war schon vor 1932 von den Thüringer Nationalsozialisten bekämpft worden. Im Januar 1932 hatte die Dessauer Stadtverordnetenversammlung darüber abgestimmt, ob das Gebäude des Bauhauses niedergerissen werden sollte oder nicht: »Hübsches Thema für eine Abstimmung von erwachsenen, scheinbar normalen Menschen«, hatte Kandinsky in sarkastischem Ton an Grohmann berichtet: »Ad majorem gloriam unserer Zeit ist der Antrag der Nazis mit 25 Stimmen gegen 15 abgelehnt worden.«[3] Doch das half nichts: Die Nazis schafften es noch im selben Jahr, die Bauhausleute aus Dessau zu vertreiben. Mies van der Rohe leitete das Bauhaus noch ein paar Monate in einer stillgelegten Berliner Telefonfabrik als privates Institut. Doch am 11. April 1933 besetzten Polizei und SA das Fabrikgebäude und verhafteten 32 Studenten. Am 20. Juli 1933 verkündete Mies van der Rohe die endgültige Schließung des Bauhauses. »Wenn ich denke, was auch Deutschland mit dem Tode des Bauhauses verliert, wird mir schlecht zumute«,[4] schrieb Kandinsky an Grohmann.

Will Grohmann selbst hatte seine Anstellung als Studienrat verloren, die seine Existenzgrundlage gewesen war. Er wurde pensioniert, galt nun mit 45 Jahren als Studienrat i.R. Bis zum 13. März 1933 war er Mitglied der SPD, was der offizielle Grund für seine Entlassung war. Doch es gab noch andere Gründe: Er war Mitglied der linken »Liga für Menschenrechte« und gehörte dem Reichsbanner Schwarz-Rot-Gold an, einer sozialdemokratisch ausgerichteten Schutzorganisation für Versammlungen und Demonstrationen von demokratischen Veranstaltern.[5] Seine Rolle als Förderer moderner Kunst hatte endgültig das Misstrauen der Nationalsozialisten geweckt. Am 18. November 1933 schrieb Grohmann einen verzagten Brief an die Klees: »Erst die Entlassung, dann der Umzug, dann leidet Frau Eulein sehr an Migräne, was schlimmer ist als es klingt, und dann der allgemeine Schmerz. Unseren Kreis hat es ja schlimm getroffen. [...] Frau Bienert lebt jetzt ganz zurückgezogen und hat, wie wir hören, auch großen politischen Ärger gehabt, sie spricht aber nicht davon. Kandinskys gehen ab 15. Dezember vorläufig [...] ins Ausland. Wir sollen es nicht weitersagen, schreiben auch nicht wohin. Californien? K. hat einen erstaunlichen Mut immer wieder neu anzufangen: Die Luft wird immer dünner, man wird demnächst seine Freunde auf der Landkarte suchen müssen.«

Sechs Tage später schrieb Lily Klee zurück: »Ja, es sieht für unseren Kreis trübe aus. [...] Wir geben die Wohnung am 15.12. auf. Die meisten Möbel gebe ich weg, behalte nur das Allernötigste. Heute hatten wir einen sehr freundschaftlichen Brief von Frau Bienert, worin sie meinem Mann versichert, ihm die Treue halten zu wollen. Sonderbarerweise erklärt sie gleichzeitig ihren Austritt aus der Klee-Gesellschaft. Die letztere ist leider sehr zusammengeschmolzen, gerade jetzt – wo wir es am nötigsten brauchen könnten. Denn wir sind durchaus nicht ganz sorgenlos. (Dies bitte unter uns) [...]. Hoffentlich wird sich Frau Eulein von ihrer bösen Migräne erholen. Alles Liebe Ihnen Beiden von uns«.[6] Einen guten Monat später zogen die Klees in Paul Klees Geburtsstadt Bern, zuerst in sein Elternhaus, dann in eine kleine Wohnung am Stadtrand in der Berner Elfenau, mit Kuhwiesen zwischen den Wohnhäusern. Klee fühlte sich hier künstlerisch isoliert.[7]

Die Kandinskys, die fünf Jahre zuvor deutsche Staatsbürger geworden waren, gingen nicht nach Kalifornien. Sie hatten sich »unendlich lange« überlegt, wohin: »Schweiz? Italien? Amerika? Paris?«[8] Es wurde Paris. Dort hatten sie eine kleine, »aber sehr schöne Wohnung« im vornehmen Vorort Neuilly-sur-Seine im Pariser Westen bezogen, mit der »Seine direkt vor dem Haus«,[9] so schrieb Kandinsky an Grohmann. Kandinsky hoffte, im »Kunstzentrum der Welt«, »durch Bilderabsatz zu seinem Stückbrot zu kommen«.[10] Doch in der Pariser Kunstszene blieb er isoliert, auf dem Kunstmarkt auch, schon bald musste er seine Preise um 50 Prozent senken.[11] Klee war der einzige Künstler aus der Bauhauszeit, mit dem er befreundet blieb.[12] »Wir wollen nicht für immer Deutschland verlassen, was ich gar nicht fertig bringen könnte, da meine Wurzeln zu tief im deutschen Boden sitzen«, schrieb Kandinsky noch im Dezember 1933 beschwichtigend und hoffnungsvoll an Grohmann, er denke, nach einem Jahr wieder zurück zu sein.[13]

Auch László Moholy-Nagy, der schon länger nicht mehr am Bauhaus gearbeitet hatte, bereitete im Jahr 1933 seine Emigration vor. Und Otto Dix verlor gleich 1933 seine Stellung als Professor an der Dresdner Kunstakademie, wo er Nachfolger Oskar Kokoschkas gewesen war. Seine Entlassung wurde damit begründet, dass er mit seinen kritischen Gemälden über den Ersten Weltkrieg zur »Zersetzung des Wehrwillens« beigetragen und überhaupt die »sittlichen Gefühle des deutschen Volkes«[14] zersetzt habe. Schon im Februar 1933 packte er seine Sachen in der Akademie und zog mit all seinen Bildern in sein Atelier in der Kesselsdorfer Straße 11 im Dresdner Vorort Löbtau.[15]

Sie waren vorbei, die Dresdner Künstlerjahre. Es sollte keine Besuche mehr geben von Dessau nach Dresden, die Elbe entlang. Auch keine Feste mehr, bei denen sich unzählige Künstler von Weltrang trafen. Die »Hirsche«, der Männerclub um Bienert, setzten zwar ihre Treffen fort, aber nur noch im kleinen Kreis. Und auch die Förderer zogen sich zurück. Ida Bienert hörte auf zu sammeln. Schon 1932 hatte sie Angst gehabt, ihre ganze Sammlung auflösen zu müssen, so groß war da bereits der Druck gewesen: »Es wäre unglaublich traurig«, hatte Kandinsky darüber an Grohmann geschrieben, »gute alte Sammlungen werden aufgelöst oder ins Ausland gebracht. Neue entstehen nicht. Die Museen kaufen nicht. Ich werde wohl bald gezwungen, mir einen Lagerraum für Bilder zu mieten«.[16] Kandinsky hatte Grohmann im selben Jahr gedrängt, sein Buch über Ida Bienerts Bilder möglichst bald ganz fertigzustellen: »Es ist ein Glück, daß wenigstens diese Sache noch gelang. Man sollte m.M. schnell zum Druck übergehen«.[17] Das Bild »Waagerecht« war eines der letzten, das Kandinsky 1933 noch an Ida Bienert verkaufen konnte, für 665 Reichsmark.[18] Klee verkaufte im selben Jahr auch noch zwei Werke an Ida Bienert, nach 1933 nahm sie nur noch ein paar Dix-Gemälde an, bevor sie das Sammeln aufgab.

Es war alles sehr schnell gegangen 1933, die Verachtung der modernen Kunst durch die Vertreter des neuen Regimes war besonders in Dresden schon früh überdeutlich. Hier wurden im Lichthof des Rathauses die »Spiegelbilder des Verfalls« gezeigt, eine der ersten Ausstellungen über die »entartete« Kunst.[19] Auf Wunsch Hitlers sollte die Schau, koordiniert vom Dresdner Kulturamt, ab 1935 in verschiedenen deutschen Großstädten gezeigt werden, bevor sie 1937 in die Münchner Wanderausstellung »Entartete Kunst« integriert wurde.[20]

Doch auch wenn die meisten Protagonisten der Moderne im Nazi-Staat alles andere als gut angesehen waren, fühlten sich die neuen Machthaber insgeheim von den radikalen Posen vieler Künstler angezogen: Und so kam es, dass sie dann doch bereit waren, sich bei der Ästhetik moderner Künstler zu bedienen,[21] sofern sich deren Kunst in irgendeiner Weise mit der nazistischen Ideologie vereinbaren ließ. Da die Moderne der zwanziger Jahre alles andere als einheitlich gewesen war – Gropius und Moholy-Nagy im Technizismus geschwelgt, Kandinsky sich auf die Suche nach einer neuen Romantik begeben hatte – gab es genügend Anknüpfungspunkte, vor allem beim Tanz. Paluccas Sportlichkeit ließ sich nutzen, ihr athletisches, solistisches Temperament. Aber auch Mary Wigmans Mystizismus, ihre Schicksalsgläubigkeit und ihr Talent, als Choreografin Gruppen zu bewegen, Gruppen durch einfache ästhetische Mittel – Gehen, Laufen, Schreiten – zu einer tanzenden Glaubensgemeinschaft zusammenzuführen und die Zuschauer auf diese Weise mit hypnotischem Bann zu belegen. Mary Wigman glaubte immer schon daran, dass der Mensch durch Bewegung verändert werden könne, ja, dass sich mit Tanz eine ganze Gesellschaft reformieren lasse. Die Nazis machten sich diesen Glauben zunutze und setzten mit aller Macht auf die Magie der Bewegung. Das Hitler-Regime wurde zu einem Bewegungsregime.[22]

Am 16. März 1933 war Mary Wigman relativ ahnungslos aus den USA von einer Tournee zurückgekehrt. Sie war zweieinhalb Monate nicht in Deutschland gewesen, hatte die Reichstagswahlen im Januar nicht mitbekommen und staunte, in welches Land sie da zurückgekommen war: Das sei ganz offensichtlich kein Regierungswechsel gewesen, notierte sie in ihr Tagebuch, »sondern Revolution«.[23]

Tatsächlich drang in Dresden auf einmal aus vielen Lautsprechern Hitlers Gebrüll, überall hingen Hakenkreuzfahnen, sogar die Spielwarenhändler verkauften Bälle mit Hakenkreuzen darauf. Am 31. März hieß es aus dem Personalamt der Stadt, dass sämtliche jüdische Beschäftigte aus den Diensten der Stadt zu entfernen seien. Die Religion spiele dabei keine Rolle, auch katholisch oder evangelisch getaufte Juden waren von dieser neuen Regelung betroffen.[24] Chronist Victor Klemperer nahm das alles mit Abscheu wahr und notierte bitter in sein Tagebuch: »Unter einer französischen Negerbesatzung würden wir eher in einem Rechtsstaat leben als unter dieser Regierung«. Und dann schrieb er – am 20. März 1933 – einen prophetischen Satz: Er glaube, dass »Deutschland die Schmach, dieser neuen Regierung anheimgefallen zu sein, niemals abwaschen kann.«[25] Mary Wigman, die auch eine passionierte Tagebuchschreiberin war, sah das völlig anders. Sie beobachtete dasselbe wie Klemperer, die Aufmärsche, die Boykotte jüdischer Geschäfte und doch hatte sie nichts gegen das neue Regime einzuwenden. Sie war im Gegenteil beeindruckt davon. Besonders die Selbstinszenierung des neuen Staates faszinierte sie, all die Fackelzüge, Marschkolonnen, Paraden, pseudo-sakralen Heldenfeiern und Totenkulte wirkten auf sie wie eine große

Choreografie. Sie lobte die »fantastische Disziplin« und »fabelhafte Organisation«.[26]

Zwar hatte sie mitbekommen, dass es vielen ihrer Freunde nicht gut ging, dass Will Grohmann vom Dienst suspendiert worden war und dass er kurze Zeit überlegt hatte, ins Ausland zu gehen. Doch in einem Brief an ihn ging sie nicht auf seine Sorgen ein, sondern erzählte ihm fröhlich von ihrer Tournee: »Wie geht es Dir, liebster Will. Ich sehe, dass Du vorläufig noch in Dresden bist. Ich freue mich darauf, Dich zu sehen. Übrigens war die Tanzerei ein voller Erfolg.«[27]

Mary Wigman wie auch Palucca waren unpolitisch, beide hatten in den zurückliegenden 13 Jahren viel dafür getan, den modernen Tanz in Deutschland populär zu machen. Sie hatten sich als berufstätige Frauen behauptet und wollten diesen Status halten, um ihrer selbst und um des modernen Tanzes willen. Palucca hatte ihre ganz spezielle Auffassung, wie ein guter Tanz zu choreografieren sei und nun begann sie, diese Auffassung auf ihr eigenes Leben anzuwenden: »Das ganze Geheimnis besteht darin, jede Situation für das Ziel auszunutzen«.[28] Palucca sah nur noch das Ziel, ihren Tanz durchzusetzen.

Am 13. März 1933 war das Reichsministerium für Volksaufklärung und Propaganda gegründet worden, mit Reichsminister Joseph Goebbels an der Spitze. Er war von nun an verantwortlich für alle Künste. Im September 1933 war er ermächtigt worden, auch die Reichskulturkammer zu gründen. Sieben Kammern ließ er als Unterabteilungen der Reichskulturkammer einrichten: eine für bildende Kunst, eine für Film, eine für Literatur – für Musik, Presse, Rundfunk und Theater auch jeweils eine. Der Tanz wurde der Theaterkammer zugeordnet.

Am 11. Juli 1933 teilten sowohl Palucca als auch Mary Wigman ihren Kollegen und Schülern mit, dass sie dem Nationalsozialistischen Lehrerbund und dem Deutschen

Kampfbund beigetreten seien. Das Sekretariat der Palucca-Schule ließ sicherheitshalber noch einmal bei der Wigman-Schule anfragen, ob die »Eingliederung der diplomierten Lehrerinnen in den Nationalsozialistischen Lehrerbund« auch wirklich erfolgt sei.[29]

Palucca verfiel in einen gefährlichen Aktionismus. Sie entließ ihre jüdische Schulleiterin Tile Rössler, die im selben Jahr mit einem Touristenvisum nach Palästina emigrierte.[30] Palucca schaffte es allerdings, sich von Rössler so zu trennen, dass sie Jahre später noch liebevolle Postkarten von ihr bekam – »Nach einer Ewigkeit in alter Liebe, Deine Tile« –, doch an dem Faktum der frühzeitigen Trennung änderte das nichts.[31] Vorsichtshalber fragte Palucca auch gleich ihren jüdischen Agenten, den renommierten Arthur Bernstein, der sie knapp zehn Jahre lang betreut hatte, wie es um ihn stehe: »Ist es bei Ihnen schwierig, werden da auch Gleichschaltungen vorgenommen, oder ist Ihr Beruf eine rein private Angelegenheit?« Bernstein gab Entwarnung und erzählte Palucca, er habe in der »Frankfurter Zeitung« gelesen, »daß Konzertdirektionen freie Hand behalten sollten«.

Doch bald erfuhr Palucca, dass das durchaus nicht der Fall war. Nun versuchte sie – mit erkennbar schlechtem Gewissen – auch Bernstein zu kündigen, was der aber nicht akzeptierte. Zwischen Bernstein und Palucca entwickelte sich ein dramatischer Briefwechsel:

»Lieber Herr Bernstein!«, schrieb sie, »Es fällt mir schrecklich schwer, Ihnen heute diesen Brief zu schreiben. Ich bin gestern in Berlin gewesen und möchte Ihnen jetzt gleich über alles berichten. [...] Auf die Vorschläge, die Sie in Ihrem Brief [...] mitteilen, kann ich doch nicht eingehen, es wäre für uns beide sehr unangenehm, wenn wir sozusagen heimlich arbeiten, und diese Dinge dann einmal aufgedeckt würden.« Palucca erzählte, sie habe von einer Versammlung mit Goebbels erfahren, auf der beschlossen worden war, dass Staats- und Stadttheater keine Verträge mehr mit nicht-»arischen« Agenten abschließen sollten. »Ich bin daraufhin sofort nach Berlin gefahren«, schrieb sie weiter, »um mich zu orientieren, denn Sie wissen ja, daß ich nicht ohne weiteres von Ihnen weggehe, da Sie doch in jeder Weise sich stets restlos für mich eingesetzt haben und mir den Weg geebnet haben. Ich mußte dort nun tatsächlich erfahren, daß es für uns beide unmöglich ist, auf früherer Basis weiter zu arbeiten. Ich würde schwerlich genügend Tanzabende bekommen, und Sie wissen ja doch selbst, daß ich kein Vermögen habe, um mir das leisten zu können.« Sie schrieb noch dazu, dass sie schon dabei sei, bei »arischen« Agenten anzufragen, und gestand dann: »Lieber Herr Bernstein, ich glaube, ich brauche Ihnen wohl kaum zu schreiben, wie furchtbar schmerzlich mich das alles trifft. Tag und Nacht habe ich jetzt daran gedacht, wie man nur die beste Lösung finden könnte. Es ist mir wirklich nichts anderes übrig geblieben, als es so zu machen, und ich glaube auch, daß Sie mich verstehen werden, denn es geht ja schließlich um meine Existenz, und Sie wissen ja auch, daß ich stets eine anständige Gesinnung gezeigt habe. Ich möchte Ihnen nochmals von ganzem Herzen danken, daß Sie sich stets für meinen Tanz mit solcher Liebe eingesetzt haben. Ich hoffe, daß wir durch diese ganze Sache nicht menschlich unsere Beziehung verlieren. Wollen Sie mir nicht schreiben, was Sie evt. vorhaben, und wie sie mit Ihren anderen Künstlern arbeiten werden? Ich schreibe Ihnen ganz ehrlich und aus reiner Freundschaft, daß ich wirklich glaube nach meinen Berliner Erfahrungen, daß es für Sie nicht ganz leicht werden wird. Sie werden mir doch recht bald Antwort geben?«

Bernstein antwortete schnell: »Liebe Frau Palucca! In der Zeit der fast unzähligen Schicksalsschläge, die mich, wie die meisten meiner Leidensgenossen, so gänzlich unverschuldet getroffen haben, war der, den ich mit ihrem letzten Brief erlitten habe, einer der für mich furchtbarsten.« Geradezu erschütternd sei für ihn die Tatsache, »daß gerade Sie, auf

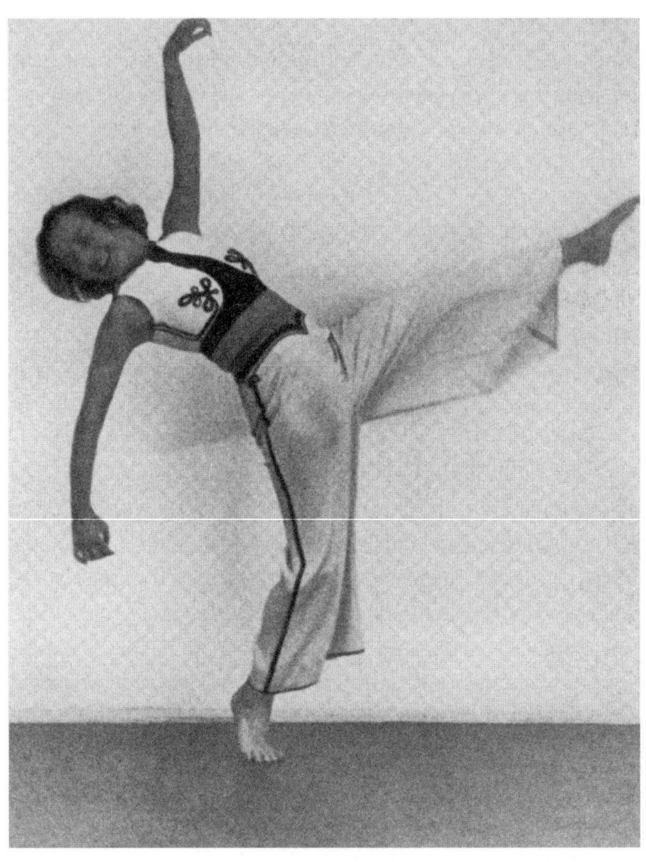

Palucca

die ich so unbedingt gebaut hatte, mich so von einem Tag zum anderen preisgegeben hat.«

Palucca antwortete ihrerseits prompt: »Lieber Herr Bernstein! Es tut mir schrecklich leid, daß Sie die Schwierigkeit meiner Situation nicht so ganz erfassen können. [...], ich hätte die ganze Sache niemals gemacht, wenn ich nicht von maßgebender Stelle die Nachricht bekommen hätte, daß es für mich zwecklos sein dürfte, auf der früheren Basis weiterzuarbeiten. Ich mußte doch etwas tun, denn es hängt doch nicht nur meine, sondern die Existenz vieler Menschen davon ab«.

Doch Bernstein wollte von solcherlei Argumenten nichts wissen: »Ich halte es nach wie vor für eine durch nichts begründete übereilte Entschließung Ihrerseits [...] Meine anderen Künstler sind erfreulicherweise bei mir geblieben und bekommen nach wie vor ihre Engagements«. Einen Tag später fügte er noch an: »Ich bleibe bei meiner Ansicht, daß die übergroße Eile in Berlin, zu der Sie scheinbar irgendwie getrieben sind, nicht notwendig war«.

Palucca versuchte sich noch einmal zu erklären: »Ich trage die Verantwortung für meine Schule und die Zukunft meines Tanzes« – »Ich weiß, daß Sie wieder von mir enttäuscht sein werden und ich kann es von Ihnen aus begreifen, aber ich hoffe auch, daß Sie sich in meine Lage versetzen können. [...] Meine Schule ist staatlich genehmigt, ich falle unter das Beamtengesetz und habe auch entsprechende Fragen auszufüllen gehabt« – »Ich bitte Sie nochmals herzlichst mich zu verstehen und sich in meine Situation zu versetzen, daß ich sehr traurig über diese ganze Entwicklung bin, brauche ich Ihnen doch nicht zu sagen, Sie müssen mich durch unsere lange Zusammenarbeit kennen, ich selbst weiß, was Sie alles für mich getan haben und es fällt mir dies alles furchtbar schwer«. Sie habe, so eröffnete sie Bernstein, nun endgültig die Künstleragentur Adler unter Vertrag genommen.

Doch Bernstein entließ Palucca nicht aus ihrer Verantwortung: »Es hat keinen Zweck, Ihnen Frau Palucca, den sehr gewichtigen Punkt zu widerlegen, daß Sie mir mitteilen, die Leute schrieben Ihnen alle, daß Sie nicht mit mir arbeiten könnten. Dagegen sprechen doch wohl schon die 28 Anfragen, die ich hatte. [...] Was ich Ihnen aber, und wohl mit Recht übelnehme, ist das, daß Sie mich nun zum zweiten

Male in kurzer Zeit vor eine vollendete Tatsache, ihrer Überwechslung zu Herrn Adler, stellen.«

Palucca wollte die Vorwürfe nicht hinnehmen: »Lieber Herr Bernstein [...], daß sich alles so ergeben mußte ist doch in keiner Weise persönlich, sondern hat die ganze Situation in Deutschland ergeben [...] Sie wissen doch selbst, daß ich verhältnismäßig wenig verdiene, davon das ganze Jahr leben muß, keinen Zuschuß bekomme und drei Menschen davon leben müssen. Außerdem kann ich durch die ganze Lage meine Schule nicht mehr so durchführen, wie ich wollte. Ich mußte mich wesentlich umstellen. Muß selbst alles unterrichten, um überhaupt noch durchzukommen, dieses muß ich alles bedenken und aus all diesen Gründen kann ich nicht Geldverlust haben, ich müßte dann eines Tages ganz aufhören, weil ich es nicht mehr durchhalte und um das zu vermeiden, muß ich jetzt so handeln«.

Bernstein reagierte empört: »Liebe Frau Palucca! Wenn Ihren Brief vom 8.8. ein unbeteiligter Dritter lesen würde, so müßte er meinen, ich wollte Ihnen das letzte Hemd nehmen [...]. Man soll doch den Spieß nicht umdrehen.«

Nun verlor Palucca die Nerven und versuchte in einem Brief vom 17. August 1933 noch einmal zu erklären, »daß ich auf Grund meiner Mitgliedschaft im Kampfbund für deutsche Kultur und im nationalsozialistischen Lehrerbund verpflichtet bin, lediglich mit arischen Agenturen zu arbeiten«. Bernstein gab nach und schrieb nun einen versöhnlicheren Brief: »Liebe Frau Palucca! [...] Ich habe bisher angenommen, daß Sie Ihre Beziehung deshalb zu mir lösen wollten, weil Sie glaubten, ich könnte in der heutigen Zeit als Nichtarier nicht mehr mit denselben Erfolgen für Sie tätig sein, wie ich es früher gewesen bin [...] Nachdem ich nun aber durch Ihren Brief vom 17.8. darauf aufmerksam gemacht bin, daß es gar nicht die Sorge um Ihr Fortkommen ist, aus der Sie die Beziehungen zu mir mit sofortiger Wirkung zu lösen wünschen, sondern daß es Ihnen vom Kampfbund für deutsche Kultur und dem Nationalsozialistischen Lehrerbund zwingend vorgeschrieben wird, mit sofortiger Wirkung lediglich noch mit arischen Agenturen zu arbeiten, ist für mich die Sachlage vollkommen verändert. Es ist selbstverständlich, daß ich Ihnen nunmehr wegen meines Honorars keine Schwierigkeiten machen werde.«

Palucca war beruhigt und versuchte, den Kontakt zu Bernstein zu halten. Sie fragte ihn, ob er für eine ehemalige Schülerin, eine Jüdin, Auftritte beim jüdischen Kulturbund vermitteln könne. »Liebe Frau Palucca!«, antwortete Bernstein, »[...] Mit den jüdischen Kulturbünden stehe ich [...] in Verbindung und ich will gerne versuchen, etwas für die junge Dame ausfindig zu machen, [...] Es geht mir denkbar schlecht und ich sehe den Tag näher und näher rücken, wo ich effektiv nicht mehr weiß, wovon ich mich ernähren soll. Das hatte ich doch eigentlich nicht verdient. Ich glaube kaum, daß es einen Agenten gab, der seine ihm liebgewordenen Künstler betreute, wie seine eigenen Kinder, der seinen letzten Nerv dem Wohl und Wehe seiner Klienten opferte. Sie selbst wissen es und können es glaube ich, jederzeit bestätigen, daß ich für meine Künstler, die ich ins Herz geschlossen hatte, stets ein Freund, ja ein Vater war.«[32] Bernstein verließ bald darauf Deutschland, emigrierte nach London und dann weiter in die USA. Er blieb Künstleragent und würde sich nach dem Krieg wieder bei Palucca melden.

Immer wieder gelang es Palucca, offensichtliche Affronts vergessen zu machen, Konflikte beizulegen, ohne sie überhaupt zu benennen und aufzuarbeiten. Schon bei Bienert war es so gewesen, dass ihr gutes Verhältnis durch die Scheidung nicht getrübt wurde. Sie vermochte es, freundschaftlich mit der Frau ihres Geliebten Will Grohmann umzugehen, sie würde sich wieder mit Mary Wigman befreunden – Palucca wurde schnell verziehen.

Im November 1933 musste Palucca nun selber Fragen der nationalsozialistischen Behörden beantworten, diesmal ging es um ihre Abstammung. Sie versicherte daraufhin schnell und »an Eides statt, daß ich arischer Abkunft bin« – »bis zu den vier Großeltern herauf«,[33] so schrieb sie. Ihre jüdische Großmutter war erst drei Jahre zuvor gestorben. Sie ließ es darauf ankommen.

Im Jahr 1934 integrierte sie die Fächer »Klassischer Tanz« und »Nationaltanz« in ihren Lehrplan, obwohl sie seit ihrer Trennung von Kröller nichts mehr gehalten hatte vom Ballett. Doch die klassischen Fächer aufzunehmen, das entsprach den Wünschen des Propagandaministeriums. Ihre Schüler wurden nun zu klassischen Bühnentänzern ausgebildet und ließen sich im Jahr 1935 an einer Ballettstange fotografieren, auf der Spitze stehend, in knappen schwarzen Trainingstrikots, weißen Strümpfen und Ballettschuhen – so als habe Paluccas alter Lehrer Kröller, der schon nicht mehr lebte, einen späten Sieg errungen.[34]

Palucca sagte nun in Interviews, dass es für Künstler immer gefährlich sei, Bekenntnisse zu veröffentlichen, da man unweigerlich auf Wahrheiten festgelegt werde, die vergänglich seien.[35]

Doch Palucca galt immer noch als die erfolgreichste Protagonistin des modernen Tanzes – niemand sah in ihr eine Ballerina. Und so konnte auch sie sich nicht sicher sein, was der höchste Kunst-Beauftragte im NS-Staat tatsächlich von ihr und ihrer Kunst hielt. Minister Goebbels, das war bekannt, mochte eigentlich lieber Ballett, er wollte nichts weiter als schöne Mädchen in gefälligen Posen sehen. Und wenn Tanz schon nicht klassisch sein konnte, dann sollte er zumindest volkstümlich wirken. Goebbels wollte keine verzerrten Körper sehen, sondern harmonische und fließende Bewegungen. Tänzer sollten für Entspannung und Zerstreuung sorgen.[36]

Es sah eigentlich nicht gut aus für den modernen Tanz in Nazi-Deutschland. Und doch arbeitete im Reichspropagandaministerium in den ersten Jahren nach der Gründung an entscheidender Stelle einer jener Männer, die es verstanden, Beziehungen zwischen der modernen Ästhetik und der Nazi-Ideologie herzustellen. Noch hörte Goebbels auf diesen Mann: Es war Ministerialrat Otto von Keudell, der erst im März 1933 in die NSDAP eingetreten war und schnell Karriere gemacht hatte. Er erkannte schnell, dass sich der moderne Tanz für die Choreografie von Massenveranstaltungen nutzen ließ und erstellte im Juli 1934 ein durch und durch positives Memorandum zur Bedeutung des modernen Tanzes, den er geschickterweise »Deutschen Tanz« nannte. Er verglich ihn mit dem Ballett und kam zu dem Schluss, dass das Ballett für den NS-Staat viel weniger zu gebrauchen sei als der »Deutsche Tanz«: Ballett sei geistlos und zeige stilisierte Figuren, Ballettschulen würden häufig von Ausländern geleitet. Der Ausdruckstanz aber komme aus der Tiefe des deutschen Gemüts. Deswegen solle sich das Propagandaministerium und somit die Reichskulturkammer schnell zum »Deutschen Tanz« bekennen und moderne Tänzer, Lehrer, Choreografen finanziell unterstützen, er denke da vor allem an Wigman, Rudolf von Laban und an Palucca.[37]

Damit hatte Keudell drei Leute genannt, die eine lange und ausgesprochen schwierige Geschichte miteinander hatten. Wigman und Laban – das war nicht einfach. Wigman und Palucca – das funktionierte überhaupt nicht.

Bei Rudolf von Laban hatte Mary Wigman im Jahr 1914 den modernen Tanz kennengelernt, in der Schweiz, in der Kommune auf dem Monte Verità. Damals war Laban für Mary Wigman eine Art Guru gewesen, nun aber waren sie zu Konkurrenten geworden. Beide beanspruchten für sich, den Ausdruckstanz erfunden zu haben.

Das komplizierte Beziehungsgefüge zwischen Laban und Wigman, Palucca und Wigman bestimmte den Verlauf der nächsten Jahre. Laban sollte die Nummer eins werden im »Deutschen Tanz«, kräftig gefördert von Ministerialrat von Keudell. Er war vor allem für Massenbewegungsveranstaltungen zuständig. Mary Wigman gehörte erst einmal auch zu den Favoriten – vor allem als Choreografin für kleinere Gruppen –, wurde aber langsam ausgeschaltet, weil sie Laban hätte gefährlich werden können. Die Dritte im Bunde profitierte von Wigmans Ausgrenzung: Es war Palucca.

Am 27. August 1934 schrieb Laban Palucca einen langen Brief, mit dem er sie auf seine Seite ziehen wollte – Mary Wigman wird in diesem Brief nicht einmal erwähnt: »Mir schwebt aber ein anderer Stil des deutschen Tanzes vor, dessen bester Representant [sic] zweifellos Sie sind. Der vage Wunsch einer Zusammenarbeit liegt ja wohl schon lange fast unausgesprochen zwischen uns. Könnten wir da nicht einen Weg finden, für diese zukünftigen Streiche eine gemeinsame Basis zu finden?«[38]

Laban übernahm nun die Leitung der neugeschaffenen Vereinigung »Deutsche Tanzbühne« und sorgte dafür, dass eine seiner Mitarbeiterinnen ständig Kontakt zu Palucca hielt, sie ermunterte, ihr Interviewtermine arrangierte und jeden Wunsch erfüllte: dass sie in gute Hotels kam, dort möglichst im oberen Stockwerk untergebracht wurde, in einem Zimmer, das abzudunkeln war. Es wurde eine »umfassende Propaganda«[39] für sie gemacht, Palucca nahm all diese Angebote gerne an, wurde mit jedem Monat selbstbewusster und schraubte auch ihre Honorarforderungen immer höher.[40]

»Es müssen mir nur die Spesen der Reise für meinen Musiker und mich und die Diäten zurückerstattet werden«, schrieb sie an die Sekretärin der Deutschen Tanzbühne, Fräulein Snell, die sie sowieso mit so vielen Extrawünschen behelligte, dass dieser irgendwann nichts anderes übrig blieb, als durchblicken zu lassen, dass sie selber »bis über die Ohren in Arbeit sitze«[41].

Palucca ließ aber nicht locker und bat darum, bei den nächsten Tanzfestspielen in der Berliner Volksbühne Büchertische aufstellen zu lassen, auf denen Grohmanns

Buch »Die Tänzerin Palucca« ausgelegt werden sollte: »Das Interesse daran wäre doch sicher groß und für uns wäre es angenehm, in diesen 8 Tagen in Berlin einen Teil der übernommenen Bände verkaufen zu können. Bitte sprechen Sie doch einmal mit Herrn von Laban.«[42]

Immer wieder ging es um Geld. An Laban schrieb sie, dass sie dauernd Ferngespräche mit ihrem neuen Agenten, Herrn Adler, führen müsse: »Ich sage Ihnen ganz offen, dass ich mir das nicht leisten kann«.[43]

»Ich bin mir sehr bewußt, daß ich nur eine bestimmte Zeit als Solotänzerin auftreten kann, daß ich auch nicht gerade der allerrobusteste Mensch bin und folglich meine künstlerischen und wirtschaftlichen Möglichkeiten, die mir jetzt geboten werden, auf das intensivste auszunutzen gezwungen bin«,[44] schrieb sie an Laban. Und: »Für mich ist das Auftreten keine Luxusangelegenheit, sondern eine Existenzfrage«.[45]

Und Laban und seine Mitarbeiter ließen ihrerseits keinen Zweifel daran, dass für Palucca alles getan werden würde. Am 29. August 1934 schrieb die engste Mitarbeiterin Labans in fürsorglichem Ton an sie: »Hoffentlich haben Sie sich gut erholt für den neuen Aufschwung, den so Gott will unser geliebter Tanz nun nehmen soll. Es scheint uns manchmal noch so märchenhaft, daß ich es erst glauben werde, wenn es so weit ist«.[46]

Doch es war schon so weit. Palucca war ab 1934 der Star der deutschen Tanzfestspiele, die das Propagandaministerium unter Labans Leitung in diesem und den beiden folgenden Jahren veranstaltete: Die bekanntesten Solisten und freien Gruppen zeigten hier ihre neuen Tänze. Bei den Tanzfestspielen im folgenden Jahr, 1935, saß Palucca sogar in der Jury und trat zugleich als Solotänzerin auf. Sie galt als Stolz der NS-Nation, sogar als »deutscheste Tänzerin«. Von ihrem orientalisch geprägten Vater, von der jüdischen Verwandtschaft der Mutter, die in Spanien lebte, wusste kaum jemand.

Die Ufa plante wieder Filmaufnahmen mit ihr für die Wochenschau.[47] Und das Nazi-Blatt »Das Schwarze Korps« gab in steifen Worten die offizielle Meinung über sie wieder: »Man hat sie oft als die ›deutscheste Tänzerin‹ bezeichnet, und die gleiche Freude, die sie selbst hierüber empfand, fühlen auch wir, weil wir die Überzeugung haben, daß die gewaltige Überlegenheit, die ihr künstlerisches Schaffen bedeutet, – nicht nur im Technischen, sondern vor allem in der inneren Tiefe des Erlebens –, einen für das gesamte kulturelle Schaffen Deutschlands höchst bezeichnenden Höhepunkt bedeutet«.[48]

Die offene Frage, von der ihre Existenz abhing, war, wie viel Joseph Goebbels vom »Deutschen Tanz« und von ihr selber hielt. Bei den Vorbereitungen zu den Tanzfestspielen 1934 war eine Sonderveranstaltung für ausgesuchte Gäste gegeben worden. Ehrengast war Joseph Goebbels. Dass der Minister zuschauen wollte, regte Palucca schon genug auf und dann meldete sich vor der Veranstaltung auch noch Magda Goebbels, die Frau des Ministers und Quasi-First-Lady im Reich bei ihr: Ob sie den wilden Tanz »Mit Schwung« nicht besser weglassen könne, sie habe da Bedenken, kenne den Geschmack ihres Mannes.

Palucca war irritiert, einerseits dankbar für den Hinweis, andererseits ärgerlich, dass sich da jemand in künstlerische Fragen einmischte. »Mit Schwung« gehörte eigentlich zu ihren Programm fest dazu. Vorsichtshalber aber ließ sie den Tanz dann doch weg, und tatsächlich meldete sich nach der Aufführung wieder Magda Goebbels, lobte Palucca für ihre Entscheidung. »Sie sagte mir«, so schrieb Palucca an Laban, »es wäre sehr nett von mir gewesen, dass ich ›Mit Schwung‹ nicht getanzt hätte und ihrem Gatten die anderen Tänze gezeigt hätte«.

Nun fragte Palucca bei Laban nach, ob sie »Mit Schwung« überhaupt nicht mehr auf den Tanzfestspielen zeigen solle: »Andererseits muß ich doch an die gesamte Festspielatmosphäre denken und an meine Eigenart. Ich hätte dann überhaupt keinen wirklichen Temperamentstanz im Programm, das ›Spiel‹ ist eben spielerisch, ›Serenata‹ und ›Elegie‹ ruhig. Ich brauche irgendeinen anderen.« Palucca bat Laban, die Sache zu klären – und zwar auf direktem Wege: »Ich finde, Sie könnten in dem Fall ruhig Frau Dr. Goebbels persönlich anrufen und sie fragen, ich halte das für das richtigste. Sie müssten ihr natürlich meine Gründe erklären, daß ›Mit Schwung‹ die Menschen sehr begeistert und den größten Erfolg hat. Versuchen Sie es nur zu erreichen.«

Nun war Laban an der Reihe. Da er regelmäßig mit den NS-Oberen zu tun hatte, musste er nur eine Gelegenheit abpassen, bei der er auf Magda Goebbels treffen würde. Schon fünf Tage, nachdem Palucca ihren Brief abgeschickt hatte, war es so weit. »Liebe Frau Palucca«, schrieb er, »soeben sprach ich mit Frau Dr. Goebbels, sie findet es selbstverständlich, daß Sie ›Mit Schwung‹ tanzen können. Sie dachte nur, daß Sie sich bei der immerhin intimeren Vorstellung am 12. XI. von einer einheitlichen Seite zeigen sollten, was ja auch geschehen ist. Wir setzen also ›Mit Schwung‹ auf das Programm. Sind Sie zufrieden? Herzlicher Gruß, Laban«.[49] Laban und die Abgesandten der Deutschen Tanzbühne wollten die Machthaber auf ihre Seite ziehen, deren Sorgen zerstreuen, dass der Ausdruckstanz nicht zum NS-Regime passen könnte.[50]

Auch Mary Wigman versuchte, den Anschluss nicht zu verlieren. Doch es lief nicht so, wie sie es sich wünschte. Ihr wurde »mangelnde Bindung an die Zeit, an das Volk«[51] vorgeworfen. Außerdem galt sie als unbequem, weil sie immer wieder ins Ministerium nach Berlin reiste, sich dort auf den Fluren herumdrückte, Termine erbat, Forderungen stellte, Geld wollte, vertröstet wurde: »Oh, wie ich es hasse, dieses bitten müssen, warten müssen, diplomatisch sein, sich eine Taktik überlegen. Pfui Teufel«,[52] fluchte sie in ihrem Tagebuch. Mary Wigman erlebte die Kontakte zwischen Berlin und Dresden, zwischen Politikern und Tänzern völlig anders als Palucca. Sie kämpfte mit gleicher Intensität, doch mit weniger Erfolg.

Am Neujahrstag 1936 war Wigman in Berlin zu Besuch bei ihrem Freund Hanns Benkert, einem 13 Jahre jüngeren Mann – Ingenieur, Vorstand der Siemens-Werke und angehender Nationalsozialist. Mit Benkert war sie seit knapp sieben Jahren liiert, verbrachte die meisten Wochenenden bei ihm, fuhr mit dem eigenen Auto zwischen Berlin und Dresden hin und her. Am Neujahrstag 1936 fühlte sie sich »leicht verkatert«, stieg »um 12 ins Auto«, das sie mit Weihnachtsgeschenken vollgepackt hatte. »Getankt, Öl, Wasser, Luft« – »um 1 dann losgefahren, 1/2 5 zu Haus«.

Das neue Jahr kam ihr »herrlich, herrlich« vor, sie malte rote Sterne in ihr Tagebuch.

In den kommenden Wochen tourte sie durch Nord-Deutschland, trat in Osnabrück, Münster, Braunschweig, Heide, Kiel und Hamburg auf, pausierte in Dresden: »So was von Erschöpfung«.

Am 27. Februar, bei einer Pause in Dresden notierte sie in ihr Tagebuch: »Schon geht der Ärger los. Spiel von Pal. [...] Es tut alles so weh«. Zwei Tage später, an einem Samstag, kam Will Grohmann, wie so oft, bei ihr zum Essen vorbei: »Aufgeregte Debatten. Groh. immer [...] so erregt, ich in Sorge um seine psychische Verfassung«.

Ein paar Tage später, am 2. März in Dresden, telefonierte sie mit Palucca: »Zum Brüllen. Da ich sie kenne, wundert mich gar nichts«, notierte sie bitter in ihr Tagebuch.

Am nächsten Tag fuhr sie nach Berlin, um ihren Freund noch einmal zu sehen und dann ihre Tournee fortzusetzen. Benkert brachte sie zur Bahn und am Bahnhof tauchte plötzlich Will Grohmann auf, als habe er ein schlechtes Gewissen wegen irgendetwas, als müsse er sie beruhigen – was ihm nicht gelang. Wigman stieg aufgebracht in den Zug, konnte in der Nacht lange nicht einschlafen, doch sie musste auftreten, diesmal im Osten: Stettin, Breslau, Hirschberg, Frankfurt/Oder, Göteborg, Malmö in Schweden. Im April in Süddeutschland: Bamberg, Würzburg, Heidelberg.

Am 22. April gab sie in Berlin den letzten Tanzabend ihrer Tournee: »Gott sei Dank«, notierte sie. Und dann: »Aufregung« – »Plötzlich verlangt v. K. [von Keudell] meinen Besuch«. Palucca und Laban kamen auch zu dem Treffen: »Pfui Teufel«. Am nächsten Tag heißt es dann: »v. K. lügt schamlos« – »Grohmann kommt« – »Situation fürchterlich« – »Aufgeregte Besprechungen«. In der Nacht darauf schlief sie »miserabel« – »Bin einfach fertig«.

Mary Wigmans Wut richtete sich direkt gegen Palucca: Laban und Otto von Keudell hatten monatelang den Plan vorangetrieben, in Berlin eine Tanzhochschule zu gründen, eine zentrale Ausbildungsstätte für Nachwuchstänzer aus ganz Deutschland, die so genannten Meisterstätten. Laban wollte die Schule leiten und es sollte da auch einen Studiengang für modernen Tanz geben. Mary Wigman war davon überzeugt gewesen, dass sie diejenige sein würde, die – mit fester Anstellung und exzellentem Honorar – den Studiengang leiten würde. Doch Laban und Otto von Keudell bevorzugten Palucca. Palucca war jünger, populärer, formbarer. Mary Wigman wurde mit einem Honorarvertrag für eine Gastdozentur abgefunden und konnte es einfach nicht fassen: Schon wieder war ihr Palucca in die Quere gekommen, schon wieder hatte sie ihr ihren Platz streitig gemacht.

Und dann hatte sich auch noch Grohmann an den Planungen für die Meisterstätten und an der Postenverteilung beteiligt und auch das kränkte Mary Wigman, denn Grohmann, so wollte sie es sehen, war ihr Freund, den ihr Palucca weggenommen und sogar zum Geliebten und »Verführten« gemacht habe, wie Mary Wigman in ihr Tagebuch schrieb.[53]

Am 26. April stritt sie noch einmal mit Grohmann über die Meisterstätten. Doch da sah sie schon, dass das nichts mehr nützte, dass »durch Beziehung Gr und P« [Grohmann und Palucca] sowieso alles umsonst sei: »Alle lügen, v. K. an der Spitze«.

Am Abend des 26. April wurde sie von ihrem Freund Benkert gezwungen, »in den Schlafwagen nach München« zu steigen, sie sollte Urlaub machen, nach Italien fahren und Abstand gewinnen.

Doch der Urlaub hatte ihr nichts genützt. Als sie zwei Wochen später nach Berlin kam, herrschte dort dieselbe Aufregung. »Hannle [Benkert] ruft an. Bericht über Verhandlungen mit v. K. Der Ekel sitzt mir im Hals«.

Am nächsten Tag traf Wigman sich mit Laban, dreieinhalb Stunden lang: Es ging »hart zu, manche Wahrheit gesagt«. Am nächsten Tag fuhr sie nach Dresden zurück, gab in der Schule ihre Übungsstunden und empfing abends Grohmann zum Essen. Das Essen verlief unerfreulich. Wieder ging es um Palucca und die Meisterstätten: »Ich kann einfach nicht mehr, es ekelt mich so.«

Am folgenden Tag, am Dienstag, den 19. Mai 1936, stand sie früh auf, las die Post, trainierte von zehn Uhr morgens bis eins, ordnete ihre Papiere und fasste in ihrem Tagebuch die jüngsten Entwicklungen zusammen – Notizen, die den Tiefpunkt des Verhältnisses zwischen Mary Wigman und Palucca markieren: »Mir steht der Ekel bis zum Hals«, schrieb sie, »es ist systematisch daran gearbeitet worden, M.W. von dem Platz, der ihr Kraft ihres Werkes, ihrer Wirkung gebührt, zu verdrängen. [...] Die treibende Kraft, die hinter dieser unterirdischen Verdrängungstätigkeit steht, heißt: Palucca. Die geistige Kraft, die Palucca zur Verfügung stand und ihre instinktsichere Erfolgspolitik stärken half, heißt: Grohmann. Das ausführende Organ, williges Instrument in den Händen einer nur vom Pathologischen her begreifbaren Persönlichkeit heißt: von Keudell. Dazwischen gaukelt, getrieben von den bereits zu Drei Vierteln geopferten Idealen, vom Lebenserhaltungswunsch, und von dem, was man ›Konjunktur‹

nennen würde, die Gestalt Labans. Das, was die 4 genannten Personen gemeinsam haben, die Plattform also, auf der sie sich begegnen konnten, heißt: Schaffung einer verschwommenen Situation, [...] Das dunkle Spiel begann im Augenblick, als Palucca sich persönlich mit v. Keudell in Verbindung setzte. [...] Etappen des Weges: Auszeichnung Paluccas durch den Minister. [...] Die Presse: plötzlicher Umschwung! Das Unbeschwerte statt des Schweren, das Helle statt des Dunklen. Palucca plötzlich das Ideal, nicht nur die deutsche Tänzerin, sondern die deutsche Solotänzerin. M.W., die Regisseurin, etc. [...] Es kann kein Mensch aus seiner Haut. Palucca nicht, Grohmann nicht und ich selber auch nicht. Ich weiß, wer Palucca ist, kenne ihre Ich – Besessenheit, ihren skrupellosen Erfolgsehrgeiz, der vor nichts halt macht. Kenne ihre persönliche Wirkung auf Menschen. [...] es ist um Palucca nie sauber gewesen, sie hat sich stets eingesponnen in ein undurchsehbares Lügengewebe, das niemals ganz zu zerreißen war, von Niemanden, nicht einmal von ihr selber«.

Hass gegen Palucca war bei Mary Wigman ausgebrochen. Sie sah nur noch Paluccas Ehrgeiz und ihre Besessenheit vom Tanz und sah nicht, dass Palucca aus anderen Gründen als aus charakterlichen vorgezogen worden war: Palucca hatte keine alten Rechnungen mit Laban zu begleichen und in ihre Aufführungen kamen massenweise Leute, die sich zu Wigman nicht trauten. Sie konnte sich einem breiteren Publikum vermitteln und deswegen war auch das Interesse der Mächtigen an ihr größer.

Paluccas Art zu tanzen passte besser zu Goebbels Kunstgeschmack und zu seinem Bedürfnis, sich über Kunst unterhalten zu lassen. Er teilte Paluccas Leidenschaft für Volksmelodien, auch für den Walzer, der nun als »urdeutsch« galt.

Acht Tage nach ihrer Hasstirade führte Mary Wigman ein letztes Gespräch über die Tanzhochschule und den »Fall Palucca« – »gut«,[54] schrieb sie als Resümee in ihr Tagebuch.

Sie konnte auch nichts mehr machen, es war längst entschieden. Sie war Palucca unterlegen. Die Meisterstätten wurden noch im Mai eröffnet, mit Palucca als Leiterin des Studiengangs Moderner Tanz.

Wigman und Palucca hatten keine andere Wahl, als sich wieder miteinander zu arrangieren, sie mussten wichtige Auftritte vorbereiten. Für die Olympiade im August 1936 sollte die gesamte künstlerische Elite in Deutschland eingespannt werden und Mary Wigman und Palucca gehörten dazu. Sie sollten bei den Eröffnungsfeiern, beim Festspiel »Olympische Jugend«,[55] auftreten, Palucca als einzige Solotänzerin und Mary Wigman als Anführerin einer Gruppe. Bei den Proben würden sie sich begegnen.

Schon im Frühherbst des Vorjahres hatte Palucca begonnen, sich auf das Olympische Festspiel vorzubereiten, hatte sich mit Werner Egk geschrieben und verabredet. Der Komponist sollte ihr einen Walzer schreiben. Egks Briefe kamen »mit besten Empfehlungen und deutschem Gruß« an, auch mal mit einem »Heil Hitler«. Palucca antwortete »mit besten Empfehlungen und deutschem Gruß«.[56]

Sie achtete bei den Vorbereitungen für die Olympiade auf jedes Detail, stimmte sich mit dem Leiter der Festspiele über die Beleuchtung ab und sogar über den Stoff ihres Kleides, schickte ihm eine Stoffprobe: »Es ist Taft und wechselt im Licht sehr schön die Farben. Ich nehme an, dass ein schwerer, etwas steiferer Stoff sich besser eignet als ein weicher, der zu sehr flattert«.[57] Auch bei ihrem Honorar guckte sie sehr genau hin und protestierte wieder einmal. 1000 Reichsmark sollte sie für ihren Soloauftritt bekommen, doch das reichte ihr nicht: »Ich muß zehn Tage in Berlin leben in einer Zeit, wo alles sehr teuer ist und ich für ein kleines Zimmer im Fürstenhof allein 16 Mark zahle. Rechne ich die weiten Autofahrten hinzu und die Verpflegung, so komme ich mit allen Nebenausgaben bestimmt auf 50 Mark pro Tag. Das wären allein schon 500 Mark. Außerdem muß ich meinen

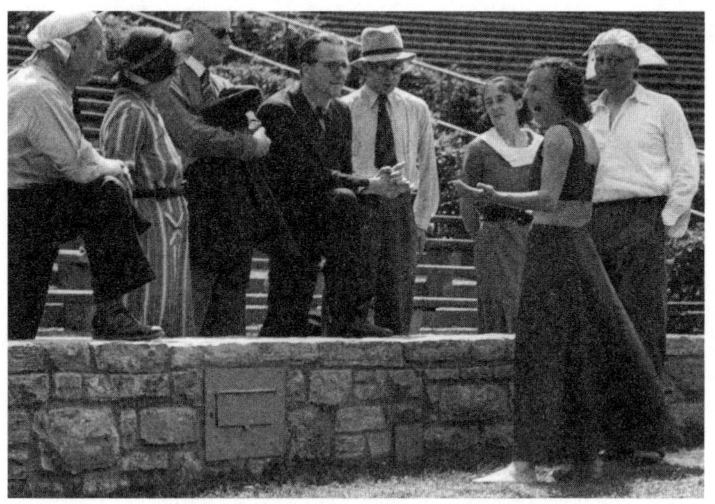

Palucca in einer Probenpause, Olympiade 1936

musikalischen Begleiter zahlen [...] Nicht gerechnet habe ich, was ich durch die vielen Proben in Dresden und Berlin verliere.«[58]

Palucca hatte Erfolg: Sie bekam ganze 1 500 Reichsmark für die Festspiele und die Wiederholungsaufführungen zugesichert.[59]

Auch Mary Wigman war wieder versöhnt mit dem Regime, zufrieden, dass sie nun eine wichtige Rolle bei der Olympiade einnehmen, einen Teil der Festspielchoreografie übernehmen würde. Am 24. Mai besichtigte sie zusammen mit ihrem Freund das Olympische Dorf und war wieder einmal beeindruckt: »Prachtvolle Anlage. Vorbildlich gelöst«. Anfang Juni fing sie an, sich mit der »Olympiademusik« zu beschäftigen: »Olympiademusik immer wieder gespielt – schön, schön. Skizzen gemacht, noch schöner«.

Auch sie unternahm »Kostümversuche«, hatte Spaß daran, doch nach dem ersten Enthusiasmus kam Mitte des Monats ein Stimmungstief: »Musik für Totenklage quält mich« – »Bin auch deprimiert, weil die Totenklage nicht gehen will«.[60] Aber sie hatte sich wieder mit Grohmann vertragen, er kam sie besuchen und half ihr, einen Aufsatz zu formulieren. Während sich Wigman mit ihrer »Totenklage« quälte, durfte Palucca im Wohnzimmer des Ministerialbeamten Otto von Keudell für ihren Solo-Auftritt proben. Sie tanzte nach Musik vom Grammophon, doch bevor sie damit anfing, musste von Keudells Sohn »den Boden nach nicht vorhandenen Stecknadeln absuchen«, so schrieb der Sohn mehr als fünfzig Jahre später an Palucca. Und er schrieb auch, dass der Vater »strahlte, sobald die Rede auf Sie und die Berliner Jahre kam«.[61]

Die Tage, an denen Palucca bei von Keudell im Wohnzimmer für die Olympiade probte, waren die letzten, in denen von Keudell noch etwas zu sagen hatte im Propagandaministerium. Goebbels wollte ihn loswerden und hatte schon im Januar 1936 in sein Tagebuch notiert, dass von Keudell »weg« müsse.[62] Der Beamte war ihm zu labil. Einmal hatte Otto von Keudell auf einer Pressekonferenz gestammelt, so dass die Anwesenden vermutet hatten, dass er entweder betrunken oder geistig verwirrt gewesen sei. Er war in ein Krankenhaus gekommen, hatte aber bald versichern können, wieder hergestellt zu sein, durfte auf seinen Posten zurückkehren, doch Goebbels fasste nie mehr Vertrauen zu ihm und war sowieso nicht einverstanden damit, dass der Beamte seine Künstler – Laban, Palucca und Wigman – so sehr in die Planungen einbezog, dass er alle Beteiligten immer wieder anhörte: Otto von Keudell galt als zu weich und zu kompromissbereit. Goebbels bevorzugte skrupellose Männer. Er fand bald auch jemanden, der besser zu ihm passte: Rolf Cunz, ein stattlicher Mann, der die Tänzer und auch den schmächtigen Goebbels durch seine schiere körperliche Präsenz beeindrucken konnte. Cunz löste Otto von Keudell im Juni 1936 ab, nur wenige Wochen vor den Olympischen Spielen.[63]

Cunz wollte als neuer Tanzchef im Ministerium schnell beweisen, dass er ganz anders war als sein Vorgänger. Die Leute, die Otto von Keudell gefördert hatte, würde er bekämpfen und genauer hingucken als sein Vorgänger, ob sie die Fragen zu ihrer Abstammung richtig beantwortet hatten. Cunz war nicht entgangen, dass sein oberster Chef Goebbels wieder seine ursprüngliche skeptische Haltung zum modernen Tanz eingenommen hatte. Bei den Tanzfestspielen im Sommer 1936 hatte Goebbels den modernen Tänzern wieder einmal zugesehen und sich danach in seinem Tagebuch abschätzig geäußert: »frei nach Nietzsche, eine schlechte, gemachte und gekünstelte Sache. Ich inhibiere vieles. Das ist alles so intellektuell. Ich mag das nicht. Geht in unserem Gewande daher und hat gar nichts mit uns zu tuen.«[64] Diese paar Worte sollten das Ende des modernen Tanzes als Staatskunst im »Dritten Reich« markieren.

Mary Wigman ahnte schon Anfang Juli, dass irgendetwas nicht stimmte. Sie hatte den neuen Tanzchef Cunz kennengelernt, bei einer Besprechung drei Stunden mit ihm debattiert und war nicht mit ihm ausgekommen.

Doch die Aufführungen der modernen Tänzer wurden nicht abgesagt, denn Goebbels und Cunz wollten einen Skandal vermeiden. Gerade hatte die amerikanische Tänzerin Martha Graham mitteilen lassen, dass sie nicht bereit sei, zu den Spielen zu kommen, hatte gesagt, dass sie den jüdischen Tänzern in ihrer Gruppe nicht zumuten wolle, ins rassistische Deutschland zu reisen. Grahams Äußerungen sorgten beim Olympischen Komitee für Unruhe und noch mehr Komplikationen sollte es nicht geben.

Deswegen konnten Palucca und Wigman ungehindert weiter proben – sie selber waren nicht auf den Gedanken gekommen, durch Grahams Absage ihre eigenen Auftritte bei den Spielen in Frage zu stellen.

Palucca hatte inzwischen durchgesetzt, dass sie nicht nach der Musik von Werner Egk tanzen musste, sie hatte es versucht, hatte aber keine Melodie und kein Thema finden können: »Nach wie vor schwebt mir eine Art Wiener Walzer wie Strauss, Lanner usw. vor, diese gewisse Weichheit, im guten Sinne Süße müßte ich schon haben, bei der Aufgabe, die mir gestellt ist, wenn ich als Solistin in diesem riesengroßen Reichssportfeld mitwirken soll.«[65]

Sie tanzte jetzt nach einem weitaus gefälligeren Stück von Joseph Lanner, einem Wiener Walzer. Schon bei ihrem ersten öffentlichen Auftritt hatte sie nach Lanner getanzt, als Schülerin in Plauen, an einem Adventsabend des Jahres 1917.

Palucca stand unter Druck, denn die Beamten aus Hitlers engstem Umfeld redeten auf sie ein, ob sie auch wisse, was für eine Verantwortung sie trage. Sie beschworen sie, bei der Olympiade auf jeden Fall einen »schönen Tanz«[66] zu zeigen. Also suchte sie verzweifelt nach »einfachster Gliederung, mit schlichtestem Ausdruck«.[67]

Sie fand bald heraus, dass sie sich auf die großen Gesten, aufs »Laufen, Drehen, große Schwünge«[68] beschränken musste. Denn ihr machten nicht nur die Drohungen aus der Reichskanzlei zu schaffen, sondern auch die gewaltigen Ausmaße des Stadions, »die nach allen Seiten sich öffnende Arena«.[69] Sie fragte sich, wie sie da auffallen sollte, wie die Zuschauer in den oberen Rängen irgendetwas von ihren Bewegungen sehen könnten. Sie schickte Schülerinnen in die oberen Ränge, ließ sich von ihnen beobachten, beriet sich mit ihnen und entschied, möglichst weite Wege zurückzulegen, einen Raum zu gestalten, der mindestens zwanzig, wenn nicht 50 Meter durchmaß. »Als mir meine Mitarbeiter bestätigten, dass auch auf große Entfernungen Tanz entstehe, fiel ein Alp von mir, und ich begann mit der Ausarbeitung«.[70] Sie trainierte wie eine Athletin, erzählte, dass sie oft am Tag nur eine einzige Orange zu sich nahm,[71] weil sie sich leicht fühlen wollte und der Druck so auf ihr lastete, dass sie sowieso nichts mehr hinunterbekam.

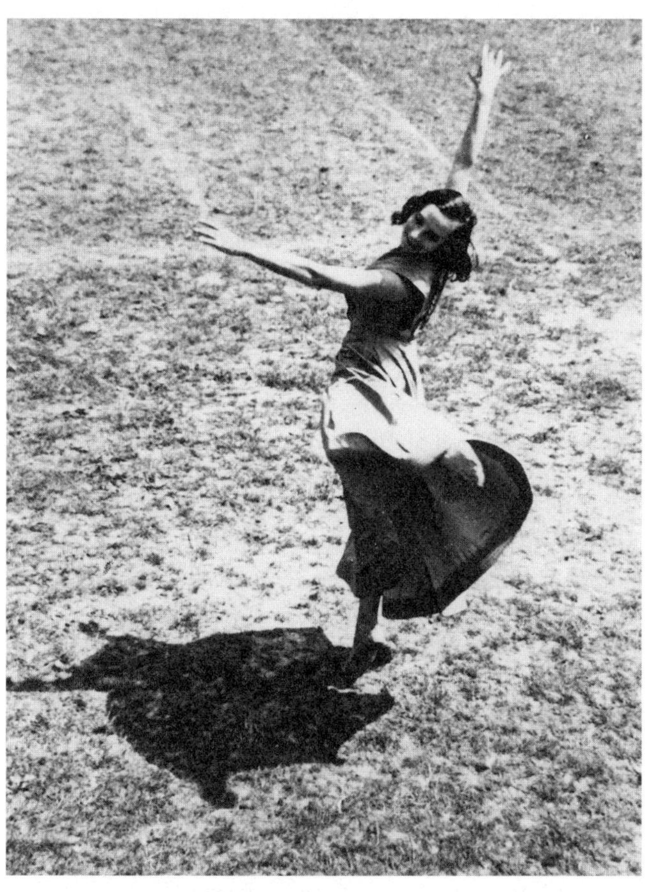

Palucca probt den Walzer für die Olympischen Spiele in der Dietrich-Eckhardt-Bühne in Berlin, 1936

Ihr Tanz sollte einfach aussehen und war doch körperliche Schwerstarbeit. Und es gab auch noch andere Künstlerinnen, die bei der Olympiade eingesetzt worden waren und schwer daran arbeiteten, einen möglichst einfachen Ausdruck hinzubekommen: einen Ausdruck, bei dem alle

Differenzierungen weggelassen werden mussten. Auch Leni Riefenstahl bemühte sich bei ihrem Olympiafilm, den sie in diesen Tagen im Stadion vorbereitete, um eine möglichst einfache Aussage. Im fertigen Film würde sie die Sportler mit hellenischen Göttergestalten gleichsetzen, die dann wiederum zu germanischen Diskus- und Speerwerfern wurden, denn die wiederbelebte Antike sollte ein wiederauferstandenes Deutschland sein: Die Distanzen zwischen Nationen, Kulturen und Zeiten sollten aufgehoben sein.[72]

Wenn Palucca im Olympiastadion probte, ihre Kreise lief und sprang, suchte Leni Riefenstahl neben ihr, unter ihr und über ihr die Positionen für ihre Kamerateams. Riefenstahl ließ überall im Stadion Gruben ausheben, in die sie dann mit ihren Kameras hineinkroch. Sie wollte die Athleten möglichst von unten, vor dem ruhigen, theatralischen Hintergrund des Himmels aufnehmen und auch damit – nicht nur mit dem Körperkult, den auch sie betrieb – erwies sie sich als gelehrige Schülerin Mary Wigmans. Mary Wigman war diejenige gewesen, die zwanzig Jahre zuvor begonnen hatte, vor einem ruhigen, schwarzen Hintergrund zu tanzen, damit sich alles auf sie konzentrieren konnte.

Im Olympia-Stadion trafen auch Leni Riefenstahl und Mary Wigman wieder aufeinander. Mary Wigman probte hier mit ihren Tänzerinnen, stand dann meist hoch oben in den Rängen und gab mit einem Megafon ihre Anweisungen für ihre Tanzgruppe unten auf dem Sportfeld.[73] Leni Riefenstahl und Palucca hatten sich verändert seit der gemeinsamen Zeit bei Mary Wigman. Sie waren gleich alt, im selben Jahr geboren, Palucca war bereits 34, Riefenstahl würde es im August werden. Sie hatten sich beide auf ihre Weise dem neuen Zeitgeschmack angepasst, der vorsah, dass Frauen wieder aussehen sollten wie Frauen. Leni Riefenstahl schminkte sich sehr gekonnt, trug elegante kleine Hüte, Kostüme oder Hosenanzüge. Palucca schminkte sich kaum, doch sie hatte sich ihre Haare bis zu den Schultern wachsen lassen und trug einen Seitenscheitel, der ihre hohe Stirn betonte. Auch die gut 15 Jahre ältere Mary Wigman hatte sich angepasst und trug bei den Proben im Olympiastadion helle, liebliche Blumenkleider. Ihr Gesicht aber wirkte ernst und müde, als habe sie die Anspannung, die sich in die Feierstimmung mischte, durchaus mitbekommen.

Inzwischen waren Gäste aus aller Welt nach Berlin gereist. Goebbels gab auf der Pfaueninsel einen Empfang für 3000 Leute und verschleuderte dafür 300000 Reichsmark aus Steuergeldern. Die Berliner Bäcker und Barkeeper, die Kneipenwirte und Köche schöpften bei der Bewirtung der Leute aus dem Vollen. Die Gemüsehändler und Schlachter in Dresden aber klagten über Warennot und Teuerung, denn alles konzentrierte sich auf Berlin.

In Berlin gab es Kongresse, Konzerte, Kunstausstellungen, Feuerwerke, Filmvorführungen, Opern-, Operetten-, und Varietéaufführungen. Die Besucher waren pausenlos beschäftigt. Und diejenigen, die nicht nach Berlin gekommen waren, konnten über Rundfunk- und Wochenschau die Ereignisse miterleben.

Am 1. August 1936 begannen die Spiele. Um 15 Uhr startete ein Fackelläufer am Berliner Lustgarten, rannte Unter den Linden entlang über die Charlottenburger Chaussee, den Kaiserdamm und den Adolf-Hitler-Platz ins Stadion. Währenddessen begaben sich die Repräsentanten des Olympischen Komitees zum Reichspräsidentenpalais, holten Hitler dort ab und fuhren gemeinsam in einer offenen Limousine durchs Brandenburger Tor. Das Tor war mit Hakenkreuz- und Olympiadeflaggen behängt. 40000 SA-Männer hielten die Straßen, die zum Stadion führten, frei.

Im Stadion hatten sich die Ränge bereits gefüllt. Die Führungsriege des »Dritten Reichs« nahm in der Regierungsloge Platz. Goebbels traf zuerst ein, dann Göring, dann Hitler. Leni Riefenstahl machte sich währenddessen an Tonkameras zu schaffen, mit denen sie die Hitlerrede aufneh-

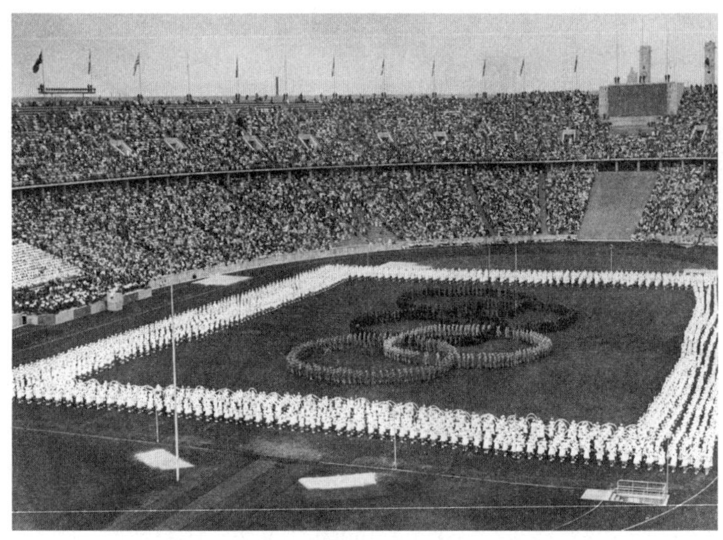

Eröffnungsfeier der Olympischen Spiele, Berlin 1936

men wollte. Die Kameras waren am Geländer über der Prominentenloge angeseilt worden, auch der Kameramann und sein Assistent baumelten an Seilen und versperrten den Ehrengästen die Sicht.[74]

Das Deutschland- und das Horst-Wessel-Lied wurden gespielt. Um 16.12 Uhr läutete die Olympia-Glocke und als sie um 16.14 Uhr ausgeklungen hatte, marschierten die Mannschaften ein, zuerst die griechische, zuletzt die deutsche. Um 17.14 Uhr verkündete Hitler über die Lautsprecher »die Eröffnung der Spiele von Berlin zur Feier der XI. Olympiade neuer Zeitrechnung«. Die Olympische Flagge wurde gehisst, die Artillerie schoss Salut, Brieftauben stiegen auf. Als die Olympische Hymne, komponiert von Richard Strauss, aus den Lautsprechern drang, erreichte der letzte Fackelläufer das Osttor des Stadions, lief über die südliche Aschenbahn zum Westtor und entzündete das Olympische

Feuer. Reden. Eide. Halleluja von Händel. Um 18.16 Uhr verließ Hitler das Stadion für eine Pause.

Palucca hatte inzwischen die Maske betreten, ließ sich schminken, so stark wie noch nie zuvor. Dann legte sie ihr Kleid an. Sie bebte vor Aufregung. Um 20.50 Uhr wurden die Zuschauer wieder aufgefordert, die Plätze einzunehmen. Um 21 Uhr begann das Festspiel. Wieder läutete die Olympiaglocke. Der »Festliche Willkommensgruß« von Werner Egk wurde von der Schallplatte gespielt und mit Riesenlautsprechern übertragen. 2500 Mädchen in weißen Kleidern strömten die Stufen der Marathontreppe herunter. 900 Jungen in blauen, gelben, schwarzen, grünen oder roten Trainingsanzügen stürmten aus einem Tunnel in die Arena herein. Zu Musik von Carl Orff tanzten sie Reigen und formten zum Schluss die Olympische Fahne: Die Mädchen waren in ihren weißen Kleidern für den Hintergrund da, die Jungen liefen Kreise und bildeten einen blauen, gelben, schwarzen, grünen und roten Ring. Während die Kinder über den Westeingang des Stadions abzogen, schritten, von Scheinwerferlicht beschienen, 2300 junge Frauen die Osttreppe herunter. Sie verteilten sich auf der Rasenfläche. Die einen trugen naturfarbene Nesselkleider mit rostrotem Kragen, Gürtel und Saum, die anderen orangene Seidenkittel. Die jungen Frauen tanzten einen Reigen – »Mädchensinn für Ordnung und Anmut« – setzten sich dann hin, formten einen riesigen, 50 Meter großen Kreis, aus dem Palucca heraustrat: Sie sollte, so sah es die Festspiel-Dramaturgie vor, »wie bei den Festen der Hera im alten Olympia« die »Schönste, die Siegerin« darstellen.[75] Sie tanzte im Kreis der Mädchen ihren Walzer in einem schwingenden weißen Kleid, füllte den riesigen Kreis mit weiten Sprüngen, hohen Schwüngen.

Durch die Lautsprecher schallte es: »Nun sehet die Scharen, mit Bändern geschmücket, frohlockende Herzen in fröhlichen Scherzen sich selbst noch genügend, sich selbst noch beglückend in heiterem Tanz«. Paluccas Tanz war zu

Ende. Die Mädchen zogen sich mit der schwer atmenden Solistin an den Rand der Arena zurück und überließen 2500 Jungen den Raum, die große Rundzelte aufbauten und Lagerfeuer anzündeten, um die sich dann Finnen, Italiener, Inder, Jugoslawen, Griechen, Deutsche versammelten und in Landestrachten die Lieder ihrer Heimat sangen. Die deutschen Jungen sangen zur Gitarre »Wenn wir schreiten Seit an Seit«. Im Stadion war es erst dunkel und dann für einen »Fahneneinmarsch« mit 1000 Jungen wieder gleißend hell Nun kam der ernste Teil, der »Heldenkampf« und Mary Wigmans »Totenklage«. Aus den Lautsprechern raunte es: »Allen Spiels / heil'ger Sinn / Vaterlandes / Hochgewinn, / Vaterlandes höchst Gebot / in der Not: Opfertod.«

Zwei Reihen mit Kriegern bewegten sich von den Längsseiten des Stadions aufeinander zu. Aus der einen Reihe trat Harald Kreutzberg heraus, aus der anderen Reihe der Tänzer Werner Stammer. Kreutzberg war ein kleiner zarter glatzköpfiger Künstler, der nun im »Waffentanz« gegen den großen muskulösen und sehr germanisch wirkenden Stammer kämpfte. Es sah aus, als ob ein Prototyp der zwanziger Jahre gegen einen Prototyp der dreißiger Jahre ankämpfte, doch dieser Effekt war kaum beabsichtigt. Nach dem Kampf sank der eine wie ein Toter zu Boden, der andere vollführte einen Siegestanz und sank dann ebenfalls um. Die »Helden« wurden in einem feierlichen Zug hinausgetragen, klagende Frauen mit Mary Wigman an der Spitze zogen ein, bewegten sich in langen Reihen und großen Kreisen, bis sie sich auf dem Boden hinstreckten und verharrten.

Dann erklang der letzte Satz der 9. Symphonie von Ludwig van Beethoven. Wigman und ihre Tänzerinnen erhoben sich. Palucca und alle anderen Mitwirkenden – über 10000 Leute – strömten ins Stadion und hoben zu »Seid umschlungen, Millionen« die Arme. Als der Chor den Vers »Freude schöner Götterfunken« sang, liefen Fahnenträger auf dem obersten Rund des Stadions entlang, während hinter ihnen das Olympische Feuer loderte und sich ein Lichtdom aus Flakscheinwerfern wie eine Kathedrale aus Eis über dem Stadion erhob. Jubel auf den Rängen. Wieder läuteten die Glocken. Alle verließen die Arena.[76]

Mit der Aufführung von Palucca, Wigman und Kreutzberg war unübersehbar geworden, dass in diesem Staat Kunst und Politik ein Bündnis eingegangen waren. Die Tänzer hatten sich in ihrer Rolle als Dekorateure der Diktatur zurechtgefunden, verhalfen dem Schreckensregime zum schönen Schein und hatten beim Festspiel heroische Bilder für das kriegerische Selbstverständnis des Regimes entworfen.

Palucca war vom Organisations-Komitee der Olympiade für denselben Abend noch zu einem »geselligen Beisammensein in den Stadion-Terrassen«[77] eingeladen worden. »Mein ganzes Leben«, so schrieb sie ein paar Tage später in einem Brief, sei sie »noch nicht so kaputt« gewesen »wie jetzt«.[78] Wigman schrieb noch unmittelbar nach der Eröffnungsfeier Tagebuch, auch erschöpft, aber so euphorisch, dass ihre Eintragungen kaum zu entziffern sind. Drei Worte immerhin sind zu lesen: »Ein fantastischer Tag«.

Auch in Dresden schrieb im August jemand Tagebuch und äußerte sich über die Olympiade. Es war der Chronist Victor Klemperer, der als Jude längst von seiner Professur suspendiert worden war: »Mir ist die Olympiade so verhaßt«, notierte er, »weil sie nicht eine Sache des Sports ist – bei uns meine ich –, sondern ganz und gar ein politisches Unternehmen«. »Immerfort wird dem Volk und den Fremden eingetrichtert, daß man hier den Aufschwung, die Blüte, den neuen Geist, die Einigkeit, Festigkeit und Herrlichkeit, natürlich auch den friedlichen, die ganze Welt liebevoll umfassenden Geist des Dritten Reiches sehe.« Klemperer beobachtete, dass während der Olympiade »die Judenhetze, kriegerische Töne, alles Anrüchige« aus den Zeitungen verschwunden war. Am 13. August schrieb er: »Die Olympiade geht nächsten Sonntag zu Ende, der Parteitag der NSDAP kündigt sich an, eine Explosion steht vor der Tür, und es ist natürlich, daß man sich zuerst gegen die Juden abreagieren wird.«[79]

So war es auch. Vor den Besuchern hatten sich die Nazis friedlich geben müssen und sie hatten mit ihrer Olympiade erreicht, was sie wollten: Viele Ausländer waren mit einem guten Eindruck abgereist – obwohl sie im Stadion das Deutschland- und Horst-Wessel-Lied mit angehört hatten und die Festspieldramaturgie vom heiteren Anfang bis zum kriegerischen Ende als entlarvend hätten interpretieren können.

Im Land herrschte Hochstimmung – der richtige Zeitpunkt für die Beamten im Propagandaministerium, zum längst geplanten Schlag gegen Laban, Wigman und Palucca auszuholen.

»Es war eine solche Verzweiflung« – Abstieg im Nationalsozialismus

Laban hatte noch im August im Propagandaministerium einen Bericht über die Tätigkeit der Meisterstätten abgegeben und Pläne für das nächste Schuljahr eingereicht. Er hatte selbstbewusst um schnelle Erledigung gebeten. Doch aus dem Propagandaministerium waren Einwände zu hören: Laban wirtschafte nicht sparsam genug. Cunz, der neue Tanzchef, ließ Aufhebungsverträge für Labans Assistentinnen ausstellen und das Angestelltenverhältnis zwischen dem Ministerium und Laban überprüfen. Laban bekam von alldem nur indirekt etwas mit, er erholte sich seit dem 21. August in einem Sanatorium. Cunz nutzte seine Abwesenheit. Er übernahm den Vorsitz der Meisterstätten und griff jede Kleinigkeit auf, die er den Keudell-Protegés vorhalten konnte: Wigman und Palucca, so lautete ein Vorwurf, benutzten Kostüme, die ihnen nicht gehörten. Und Laban gebe zu viel Geld aus.

Cunz hatte ein offenes Ohr für jede Denunziation und es gab genug Leute, die die mächtigen Konkurrenten an der Spitze der Tänzerschaft nur zu gerne degradieren wollten. Eine Stuttgarter Staatsballettmeisterin ließ bei Cunz durchblicken, dass es »für die Tänzerschaft unbegreiflich sei, wie z.B. Frau Palucca, wie früher so auch heute, als die große deutsche Tänzerin Förderung erhalte, trotzdem sie als Kommunistin bekannt« wäre und dafür »öffentlich kämpfte«.[1] Die Ballettmeisterin übermittelte einen Zeitungsartikel, aus dem tatsächlich hervorging, dass Palucca und Friedrich Bienert in den zwanziger Jahren ein Protesttelegramm gegen die Verhaftung von Kommunisten in Budapest unterschrieben hatten.[2]

Nun wurde Paluccas Abstammung überprüft. Es kam heraus, dass sie beim Ariernachweis gelogen hatte, dass sie nach den Nürnberger Gesetzen »Mischling ersten Grades«

war, eine Person mit zwei jüdischen Großeltern. »Mischlinge ersten Grades« besaßen die selben Rechte wie die so genannten arischen Bürger, waren aber einer Reihe von Ausnahmeregelungen unterworfen.[3]

Palucca bekam drohende Briefe vom Propagandaministerium und war außer sich vor Schreck. Sie beriet sich mit Grohmann, der sich sofort für sie einsetzte. Er fuhr nach Berlin, bat um einen Termin im Ministerium und erwirkte immerhin, dass Palucca eine Sondergenehmigung bekam, »nach Prüfung Ihrer Angelegenheit und auf die mit Ihrem Vertreter Herrn Grohmann geführten Rücksprachen.« Sie durfte, so hieß es, »in Ihrem Beruf tätig« sein. Doch diese Sondergenehmigung war »jederzeit widerruflich«, so drohte Hans Hinkel, der »Sonderbeauftragte für die Überwachung der kulturell tätigen Juden im Deutschen Reichsgebiet«. Palucca dürfe nie wieder bei Veranstaltungen auftreten, »die von einer Dienststelle der NSDAP, des Staates oder kommunaler Behörden unternommen werden«.[4]

Mit der Sondergenehmigung versuchten die NS-Leute der »Halbjüdin« entgegenzukommen, die zu prominent geworden war. Es war eine Möglichkeit, nicht allzu deutlich werden zu lassen, dass man sich so in der »deutschesten Tänzerin« getäuscht hatte.

Palucca hatte noch einmal Glück gehabt, doch sie brach zusammen und wurde für mehrere Wochen krank. Es war für sie zu schnell gegangen: Noch fünf Monate zuvor war sie als Solotänzerin auf der Olympiade aufgetreten, war für zwei zusätzliche Aufführungen des Festspiels mit einem Marineflugzeug und allen militärischen Ehren von Sylt nach Berlin geflogen worden. Und nun brauchte sie eine Sondergenehmigung. Sie litt unter dem Abstieg, unter »diesem Schicksal«, wie sie es nannte.[5]

Andere jüdische oder »halbjüdische« Tänzerinnen flohen aus Deutschland, da sie überhaupt nicht mehr in ihrem Beruf arbeiten durften. Sie emigrierten in die großen europäischen

Städte oder nach Amerika und machten dort den modernen Tanz populär.[6] Es war wie mit der Bauhaus-Ästhetik: Auch sie wurde erst durch die Emigration in der ganzen Welt bekannt. Doch Palucca dachte nicht an eine Ausreise. Sie dankte am 15. Januar 1937, knapp zwei Wochen nach ihrem 35. Geburtstag, dem Geschäftsführer der Reichskulturkammer Hans Hinkel »von ganzem Herzen«, »daß ich weiterarbeiten darf. [...] Sie haben mir durch Ihre Erlaubnis unendlich geholfen. Selbstverständlich will ich alles tuen, damit keine Unannehmlichkeiten entstehen und mich stets an Ihre Vorschriften halten. Mit den besten Empfehlungen und Heil Hitler! Palucca«.[7]

Von nun an wurde sie auf einer Liste mit »Halbjuden, die eine Sondergenehmigung erhalten haben«,[8] geführt. In ihrer Schule durfte sie keine neuen Schüler aufnehmen. Diejenigen, die jetzt noch die Schule besuchten, konnten bis zum Ende ihrer Ausbildung bleiben. Damit war klar: Wenn diese Schüler am 31. März 1939 ihre Abschlussprüfung ablegen würden, würde die Schule geschlossen.[9]

Auch über Laban waren bald Gerüchte im Umlauf, die im Propagandaministerium nur zu gerne aufgenommen und verbreitet wurden. Es hieß, er sei homosexuell und Homosexualität war für Männer im »Dritten Reich« ein Straftatbestand, Homosexuelle galten als »Fortpflanzungsverweigerer«. Dann hieß es, Laban sei Mitglied einer Freimaurerloge. Laban bekannte seine Zugehörigkeit dazu ohne Kommentar, doch das Gerücht, homosexuell zu sein, versuchte er zu zerstreuen. Irgendwann im Laufe des Jahres 1937 merkte er, dass er gegen die entschlossenen Beamten im Reichspropagandaministerium nicht ankommen würde. Er wollte nicht unterlegen sein und ging ins Ausland, zuerst nach Paris und dann im Februar 1938 nach Großbritannien. Später gab er sich als NS-Opfer aus. Noch heute gibt es in London ein Laban Centre (seit 2005 unter der Bezeichnung Trinity Laban), eine Hochschule für Musik und Tanz.

Auch Palucca hätte, wie Laban, leicht ins Ausland gehen können, in die Schweiz zum Beispiel, wo sie fast noch beliebter war als in Deutschland.[10] Doch ihr ging es wie Erich Kästner, dessen Bücher in Dresden verbrannt worden waren, der aber dennoch blieb und dichtete:

Ich bin ein Deutscher aus Dresden in Sachsen.
Mich läßt die Heimat nicht fort.
Ich bin wie ein Baum, der,
in Deutschland gewachsen,
wenn's sein muß
in Deutschland verdorrt.[11]

Palucca nahm die Einschränkung ihrer Freiheit und die latente Bedrohung hin. Da die Beamten im Propagandaministerium beschlossen hatten, es ihrerseits nicht auf einen Bruch ankommen zu lassen, fügte Palucca sich und machte weiter.

Die Kulturverantwortlichen im NS-Staat hatten offenbart, dass sie ideologisch gar nicht so festgelegt waren, wie es den Anschein hatte. Die Kriterien dafür, wer im NS-Staat auftreten durfte und wer nicht, waren nicht eindeutig. Palucca erkannte, dass sie einen erheblichen Handlungsspielraum hatte.

Auch die offizielle Anti-Moderne-Haltung im Nationalsozialismus, die Künstler wie Klee und Kandinsky schon früh außer Landes getrieben hatte, war nicht klar definiert. Solange es im Propagandaministerium Fürsprecher für die moderne Kunst gab, hatte der moderne Tanz eine Chance. Palucca war es eine Lehre, dass Personen und Kunstformen, die schwer festzulegen waren, sich mit viel Glück im totalitären Staat behaupten konnten.

So wurde Palucca zu einer Zwischenfigur: nicht ganz erwünscht, aber auch nicht ausgegrenzt. Es war eine Rolle, die zu ihr passte. In der Kaiserzeit schon war sie eine Zwischenfigur gewesen: eine Ballettelevin mit ungewöhnlich sportlichem Talent. Bei Mary Wigman war sie dann mitten im expressionistischen Gefühlsrausch die Repräsentantin einer neuen Klarheit und Einfachheit gewesen. Nach ihrer Heirat hatte sie das Leben einer Bürger-Künstlerin geführt, die in ihrer Ehe die großbürgerlichen Ansprüche ihrer Herkunft ausleben und sich gleichzeitig moderner Kunst widmen konnte. Nach ihrer Scheidung war sie als Freundin eines verheirateten Mannes in einem ganz privaten Bereich zu einer Zwischenfigur geworden. Und nun hatte sich eine politische Spielart des Palucca-Prinzips ergeben. Sie war in einen politischen Grenzbereich geraten.

Mary Wigman versuchte, die Lücken, die durch Paluccas und Labans Degradierung entstanden waren, für sich zu nutzen. Sie bot an, mit ihrer Schule nach Berlin zu gehen und Aufgaben an den Meisterstätten zu übernehmen.[12] Palucca hörte davon und schickte Grohmann zu Wigman, damit er herausfand, was Wigman vorhatte. »Einen Tag darauf sitzt Will Grohmann bei mir«, notiert Wigman verwundert in ihr Tagebuch, »fragt ob ich von den Meisterstätten eine Anfrage erhalten habe. Nur stellte sich heraus, dass es nicht Will Grohmann war, der den Anlass zu der Anfrage gegeben hatte. Seltsames Spiel. Mir ist es unheimlich.« Wigman fragte sich, warum Grohmann immer »seinen gescheiten Kopf in die Tanzangelegenheiten« steckte und gab sich selber die Antwort: »Versuch P. zu retten? Sicher etwas Ähnliches.«[13] Doch so wenig Grohmann letztlich für Palucca tun konnte, so wenig konnte Mary Wigman für sich selber herausholen. Sie war Cunz nicht gewachsen: »Propagandaministerium bei Cunz«, notierte sie genervt in ihr Tagebuch, »unfaßbar dieser Redefluß. Ich war froh, daß ich meinen Standpunkt soweit schriftlich formuliert hatte.«[14] Doch auch das nützte ihr nichts: Man wollte sie nicht in Berlin haben. Im Ministerium hieß es: »Sie scheint außerdem unerwünscht, weil allerhand nachweisbare Verirrungen und Rückstände der Schule aus den zwanziger Jahren nie ganz auszurotten sind und als Übergangserscheinungen viel besser in der Provinz absterben, statt daß sie sich noch einmal in der heutigen Reichshauptstadt einbürgern.«[15]

Mary Wigman blieb also in Dresden. Immerhin hatte man ihr vorerst anvertraut, ein Festspiel für Hitler in München am 18. Juli 1937 zu choreografieren. Doch als sie merkte, dass sie lediglich als Repräsentantin der in Verruf geratenen zwanziger Jahre herhalten sollte, gab sie die Choreografie auf. Das war auch das Ende von Mary Wigmans Karriere unter den Nationalsozialisten.

Am 27. Juni 1937 bestätigte Joseph Goebbels in seinem Tagebuch sich selber noch einmal in seiner negativen Haltung zum modernen Tanz: »Ufa macht Tanzfilm. Ich inhibiere, daß dabei der philosophische Tanz der Palucca, Wigman u.ä. in den Vordergrund tritt. Tanz muß beschwingt sein und schöne Frauenkörper zeigen. Das hat mit Philosophie nichts zu tun.«[16] Alles, was die modernen Tänzer – die Tänzerinnen vor allem – in den zwanziger Jahren erkämpft hatten, dass die Frauen nicht mehr nur schön sein mussten, dass das Schöne und das Hässliche, das Erhabene und das Quälende gleichermaßen gezeigt werden durfte, galt nicht mehr. Von nun an sollte Ballett in seiner lieblichsten Form gefördert werden.

Am 29. Juni 1937 notierte Goebbels in sein Tagebuch: »Beim Führer Mittag. Er entwickelt einen sehr großzügigen Plan zur sozialen Hilfe für Ballette. Worüber er nicht alles nachdenkt. Diese Sache hat Hand und Fuß«. Und einen Tag später: »Büro Arbeit. Österreich getarnte Propaganda geht rüstig weiter. Ebenso Entjudung R.K.K. Aber noch viel zu tuen. Fall Palucca vom Führer auf meinen Antrag neu entschieden. Aber erst in einem Jahr wirksam.«[17]

Hitler wollte über »Mischlinge« immer selber entscheiden. Er war überzeugt, dass sämtliche »Mischlinge« für den NS-

Staat bedrohlich seien. Wenn »Mischlinge« mit »Deutschblütigen« gleichgestellt werden wollten, mussten sie einen Antrag im Innenministerium stellen. Über eine mögliche Anerkennung aber war Hitler persönlich zu informieren.[18] Genauso wie er sich nun informieren ließ, wie es um die Auftrittserlaubnis der Palucca bestellt war.

Die Dresdner Freunde rückten in den Jahren nach der Olympiade eng zusammen. Der irische Schriftsteller Samuel Beckett begab sich Ende 1936 auf eine Deutschlandreise, kam nach Dresden, traf Palucca, Grohmann und die Bienerts und schilderte in seinem Tagebuch, dass die Dresdner Clique fest zueinander halte. Beckett hatte Palucca vor seiner Ankunft in Dresden angerufen. Sie schlug dem jungen, wissbegierigen Autor ein Treffen mit Grohmann vor. Beckett hatte sich bald nach seiner Ankunft mit Grohmann unterhalten und konnte dabei zusehen, wie Grohmann zu Hause Klee-, Kandinsky-, Picasso-, Miró- und Schlemmer-Bilder ordnete. Grohmann sorgte dafür, dass Beckett bei Friedrich Bienert eingeladen wurde, wo er auf eine Gruppe weißrussischer Aristokraten traf, die russische Melodien spielten. Beckett stimmte »Old Mac Donald had a farm« an, es wurde viel Cognac getrunken und viel geredet, die Gäste verließen erst gegen zwei Uhr nachts das Haus. Mit Grohmann und Palucca wiederum besuchte Beckett an einem der nächsten Abende ein Konzert und in unterschiedlicher Besetzung ging es an weiteren Abenden auf Vorträge und Essenseinladungen, bei denen man über Kunst, über Gemälde und Zeichnungen diskutierte. Beckett empfand vor allem Ida Bienert als lustig, rauhbeinig und geradeheraus, ihm fiel aber auf, dass sie Nazi-Litanei nachbetete, während ihr Sohn von den Nazis nichts zu halten schien.[19]

Palucca, Grohmann und die Bienerts hatten für den jungen und völlig unbekannten Dichter kein besonderes Programm ausgewählt. Sie taten, was sie sonst auch taten, besuchten Konzerte, Ausstellungseröffnungen, veranstalteten gesellige Abende und ließen den Dichter mitlaufen. Beckett bezeichnete den Kreis um Palucca als »Bruderschaft«, sah einen quasi-familiären Zusammenhalt und lieferte damit auch eine Erklärung dafür, warum sich keiner von ihnen aus dieser »Bruderschaft« löste und aus Deutschland fortging. Dass Grohmann und Palucca ein Paar waren, war für Beckett selbstverständlich.

Grohmann tat alles für Palucca. Er trat im Ministerium auf, schrieb hin, rief an. Immer wieder hoffte sie, dass ihre Lage sich bessern würde. Im Juni 1937 bekam sie über das Organisationskomitee der Olympiade ein »Ehrenabzeichen II. Klasse« »vom Führer und Reichskanzler«.[20] Als sie dann im folgenden Monat gemeinsam mit Grohmann Urlaub auf Sylt machte, bat sie ihn, noch einmal über ihren Agenten beim Ministerium anzufragen, unter welchen Bedingungen sie in Zukunft genau auftreten dürfe. Grohmann ging zur Austernfischerei in List, wo es ein Telefon gab, rief den Agenten an und übermittelte ihm Paluccas Frage. Der Agent antwortete schriftlich – mit einer Hiobsbotschaft: Palucca dürfe an keinem Stadt- und Staatstheater mehr auftreten, sondern lediglich private Veranstaltungen geben.[21] Palucca reagierte panisch. Wieder fragte Grohmann beim Agenten nach, der versprach, noch einmal im Propagandaministerium nachzuhaken. Wenig später schrieb das Ministerium an Grohmann: »In Beantwortung Ihrer verschiedenen Schreiben wg. einer Erleichterung für die Tänzerin Frau Margarethe Palucca teile ich Ihnen auftragsgemäß folgendes mit: Frau Palucca sind in ihrem Auftreten nur insofern Beschränkungen auferlegt, als sie nicht bei Veranstaltungen der Partei, des Staates und kommunaler Behörden mitwirken darf. Heil Hitler«. An Theatern dürfe sie durchaus eigene, allerdings private Abende geben.[22]

Palucca war erleichtert und ließ Grohmann noch einmal nachlegen. Am 8. Januar 1938 wandte er sich nicht an Cunz, sondern an einen anderen Beamten: »Jetzt, wo Frau Palucca, wie in den letzten Spielzeiten in staatlichen und städtischen Theatern wieder auftreten darf«, solle doch auch die Presse wieder über sie berichten dürfen: »Mit den besten Empfehlungen Heil Hitler! Ihr sehr ergebener gez. Will Grohmann«.[23] Sofort schaltete sich Cunz ein: Nein, was die »Zurückhaltung der Presse angeht, keine Veränderung«.[24] Palucca könne als Privatfrau Theaterräume pachten und könne auftreten, doch sie dürfe nicht von Intendanten staatlicher Bühnen zu einem Engagement verpflichtet werden und auch die Presse solle möglichst nicht berichten.

Auch an anderen Fronten kämpfte Will Grohmann für Palucca. Einmal schrieb er einen Beschwerdebrief an den Piper-Verlag in München, da Palucca festgestellt hatte, dass sie in dem Buch »Tänzer unserer Zeit« auf nur einer Abbildung zu sehen war. Also bat Grohmann um eine Erklärung dafür, warum Palucca nicht prominenter vorkomme. Piper antwortete schnell und wies darauf hin, dass das Propagandaministerium sich eingeschaltet habe, bevor das Buch zum Druck gegangen sei. Ministerialrat Cunz habe Einspruch gegen »Bildmaterial der fraglichen Tänzerin« erhoben. Daraufhin habe er selber, Piper, ans Ministerium zurücktelegrafiert und gefragt, »wie viel Bilder von Frau Palucca genehmigt würden«. Aus dem Ministerium sei ein eindeutiger Bescheid gekommen: »Höchstens eins«.

Piper schrieb nun an Grohmann: »Für unseren Verlag war diese Entscheidung bedauerlich, da wir schon vier weitere große und deshalb kostspielige Druckstöcke angefertigt hatten.« Der Verleger bat Grohmann noch, die Sache nun auf sich beruhen zu lassen und auf keinen Fall im Propaganda-Ministerium »eine Verstimmung gegen den Verlag« zu provozieren.[25] Doch Grohmann hakte bei Cunz im Propagandaministerium nach, der alles auf den Verleger schob: Er habe es ihm überlassen, wie viele Abbildungen er von Palucca bringen wolle. Also konfrontierte Grohmann Piper mit der

Version des Propagandaministeriums. Piper antwortete daraufhin knapp und sichtlich verstimmt: »Herr Cunz hat uns verboten, mehr als ein Bild von Palucca zu bringen. Mit deutschem Gruss R. Piper«.[26] Es war ein Dickicht aus Schuldzuweisungen, Lügen und vorauseilendem Gehorsam.

Gertrud Grohmann bekam mit,[27] wie ins eheliche Haus in der Reickerstraße in Dresden immer wieder Post ankam, die die Freundin ihres Mannes betraf. Wie er telefonierte, ins Ministerium fuhr, um Paluccas willen. Wie er versuchte, Palucca mit einzubinden in die alten Künstler-Kontakte aus Bauhauszeiten, an Klee schrieb, Palucca habe ihrem neuen Hund den Namen von Klees Katze gegeben: Bimbo[28]. Und solchen Briefen manchmal auch Fotos von Palucca beilegte.[29] Gertrud Grohmann war nicht mehr jung, eine Frau von Ende fünfzig und seit über zwanzig Jahren verheiratet. Sie schien den Wunsch zu haben, im Chaos der Veränderungen die alte Rolle der treuen Ehefrau beizubehalten, die die Affären ihres Mannes duldete. Auch Grohmann blieb bei seiner alten Rolle, verstand sich nach wie vor als Förderer der Künstler und akzeptierte, dass er dafür mit dem Propagandaministerium verhandeln musste. Er hatte sich inzwischen zurechtgelegt, warum er in Deutschland blieb. Samuel Beckett erklärte er, es sei eine Art wissenschaftliches Experiment, da es interessanter sei, in Deutschland zu bleiben, als zu gehen. Man wisse nicht, wie lange das Regime sich halte und wenn es zusammenbreche, sei es für Leute wie ihn angebracht, zur Stelle zu sein.[30]

1936 war er Mitglied in der Reichsschrifttumskammer geworden, woran auch kein Weg vorbeiführte, wollte er weiter als Publizist arbeiten. In die Partei allerdings trat er nicht ein. Als er aber 1939 einen Ruf für eine Professur an das »Art Institute« in Chicago erhielt, wo er drei Jahre lang Vorlesungen über moderne Kunst halten sollte, bekam er keine Ausreisegenehmigung.[31] Er saß in der Falle.

So wurde gegen Ende der dreißiger Jahre die Lage immer bedrückender. Am 27. Oktober 1938 ließen die Behörden 700 Juden mit polnischer Staatsangehörigkeit verhaften und am nächsten Tag über die polnische Grenze abschieben. Im Novemberpogrom 1938 ging die von Gottfried Semper zwischen 1838 und 1840 gebaute Synagoge in Flammen auf. 151 Männer, darunter der gesamte Vorstand der jüdischen Gemeinde, wurde in ein Sonderlager nach Buchenwald verschleppt.[32]

Palucca musste 1939 ihre Schule schließen. Nach der letzten Stunde hatten sich die übrig gebliebenen Schüler mit ihren Lehrern in einem Gemeinschaftsraum versammelt. Palucca war ernst, still, mit rotgeweinten Augen, aber um Fassung bemüht. Will Grohmann hatte eine Abschlussrede gehalten und eine Fabel erzählt, in der eine Tyrannenherrschaft zugrunde ging.

Im Herbst 1939 fuhr Palucca nach Sylt, wo sie in einer Holzbaracke am einsamen Strand von List übernachtete. Um sie herum, an der nördlichen Küste der Insel, hatten Soldaten begonnen, Kasernen, Flugzeughallen, Bunker und Befestigungsanlagen zu bauen. In List wurden Soldaten stationiert, der kleine Ort wuchs beinahe über Nacht um ein Vielfaches.[33] Palucca bekam von alldem nichts mit, aber auf einmal – in den frühen Septembertagen des Jahres 1939 – marschierten in der Nähe ihrer Hütte Soldaten auf und erzählten ihr, dass der Krieg ausgebrochen war.[34] Palucca kehrte nach Dresden zurück und entschloss sich, so weiterzumachen wie bisher. Bald brach sie zu ihrem eigenen »Winterfeldzug« auf, tanzte und tat so, als sei nichts geschehen.

Im November 1939 wurde Friedrich Bienert gemeinsam mit seinem Freund Otto Dix in Dresden verhaftet. Die Gestapo verdächtigte sie, am Attentat auf Hitler im Münchner Bürgerbräukeller beteiligt gewesen zu sein. Die beiden wurden zwei Wochen lang im Gestapogefängnis verhört und dann entlassen. Doch die Gestapo beobachtete Bienert weiterhin, seine Treffen mit den »Hirschen« fanden nur noch heimlich statt.[35]

Die Grohmanns versuchten in diesen ersten Kriegsmonaten, ein alltägliches Leben zu führen. Grohmann selber schrieb Artikel, seine Frau sorgte mit Übersetzungen für den Lebensunterhalt.[36] Das erste Weihnachtsfest im Krieg lief ab wie immer: Grohmanns stellten bei sich zuhause einen kleinen Baum auf mit einem Lichterkranz und machten dann einige Besuche, erst bei Mary Wigman, dann bei Palucca, die sich aus dem Weihnachtsfest nicht viel machte, aber nicht alleine sein wollte.[37]

Irgendwann während des Krieges löste sich das Liebesverhältnis zwischen Palucca und Grohmann. Doch Palucca blieb Grohmann verbunden, wie sie schon Friedrich Bienert verbunden geblieben war. Und Grohmann setzte sich weiterhin für seine ehemalige Geliebte ein.[38]

Wie immer reagierte Mary Wigman auf Veränderungen völlig anders als Palucca: empfindlicher, deutlicher. In ihrem Tagebuch drückte sie ihre Sorgen über den Verlauf des Krieges aus, schimpfte über das Ministerium und reagierte panisch auf die Trennung von Benkert, ihrem langjährigen Lebensgefährten, der ihr eines Tages hatte ausrichten lassen, dass er eine andere Frau heiraten werde.[39] Mary Wigman verließ Dresden, wo die NS-Behörden immer mehr Druck auf sie ausübten. Sie verkaufte ihre Schule, in der sie 22 Jahre lang gelebt und gearbeitet hatte und zog nach Leipzig. Dort hatte Hanns Niedecken-Gebhard, der Regisseur des Olympiade-Festspiels von 1936, die Tanzabteilung der Musikhochschule übernommen und stellte sie als Lehrbeauftragte ein. Mary Wigman verabschiedete sich auch von ihrem Publikum und trat in Hamburg, Berlin, Dresden und am 27. April 1942 in Leipzig auf. Den wichtigsten Tanz in ihrem Abschiedsprogramm, den »Tanz der Niobe«, widmete sie den Müttern im Krieg: Sie zeigte den Stolz einer Mutter auf ihre Kinder und den Schmerz, wenn die Kinder als Soldaten sterben. Im Zuschauerraum saßen Mütter von Soldaten, Mary Wigman wusste das und erzählte später, dass sie sich uralt gefühlt habe bei diesem Tanz, dass sie den Frauen habe zurufen wollen: »Vergebt mir, daß ich euer Leid besinge und glaubt mir, daß ich in diesem Tanz mein eigenes Herzblut verströme. Denn euer Leid ist unser aller Leid und ist mir heilig.«[40] Die Zuschauerinnen im Parkett weinten. Mary Wigman war 56 Jahre alt, als sie das letzte Mal als Tänzerin von der Bühne ging.

Palucca war nun allein in Dresden, ohne Mary Wigman, die ihre Lehrerin, ihre große Konkurrentin gewesen war. Sie versuchte durchzuhalten. Und sich wenig anmerken zu lassen.

Ende 1941 planten die NS-Oberen den größten Teil der »Mischlinge ersten Grades« zu deportieren und die davon verschonten Ausnahmefälle sterilisieren zu lassen. Der Chef des Reichssicherheitshauptamtes Reinhard Heydrich trug diesen Plan auf der Wannseekonferenz am 20. Januar 1942 vor. Der Plan wurde jedoch nicht umgesetzt. Die Nationalsozialisten fürchteten negative Reaktionen der vielen – dem Nürnberger Gesetz nach »reinrassigen« – Verwandten der »Mischlinge«. Allerdings wurden sämtliche »Mischlinge ersten Grades« vom Hochschulbetrieb ausgeschlossen, durften nicht in der Rüstungsindustrie und nicht mehr in deutschen Handelsvertretungen im Ausland arbeiten.[41] Bei den so genannten Volljuden, auch in Dresden, wurden Beschlüsse der Wannsee-Konferenz allerdings umgesetzt. Im Januar 1942 ließ die Gestapo eine größere Gruppe jüdischer Dresdner ins Ghetto von Riga deportieren. Vom 1. Juli 1942 bis zum 11. Januar 1944 wurden 375 Dresdner Juden, verteilt auf zehn Transporte, nach Theresienstadt gebracht, 248 starben dort. Ende 1942 wurden die so genannten Judenhäuser geräumt, jüdische Männer, Frauen und Kinder in ein Barackenlager der Firma »Zeiss Ikon« am Hellerberg verschleppt und zur Zwangsarbeit verpflichtet. Dieses Lager war eines der wenigen Zwangsarbeiterlager, die direkt auf einem Firmengelände errichtet wurden. Vom Lager Hellerberg kamen die Zwangsarbeiter im März 1943 ins Vernichtungslager Auschwitz.[42]

Palucca aber trat in der Spielzeit 1942/43 99 Mal auf.[43] Immer noch galt sie als die »heitere Tänzerin« und so war den Kulturverantwortlichen im NS-Staat durchaus daran gelegen, dass Palucca sich zeigte. Sie sollte ihr Publikum bei Stimmung halten. Viele Leute waren inzwischen frustriert, weil der Krieg so lange dauerte, weil immer mehr Väter und Söhne, Onkel und Brüder starben. Wenn dann Palucca in die Stadt kam, konnten die Frauen für ein, zwei Stunden ihre Sorgen vergessen. Für viele Frauen im Publikum war Palucca das Idol ihrer Jugend gewesen. Nun konnten sie ihre Töchter mit in die Vorstellungen nehmen und sich gemeinsam mit ihnen in eine andere Zeit hineinträumen. So wuchs die zweite Generation Palucca-Bewunderer heran.

Natürlich sprach sich auch herum, dass Palucca gefährdet war. Überall wurde darüber getuschelt, dass sie jederzeit mit Auftrittsverbot belegt werden könnte, was die Besuche der Palucca-Abende nur noch reizvoller machte – es konnte das letzte Mal sein. Paluccas Bewunderer verhielten sich an allen Orten wie eine verschworene Gemeinschaft. Die ganz Treuen gingen nach der Aufführung in die Maske oder besuchten Palucca noch im Hotel. Palucca zeigte immer neue Programme, interpretierte jetzt viel Klassisches, hielt ihre Vorliebe für moderne Komponisten zurück, suchte Stücke von Mozart aus, von Brahms, Beethoven, Weber, Schumann.[44] Die Tanzabende, die sie nun als Privatveranstaltungen ausgeben musste, waren gut besucht. Palucca trat auf großen Bühnen auf, in Hamburg immer im Thalia-Theater. Ihre Agentur buchte auch die besten Hotels für sie. Ihre Post bekam sie 1942 bei einer Bädertour an den Europäischen Hof in Bad Wildungen[45], 1943 auch ans »Vier Jahreszeiten« in Hamburg,[46] ein echtes Grand Hotel alten

Stils mit holzvertäfelten Suiten, verschnörkeltem Interieur, mit Restaurants, einer großen Kaminhalle und dem Blick auf die Binnenalster. Und auf Sylt bekam Palucca ihre Briefe ins »Weiße Haus« in Kampen geschickt.[47]

Diesen Luxus brauchte Palucca eigentlich nicht, brauchte ihn höchstens als Bestätigung dafür, dass sie noch etwas galt. Denn wenn sie für längere Zeit privat nach Sylt reiste, dann lebte sie in der Kate am Strand von List, oben im Norden der Insel, in der Nähe des Leuchtturms. Das war nur ein kleiner Verschlag aus Holz, »einfacher ging es nicht«, sagte eine Freundin, »ohne Strom, nur mit einem Kanonenofen«.[48] Aber es gab das Meer, den Strand, den Himmel und die Weite und die alten Freunde, die sie aus List besuchten und mit Lebensmitteln versorgten. »Sie brauchte menschliche Zuwendung und die hatte sie bei uns allen«,[49] sagte eine Lister Freundin. Auf Sylt konnte Palucca immer wieder an ihr altes Leben anknüpfen, doch sie konnte es nur, wenn sie ausblendete, was um sie herum geschah.

Sylt galt inzwischen als Lieblingsinsel von Reichsminister Hermann Göring, der schon in den zwanziger Jahren häufig Kurgast in Kampen gewesen war. Er war 1933 Ehrenbürger der Insel geworden und ab 1935 jeden Sommer hierher gekommen. Er hatte sich in Wenningstedt ein Sommerhaus bauen lassen, das er »Min Lütten« nannte. Auch wegen Göring hatten Sylter Nazis bei einer Parteiversammlung in Westerland beschlossen, dafür zu sorgen, »daß die Juden bei uns nicht mehr einziehen«,[50] dass »Juda« in »Palästina baden« solle: »Deutschen Volksgenossen gehört der Strand«.[51] Am Strand, auf den Plätzen, an den Pensionen und Privathäusern, selbst auf den Strandburgen flatterten Hakenkreuzfahnen. »Muß man Sorgen haben um Sie, weil Sie jetzt da oben sind?«, fragte eine frühere Schülerin Palucca.[52]

Doch Palucca war nicht bedroht. Mit ihren Urlauben auf Sylt wechselte sie sich mit Friedrich Bienert ab oder ließ sich, wenn sie länger selbst nicht dort war, von ihm berichten, wie es ihm auf der Insel gefiel: »Heute, Montagfrüh, alles grau, grau, grau. Kein Schimmer blau, aber viel Wind. Trotzdem will ich versuchen, nach dem Ellenbogen zu kommen«,[53] schrieb Bienert an sie. Er wollte sich die neuen Soldatenbaracken in List ansehen.

Es sollte alles weitergehen, normal wirken, auch wenn durch das Bombardement deutscher Städte das Reisen immer mühsamer wurde. Einmal musste Palucca während eines Bombenangriffs ein Gastspiel in Bremen geben und dann direkt weiter nach Lübeck fahren, um dort eine Matinee zu tanzen. Sie schaffte es irgendwie über Nacht nach Lübeck, gerade noch rechtzeitig, um sich in der Garderobe Ruß und Schmutz abzuklopfen, ihre Nerven zu beruhigen und dann gefasst auf die Bühne zu gehen.[54]

»Sie leben ja mit Strapazen und Unregelmäßigkeiten wie ein Soldat auf dem Marsch. Es ist mir ganz unvorstellbar«, schrieb ihre ehemalige Schülerin Maritta Gubisch an sie.

Auch ihre Verwandten bewunderten Palucca. Unsicher und ein wenig unterwürfig schrieb ihr ein Onkel – einer der vielen Brüder ihres Vaters – eine Postkarte mit einer Hitler-Briefmarke darauf: »Liebes Gretel, Du hast hier so viele Verehrer und darunter ist ein Assessor von der Staatsanwaltschaft, dessen Frau Dich leidenschaftlich verehrt. Sie bat mich, Dich um Dein Buch mit Widmung zu bitten. Ich unterbreite Dir hiermit diese Bitte, obgleich ich Dich nicht gerne belästige.«[55]

Sie hatte viele Verehrer und auch neue Freundinnen und Freunde. Im Laufe des Krieges bekam Palucca immer mehr Post von Frauen, die sie erst siezten, dann ab 1941/42 einen vertrauten Ton anschlugen, Palucca »Liebste« nannten, sich um sie kümmerten, sie berieten: »Ja, kaufen Sie doch den Brokat, ich finde ihn sehr musikalisch«, hieß es in einem Brief von 1940. Zwei Jahre später schrieb dann dieselbe Adressatin: »Meine liebe Palucca, heute morgen rief Deine Hilde an und meldete leider, dass Du krank bist, ich hoffe,

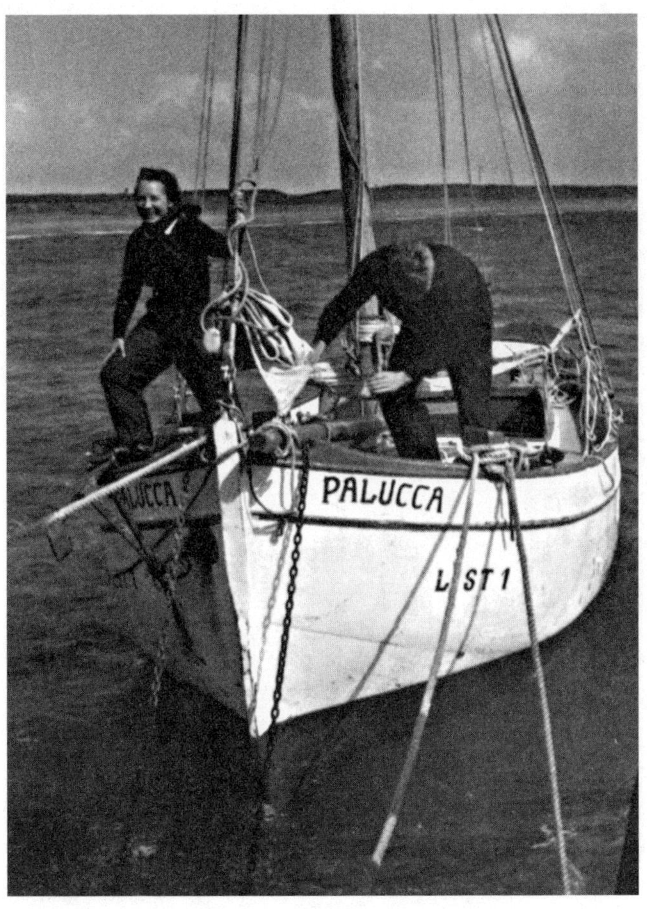

Palucca im Boot auf Sylt. 1935/40

daß Dich das Obst, das ich gesammelt habe, jetzt ein wenig erfrischt«.[56]

Von nun an sollte Palucca enge Beziehungen mit Frauen führen. Denn so weit ging Paluccas berüchtigter, von Mary Wigman diagnostizierter »Erfolgsehrgeiz« nicht, dass sie es nun nicht mehr gewagt hätte, Grenzen zu überschreiten:

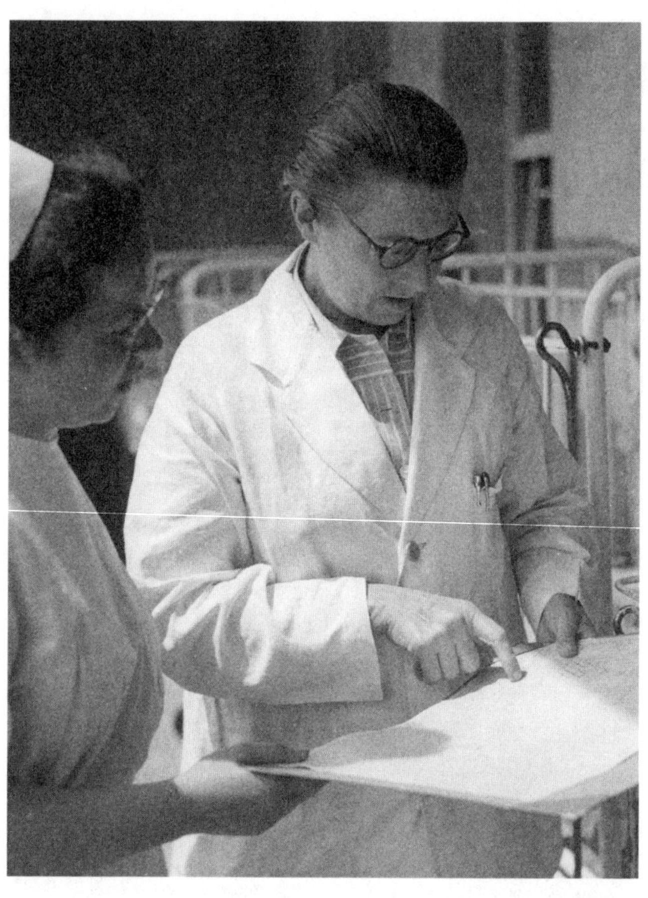

Dr. Marianne Zwingenberger

Anpassungsbereitschaft bis zum Äußersten und völliger Eigensinn, diese Gegensätze gehörten zu ihr, sie war, und das hatte Grohmann schon früh in ihr gesehen, bestimmt von einer irritierenden Polarität. Sie machte es damit den Menschen, die sich mit ihr beschäftigten, nicht leicht, sie in politische, in moralische Kategorien einzuordnen.

Zu dem Kreis lesbischer Frauen, mit denen Palucca sich nun anfreundete, gehörte auch Marianne Zwingenberger, eine renommierte Dresdner Kinderärztin, die von nun an der wichtigste Mensch in Paluccas Leben wurde.

Die beiden lernten sich im Jahr 1941 kennen. Am 3. Januar 1942 schrieb Zwingenberger eine erste Karte an Palucca, einen etwas verfrühten Geburtstagsgruß. Im Dezember desselben Jahres siezten sich die beiden noch: »Liebe Frau Palucca, ich weiß, Sie kommen spät abends an – aber vielleicht brennen Sie doch noch die Kerze an u. denken daran, daß über allem doch noch die alte Botschaft steht: Friede auf Erden allen Menschen, die eines guten Willens sind«.

Marianne Zwingenberger schickte Blumen an Palucca und mahnte sie fürsorglich: »Bitte dehnen Sie die Askese nicht auf die Augen aus u. freuen Sie sich [...] über die Blumen, die Ihnen sagen sollten, wie glücklich und dankbar ich bin, daß Sie uns in den Kreis ihrer Freunde aufgenommen haben. Möge das kommende Jahr ein gutes für Sie sein, nicht nur für die Tänzerin, sondern für den Menschen Palucca vor allem! Ihre M. Zwingenberger«.

Ein knappes Jahr später waren die beiden schon so vertraut, dass Marianne Zwingenberger es wagte, in brüskem Ton ohne jede Anrede an Palucca nach Hamburg ins Hotel Vier Jahreszeiten zu schreiben: »sehr erstaunt, daß keine Post u. ich habe jeden Tag geschrieben.«[57]

Palucca und Marianne Zwingenberger hatten bald einen ähnlichen Kleidungsstil, trugen flache Schuhe mit Socken darin, dazu Kleider und gerade geschnittene Blazer, darüber Trenchcoats.

Zwingenberger versuchte, Paluccas asketischer Seite etwas entgegenzusetzen. So ergab sich ein Beziehungsmuster, das Palucca vertraut war: Zwingenberger war diejenige, die Palucca umsorgte, die das Erbe ihrer Herkunft einsetzte, damit es Palucca gut ging. Wie Bienert kam auch Marianne Zwingenberger aus einer Industriellenfamilie, ihr Vater war – wie es in ihren Familienkreisen hieß – »der Erfinder der Ringelsocke«, ihm gehörte eine große Strumpfwirkerei in Hohenstein-Ernstthal im Erzgebirge.[58] Marianne Zwingenberger bekam nach wie vor regelmäßig Geld aus der Firma des Vaters. Sie wohnte gemeinsam mit ihrer Haushälterin in einem eigenen großen Haus an der Bautzner Straße, nur ein paar Häuser von der ehemaligen Wigman-Schule entfernt. Wie Bienert in Hellerau hatte auch sie ihr Haus geteilt und bewohnte nur die eine Hälfte, während sie die andere Hälfte ihren Gästen überließ.

So sehr Palucca und Marianne Zwingenberger versuchten, sich Halt zu geben in Zeiten des Krieges, so bedrohlich war doch für beide diese Zeit. Über Marianne Zwingenberger kursierten Geschichten, sie verstecke Leute vor den Nazis, einmal hieß es, es sei ein behindertes Kind gewesen, ein anderes Mal war von einer jüdischen Kollegin die Rede. In der Version von der jüdischen Kollegin hieß es wiederum, die Gestapo sei Marianne Zwingenberger auf die Spur gekommen, weil der große weiße Hund der Kollegin in Zwingenbergers Garten tollte.

Auf jeden Fall bauten Palucca und Zwingenberger eine private Gegenwelt zum Nationalsozialismus auf. Sie trafen sich oft, tauschten Bücher aus, denn beide lasen leidenschaftlich und viel. Sie brachten sich bei ihren gegenseitigen Besuchen Blumensträuße mit, die sie auf den Elbwiesen oder auf den Wildflächen der Parks gesammelt hatten. Manchmal standen auf beinahe jeder Ablagefläche von Paluccas Wohnung Wiesensträuße, es wirkte fast, als sollte die Wohnung zu einer Kultstätte letzter Privatheit und Unbeschwertheit werden.

Palucca ließ auch ihre Wohnung in der Bürgerwiese noch einmal fotografieren – als habe sie geahnt, dass etwas Vergängliches festgehalten werden musste. Auf den Aufnahmen sah man die vielen Blumen, die Wände voller Bücher, die schlichten Möbel aus den Hellerauer Werkstätten, die einfache Couch vor einem Bücherregal mit einer gefalteten Wolldecke am Fußende.

Marianne Zwingenberger und Palucca machten Ausflüge in die sächsische Schweiz oder ins nahe böhmische Mittelgebirge, nahmen vom Dresdner Elbufer aus den Dampfer, der in der Nähe der Frauenkirche ablegte und stiegen immer dort aus, wo es ihnen gefiel, wanderten durchs Elbsandsteingebirge, vorbei an Bächen und Wasserfällen, an Schafsherden. Sie sahen Kühe am Hang, Mühlräder und Sägewerke, Enten im Tümpel. In ihren Rucksäcken hatten sie belegte Brote oder hartgekochte Eier dabei für die Pausen auf Wiesen, auf denen sie sich ausstrecken und dem Summen der Bienen zuhören konnten. Bei diesen Ausflügen war für sie der Krieg weit weg. Palucca genoss die Zeit mit Marianne Zwingenberger, genoss die Nähe, die auch viel Distanz erlaubte. Es war wie mit Grohmann: eine Partnerschaft, die offiziell nicht als Liebesbeziehung definiert wurde, eine Verbindung als offenes Geheimnis. Jeder konnte sich denken, was er wollte, ohne dass Palucca sich eindeutig verhalten musste, immer schon hatte sie solche Zustände geschätzt. Auch in dieser sehr privaten Sphäre förderte das nationalsozialistische Regime Paluccas Neigung zu undefinierten Zuständen – eine Partnerschaft mit einer Frau machte man nicht offiziell.

Wann immer ihr danach war, begab Palucca sich von der Bürgerwiese auf die andere Elbseite, bekam dort von Marianne Zwingenbergers Haushälterin etwas zu essen hingestellt oder ein heißes Bad bereitet, konnte sich in den Garten setzen und im Schatten eines Gingkobaumes lesen. Und wenn sie sich wieder erholt hatte, konnte sie zurück in die Bürgerwiese und trainieren.

Am 20. August 1944 hatte Goebbels als »Reichsbevollmächtigter für den totalen Kriegseinsatz« angeordnet, ab 1. September alle Theater, Varietés, Kabaretts und Schauspielschulen zu schließen.[59] Von der Schließung der Bühnen waren nicht nur freie Künstler wie Palucca betroffen, sondern auch 45000 angestellte künstlerische Mitarbeiter aus fast 400 Theatern. Die Jungen und Gesunden mussten in Rüstungsbetrieben arbeiten, die Männer für den so genannten Volkssturm, für das letzte Aufgebot im Krieg, zur Verfügung stehen.

Palucca durfte als »Halbjüdin« nicht in der Rüstungsindustrie arbeiten, weshalb sie wagte, noch einmal bei der Reichskulturkammer anzufragen, ob sie nicht doch noch irgendwo auftreten dürfe: »Ich habe so angst, daß grade bei einer Tänzerin alles kaputt geht, wenn sie aufhören muß.«[60] Die erneute Anfrage war riskant, denn Hitler war am 20. Juli 1944 einem Attentat entgangen, wonach sich seine Zwangsvorstellungen derartig gesteigert hatten, dass er neuen Argwohn gegenüber »Mischlingen« schöpfte. Bei einem seiner Monologe vor Freunden und Ministern auf seinem privaten Sitz oberhalb von Berchtesgaden, auf dem Berghof, hatte Hitler einmal schon eine lästerliche Bemerkung über Palucca fallen gelassen. Die Bemerkung traf allerdings eher Paluccas Tanzkunst als ihren Status als »Mischling«. Und doch hätte es für Palucca gefährlich werden können, wenn Hitler sich genauere Gedanken über sie gemacht hätte.[61] In einer solchen Situation gab es für den »Mischling« Palucca keine Auftritts-Erlaubnis mehr, jedenfalls keine offizielle. Nun musste Palucca das erste Mal nach zwanzig Jahren pausieren. Sie litt unter Entzug, fühlte sich ihrer Bestimmung, ihrer eigentlichen Aufgabe entzogen. Es war auch ein Entzug vom Beifall und von der Droge Ruhm. Sie nahm ab, wurde so dünn, wie sie es von nun an für immer bleiben würde, versuchte weiter zu trainieren, tanzte in ihrer Wohnung nach Grammophon-Musik, doch auch das ging nicht immer gut, denn es war eng geworden in ihrer Wohnung in der Bürgerwiese. Palucca musste Platz machen für Flüchtlinge, die aus dem Osten Europas kamen, Vertriebene, deren erste Station Dresden war.

Auch ihre Hauswirtschafterin durfte Palucca nicht mehr beschäftigen. Palucca suchte daraufhin nach einer neuen Wirtschafterin, laut Anzeige bezeichnenderweise nach »fürsorglicher Hilfe«[62], doch sie fand keine. Also musste sie nun ihren Haushalt selber führen und merkte das erste Mal im Leben, wie viel Arbeit das war. Sie war erschöpft und gelangweilt.

Die Atmosphäre in der Stadt wurde immer bedrückender. Wie in anderen deutschen Städten wurden auch in Dresden abends und nachts die Lichter ausgemacht, um Fliegerbombern keine Anhaltspunkte zu geben. Evakuierungspläne wurden ausgehängt, es gab die ersten Luftschutzübungen. In der Stadt ließen sich noch mehr Gestapomänner in Ledermänteln blicken und liefen als Drohung für die Kriegsmüden und Unzufriedenen durch die Straßen.[63] Am 7. Oktober fielen die ersten Bomben – zu einem Zeitpunkt, als viele deutsche Städte schon ausgelöscht waren. Der Angriff kostete 257 Menschen das Leben, zerstörte aber nur wenige Häuser.[64] Dennoch spekulierten viele Dresdner darauf, dass ihre Stadt von einem großen Bombenangriff verschont bleiben würde. Der bekannte Dresdner Kunsthistoriker Fritz Löffler schrieb nach dem Krieg: »Wer im Herbst des Jahres 1944, in der Jahreszeit, in der Dresden seine Reize zum letzten Male in der ganzen Üppigkeit seines Farben- und Formenreichtums wunderbar offenbarte, die Chancen der Stadt in dem verbrecherischen Krieg sorgsam abwog, konnte nicht ganz ohne Hoffnung für ihr künftiges Schicksal bleiben«.[65]

So wie Löffler dachten viele Dresdner. Im Lauf des Krieges hatte es in der Stadt zwar mehr als 300 Mal Fliegeralarm gegeben,[66] doch die Dresdner hatten die Warnungen nicht ernst genommen, genauso wenig wie die Verdunklungs- und Evakuierungsübungen. »Wir hatten während des ganzen Krieges hier in Dresden noch keinen größeren Luftangriff gehabt«,[67] erzählte Palucca. Überdies war die Fliegerabwehr

1944 vollständig abgezogen worden, es gab kaum Bunkeranlagen.

So ahnten die Dresdner am Morgen des 13. Februar 1945 nicht, dass ihre Stadt 24 Stunden später ausgelöscht sein würde. An jenem Tag waren Palucca, Marianne Zwingenberger wie auch Friedrich und Ida Bienert in der Stadt.

Gegen 17.30 Uhr starteten die britischen Soldaten ihre Flugzeuge. Um 21.39 Uhr wurde in Dresden Fliegeralarm ausgelöst.[68] »Plötzlich wurde der Himmel hell von den so genannten ›Christbäumen‹, ein untrügliches Zeichen, daß der Bombenabwurf bevorstand. Der Todesengel hatte die zur Vernichtung ausersehene Stadt mit seinem Flügel berührt«,[69] berichtete später der Prinz von Sachsen.

Aus den Lautsprechern der Örtlichen Luftschutzleitung schallte es um 22.15 Uhr: »Bombenabwürfe über dem Stadtgebiet. Volksgenossen, haltet Sand und Wasser bereit!«[70]

Eine Minute später war über den Funkverkehr der Royal Air Force zu hören: »Gute Arbeit [...] Die Bombenwürfe liegen ausgezeichnet«.[71]

Victor Klemperer, der als Jude in diesen Tagen deportiert werden sollte und die Nazi-Zeit nur deswegen überlebte, weil durch die Bombennacht alle Deportationspläne durcheinander gerieten, blickte auf die Stadt: »Draußen war es taghell. Am Pirnaischen Platz, in der Marschallstraße und irgendwo an oder über der Elbe brannte es lichterloh. Der Boden war mit Scherben bedeckt. Ein furchtbarer Sturmwind blies.«[72]

Friedrich Bienert hatte im Rathauskeller gesessen, bei einem Treffen mit den »Hirschen«. Sie hatten die Sirenen gehört, das Pfeifen der herabfallenden Bomben, die Detonationen. Der Rathauskeller wackelte und war in kürzester Zeit verschüttet. Ein Ingenieur, der zufällig mit im Keller war, begann sofort, einen Luftschacht zu graben. Als er damit fertig war, drängten sich alle Männer durch den Schacht ins Freie. Als sie draußen waren, sahen sie nur noch Flammen.

Bienert lief Richtung Elbe, versuchte, dem Sog des aufkommenden Feuersturms zu entkommen.[73] Um 22.28 Uhr war die erste Angriffswelle beendet, die Altstadt so gut wie zerstört. Um 1.30 Uhr fielen wieder Bomben, diesmal nicht nur in der Altstadt, sondern auch östlich, südlich und westlich davon, auf einer Fläche von 15 Quadratkilometern. Jetzt wurde auch Paluccas Haus von Spreng- und Brandbomben getroffen. Sie hatte mit einem zweiten Angriff nicht gerechnet, hatte ihn »einfach nicht für möglich gehalten«, »denn so eine Grausamkeit war unvorstellbar«. Die vielen Flüchtlinge, die in Paluccas Haus waren, rannten in den Keller, aber Palucca weigerte sich mitzugehen: »Ich sagte mir, daß ich in diesem kleinen Keller entweder verbrennen oder sonst irgendwie umkommen müßte. Da wollte ich doch lieber hinaus ins Freie laufen«. Sie ging an die kleine Hintertür, die zum Hof führte, »draußen brannte schon alles«, erst stand sie da und »wußte nicht aus noch ein«, doch dann lief sie los.[74]

Palucca zog sich ihren Mantel und ihren Pullover aus, denn die fingen schon Feuer. Als sie über den Hof rannte, blickte sie sich noch einmal um, sah durch das Kellerfenster »diese vollkommen verzweifelten und verzerrten Gesichter der Menschen in ihrer Todesangst«. Sie kehrte noch einmal um, versuchte die Fensterscheibe einzuwerfen, »aber das war unmöglich, weil alles brannte«. Sie floh vor den einstürzenden Mauern des Hauses, lief über Trümmer, fiel in einen Bombentrichter zwischen zwei Tote,[75] kämpfte sich wieder hinaus und setzte sich vor ihr Haus unter einen Baum. Für einen Moment war sie vollkommen benommen, saß einfach nur da und sah, wie das Haus abbrannte, in dem sie 21 Jahre gelebt hatte. Sie wusste einfach nicht, was sie machen sollte[76].

Sie stand auf, lief die Straße entlang und hoffte, irgendwo auf Freunde zu treffen. Sie suchte, wie sie es immer getan hatte, nach Hilfe. Doch in dieser Nacht würde sie keine finden. Und auch sie selber konnte nicht helfen: Sie war auf den Gedanken gekommen, in den Großen Garten zu fliehen, wie es den Dresdnern zuvor empfohlen worden war. Die großen Parks galten als Brandschneisen, in denen sich Feuer – so dachte man – nicht würde fortsetzen können. Auf einmal sah sie eine junge Frau auf dem Boden liegen. Die Frau hatte ihre Arme ausgestreckt und in jeder Hand hielt sie ein kleines Kind. Die Beine der Frau waren zerrissen. Sie machte ihre Augen noch auf und sagte zu Palucca »Hilfe! Meine Kinder«. Aber Palucca »wusste überhaupt nicht aus noch ein, weil man gar nicht helfen konnte«. Sie lief weiter.[77] Sie kam im Großen Garten an und sah, dass es hier auch überall brannte, denn die Briten taten das, womit keiner gerechnet hatte: Sie bombardierten den Großen Garten gezielt.

Die Überlebenden im Park hörten die Tiere im Zoo schreien, alle Käfige brannten. Die Tierwärter begannen, die Raubtiere zu töten, damit sie in der Stadt nicht noch mehr Unheil anrichten konnten.[78]

Der zweite Angriff dauerte 25 Minuten. In dieser Nacht fielen auf Dresden rund 650000 Stabbrandbomben, 529 Luftminen und 1800 Sprengbomben.

Palucca ging zu Freunden, wahrscheinlich waren es die Grohmanns, und da bekam sie endlich Hilfe, Kleidung und etwas Warmes zu trinken. Das Getränk ließ sie stehen, denn sie war zu »unruhig und so verzweifelt«. Sie hatte Angst um ihre Freunde draußen im Inferno. Sie lief zurück zur Bürgerwiese, dort hoffte sie, dass sich jemand einfinden würde, den sie kannte: »Es war natürlich unmöglich.«[79]

Marianne Zwingenberger war zuhause in ihrer Villa in der Bautzner Straße auf der anderen Elbseite gewesen, als die ersten Bomben gefallen waren. Hier passierte erst einmal nichts. Marianne Zwingenberger hatte gerade geduscht und als sie die Dusche abgestellt hatte, konnte sie die Detonationen unten in der Altstadt hören. Sie wusste, was das bedeutete, sie war vor ihrem Medizinstudium als ganz junge

Krankenpflegerin im Ersten Weltkrieg gewesen. Also machte sie sich auf, um zu helfen. Sie half vor allem Kindern, die alleine durch die Straßen irrten, die verwundet waren und auf einmal ohne Eltern: »Wir haben nach dem Angriff lange nicht mehr gelacht und uns nicht mehr geschmückt«,[80] sollte sie später erzählen. Ihr Haus in der Bautzner Straße blieb allerdings unversehrt.

Die ehemalige Wigman-Schule, ein paar Häuser von Zwingenbergers Villa entfernt, wurde beschädigt, der Anbau mit den Übungssälen zerstört. »Ich will einen stillen Grabgesang anstimmen. Er gilt dem ›gelben Saal‹, der nun nicht mehr ist,« schrieb Mary Wigman ein paar Tage später in Leipzig in ihr Tagebuch: »20 Brandbomben waren sein Tod. Wie habe ich diesen Raum geliebt [...] vieles habe ich hineingetanzt, hineingeträumt, hineingelebt in ›meinen‹ gelben Saal. Nun stehen nur noch ein paar rauchgeschwärzte Mauern.«[81]

Palucca lief in der Nacht zum 14. Februar in der Stadt umher, sah »die vielen Toten, das viele Blut« und versuchte, zu den Häusern zu kommen, in denen Freunde wohnten, oder vielmehr: gewohnt hatten. »Aber es war eine solche Verzweiflung und ein solches Durcheinander, daß ich selbst gar nicht mehr wußte, was ich eigentlich tun sollte«.

Also ging sie nach Strehlen und zog in ein Haus von Freunden, von denen sie wusste, dass sie beim Angriff die Stadt verlassen hatten. »Dort habe ich in einem kleinen Dachzimmer gehaust.«[82]

Am 14. Februar begannen 311 amerikanische Bomber mit dem dritten Angriff. Bis 12.30 Uhr warfen sie 1800 Sprengbomben und 136800 Stabbrandbomben ab, vor allem auf die Friedrichsstadt, das Stadtkrankenhaus und die Wohnquartiere. Am nächsten Tag kamen wieder U.S.-Bomber, wieder gegen Mittag, diesmal mit 3700 Sprengbomben.[83]

Drei Tage und drei Nächte brannte Dresden. Es starben etwa 35000 Menschen. Die Innenstadt war nun fast unbewohnbar, 80 Prozent der Häuser waren zerstört, ein Großteil der Gas-, Wasser-, und Elektrizitätswerke funktionierten nicht mehr, die Lebensmittel reichten nur für wenige Wochen.[84]

Am 18. Februar 1945 kommentierte der Historiker Golo Mann, der 1933 als ganz junger Mann Deutschland verlassen und später als US-Soldat in den Krieg gegangen war, für einen amerikanischen Radiosender die Bombardierung Dresdens: »Kein Mensch auf der Welt hat Freude an diesen furchtbaren Ereignissen. Aber wer ist schuld daran? Adolf Hitler auf seinem Schloß im Hochgebirge, den grämt das alles ziemlich wenig. [...] Denn von diesem Untergang in Blut und Feuer hat er ja immer geträumt. Er nannte es die ›Götterdämmerung‹, das ›große Zusammenkrachen der alten Welt‹«. Golo Mann wies darauf hin, dass die Deutschen gewarnt worden seien, aber nicht auf die Warnungen gehört hätten. »Der Krieg ging weiter, es kam, wie es kommen mußte«.[85]

Auch andere dachten so: »Dieses verfluchte Deutschland, diese Nazis, wenn sie doch alle zur gleichen Zeit der Schlag träfe, dann wäre endlich Ruhe und Frieden«, schrieb Maritta Gubisch, eine frühere Palucca-Schülerin, am 1. April 1945 in einem Brief an eine Freundin – einem Brief, in dem sie beschrieben hatte, wie sie vor dem brennenden Dresden geflohen war.

Als die Stadt im April wieder angegriffen wurde, wollte Palucca nicht mehr in Dresden bleiben. Gemeinsam mit Marianne Zwingenberger brach sie zu Fuß ins Erzgebirge auf, in Zwingenbergers Heimat. Dort hörte Palucca im Pfarrhaus in Langenhennersdorf am 8. Mai 1945, dass der Krieg zu Ende war. Sie lief sofort los, zu Fuß nach Dresden zurück: »Ich wollte so schnell wie möglich wieder in Dresden sein«,[86] sagte sie. Sie wollte nach Hause.

»Und nun hoffe ich, daß alles aufwärts geht« Palucca in der sowjetisch besetzten Zone

Palucca hatte sich schon in den letzten Kriegsmonaten mit ihren Freunden getroffen und mit ihnen besprochen, wie sie selber im Rückblick erzählte, »was wir tun müssten, wenn diese ganze fürchterliche Zeit vorbei sein wird.«[1] Als es so weit war, wollte sie arbeiten, »ich wollte unter allen Umständen der zerstörten Stadt wieder helfen zu leben.«[2]

Im Mai 1945 war Dresden ein Hauptstützpunkt der sowjetischen Besatzer geworden – und auf Dresden zu und von Dresden weg bildete sich ein gewaltiger Flüchtlingszug. Die Stadt wurde zu einer Art Verschiebebahnhof für einen Strom von etwa 800000 Menschen.[3] »Überall«, so berichtete eine Palucca-Schülerin, »wimmelte« es von »Heimatlosen, Angehörigen und Suchenden«, »alle zogen Richtung Westen«. Von den »Russen« wurden die schrecklichsten Dinge« berichtet. Und jeder, der es wagte, direkt nach Dresden zu gehen, wurde »für irrsinnig« gehalten, »in die Arme der Russen zu laufen.«

Palucca aber hatte keine Scheu vor den Fremden.[4] Sie wollte ihre Schule wieder haben und wusste, dass sie dafür die Hilfe der Sowjets brauchte. Und so meldete sie sich gleich in den ersten Nachkriegstagen beim sowjetischen Kulturoffizier Alexander Kotschetow, fragte um Erlaubnis, ob sie wieder unterrichten dürfe und wenn ja, ob sie sich einen Raum für ihre Schule aussuchen könne. Kotschetow, ein kunstsinniger Mann, hatte nichts dagegen.

Palucca machte im Frühsommer 1945 gute Erfahrungen mit den Sowjets; insgesamt aber war das Verhältnis der Dresdner zu den neuen Machthabern angespannt, viele waren verwirrt vom Verhalten der Soldaten: Etliche waren vom Krieg verroht, liefen plündernd durch die Straßen, vergewaltigten Frauen, andere aber bemühten sich um Verständigung, versuchten deutsch zu sprechen, sorgten dafür, dass die Dresdner wieder zu essen bekamen. Am 16. Mai 1945 schafften sie aus den Beständen der Roten Armee 30000 Tonnen Kartoffeln, 9500 Tonnen Getreide, 1100 Tonnen Fleisch heran. Am 20. Mai verteilten sie 420000 Lebensmittelkarten an die Dresdner.[5]

Kulturoffizier Kotschetow schenkte Palucca sogar ein Fahrrad, das sie dann gleich auf seinen Namen taufte. Mit dem Fahrrad begab sie sich auf die Suche nach einem Unterrichtsraum. Bald fand sie einen Saal in einer Jugendstilvilla in der Karcherallee, einer Straße, die unmittelbar an den Großen Garten angrenzt. Palucca selber wohnte nur fünf Minuten von der Karcherallee weg, in der Caspar-David-Friedrich-Straße. Dort war sie mit Marianne Zwingenberger zusammengezogen. Die Wohnung, die die beiden so lange nutzen konnten, bis die eigentlichen Besitzer sich überlegt hatten, ob sie aus dem Westen wieder zurückkehren wollten, war zuvor eine Nervenklinik gewesen. In einer Ecke fand Palucca Karteikarten, die sie zu Mini-Plakaten umfunktionierte: Sie notierte in gut leserlicher Schrift, dass sie wieder unterrichten werde und heftete die kleinen Schilder an Bäume und Straßenlaternen. Es dauerte nur ein paar Tage, bis sich 23 Schülerinnen bei ihr für eine dreijährige Ausbildung angemeldet hatten.

Palucca beschloss, gleich am 1. Juli mit dem Unterricht zu beginnen. Den Tag vor Schulbeginn nutzte sie, um zwischen den Trümmern wilde Rosen zu pflücken.[6] Am ersten Unterrichtstag wollte sie jede neue Schülerin mit einer Rose begrüßen.

Zur Trauerfeier Paluccas würden viele ihrer ehemaligen Schüler Jahrzehnte später in der Semperoper Rosen mitbringen und auf dem Bühnenboden vor einem ihrer Fotos niederlegen. Es sollte ein symbolischer Dank sein für alles, was Palucca ihnen beigebracht hatte, aber auch eine Erinnerung an den 1. Juli 1945, als die Geschichte der Palucca-Schule von Neuem begann.

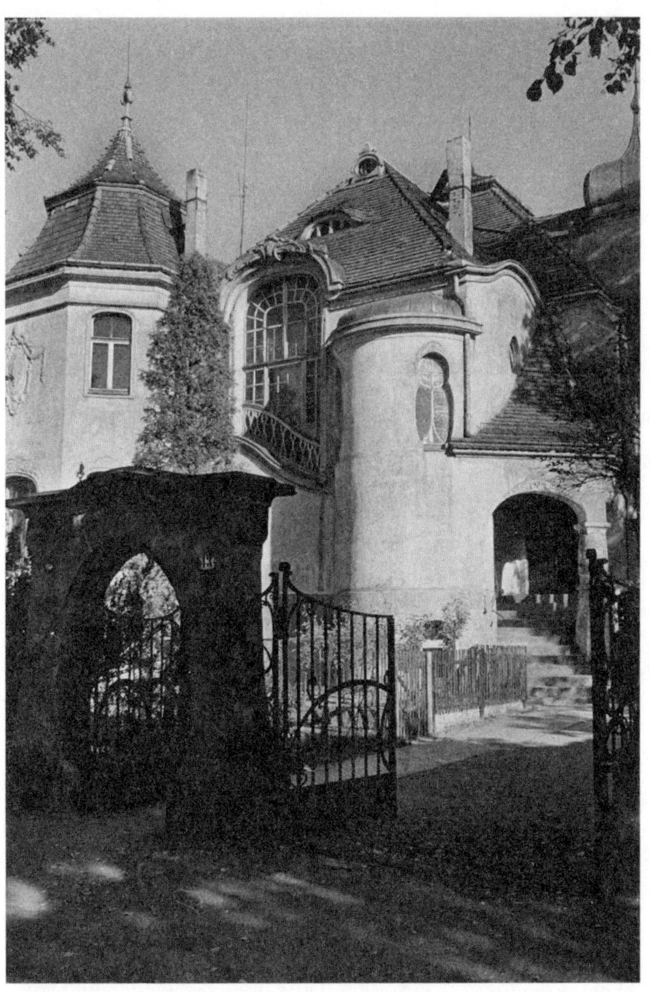

Palucca-Schule in der Karcherallee 43

Palucca war glücklich, als sie ihre Schule wieder hatte: »Die Aufnahmefähigkeit der Schüler ist besser denn je«, schrieb sie an eine Freundin, »wir arbeiten wunderbar abgeschlossen und ganz frei«.[7] Vorbeifahrende Passanten hörten, wie aus den Wänden der Villa in der Karcherallee Musik heraus drang, sahen am Tor das Schild »Palucca Schule« und dürften sich gewundert haben, was da mitten im Nachkriegschaos möglich war: tanzende Menschen, während die meisten Dresdner mit ihren Alltagssorgen zu tun hatten. Die Säuglingssterblichkeit lag im Sommer bei 73 Prozent, nur etwa 100 Ärzte waren imstande, überhaupt zu arbeiten.[8] Palucca aber und ihre Schüler konzentrierten sich auf den Unterricht.

Eines Tages lag mitten im Tanzsaal in der Karcherallee eine Kunstpostkarte, »das war mein erstes Geschenk«, erzählte Palucca. Die Karte stammte von einer ehemaligen Schülerin, die in Bern Ballettmeisterin geworden war. Und mit dieser Karte fing Palucca an zu sammeln, bis sie wieder, wie vor dem Krieg, ein paar Tausend Kunstpostkarten zusammen hatte.[9]

Die Schülerinnen finanzierten sich das Schulgeld durch den Verkauf von Brotmarken, mussten daraufhin allerdings ganze Tage hungern und litten darunter, denn die Ausbildung an der Schule war anstrengend. Ein paar Schülerinnen brachten doch Brot mit, das häufig noch nass war und zum Trocknen in die Fenster der Schule gehängt wurde.

Eine Schülerin schrieb mit Sperrschrift ein Leitwort Paluccas mit Versalien auf ein Schulheft: »MIT NICHTS ANFANGEN«.[10] Palucca forderte von ihren Schülern Hingabe, Disziplin und Präzision, sie nahm keine Rücksicht auf die Härten des Alltags. Sie übte mit ihnen »Schnelligkeit«, »Leichtigkeit« und »Lautlosigkeit«, ließ sie wieder und wieder über den Boden gleiten, mit den Füßen, mit dem Körper, mit den Armen. Wie schon vor dem Krieg war es ihr auch jetzt nicht wichtig, wie hoch die Schülerinnen ein Bein heben konnten. Für sie war entscheidend, dass sie das Bein möglichst lange in der Luft halten konnten, dass die Schülerinnen nicht aufgaben, sondern durchhielten.[11] Maritta

Gubisch, die in den dreißiger Jahren bei Palucca gelernt hatte und im Krieg an Theatern aufgetreten war, kam im Juli 1945 an die neue Schule und übernahm ein paar Unterrichtsstunden. Sie schrieb später, dass sie sich hier ablenken konnte vom Anblick »der gemordeten Stadt«. Zwei Monate lang ging sie in der Schule ein und aus, bevor Grohmann sie aus finanziellen Gründen an die Oper vermittelte: »Ohne Vortanzen, also ein regelrechtes Protektionskind«, erzählte Gubisch.[12]

Will Grohmann machte sofort nach dem Ende des Krieges Karriere. Er wurde Ministerialdirektor und Leiter des Dresdner Kulturamts. Er stellte Palucca wertvolle Bescheinigungen und Gutachten aus und bewilligte auch Zuschüsse für ihre Schüler, die das Schulgeld nicht zahlen konnten – ganz so, wie Bienert es früher getan hatte.[13] Als Palucca im verwaisten Hinterhaus in der Caspar-David-Friedrich-Straße einen Flügel entdeckt hatte, erlaubte ihr Grohmann, ihn für die Schule zu nutzen. Das Instrument werde, so heißt es in einer von Grohmann unterzeichneten Bescheinigung, »leihweise der Tänzerin Palucca für die Palucca-Tanzschule zur Verfügung gestellt«. Auch einen zweiten Flügel durfte Palucca an sich nehmen – den Flügel aus dem Haus von Friedrich Bienert. Bienert war in den Nachkriegstagen nach Süddeutschland gegangen: »Frau Gret Palucca, Caspar-David-Friedrichstraße, war mit Fritz Bienert, Hellerau, Auf dem Sand, verheiratet«, so schrieb Grohmann. Sie habe »in seiner Wohnung noch einige Dinge, die ihr gehören, unter anderem eine Bronzebüste und einige Bücher. Sie möchte diese und auch den Flügel gern zu sich nehmen und bittet darum, ihr die Erlaubnis dazu zu geben.«[14]

Grohmann informierte sich für Palucca, wo noch Züge im fast vollständig zusammengebrochenen Verkehrsnetz fuhren und welche Ziele Palucca zu Fuß erreichen konnte. Und er half ihr, Artikel und Werbekampagnen zu formulieren:

»Ich weiß an sich schon, was ich will, nur bin ich so unbegabt im Schreiben« – mit solchen Sätzen konnte Palucca ihren alten Freund immer wieder für sich gewinnen.[15]

Auch von Bekannten und Freunden Grohmanns ließ Palucca sich helfen. Dem neuen Präsidenten der Wirtschaftskammer schrieb sie im Juni 1945 einen Brief, um neue – sehr edle – Stoffe für ihre Bühnenkleider zu bekommen. Sie appellierte in dem Brief an ein gemeinsames Schicksal, ließ diesmal dezent Kritik an den Besatzern durchblicken und stellte selbstbewusst ihre Forderungen: »Nun bitten mich die Russen immer wieder so bald als möglich aufzutreten, aber ich kann es doch nicht, wenn das Programm nicht einwandfrei künstlerisch fertig ist. Nun habe ich folgendes erfahren, bei den Firmen ist gar nichts mehr zu bekommen, gar nichts. Es sei so, die Fabriken lieferten alles an die Russen ab, sie hätten ein großes Sammellager in Klotzsche, die Sachen kämen dann nach Moskau, dort könnte ich alles haben [...] Ich benötige 25 m Crepe Georgette weiss [sic], 25 m Chiffon weiss, 25 m Kunstseidentüll weiss, 10 m Crepe Satin weiss [...], habe aber weder Nähseide noch Oesen bekommen, ist Ihnen zufällig bekannt, wo ich solches Material bekommen kann? Ich habe mich herzlich gefreut, daß Sie durchgehalten haben und nun wieder leben und arbeiten können. Was für eine grauenhafte Zeit ist es gewesen, manchmal habe ich gedacht, daß ich auch nicht mehr weiter könnte [...], aber dann wollte ich mich doch nicht unterkriegen lassen. Und nun hoffe ich, daß alles aufwärts geht. [...] Ich werde den Brief selbst bei Ihnen abgeben, mit dem Rad ist es gar nicht so weit. Würden Sie evtl. Herrn Dr. Grohmann eine Antwort geben oder mir ein paar Zeilen schreiben, ich hole sie mir bei ihm ab, er wohnt in meiner Nähe«.[16]

Grohmann kümmerte sich in den ersten Monaten nicht nur um Palucca. Er und seine Kollegen im Kulturamt halfen auch anderen Leuten, förderten alle, die irgendwo ein Konzert geben oder eine Ausstellung eröffnen wollten. Und so kam der Dresdner Kulturbetrieb schnell wieder in Gang. Bereits am 8. Juni 1945, nur vier Wochen nach der Kapitulation, spielte die Philharmonie Mozarts heitere »Kleine Nachtmusik« in einem Kirchengemeindesaal in Dresden-Strehlen, denn das eigentliche Philharmoniegebäude gab es nicht mehr, es war beim ersten Bombenangriff auf Dresden im Oktober 1944 zerstört worden. Drei Wochen später gab auch der Kreuzchor ein Konzert in der Auferstehungskirche im Stadtteil Plauen. Die ausgebrannte Kreuzkirche, von der nur Teile des Hauptschiffs erhalten waren, wurde dann im Laufe des Juli von Trümmern befreit, so dass es am 4. August im Hauptschiff einen Gedenkgottesdienst für 13 gefallene Chorsänger geben konnte. Die Besucher des Gottesdienstes mussten über Schuttberge klettern, um in die Kirche zu kommen, denn einen Fußweg dorthin gab es noch nicht. Kreuzkantor Rudolf Mauersberger dirigierte seine eigene Komposition: »Wie liegt die Stadt so wüst«.[17]

Grohmann wollte Dresden möglichst schnell wieder zu einer international bedeutenden Kulturstadt machen. Und in den ersten Monaten nach dem Krieg sah es auch noch so aus, als würde das gelingen: Im Sommer 1945 wurden allein neun Theater gegründet. Die Dresdner verwandelten ehemalige Ballsäle, Werkskantinen, Kinos und Schulaulen in Bühnen. Eines der ersten Stücke, das in Dresden gespielt wurde, war »Nathan der Weise« von Gotthold Ephraim Lessing – die berühmte dramatisierte Aufforderung zur Toleranz gegenüber Andersdenkenden.[18]

Und Grohmann bereitete 1945 seinen ganz großen Coup vor und organisierte für das folgende Jahr, für 1946, eine Kunstausstellung mit Werken von Künstlern aus ganz Deutschland: Es war die »Allgemeine Deutsche Kunstausstellung«[19], auf der 600 Gemälde, Grafiken und Plastiken ausgestellt wurden, die Grohmann aus 2400 Werken ausgesucht hatte. »Ich habe tatsächlich alles gekriegt, was ich haben wollte, allerdings mußte ich manchmal zwei Stunden reden«, schrieb Grohmann stolz an einen Freund, dem er auch erzählte, dass er für die Ausstellung »drei Wochen in der westlichen Zone« unterwegs gewesen war.[20]

Grohmann setzte mit dem, was er aussuchte, Maßstäbe: Er präsentierte überwiegend abstrakte Werke, die bei den Nazis als »entartet« oder »artfremd« gegolten hatten. Das Bekenntnis zur Abstraktion sollte sich vor allem in Westdeutschland durchsetzen, wo die meisten jungen Künstler der Nachkriegszeit anfangen sollten, sich an den Altmeistern der Moderne zu orientieren – eine Entwicklung, die die meisten Kunstkenner befriedigte, mit der aber große Teile des Publikums nicht einverstanden waren. Die meisten ostdeutschen Künstler sollten sich dem Realismus zuwenden, der Streit zwischen abstrakter und figurativer Kunst sollte die künstlerischen Debatten der nächsten Jahrzehnte bestimmen und die Trennlinie zwischen Ost und West künstlerisch kenntlich machen.[21] Will Grohmanns Ausstellung in Dresden war dafür ein wichtiger Auslöser. Somit hatte die Stadt – allerdings nur für kurze Zeit – ihre Stellung als bedeutende Kunstmetropole wiedergewonnen.

So war Palucca nicht die einzige, die in den Nachkriegsmonaten alles gab, damit Dresden »wieder leben konnte«, wie sie es später ausdrückte. Aber mit Grohmanns Hilfe brachte sie es bald doch weiter als viele andere: Bereits im Oktober 1945 brach sie zu ihrer ersten Nachkriegstournee durch Sachsen und Thüringen auf. Und es war noch einmal Grohmann, der ihr auf deutsch und russisch ein Empfehlungsschreiben mitgab: »Wir bitten, die Künstlerin ungehindert passieren und ihr sowie ihren Begleiterinnen jegliche Unterstützung zukommen zu lassen«.[22] In einem weiteren Schreiben an die sächsischen Kulturämter mahnte Grohmann, »sich dafür einzusetzen, daß die Palucca-Tanzabende ein guter Erfolg werden, umso mehr, als die Künstlerin unter dem Nazi-Regime viel gelitten hat«.[23]

In Leipzig wunderte sich Mary Wigman über die Karrieren von Grohmann und Palucca: »Will Grohmann sitzt im Kulturamt Dresden als Dezernent. Palucca tanzt«, schrieb sie konsterniert in ihr Tagebuch.[24]

Aus Mary Wigmans Sicht hatten es die beiden wieder einmal geschafft, während sie selbst mit Schwierigkeiten kämpfte und sich nicht auf die neue Zeit einstellen konnte. »Keine Cigarette, kein Tabak, kein Alkohol mehr, der einem über die schwarzen Augenblicke hinweghelfen könnte«,[25] klagte sie. »Die Russen holen von uns, was sie brauchen und nehmen auch alles, was sie nicht brauchen. Sie sind wie die Heuschrecken, die alles kahlfressen und weiterziehen, wenn nichts mehr da ist. Der Flüchtlingsstrom schwillt immer wieder von Neuem an. Was soll aus Deutschland werden?«[26]

Mary Wigman hatte Angst vor den sowjetischen Besatzern, sie fühlte sich fremd in Leipzig. Sie wollte wegziehen und schon im Oktober 1945 reiste sie 17 Stunden lang in überfüllten Flüchtlingszügen die relativ kurze Strecke von Leipzig nach Berlin, um dort in Wilmersdorf über die Gründung einer neuen Wigman-Schule zu verhandeln.[27]

Für sie hatte sich mit dem 8. Mai nicht allzu viel geändert, sie meinte sogar, eine fatale Verwandtschaft zwischen dem neuen und dem alten Regime erkennen zu können: »Mein Gott, seit 1933 die Demütigungen, Schikanen und Intrigen. Durchgehalten. Nun fängt es wieder an«, schrieb sie in ihr Tagebuch.[28]

Wieder nahmen Mary Wigman und Palucca ganz unterschiedliche Perspektiven ein: Die eine sah die negativen Seiten der neuen Zeit, die andere die Chancen. Wieder war es Mary Wigman, die düster und fatalistisch eingestellt war, wieder war Palucca diejenige, die sich heiter und optimistisch gab. Doch beide Frauen waren sich in einer Hinsicht einig: Sie sahen sich als Opfer des Nazi-Regimes: »Demütigungen, Schikanen und Intrigen. Durchgehalten,« so definierte Mary Wigman ihre Rolle in der Nazizeit. Die Jahre ihrer großen Erfolge, all das, was zwischen 1933 und 1936 gewesen war, blendeten Palucca und Mary Wigman aus.

Palucca rechtfertigte ihre Opferrolle nicht nur mit den Auftrittsverboten nach 1936 und mit der Schulschließung 1939. Sie sah sich als zweifaches Opfer: als Opfer der Nazis und als Opfer der Dresdner Bombennächte. »Du weißt ja, daß wir hier in Dresden sehr viel durchgemacht haben«, schrieb sie 1946 an eine Freundin und sie meinte damit vor allem die Zerstörung der Stadt.[29]

Im Frühjahr 1946 erkundigte sich Palucca bei ihrer Berliner Assistentin, ob es womöglich Chancen für sie gebe, offiziell als Opfer des Faschismus anerkannt zu werden. Die Assistentin fragte bei den Behörden nach und schrieb daraufhin: »Liebe Palucca, um Opfer des Faschismus zu werden, muss man entweder ein halbes Jahr im KZ gewesen sein oder dieselbe Zeit illegal gelebt haben, beides trifft bei Ihnen wohl nicht zu«. Trotzdem riet sie Palucca, es weiterhin zu versuchen, »und zwar in Dresden und Schulschließung usw. anführen. Geben Sie nicht so schnell auf, denn die Sache hat doch gewisse Vorteile, allein schon die Steuerermäßigung und die Reiseerleichterung.«

Tatsächlich wurde Palucca im Juni 1946 in Dresden als »Opfer des Faschismus« anerkannt.[30]

Im November desselben Jahres musste sie sich dann noch einem routinemäßigen Entnazifizierungsverfahren unterziehen. Seitenweise füllte sie Fragebögen aus:

Geburtsort – München
Größe – 1,58
Gewicht – 53 kg
Haarfarbe – braun
Farbe der Augen – braun
Waren Sie Mitglied einer politischen Partei vor 1933? – Nein
Welche politische Partei haben sie in der Novemberwahl vor 1933 gewählt? – SPD

Und im März 1933? – SPD
Sind Sie jemals aus dem Beamtenstand, aus dem Lehrerberuf oder aus einer kirchlichen oder irgendeiner Stellung aufgrund aktiven oder passiven Widerstands gegen die Nazis oder ihre Weltanschauung entlassen worden – Ja

Auf zweieinhalb vorgegebenen Linien durfte Palucca dann noch auflisten, was ihr in der Nazizeit widerfahren war und sie quetschte mit Schreibmaschinenschrift möglichst viel in die Zeilen hinein: »Schule geschlossen, Verbot jegl. Unterrichtens; künstl. Tätigkeit stark beschränkt, später verboten. Anfeindungen Verfolgungen Bedrohungen durch Führer und Dienststellen der Naziregierung. Zeugen: Dr. Rudolf Goette Hamburg Brahmsallee 13, Dr. Erich Goslar Stadtkämmerer Dresden Rathaus.«

Am 13. Dezember 1946 kamen auch die Entnazifizierungsbehörden zu dem Schluss: »no objection« – »keine Beanstandungen«.[31]

Palucca sollte von nun an immer wieder behaupten, während der Nazizeit verfolgt worden zu sein. Es war wie ein Mechanismus, der auf einmal eingerastet war und von alleine losging, wenn sie etwas erreichen wollte. Die Chance, anders auf ihr Leben zu gucken, ihre Rolle während der Nazizeit zu überdenken, nahm sie nicht wahr. Sie blendete die Vergangenheit aus.

Unter Hitler hatten die Deutschen bei den vielen Befragungen und Prüfungen die Erfahrung gemacht, dass sie mit falschen Angaben – etwa zur Abstammung –, zumindest versuchen konnten, ihre Existenz zu retten. Und in der Nachkriegszeit in der SBZ gab es genügend Anzeichen, dass es auch diesmal besser schien, im Zweifelsfall nicht bei der Wahrheit zu bleiben. Zwar wurden die meisten ehemaligen NSDAP-Mitglieder von der Entnazifizierungskommission in Dresden überwiegend ohne Bedenken entlassen, doch etliche tausend Menschen wurden dennoch verhaftet und ohne

Verfahren in Speziallager nach Bautzen, Torgau oder Mühlenberg oder sogar in die früheren Konzentrationslager Buchenwald und Sachsenhausen gebracht. Etwa ein Drittel der insgesamt 120000 Menschen sollten die Haft nicht überleben.[32] Und so wurden die Überprüfungen durch die Besatzer nicht als Chance zur Befreiung von alten Mustern gesehen, sondern als Bedrohung, der man um jeden Preis entkommen wollte.

Palucca stellte allen möglichen Leuten entlastende Zeugnisse für Entnazifizierungsverfahren oder für Anträge auf Interzonenpässe aus, immer wieder wurde sie gefragt, ob sie das tun könnte: »mit Ihrem Namen würde die Sache glücklicher in Ordnung kommen«,[33] schrieb jemand an sie. Sie hatte keine politischen Kriterien, für wen sie bürgte und warum, sondern nur persönliche. In Paluccas Gutachten zeigte sich, dass die Besatzer keineswegs als Freunde angesehen wurden, sondern als richtende Instanz, der man eine nicht ganz falsche, aber auch keineswegs richtige Version der Geschehnisse präsentierte.

Otto von Keudell – der Ministerialbeamte im Propagandaministerium, der Palucca zwischen 1933 und 1936 unterstützt hatte – bekam ein entlastendes Schreiben,[34] obwohl er ausgewiesener Nazi und sogar SS-Offizier gewesen war.[35]

Einer ehemaligen Vorsitzenden der Fachschaft Gymnastik und Tanz – einer Gruppe, die sich erst unter den Nazis so formiert hatte – stellte Palucca auch ein Gutachten aus: »Hiermit bescheinige ich Frau Gert Böhme, die im Jahre 1937 die Leitung der Ortsgruppe Dresden der Fachschaft Gymnastik und Tanz unter sich hatte, dass diese Fachschaft nichts mit der Frauenschaft oder dem Frauenwerk zu tun hatte und eine rein fachliche Berufsorganisation war«.[36]

Eine ehemalige Schülerin meldete sich im Februar 1946 bei Palucca: Es stehe nun mal fest, schrieb sie zerknirscht, dass »ich zwei Jahre lang einer der Mitläufer war, die zur Partei gehört haben, sich aber, da das Interesse fehlte, in keiner Weise aktiv betätigt haben [...], vielleicht hilft es mir auch weiter, auf einer Schule gewesen zu sein, die so gar nichts mit Hitler zu tun hatte, sondern rein künstlerisch aufgebaut war.«[37]

Für ihren Ex-Mann Friedrich Bienert bürgte Palucca auch: »Herr Friedrich Bienert gehört seit 1919 zu meinem engsten Freundeskreis«, schrieb sie auf offiziellem Briefpapier der Palucca-Schule: »Da ich in all diesen Jahren immer mit ihm in Verbindung stand, bin ich in der Lage zu bezeugen, daß er ein erklärter Nazi-Gegner ist und das in Worten und Taten bewiesen hat. In den Jahren, in denen ich stärksten Anfeindungen durch das Hitler-Regime ausgesetzt war, hat er alles getan, um mich zu schützen, ungeachtet der Gefahren, denen er sich dadurch aussetzte«.[38]

Friedrich Bienert wunderte sich in Briefen über die unlogischen Verhältnisse, darüber, dass ausgerechnet er, der sich als »alter Kämpfer gegen den Krieg« verstand, nun »genau wie gewöhnliche Kriegsverbrecher«[39] behandelt wurde. Dennoch bat er Palucca, auch für einen seiner Freunde ein Zeugnis auszustellen. Der Freund, so schrieb Bienert in einem Brief an Palucca, war »als deutscher Diplomat nach einer unwahrscheinlich langen amerikanischen Haft vor einiger Zeit mit besonderem ra-ta-plong freigelassen worden«. Bisher habe der Freund nur »Zeugnisse mehr oder weniger gekrönter Häupter«. Es fehlten ihm aber »Bürgenzeugnisse von Personen, deren ›Links‹-Einstellung feststeht. Daher läßt er Dich und Will Grohmann durch mich bitten, ob ihr nicht die große Gefälligkeit erweisen wolltet, ihm derartige Zeugnisse auszustellen«.[40]

Palucca wollte Friedrich Bienert möglichst jeden Gefallen tun, denn sie hoffte, dass er bald nach Dresden zurückkehren möge. Bienert besaß noch Geld von ihr, an das sie nur herankommen konnte, wenn er wieder die Geschäfte der Bienert-Mühle führen würde. »Ich wollte ihm unter allen Umständen eine Nachricht zukommen lassen, daß er herkommen soll«, schrieb sie im August 1945 nachdrücklich an den Präsidenten der Wirtschaftskammer und fragte ihn dann, ob er glaube, »daß Herr Bienert der Mühle helfen kann«.[41]

An einen anderen Bekannten schrieb sie: »Sie erinnern sich wohl an die Unterhaltung in den ersten Jahren des Naziregimes, bei der Herr Fritz Bienert mir anbot, einen Teil meines Verdienstes sicherzustellen. Wir fürchteten damals, dass man mir mein Geld nehmen würde, weil ich nach den Nürnberger Gesetzen als nicht arisch galt.« Sie habe Bienert einen Teil ihrer Honorare per Postanweisung geschickt und »ihm die Anlage des Geldes überlassen«: »Im Bedarfsfalle konnte ich ohne Kündigung sofort über die notwendigen Beiträge verfügen. Zwischen Herrn Bienert und mir wurde darüber Buch in Form eines laufenden Kontos geführt [...] Ich habe dort noch ein Guthaben von 20 479 RM und benötige das Geld so sehr dringend. Vorläufig habe ich kaum Verdienstmöglichkeiten durch Tanzabende, so lange die Transportfrage nicht gelöst werden kann. [...] Ich habe das Geld gerade Herrn Bienert gegeben, weil ich damit rechnete, eines Tages wieder anfangen zu können, nachdem meine Schule von den Nazis geschlossen worden war. Herr Kaule, der Prokurist und Treuhänder der Firma Bienert glaubt sich nicht berechtigt, mir den Betrag auszuhändigen. Sie kennen die Schwierigkeiten und Verfolgungen, denen ich ausgesetzt war, und können mir vielleicht raten, was ich tun soll.«[42]

Paluccas Ansprüche an die Firma wurden geprüft, doch es war nichts zu machen, solange Bienert selber nicht in der Stadt war: »Frei verfügbares Privatvermögen, auch irgendwelche Sachwerte des Herrn Bienert sind nicht vorhanden«, hieß es aus der Firma: »Das Grundstück Hellerau ist beschlagnahmt worden. Ein Guthaben auf dem Privatkonto bei der Firma Bienert besteht zurzeit nicht«. Überhaupt habe die Mühle im letzten Jahr »mit Verlust gearbeitet«. Der Sekretär von Bienert erklärte noch, dass er »im Sinne von Herrn Bienert in jeder Hinsicht bemüht gewesen sei und auch weiterhin sein werde, Frau Palucca zu helfen«. Doch er sehe im Augenblick keine Möglichkeit, »diese Hilfe – und sei es nur in beschränktem Maße – durchzuführen«.[43]

Es blieb lange Zeit ungewiss, ob Friedrich Bienert nach Dresden zurückkehren würde. Er war mit seiner neuen Ehefrau, der bekannten Pianistin Branka Musulin, die aus Zagreb stammte und 25 Jahre jünger war als er,[44] nach Regensburg geflohen.[45] Die beiden hatten noch in den letzten Kriegsmonaten, im Dezember 1944, geheiratet. In Regensburg hatte sich das Ehepaar provisorisch niedergelassen und im Sommer 1946 eine Tochter bekommen, die als etwa Zweijährige von Otto Dix porträtiert werden würde. Es war eine angespannte Lage für die junge Familie. Friedrich Bienert wollte eigentlich doch wieder nach Dresden zurück, um zu sehen, ob er die Mühle und vor allem die Kunstsammlungen – seine eigene und die seiner Mutter – vor den Enteignungsdrohungen der Sowjets retten konnte, doch seine Frau scheute sich davor, in den Osten zurückzukehren. Zudem kamen beide nicht an Interzonenpässe heran: »Nachdem uns unser Interzonen-Paß-Antrag abgelehnt worden ist, läuft jetzt mit mehr Aussicht auf Erfolg ein Dreisprachen-Paß für die russische Zone, der neuerdings aufgrund des Sonderabkommens zwischen den Ländern Bayern und Thüringen nur für vier Wochen ausgestellt wird und in Weimar abgestempelt werden muß. So hoffen wir, Anfang Oktober in Weimar einzutreffen«, schrieb Bienert an Will Grohmann. Bienert bat Grohmann noch, er möge Teile der Sammlungen nach Weimar mitbringen und sie ihm dort übergeben.[46]

Bienert war hin- und her gerissen, bekam im September ein Angebot aus München, einen Zeitungsverlag zu gründen und, so schrieb er Grohmann, »eine mehr links gerichtete demokratische Tageszeitung zu verlegen, als Gegenstück zur streng christlich-konservativen ›Süddeutschen

Zeitung‹. Die Lizenz dafür ist von amerikanischer Seite zu bekommen und ein Stab erstklassiger Mitarbeiter verhältnismäßig leicht zusammenzutrommeln.«[47]

Doch der Plan zerschlug sich. Drei Wochen später schrieb er in besorgtem Ton an Palucca: »Liebes Gretl, es wird einem im Leben manchmal sehr schwer gemacht, den richtigen Weg zu gehen und ich habe das Gefühl, seit dem chaotischen Zusammenbruch Deutschlands lauter falsche Wege eingeschlagen zu haben, und jetzt schicke ich mich an, nach Dresden zurückzukehren, wahrscheinlich auch gerade in einem besonders ungünstigen Augenblick [...] Möchte Dir für Deine Glückwünsche zur Geburt unserer Tochter danken [...] Unser Töchterchen [...] bleibt bestimmt noch hier in guter Pflege auf dem Lande. Ob Branka gleich mitfährt ist [...] ungewiß, da die Amerikaner ihrer Ausreise Schwierigkeiten machen, weil angeblich für kulturelle Zwecke Interzonenpässe nicht ausgestellt werden. [...] Hoffe auf Eure Hilfe, um die ich herzlich bitte. Mit den innigsten Wünschen auf eine bessere Zukunft für uns alle und sehr herzlichen Grüßen, Dein Fritz.«[48]

Friedrich Bienert kam nach Dresden zurück und führte einen vergeblichen Kampf um die Bienert-Mühlen. Um ihn herum wurden etliche private Unternehmen verstaatlicht und in »Volkseigene Betriebe« umgewandelt und so konnte Bienert auch die Mühlen nicht halten. Ein paar Jahre versuchte er, die Firma treuhänderisch zu verwalten, doch als Leiter eines Familienunternehmens galt er als Kapitalist und Großbürger und gehörte genau zu den Leuten, die beim Aufbau des Sozialismus unerwünscht waren. Außerdem machte sich Bienert verdächtig, weil er auffällig oft zwischen Ost und West hin- und herpendelte. Tatsächlich schaffte er nach und nach die wertvollen Bilder aus dem Familienbesitz aus Dresden fort. 1952 würde er mit den letzten Bildern ganz aus Dresden wegziehen und sich in West-Berlin niederlassen.[49] Für ihn sollten sich die Hoffnungen auf einen wirtschaftlichen und kulturellen Neuanfang in Dresden zerschlagen. Palucca aber war in einer ganz anderen Lage als ihr Ex-Mann. Bienert war in einer wohlhabenden Familie aufgewachsen, hatte das Unternehmen der Familie weitergeführt, für Kontinuität gesorgt, sich mit Kontinuität vertraut gemacht – bei Palucca war das anders. Ihr war das Chaos vertraut: Sie hatte schon als kleines Kind im zerstörten San Francisco mit ihrer Familie einen Neuanfang versucht, hatte später dann in Dresden wieder von Neuem begonnen und nun in derselben Stadt noch einmal. Während Bienert Palucca, bevor er nach Dresden zurückgekehrt war, in einem Brief gestand, dass ihm »graut vor den unvorstellbaren Zuständen dort«, fühlte sich Palucca durch die »Zustände« erst recht angespornt.[50]

Fast nichts war in Dresden über Lebensmittelmarken zu bekommen, aber erstaunlich viel auf dem Schwarzmarkt. Zigaretten galten bald als Zweitwährung. Im Großen Garten wurde Gemüse und Obst angebaut, denn gerade daran fehlte es überall. Auch die vielen freien Flächen zwischen halbzerstörten Häusern wurden für Gemüsezucht genutzt.[51] »Es gibt kaum Kartoffeln, gar kein Gemüse, Brot langt nicht«, klagte Paluccas Freundin Maritta Gubisch, die manchmal »sechs Stunden hin und zurück« in die Dresdner Heide unterwegs war, um an Holz zu kommen.[52] In der Stadt lag der Schutt meterhoch, Trümmerfrauen räumten Ziegel für Ziegel weg, aus der Innenstadt heraus schlängelten sich kilometerlange Bahnen, auf denen in kleinen Wagen der Schutt abtransportiert wurde. Auf den freigeräumten Flächen entstand eine gespenstische Ödnis.[53]

Vor allem der Winter 1946/47 war hart, es herrschten Temperaturen bis zu minus 20 Grad. Viele Dresdner lebten in Wohnungen, die kaum beheizt werden konnten. Tageweise wurde der Strom abgestellt, denn die Stromwerke waren völlig marode. Gegen den allgemeinen Strommangel konnte Palucca nichts machen, nur Kerzen horten, sich aus aller Welt Kerzen zuschicken und sich aus dem Westen Spirituskocher und Petroleumlampen mitbringen lassen.[54] Aber sie wusste genau, wie sie an Lebensmittelmarken, an Reisemarken, an ihren Interzonenpass, an genügend Heizstoff kommen konnte. Sie setzte überall ihre Beziehungen ein, suchte sich, wie sie es immer schon getan hatte, in den städtischen und staatlichen Institutionen direkte Ansprechpartner. Hatte in der NS-Zeit noch Grohmann die Rolle des Vermittlers zu den offiziellen Stellen übernommen, so trat Palucca inzwischen immer öfter selber als Rat- und Hilfesuchende auf.

Palucca äußerte selbstbewusst ihre Wünsche, auch bei ihren Freunden und Bekannten, ließ sich von überall Kaffee schicken.[55] Und als aus Berlin von ihrer dortigen Assistentin kein richtiger Kaffee kam, sondern nur der berüchtigte Ersatz, protestierte sie. Die Assistentin schrieb verschreckt zurück: »Die Kaffeesache ist ja furchtbar, ich werde gleich Krach schlagen, bei dem Neuen habe ich die Wasserprobe gemacht, er ist in Ordnung (in ein Glas Wasser etwas Kaffee geben, der Echte bleibt oben, der Ersatz setzt sich auf den Boden)«.[56]

Doch Palucca half auch anderen, den komplizierten Alltag zu bewältigen. Sie lud den Ballettmeister des Badischen Staatstheaters in Karlsruhe zu sich ein und schilderte ihm, wie er am besten nach Dresden kommen konnte. »Aus Erfahrung weiß ich, daß es am besten ist, wenn Sie sich in Karlsruhe polizeilich und auch auf dem Ernährungsamt vorübergehend abmelden und dann hier in Dresden besuchsweise anmelden, das ist günstiger, als wenn sie Reisemarken hier in der russischen Zone umtauschen. Wenn Sie über Hannover-Marienborn mit dem Interzonenzug reisen, müssen Sie allerdings schon sehr zeitig die Zulassungskarten in Hannover, Abteilung Zulassungskartenschalter, bei der Reichsbahn bestellen, mindestens 14 Tage bis 3 Wochen vorher mit telegrafischer Rückantwort und die Antwort mit

3 Mark bezahlen. Das sind so kleine Hinweise, die aber ganz wichtig sind«.[57]

Auch als sich ein Tourneeaufenthalt in Leipzig schwierig gestaltete, wusste Palucca sich zu helfen. Sie wollte gerne in einem vertrauten Hotel wohnen, im Hotel Astoria, musste aber feststellen, dass es »wieder vollkommen russisch belegt« war. An eine Leipziger Bekannte schrieb sie dann: »Herr Direktor Oertel, der Leiter des Hotels, hat mir aber mitgeteilt, daß ich dort wohnen könnte, wenn wir einen entsprechenden Quartierschein durch das Kulturamt der Stadt bekämen«.[58]

Bei dem Leipzig-Auftritt im Januar 1947 saß auch Mary Wigman im Publikum und äußerte hinterher wieder ihren Argwohn gegen die alte Konkurrentin. Palucca fehlten die Einfälle, so schimpfte sie, überhaupt sei sie nicht mehr jung genug, um ihren »verhungerten Schulter- und Armansatz« zu zeigen, ihre Kleider seien »langweilig und ohne jeden Stil«, das Programm überhaupt indiskutabel: »Eine Anzahl von Tänzchen, die sich alle so ähnlich sahen«.[59] Doch das Publikum war froh, Palucca wieder zu sehen. In einer Zeit, in der sich alles änderte, waren ihre Auftritte ein seltenes Zeichen von Kontinuität.

Palucca wusste auch, wie sie die Sowjets für sich und ihre Kunst begeistern konnte: Sie lud sie in ihre Schule ein. Bei einer solchen Gelegenheit bat der sowjetische Kulturoffizier Alexander Kotschetow sie einmal, zur französischen Revolutionshymne, der »Marseillaise«, zu improvisieren und sah dann begeistert zu, wie sie anfing zu marschieren, wie sie, so schwärmte er später, zur »Verkörperung des Symbols der Revolution« wurde: »Da scheint es, als entfalte sich über ihrem Haupt eine riesige rote Fahne, die im Gegenwind zu flattern schien«. Kotschetow spürte bei Palucca einen »starken revolutionären Willen«. Palucca ließ ihn in dem Glauben.[60] Sie war nun auch bereit, sich politisch zu engagieren. Sie ließ sich im Spätsommer 1946 für das Dresdner Stadtparlament als parteilose Kandidatin auf die Liste der SED setzen, die im April desselben Jahres gegründet worden und deren antidemokratische Haltung noch nicht so deutlich zu erkennen war. Palucca arbeitete dann zwei Jahre in der Stadtverordnetenversammlung mit. Weil sie nun direkt mitentschied, konnte sie auch für sich und die Schule gute Bedingungen aushandeln: Steuererleichterungen, einen herausgehobenen Status, Richtlinien für andere Tanzschulen.[61]

Palucca sorgte aber auch dafür, dass sie im Westen bekannt blieb. Sie tourte wieder durch die westlichen Zonen, wurde in den Wochenschauen und im Rundfunk von schnarrenden Reporterstimmen angekündigt: »Die Palucca tanzt wieder. Nach langer Pause unternimmt die große Tänzerin eine Tournee durch Nord-, West- und Süddeutschland. Viele Städte sehen sie jetzt wieder, eine neue Generation erlebt den Ausdruckstanz der Palucca.«[62] Zu ihren Sommerkursen lud sie Tänzer aus den Westzonen ein und machte auch wieder Urlaub auf Sylt. So konnte sie den Mächtigen in Dresden signalisieren, dass es für sie mögliche Fluchtorte gab. Sie beschloss auch, in Berlin wieder eine Zweigstelle ihrer Schule zu gründen und suchte vor allem im englischen Sektor nach einem Raum. Ihre Berliner Assistentin verteilte mit »großem Erfolg«, wie sie Palucca berichtete, Prospekte mit Schulreklame.[63]

Doch nicht nur zu den westdeutschen Zonen, zu den Leuten und Institutionen, hielt Palucca Kontakt, sie meldete sich auch bei ihren Freunden in der ganzen Welt, vor allem bei den Emigranten, die aus Nazi-Deutschland geflohen waren. Die Nazi-Vergangenheit wurde in den Briefen, die von nun an vor allem zwischen Amerika und Dresden hin und her gingen, ausgeblendet oder nur mit ein paar verächtlichen Worten gestreift.

Kandinsky und Klee lebten nicht mehr, sie waren schon während des Krieges gestorben. Aber ein anderer Bauhausmeister meldete sich voller Elan – und mit deutlich amerikanisiertem Deutsch – bei Palucca zurück, obwohl auch er im Sterben lag: Es war László Moholy-Nagy, der nun in Chicago das von ihm und Walter Gropius gegründete »Institute of Design« – ein amerikanisches Bauhaus – leitete: »Liebe Palucca, Dein Brief war ein lang erwarteter – wie oft habe ich an dich gedacht und gehofft, dass du diese entsetzlichen Jahre unversehrt und in guter geistiger Verfassung überleben wirst! Ich wusste natürlich, dass dies nur durch ein Wunder geschehen kann. Ich bin glücklich, dass du wieder lehrst und dass viele Menschen wieder an deiner wunderbaren Kunst sich erbauen und erholen können. Seitdem ich weggegangen bin von Deutschland habe ich zwei dreimal versucht, mich wieder in Tanz zu interessieren – aber seit langem habe ich dieses Interesse aufgegeben. Selbst die beste Tänzerin, Martha Graham, hier, kann nicht mit dir verglichen werden. Ich bin sehr, sehr neugierig wie du dich weiter entwickelt hast. Was du aus den Zugaben (du weißt, was ich meine) aufbauen konntest. Du erinnerst Dich, wenn in der Philharmonie die Leute verrückt waren über Dein Programm, dann bei den da capos du leise wieder auf die Bühne gekommen, dich an den Rand gestellt und nur ein bißchen mit den Achseln gezuckt, den Finger bewegt, Beine gehoben, ein-zwei-drei-vier-fünf-sechs-dutzend-mal und das war genug für die Leute (mich eingeschlossen) zu größter Begeisterung zu bringen. Ich weiß, Du hast selbst nicht zu viel davon gehalten. Aber ich ›wundere mir‹. Schade, dass wir noch keine Pakete nach der russischen Zone schicken können. So ich kann nicht einmal Kataloge [...] von unserem ›Institute of Design‹ zuschicken, was dir einen kleinen Bericht wenigstens geben würde, was wir machen. Gestern habe ich an Grohmann darüber etwas mehr geschrieben und ich hoffe, dass er den Brief zeigen wird [...] Wir sind hier auf dem Lande – vacation – und ich mal den ganzen Tag, vieles auf durchsichtigem Plastik, synthetischem Material. Wenn ich diese Bilder mit künstlichem Licht (oder der Sonne) anstrahle, ganz erstaunliche Effekte entstehen – Schatten und Reflektionen (oder Reflexe? – siehst Du, mein Deutsch hat sich nicht verbessert!) Auch Plastiken mache ich aus diesem Material – auch ein überraschendes Ergebnis, besonders wenn diese bewegt werden (›mobiles‹) [...] Lady, ich hoffe, dass wir jetzt den Kontakt aufrecht erhalten werden – wenn du englische Briefe lesen kannst, dann geht es wohl leichter. Bitte schreib, wenn du was haben möchtest, so dass, wenn die Paketpost geöffnet wird, wir etwas dir schicken könnten. Otto Rohlfs is [sic] zurück nach Braunschweig, wo er Ratsherr geworden ist. Rohlfs hat Klee etc. gesammelt. Alles verloren. Was ist mit der Sammlung von Ida geworden? Dein Moholy«.[64]

Es war der erste Brief von Moholy-Nagy nach langer Zeit und es war auch der letzte. Er starb mit 51 Jahren am 24. November 1946 in Chicago an Leukämie, gut drei Monate nachdem er den Brief an Palucca geschrieben hatte.

»Liebe Frau Moholy-Nagy«, schrieb Palucca entsetzt an seine Witwe Sybil, Moholy-Nagys zweiter Frau, »ich kann es immer noch nicht fassen, dass ich ihn nie wieder sehen soll. Nach all der schrecklichen Zeit der Trennung war ich so glücklich, als ich erfuhr, dass es Ihnen in Chikago [sic] gut ginge, und es war so schön, dass wir wieder Briefe schreiben konnten. Und dann diese plötzliche Nachricht über seinen Tod [...] Grohmann rief mich an und sagte mir, dass sie an mich gedacht hätten und ein Care-Paket unterwegs sei. Ich weiß gar nicht, wie ich Ihnen dafür danken soll ... Die Freude und die Erwartung ist natürlich groß ...«[65] Es kamen tatsächlich Care-Pakete an, für Palucca und für Grohmann, doch bald konnte Moholy-Nagys Witwe keine Pakete mehr schicken, weil ihr das Geld dazu fehlte. Sie hatte ihre Stellung am Institute of Design aufgegeben, weil sie mit Moholy-Nagys Nachfolger – den Gropius eingesetzt hatte – nicht zurechtkam. Sie berichtete Grohmann über die schlechte Atmosphäre am Institut, und dass es »Querelen über moderne Bauhauserziehung« gab: »Es ist ganz merkwuerdig [sic] wie die Geschichte sich wiederholt«, die letzten Jahre »des Bauhauses in Dessau und die Symptome des Zerfalls dort sind die gleichen wie hier« – »Unser Name [hat] schon heute die gleiche Aura des Kulturbolschewismus wie einst im Mai 1933«.[66] So hatte der beginnende Kalte Krieg auch die Chicagoer Künstlerszene erreicht.

Palucca hielt auf ihre Weise Kontakt mit dem Bauhaus. In Weimar war eine Hochschule für Baukunst und bildende Künste errichtet worden, die wie das Chicagoer Institut als Nachfolge-Einrichtung des Bauhauses gedacht war. Gleich nach dem Krieg, und dann jedes Jahr, fuhr Palucca mit ihren Schülern in einem Bus nach Weimar, wenn es dort Bauhausfeste nach alter Tradition gab. Und manchmal sprang Palucca wie in früheren Zeiten auf die Bühne und tanzte.[67]

Aus Amerika kam immer neue Post. Eine ihrer besten Schülerinnen, Lotte Goslar, meldete sich. Lotte Goslar war in den zwanziger Jahren mit ihrem grotesken, clownesken Talent berühmt geworden, war dann aber gemeinsam mit Erika Mann und deren Kabarett-Ensemble »Die Pfeffermühle« aus Nazi-Deutschland geflohen.

»Palucca – mein Gott, dass es wieder einmal eine Zeit geben würde, in der man sich schreiben kann, ist unfassbar«, schrieb sie aus Hollywood. »Wenn ich schreibe, dreht sich mir richtig das Herz um vor Sehnsucht nach Euch allen. Von allen Einflüssen in meinem ›Kunst‹-Leben bist Du der stärkste gewesen, immer noch. Ich möchte wissen, ob Du einen speziellen Wunsch hast für Lebensmittel«.[68]

Auch Lotte Goslar schickte Care-Pakete: zwei Pfund Schweinefett, verlötet in einer alten Kaffeebüchse. Zwei Stück Palmolive-Seifen. Kerzen, auch Altarkerzen, weil die besonders lange brennen. Thunfisch, ein halbes Pfund Kakao und dazu eine Büchse gesüßte Milch. Ein Pfund Kaffee, Rosinen, Feigen, ein paar Streichhölzer, zwei Packungen Zigaretten, eine Büchse Gesichtscreme, eine

Packung Rasierklingen, zwei Packungen Nudelsuppe. Sie schrieb dazu: »Ich nummeriere das Paket, es dürfen ja leider nicht mehr als 10 Pfund sein. Ja, die billigen Uhren sind eine Spezialität. Man kauft sie im Drugstore für sehr wenig Geld und sie gehen sehr gut.«[69]

Lotte Goslar versuchte, Palucca zu überreden, nach Amerika zu kommen und dort aufzutreten: »Du würdest hier viel grössere Erfolge haben als früher, weil der Geschmack sich sehr geschult hat in den letzten Jahren, und so schrecklich es klingt, die Tatsache, dass es einen Krieg gab, hat sie gereift. Das möchte ich sehen: Dich in New York. Schreib mir, falls ich Dir helfen kann«.[70]

Und noch jemand wollte, dass Palucca in Amerika auftrat: Paluccas ehemaliger jüdischer Agent Arthur Bernstein, dem sie 1933 gekündigt hatte und der dann nach London, nach New York, schließlich nach Hollywood gegangen war, wo er sich wieder als Konzertagent niedergelassen hatte und unter dem Namen Arthur Byrns weiterarbeitete.

Palucca hatte sich zuerst bei ihm gemeldet und er antwortete begeistert: »Als Ihr Brief ankam, habe ich mich so darüber gefreut, als ob ich eine Nachricht von meinem eigenen Kind bekommen hätte.« Er schrieb, er sei glücklich, dass Palucca die Bombardements überlebt habe, erwähnte aber auch, dass er und seine Frau in London ganz genauso »alle Schrecken des Bombardements« über sich ergehen lassen mussten. Und dann: »Ich möchte so gerne meine liebe verehrte Palucca wieder ganz groß vertreten. Lassen Sie bitte per Luftpost von sich hören.«[71] Doch Palucca reagierte darauf erst einmal nicht, so dass Bernstein noch einmal nachfragte: »Wie gern ich für Sie eintreten würde, diesmal im gesamten Ausland. Sie haben mit Ihrer unvergleichlichen Kunst eine Mission zu erfüllen, und ich würde mich glücklich schätzen, Ihr Missionar zu werden«.[72]

Immer wieder kamen Briefe von Bernstein in Dresden an, in denen er weitere Details und Pläne besprach: »Ich würde

Sie als ›Europas bedeutendste Tanzschöpferin‹ ankündigen. So oder ähnlich müssen Sie ein Plakat haben. Sagen wir ganz drastisch eine ›trade mark‹. Entweder werden Sie ein ganz großer Erfolg oder es ist eben nichts. Dann wars ein Versuch«.[73]

Doch Palucca wollte keine Trade Mark werden, nicht in Amerika, nicht dort, wo ihre Familie schon einmal gescheitert war. Sie zögerte die Verhandlungen mit Bernstein über anderthalb Jahre hinaus, dann zerschlugen sich die Pläne, denn Arthur Bernstein starb Ostern 1949.[74]

In eben jenem Jahr, 1949, kam noch einmal ein Angebot aus dem Ausland. Eine Verwandte von Friedrich Bienert suchte eine Ballettmeisterin für das Theater in Florenz. Am liebsten war ihr Palucca oder aber eine »sehr gute Schülerin«: »Die Betreffende müßte sein: möglichst hübsch, von charmantem Wesen, im Auftreten gewandt, damenhaft (sehr wichtig: Es kommt hier alles auf die persönliche Wirkung eines Menschen an.) An und für sich ist Italien kein Boden für den Tanz. Die Frauen sind viel zu träge und indolent, um sich auch nur zur kleinsten körperlichen Anstrengung zu entschließen. [...] Es käme darauf an, die Leute hier mit einem Schlag mitzureißen. [...] Hübsche Kostüme spielen natürlich eine wichtige Rolle«.[75]

Palucca reagierte schnell – mit einer klaren Absage: »Ich selbst möchte nicht fort, da ich hier in Deutschland sehr gut arbeiten kann und wir die ganzen Kinderkrankheiten, die bei Euch noch da sind, hier schon lange überwunden haben und wirklich frei und großzügig künstlerisch arbeiten können. Ich müßte in Florenz wieder vollkommen von vorn anfangen, während ich hier einen geebneten Boden habe, das kannst Du sicher verstehen. Ich hätte wohl geeignete Schülerinnen, aber auch diese wollen sich nicht trennen, weil sie fürchten, daß sie zuviel auf äußere Dinge Rücksicht nehmen müssen und dadurch in dem, was sie wollen, eingeengt würden.«[76]

Palucca wollte nicht auf »äußere Dinge Rücksicht nehmen müssen«. An den Westdeutschen, den Westeuropäern, den Nordamerikanern sollte sie auch in Zukunft kritisieren, dass sie zu sehr auf Äußeres achteten und überreizt seien: »Mir ist das alles zu üppig, mir ist das zu saturiert«,[77] sagte sie einmal und wollte damit begründen, warum sie lieber in Dresden blieb: »Hier sind die Leute noch hungrig nach Schönem«.[78]

Außerdem war für sie der Boden in Dresden tatsächlich geebnet, wie sie es in ihrem Brief nach Florenz ausgedrückt hatte. Sie bekam hier, was sie wollte, fühlte sich gebunden – auch privat.

Im Herbst 1946 schon hatte sie eine Bleibe in der Wiener Straße zugeteilt bekommen, das Haus mit der Nr. 110, eher klein, mit Garten und einem charakteristischen Walmdach. Die Wiener Straße lag in Paluccas bevorzugtem Viertel, wieder einmal in der Nähe des Großen Gartens. Für ihr Wohnzimmer kaufte Palucca eine gebrauchte Sitzecke, schlichte Möbel aus den zwanziger Jahren, aus der Hellerauer Möbelwerkstatt. In dem Haus in der Wiener Straße und mit den Hellerauer Möbeln sollte Palucca fast ein halbes Jahrhundert leben. In den achtziger Jahren würde sich ihre Sekretärin schämen, wenn Minister zu Besuch kamen, dass da immer noch die alten Möbel standen, doch Palucca liebte es so.[79] Und auch in ihrem neuen Haus füllten sich langsam wieder die Bücherregale, die bald die ganzen Wände bedeckten.

In die Wiener Straße 110 zog auch Marianne Zwingenberger als Mitbesitzerin ein.[80] Palucca und Zwingenberger, wie Palucca ihre Freundin immer nur nannte, lebten nun wie ein Paar und ließen ihre Bekannten und Verwandten und selbst ihre Freunde über die Beziehung rätseln. Marianne Zwingenberger, da waren die Leute sich sicher, liebte Palucca und hatte sich nie mit Männern eingelassen.[81] Bei Palucca bezweifelten einige Freunde, dass sie tatsächlich

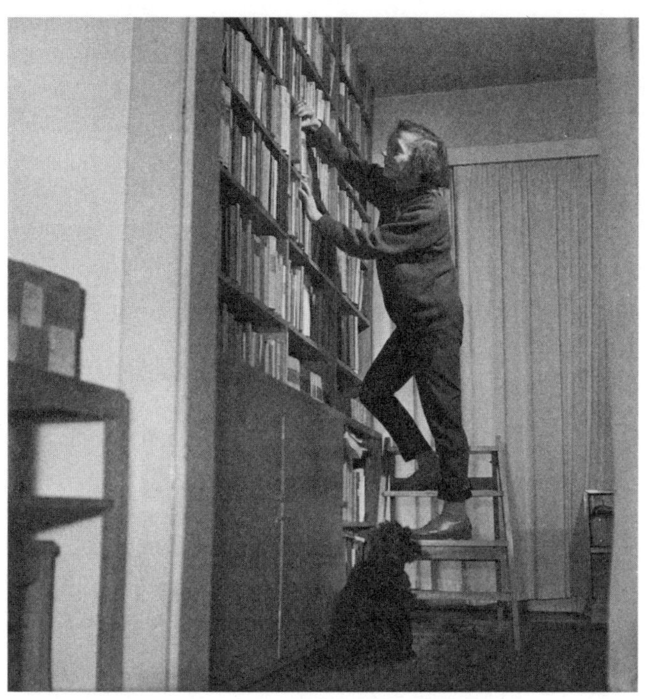

Palucca in ihrer Wohnung in der Wiener Straße, sechziger Jahre

homosexuell sei und vermuteten, dass sie sich Marianne Zwingenberger vor allem deswegen als Partnerin gewählt hatte, weil sie sich nach Geborgenheit und mütterlicher Versorgung sehnte. Zwingenberger jedenfalls kümmerte sich mit ganzem Einsatz um Palucca. In der Klinik, die sie als Chefärztin leitete, hieß es immer: »erst kommt Palucca, dann kommen wir«.[82]

Zwingenberger verstand zwar selber nicht viel von Haushaltsführung,[83] brachte aber ihre langjährige Haushälterin Frau Lamm mit in die Wiener Straße. Frau Lamm sah aus wie eine Wirtschafterin aus dem Bilderbuch mit grauen, zum Knoten gebundenen Haaren und einer Schürze um den runden Bauch. Sie wurde immer nur »Lämmchen« und »Lämmlein« genannt und galt als »gute Seele« des Hauses.[84] Sie bekam wie Palucca und Zwingenberger ein eigenes Zimmer im Erdgeschoss, dann gab es noch das Wohnzimmer und ein Gästezimmer. Frau Lamm führte selbstständig den Haushalt und nahm nie Anweisungen entgegen.[85]

Zwingenberger und Palucca hatten in ihrem Erwachsenenleben kaum je ohne Haushaltshilfen gelebt und wollten auch nun nicht mehr darauf verzichten. Sie behielten ihren großbürgerlichen Anspruch bei. Die NS-Führung hatte die Gesellschaftsstruktur nur geringfügig umgewandelt. Nun aber, im neuen System, sollte das bürgerliche Hierarchieverständnis zerschlagen werden. Doch Zwingenberger und Palucca ignorierten solcherlei Bestrebungen beharrlich. Eine Angestellte, die später für die Stasi als inoffizielle Mitarbeiterin über Palucca ermittelte, beschwerte sich in ihren Berichten, dass sie von Palucca nie »auf die gleiche gesellschaftliche Stufe gestellt« wurde.[86]

Marianne Zwingenberger war nun diejenige, die dafür sorgte, dass genügend Geld im Haus war und Frau Lamm sorgte dafür, dass das Essen ausreichte.[87] Sie kochte und buk, »daß sich die Balken in der Speisekammer«[88] bogen, lobte Marianne Zwingenberger. Palucca mochte es sehr, wenn für sie gekocht wurde. Sie aß dann auch gerne Süßes, Vanillesuppe oder Kuchen. Wenn sie selber Essen für sich zubereiten sollte, ließ sie es lieber ganz und nahm gar nichts zu sich. Zwingenberger achtete darauf, dass die Stimmung gut war im Haus in der Wiener Straße, dass gelacht wurde. Sie konnte gut zuhören, hatte Humor.[89] Sie bezeichnete sich selber gerne als »Leibärztin der Diva«.[90]

Die Tage begannen früh im Haus in der Wiener Straße. Palucca arbeitete viel, stand zeitig auf und Marianne Zwingenberger, die im Frühjahr 1947 Chefärztin der Kinderklinik im Krankenhaus Dresden Johannstadt geworden war, musste ebenfalls in den frühen Morgenstunden das Haus verlassen. Die Klinik Johannstadt war mit 600, manchmal 800 Betten das größte Kinderkrankenhaus der SBZ.[91] Zwingenbergers Arbeit war kaum zu bewältigen.

Marianne Zwingenberger verwandte viel Mühe auf ihr gepflegtes Aussehen. Sie zog meist ein hellbraunes Damenkostüm vom Herrenschneider an, dazu eine erstklassig gebügelte, maßgeschneiderte Bluse.[92] Sie kämmte ihre feinen Haare nach hinten und achtete immer darauf, dass ihr Nacken sauber ausrasiert war.[93] Palucca dagegen gab weniger Acht auf ihr Äußeres. Sie ließ sich zwar ihre Kleidung schneidern, aber sie störte sich nicht daran, wenn die dann ausbeulte, sondern zog ihre verschlissenen Lieblingsstücke immer wieder an. Ihre Haare waren kaum zu bändigen, oft sah es aus, als habe sie vergessen sich zu kämmen. Meist verließ sie mit einer störrisch abstehenden Strähne am Hinterkopf das Haus. Sie wandte sich dann zu Fuß in Richtung Schule und rief Zwingenberger, die gerade ihr Auto bestieg, einen kurzen Gruß zu.

Gegen sieben Uhr begann Palucca, sich in einem der Trainingsräume aufzuwärmen und sich auf die Übungen des Tages vorzubereiten. Zur gleichen Zeit traf sich Zwingenberger zu einer ersten Besprechung gemeinsam mit den Stabsärzten, Oberärzten und Stationsschwestern in ihrem Chefzimmer. Sie selber nahm hinter ihrem großen Schreibtisch Platz und zündete sich die dritte, vierte Zigarette des Tages an, danach brachen alle zur Visite auf, die sich oft über Stunden hinzog, denn manchmal mussten 180 Fälle geprüft werden.

Wenn Zwingenberger die Zimmer der kleinen Patienten betrat und die Kinder dann mit ihrer tiefen Stimme ansprach, reagierten diejenigen, die die Chefärztin das erste Mal sahen, irritiert, fragten manchmal ängstlich, ob sie der »Onkel Doktor« sei. Doch dann sprach Marianne Zwingenberger so freundlich, ruhig und mütterlich auf sie ein, dass die Patienten ihre Scheu schnell verloren.[94] Unter denen, die

Zwingenberger schon länger kannten, kursierte ein Spitzname, »Hadodo Mimbaba«, denn so hatte einmal ein kleiner Junge, der gerade erst ein paar Worte reden konnte, ihren Namen ausgesprochen.[95]

Wenn sie von Bett zu Bett ging, von Zimmer zu Zimmer, sah Marianne Zwingenberger viel Leid: Kinder, denen sie anmerkte, dass sie nur noch wenige Stunden zu leben hatten, verzweifelte Eltern, todkranke Vollwaisen, die niemanden hatten, der sie tröstete, der um sie trauern würde. Vor allem die tuberkulöse Hirnhautentzündung breitete sich epidemisch aus, manchmal lagen dreißig Kinder auf einer Station und weil es keine Antibiotika gab, versuchten die Ärzte, mit Muttermilch- und Liegekuren gegen die aggressive Krankheit vorzugehen.[96] Marianne Zwingenberger ließ im Krankenhaus eine eigene Muttermilchstation einrichten, trotzdem starben die Kinder massenweise, so erinnert sich einer von Zwingenbergers Kollegen: »Es war eine schwere Zeit für Kinder.«[97]

Denn auch wenn Kinder als geheilt entlassen wurden, kehrten sie oft nach kurzer Zeit ins Krankenhaus zurück. Durch den Vitaminmangel konnten sie keine Widerstandskräfte aufbauen, litten oft unter Soor – Pilzbefall – im Mund und im Rachenraum, so dass ihnen die karge Krankenhauskost nicht schmeckte, das Kauen und Schlucken wehtat.[98]

Doch auch die Ärzte und die Krankenschwestern gingen ans Äußerste ihrer Kräfte. Marianne Zwingenberger versuchte, das tägliche Chaos zu strukturieren, sie konnte gut organisieren und die Talente ihrer Mitarbeiter erkennen und gezielt einsetzen.[99] Sie nahm ihre Kollegen sehr ernst und gab jedem das Gefühl, wichtig zu sein. Einmal reagierte eine Fürsorgerin verunsichert, weil sie von Zwingenberger ungewöhnlich respektvoll behandelt wurde und wies eigens noch mal daraufhin, doch »nur Fürsorgerin« zu sein. Zwingenberger antwortete«: »Was heißt nur Fürsorgerin? Das will ich nicht wieder hören.«[100]

In der Regel kam Zwingenberger nicht viel vor Mitternacht wieder nach Hause. Da setzte sie sich oft noch mit der ebenfalls völlig erschöpften Palucca an den Küchentisch. Die beiden aßen, was Lämmchen ihnen gekocht hatte, erzählten sich von den Erlebnissen des Tages, manchmal unterhielten sie sich über Malerei und Musik und legten eine Schallplatte auf – Zwingenberger liebte Musik und hatte selber ein absolutes Gehör.

Wenn es um Politik ging, sprach sich Marianne Zwingenberger immer wieder dafür aus, Abstand zu halten zu den Machthabern.

Im Jahr 1948 konnten die beiden Frauen nicht nach Sylt reisen. Die Währungsreform im Westen war gerade umgesetzt worden und so fehlten ihnen die richtigen Devisen. Doch Palucca wollte gern wieder an die See, an einen Strand und in die Sonne, und so hörten sie auf Freunde, die ihnen Hiddensee empfahlen, die kleine, gerade mal 18 Kilometer lange und sehr schmale Insel in der Ostsee, auf der seit der Jahrhundertwende vor allem Künstler und Fischer lebten. Der Dramatiker Gerhart Hauptmann hatte sich hier in der Zeit zwischen den Kriegen ein Haus gekauft, Thomas Mann war auf Hiddensee mit seiner Familie im Urlaub gewesen, ebenso wie Albert Einstein.

Palucca und Zwingenberger erfuhren von einem Holzhäuschen im Dorf Vitte, das sie mieten konnten. Vitte lag in der Mitte der Insel, dort, wo sie am schmalsten ist, wo es vom Bodden bis zum Meer nur ein paar Schritte sind.[101] Palucca war begeistert und schrieb im August 1948 an die Vermieterin der Baracke: »Bettwäsche nehmen wir selbstverständlich mit und auch Glühbirnen (allerdings haben wir nur 220 Volt, hoffentlich hat Hiddensee dieselbe Voltstärke). Von Frau Dr. Zwingenberger die herzlichsten Grüße.«[102]

Sie reisten mit Zwingenbergers Auto an, ließen es an der Küste stehen und bestiegen ein Schiff. Schon als es ablegte, war Palucca bester Stimmung, genoss den Wind und das Rufen der Möwen. Gleich nachdem sie angekommen war, inspizierten sie die Insel, Palucca fühlte sich gleich an das Sylt der zwanziger Jahre erinnert, freute sich an den geduckten Fischerhäusern mit den Dächern aus Rohr, an den grünen Hügeln, an der Steilküste im Norden, am Hafen, in dem die Fischer ihre Netze flickten, und daran, dass hier alle zu Fuß gingen, Fahrrad oder Pferdekutsche fuhren.

Das Holzhaus lag auf der Seite des Grundstücks, die dem Meer zugewandt war, nur etwa dreihundert Meter vom Strand entfernt. Es gab zwei Räume, die noch im verschnörkelten Stil der frühen zehner Jahre eingerichtet waren und als Schlaf- und Wohnzimmer genutzt wurden. Eine Küche gab es auch und einen schmalen Flur und ums Haus herum einen kleinen Anbau, in dem Bedienstete übernachten konnten. Palucca und Marianne Zwingenberger nahmen die Gelegenheit wahr und reisten die nächsten Male mit ihrem »Lämmchen« an.[103]

Palucca liebte das Leben auf Hiddensee. Manchmal reichte es ihr, auf der Holzkiste vor dem Haus zu sitzen und über den Gartenzaun hinweg mit den Inselbewohnern darüber zu plaudern, wo gerade neue Kühe geboren worden waren. Sie war dann umgeben von pickenden Hühnern und schaute den Tieren so fasziniert zu, als folge sie einer atemberaubenden Choreografie. Sie sonnte sich ganze Tage auf Hiddensee, wollte so braun werden wie möglich, lag kaum bekleidet auf einem Liegestuhl hinter der Holzbaracke und dämmerte vor sich hin, erholte sich von den Anstrengungen vieler Monate. Manchmal brach sie am Anfang ihres Aufenthaltes regelrecht zusammen und kam erst nach Tagen wieder zu sich. Marianne Zwingenberger umsorgte sie dann, holte von den Fischern frischen Fisch, ging spazieren, führte den gemeinsamen Hund aus, sah ihm zu, wie er am Strand spielte, Stöcke holte und an Muscheln und Steinen schnupperte. Im Urlaub tauschte Marianne Zwingenberger ihr All-

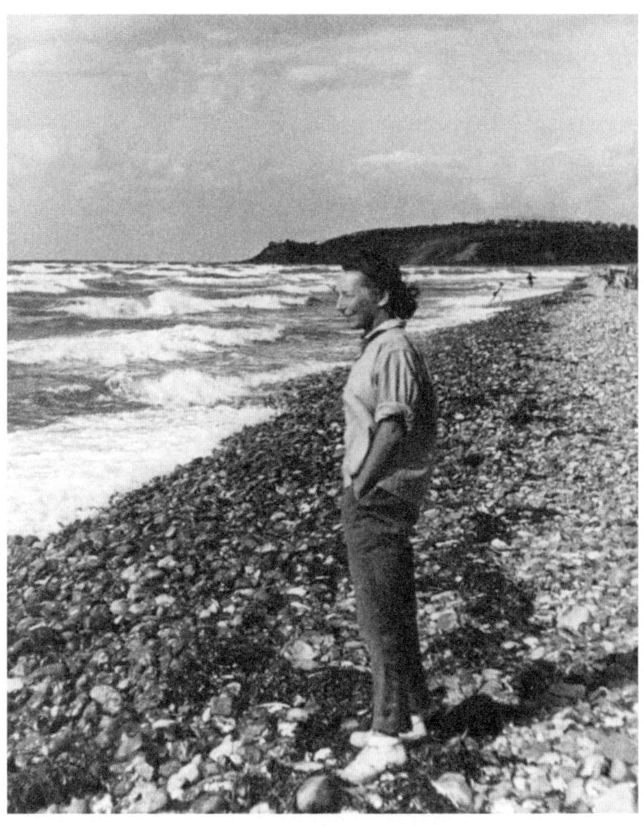

Palucca auf Hiddensee

tags-Kostüm gegen eine Herrenhose, Hemden und Hosenträger und trug zuweilen auch Latzhosen.[104]

Auch in Paluccas Dresdner Alltag gehörte Marianne Zwingenberger selbstverständlich dazu. Palucca bekam Pakete, in denen Tabak für die Freundin beigelegt war[105] oder Zigaretten[106]. Gemeinsame Freunde holten sich bei Marianne Zwingenberger ärztlichen Rat.[107] Palucca wiederum bestellte bei Zwingenbergers Bruder – der die familiäre Strumpf- und Trikotagenfirma vorerst weiterführte – Trikotstoff: »Ihre Schwester sagte mir vor einiger Zeit, dass Sie eventuell besseren Trikotstoff hätten und mir ihn auch färben lassen könnten [...] Ein Farbmuster lege ich bei. Es müsste allerdings genau die Farbe sein, weil es zu den langen Hosen passen muß. Ich zittere bei jedem Tanzabend, wenn das Kostüm kaputt geht. Es ist schade, dass Sie gar nicht einmal zu uns nach Dresden kommen können. Aber wir geben nicht auf.«[108]

Marianne Zwingenberger arbeitete ab 1947 auch an der Palucca-Schule und unterrichtete Anatomie. Palucca sorgte sich allerdings, dass sie sich durch die offizielle Anstellung der Freundin angreifbar machen könnte. Als sich eine Privatsekretärin bei ihr bewarb, und sie ihr auch schon zugesagt hatte, sich dann aber herausstellte, dass die Frau eine bekennende Nationalsozialistin gewesen war, zog Palucca das Angebot für eine Anstellung wieder zurück: Durch die »offizielle Stellung von Frau Dr. Zwingenberger« könnten sowieso schon »Schwierigkeiten entstehen«, so schrieb sie in ihrem Absagebrief, weitere Risiken wolle sie nun nicht eingehen.[109]

Einmal noch bekam Palucca einen Schreck, als eine Bekannte in einem Brief nichtsahnend über einen angesehenen Tänzer schrieb, er sei »von der Kriminalpolizei wegen homosexueller Vergehen verhaftet« worden. Palucca schrieb verstört zurück: »Die Angelegenheit habe ich erst durch Ihren Brief erfahren und ich war über diese Mitteilung ziemlich erschrocken, weil das so unerwartet kam und es einen doch bedrückt, wenn die Tänzer dadurch wieder in ein so ungünstiges Licht kommen. Wir kämpfen doch alle dafür, dass unser Beruf ernst genommen wird und die alten Vorurteile gegen den Tänzer verschwinden«.[110]

Dass Palucca nun mit einer Frau zusammenlebte, darüber machten sich die Leute zwar ihre Gedanken, doch die beiden Frauen wurden trotzdem in Ruhe gelassen. Auch staatlicherseits wurden sie nicht behelligt, obwohl gleichgeschlechtliche Lebensgemeinschaften in der DDR genauso beargwöhnt waren wie in der BRD. Doch hier wie dort hatten es – wie schon im NS-Staat – homosexuelle Männer schwerer als Frauen.[111]

Nur einmal gerieten die Freundinnen ernsthaft ins Visier der Volkspolizei. »Z. ist sehr gut mit einer Pallucca [sic] befreundet«, heißt es in einem Aktenvermerk aus dem Jahre 1949, doch aus dieser Beobachtung folgten keine grundsätzlichen, keine moralischen Bedenken. Es ging um etwas anderes: Jemand hatte herausgefunden, dass Zwingenberger und Palucca von einer gemeinsamen Freundin Radium geerbt hatten. »Da das Heilmittel in der gesamten SBZ dringend benötigt wird«, forderte das Dresdner Gesundheitsamt das Radium ein und bot Palucca »sofort 6000 DM« dafür an. Doch Palucca wollte keine Ostmark, sie wollte nun, kurz nach der Währungsreform, denselben Betrag in Westmark ausgezahlt bekommen, worauf sich die Vertreter der Stadt nicht einlassen wollten. Als Palucca im August 1949 zu einer Tournee nach Westdeutschland aufbrach, übergab sie das Radium »der Kinderärztin vom Stadtkrankenhaus Johannstadt, Frau Dr. Zwingenberger«, so notierten städtische Angestellte in ihren Akten und forderten nun Marianne Zwingenberger auf, das Radium ihrerseits städtischen Stellen zu übergeben. Doch Zwingenberger weigerte sich, irgendetwas zu verfügen, solange Palucca nicht da war.

Ein paar Tage später beantragte sie dann selber einen Interzonenpass für eine Reise zu einem Ärztekongress nach Düsseldorf. Da hieß es bei den Behörden: »Um eine eventuelle Ausführung des Radiums nach dem Westen durch die Frau Dr. Zwingenberg [sic] zu vermeiden, ist es angebracht, sich mit der anderen Dienststelle in Verbindung zu setzen, um dieser Person den Pass vor dem 15.9.1949 nicht auszuhändigen, da bis zu diesem Zeitpunkt die Klärung der Angelegenheit durch Frau Stadtrat Dietrich herbeigeführt wird.«[112]

Mit ihrer Weigerung, das Radium auszuhändigen, signalisierte Palucca, dass sie lieber nach ehernen Grundsätzen des Kapitalismus verfuhr, den Wert des Radiums taxierte und ihn dann mit kaufmännischem Geschick höher trieb. Sie war eine gute Geschäftsfrau, die mit diesem spezifischen Talent nur scheinbar im falschen System gelandet war, denn ihr Verhandlungsgeschick nützte ihr in der DDR durchaus. Und die Kulturpolitiker der DDR verhielten sich Palucca gegenüber ebenfalls in einem streng materialistischen Sinne: Sie verbuchten es als Gewinn, die Grenzgängerin im Lande halten zu können.

Auch für ihre Dresdner Schule handelte Palucca gute Bedingungen aus. Die Schule wurde 1949 verstaatlicht und war auf diese Weise materiell abgesichert. Palucca sah erst einmal nur die Vorteile der Verstaatlichung. Die Schule behielt ihren Namen, hieß weiterhin Palucca-Schule, und für den ersten Haushaltsplan forderte Palucca die astronomische Summe von 149 500 Mark. Als Gehalt ließ sie sich 2 000 Mark im Monat auszahlen und damit ungefähr das Zehnfache dessen, was DDR-Bürger normalerweise verdienten. In den nächsten Jahren wurde ihr Schulleiterinnen-Gehalt dann noch einmal verdoppelt, so dass sie genauso viel verdiente wie der Dichter Bertolt Brecht, der in der Leitung des Theaters »Berliner Ensemble« arbeitete.[113]

Mit allen Mitteln sollte Palucca in dem Staat gehalten werden, der im Oktober 1949 gegründet worden war: in der DDR.

»Ich möchte, daß die Menschen freier sind« – Palucca in der DDR

Palucca blieb in Dresden, doch um sie herum hatte ein Exodus begonnen. Die SED hatte sich am Ende der vierziger Jahre bereits in eine reine Funktionärsoligarchie verwandelt, die auf die Bürger zunehmend Druck ausübte und damit immer neue Ausreisewellen auslöste.

Eine Kollegin, die an der Palucca-Schule unterrichtet hatte, kehrte von einer Reise in den Westen nicht mehr zurück. Sie schrieb Palucca aus dem oberbayerischen Bad Tölz, dass sie, »endgültig« dort bleiben wolle: »Ich möchte Sie deshalb herzlichst bitten, mich bis auf weiteres von meiner Dresdner Arbeit zu entbinden, in der Hoffnung, daß Sie für mein plötzliches Tun Verständnis haben«.[1]

Paluccas Onkel, Richard Paluka, wandte sich 1949 an seine Nichte und bat, ein gutes Wort dafür einzulegen, dass sein Schwiegervater aus Sachsen in den Westen kommen könnte: »Bitte, liebe Gret, hilf uns da, ich erweise dir jeden Gefallen«.[2]

Will Grohmann war schon 1948 als Rektor der Hochschule für Werkkunst abgesetzt worden.[3] Die abstrakte Kunst, für die er sich einsetzte, galt im Osten auf einmal als spätbürgerlich und dekadent. Also nahm er 1949 einen Ruf an die Hochschule der Künste in West-Berlin an und wurde dort Professor. Er zog mit seiner Frau, einer Pflegetochter und seiner neuen jungen Freundin, die zugleich seine Assistentin war, in einen großzügigen Bungalow in Berlin-Lankwitz. Bei Palucca meldete er sich nun lange Zeit nicht mehr. Zu Mary Wigman aber hielt er Kontakt und schrieb ihr im Mai 1949, dass sie es nun mit einem Umzug von Leipzig nach West-Berlin versuchen solle: »Ich denke, daß eine Umsiedlung keine großen Schwierigkeiten mehr machen wird. Von Herzen Dein Will«.[4] Zwei Monate später, am 4. Juli 1949, zog Mary Wigman, inzwischen 63-jährig, tatsächlich aus Leipzig fort. Im Berliner Stadtteil Zehlendorf eröffnete sie ihre neue Schule.

Doch anders als Grohmann hatte es Mary Wigman in West-Berlin nicht leicht. Ihr Tanzstudio blieb zwar bis 1967 erhalten, doch Wigman konnte sich durch die Schule allein kaum finanzieren und war von nun an auf die materielle Hilfe von Freunden angewiesen.[5]

Grohmann aber wurde zum wichtigsten Kunstkritiker der Bundesrepublik, zu einer »mythischen, unerreichbaren Persönlichkeit«, wie Freunde sagten.[6] Von überallher kamen Einladungen und Anfragen: von den Berliner Festwochen, vom Institut Français, von der Akademie der Künste, von der Freien Universität, von den Berliner Philharmonikern. Er fuhr zu Studienreisen nach Amerika und bekam über das Berliner Amerika-Haus die internationale Ausgabe der »New York Times« zugestellt.[7]

Erschöpft von seinen zahlreichen Verpflichtungen schrieb er an Mary Wigman: »Liebste Mary, ich benutze die Gelegenheit eines Seifenbades, Dir einen Brief zu diktieren [...] ich muß nämlich so schuften, daß ich tatsächlich für mich keine Minute mehr rausschinden kann.«[8] So gelang den einen tatsächlich die erträumte Alterskarriere im Westen, andere hatten hier weniger Erfolg als zuvor. Viele Leute allerdings dachten nicht einmal an Erfolg und Karriere, wenn sie aus dem Osten weggingen. Sie gingen in den Westen, um sich die schiere Existenz zu sichern, so wie die Brüder, Nichten und Neffen von Marianne Zwingenberger. Den Zwingenbergers war, wie vielen anderen Textilfabrikanten, aus fadenscheinigen Gründen der Prozess gemacht worden. Sie wurden eines Wirtschaftsverbrechens angeklagt, ihr Unternehmen sollte enteignet werden. Um Gefängnisstrafen zu entgehen, verließen alle Familienmitglieder die DDR. Nur Marianne Zwingenberger blieb – wegen Palucca.[9]

Der Exodus der Fabrikantenfamilien, zu denen die Zwingenbergers und auch die Bienerts gehörten, veränderte die

DDR.[10] Das bürgerliche Selbstverständnis, das Friedrich Bienert, Marianne Zwingenberger und auch Palucca geprägt hatte, hatte keine Legitimation mehr. Dennoch lebten in Pfarrhäusern, in kirchlichen Ausbildungsstätten, an den humanistisch oder auch kirchlich geprägten Oberschulen und vor allem bei den Ärzten, die als Fachkräfte kaum zu ersetzen waren, Elemente des Bürgertums fort.[11]

Palucca und Marianne Zwingenberger bewahrten ihr bürgerliches Selbstverständnis, auch wenn der familiäre Rahmen nicht mehr gegeben war. Und sie profitierten von ihren West-Kontakten, kamen leicht an Ausreisegenehmigungen. Einer von Marianne Zwingenbergers Neffen richtete beiden Frauen auf westdeutschen Banken Konten ein, wodurch es Palucca und Zwingenberger bei ihren West-Besuchen immer gut ging. Von der Existenz dieser Konten wussten nur die Zwingenbergerschen Verwandten, so dass Palucca von ihren Freunden im Westen immer als finanziell minderbemittelt angesehen und ebenfalls versorgt wurde. So war Palucca auf doppelte Weise privilegiert: Sie bezog im Osten ein Ausnahmegehalt und galt dennoch bei den Freunden und Bekannten im Westen – allein durch die Tatsache, dass sie in der DDR lebte – als fürsorgebedürftig.

In den unmittelbaren Nachkriegsjahren hatte sich vieles so gefügt, wie Palucca es sich gewünscht hatte. Von allen Seiten war ihr Hilfe angetragen worden. Und es hatte sich in den Kreis der vielen Umsorger sogar noch eine Person dazugesellt: Irmgard Schöningh, eine Westdeutsche, die als bekennende Kommunistin in den Osten gezogen war, um hier ihr Glück zu versuchen.

Palucca und Irmgard Schöningh lernten sich 1948 in Ost-Berlin kennen. Paluccas Berliner Assistentin suchte da schon seit zwei Jahren nach einem geeigneten Raum für eine Zweigstelle der Schule. Doch in der zerstörten Stadt herrschte Raumnot. Die Räume, die in Frage kamen, waren entweder beschädigt und deswegen nicht sicher genug oder nicht

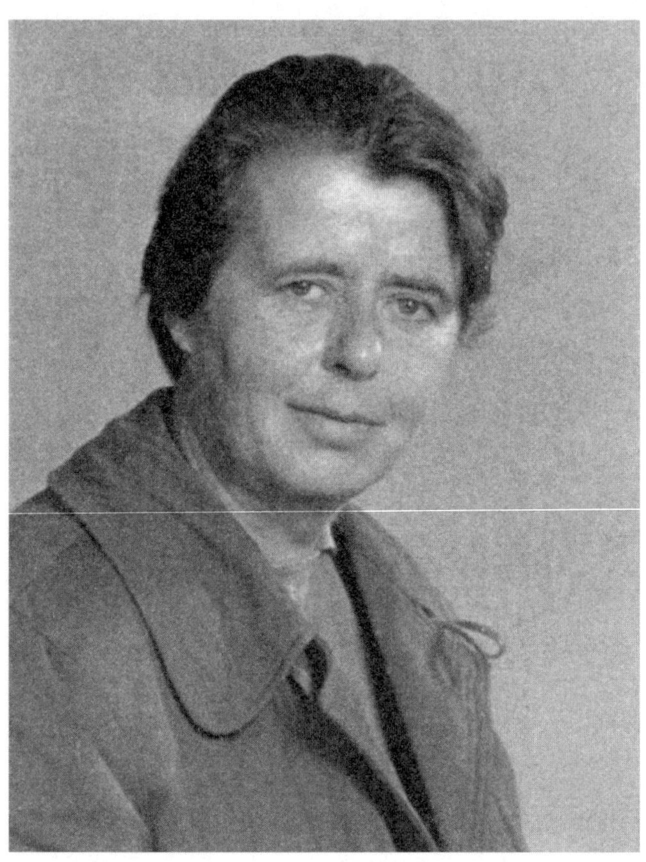

Irmgard Schöningh, Anfang der sechziger Jahre

beheizbar. Verzweifelt wandte sich Paluccas Assistentin an Irmgard Schöningh, die im Ministerium für Volksbildung als stellvertretende Leiterin der Hauptabteilung Kunst und Literatur angestellt war.[12] Und um bei Irmgard Schöningh ebenfalls für gute Stimmung zu sorgen, schrieb Palucca ihr aus Dresden einen Brief und legte eine Packung Zigaretten dazu. Schöningh bedankte sich bei Palucca in dem für sie typischen ironischen Ton: »Über ihren Brief habe ich mich sehr gefreut, aber ich bin Materialist genug, um zuzugeben, daß ich mich über die Anlage ihres Briefes beinahe noch mehr gefreut habe. Im Hinblick auf die Tatsache, daß Sie nicht rauchen, haben mir die Zigaretten besonders gut geschmeckt; was nun nicht heißen soll, daß sie mir schlechter geschmeckt hätten, wenn sie rauchten. Sie sollen aber überzeugt sein, daß ich wirklich gerührt war, daß Sie sich so liebevoll meiner Schwäche angenommen haben [...] Ich bitte dringend, Sie sehen zu können, wenn Sie nach Berlin kommen«.[13]

Schöningh hatte auch gleich eine Idee, in welchem Saal Palucca in Zukunft ihre Kurse halten konnte. Der Saal wurde zwar von einem anderen Tänzer genutzt, war aber an den Nachmittagen nicht belegt. Erleichtert schrieb Paluccas Assistentin im Oktober 1948 nach Dresden: »Am Montag war ich bei Frau Schöningh, die ja besonders nett ist, wir fuhren gleich zusammen nach dem Saal, Rosenthalerstr. 40. Er ist groß und geeignet«.[14]

Palucca wurde für Anfang Januar 1949 nach Berlin einbestellt, dort sollte sie sich den Raum gemeinsam mit Irmgard Schöningh anschauen: »Frau Schöningh würde es gut am Dienstag passen«, schlug die Assistentin vor, »und ich sagte, daß Du wohl mit dem Bus kämst und sie erwartet Dich dann im Amt«.[15]

Palucca fuhr daraufhin ins Ministerium für Volksbildung. Es musste ihr auf den ersten Blick aufgefallen sein, wie sehr Irmgard Schöningh ihrer Freundin Marianne Zwingenberger ähnelte: Auch Schöningh trug Herrenhosen, ein Herrenhemd und eine Herrenfrisur. Gemeinsam zogen sie los, um den Raum anzuschauen. Palucca fuhr mit bester Stimmung nach Dresden zurück. Doch kaum war sie angekommen, erfuhr sie, dass sie den Saal doch nicht würde nutzen können. Irgendetwas war wieder dazwischen gekommen. Irmgard Schöningh war das sehr unangenehm und sie bemühte sich um eine neue Lösung. Wieder zog sie mit Paluccas Assistentin los: »Frau Schöningh hat sehr viel geschafft«, schrieb die Assistentin an Palucca, »am Mittwoch haben wir uns einen Saal in der Michelstraße angesehen. Leider war er vollkommen mit Teppichen ausgelegt und darunter Zement. Du kannst Dir die Enttäuschung von Schöningh nicht vorstellen. Auf dem Rückweg zum Amt mußten wir erstmal einen großen Schnaps trinken.«[16]

Im Februar 1949 fiel die Entscheidung für den Ballettsaal der Staatsoper, den Palucca nun nutzen durfte. Ganz zufrieden war die Assistentin mit der Entscheidung nicht, der Saaleingang sehe kümmerlich aus, schrieb sie an Palucca, weil »drumherum alles zerschlagen ist«. Doch etwas Besseres war nicht zu finden und so erklärte sich das Ministerium für Volksbildung bereit, den Saal für Palucca anzumieten. Doch immer wieder gab es Verzögerungen.

In den folgenden Monaten des Jahres 1949 intensivierten sich die Kontakte zwischen Palucca und Irmgard Schöningh. Schöningh kam nach Dresden in die Wiener Straße zu Besuch, wurde dort von Haushälterin Lämmchen umsorgt, wie sie in einem Dankesbrief an Palucca schrieb. Schöningh sprach nun ihrerseits eine Einladung nach Berlin aus: »Bitte melden Sie sich für Berlin mit einem Fanfarenstoß bei mir an, damit wir ein Zusammentreffen verabreden können.«[17]

Wenn Palucca auf einer Tournee in Westdeutschland unterwegs war, bat sie Marianne Zwingenberger, den Kontakt mit Irmgard Schöningh zu halten. Zwingenberger solle Schöningh schriftlich berichten, was Palucca zuvor am Telefon erzählt hatte: dass ihre Tournee ein »künstlerischer Erfolg« sei, dass die »wirtschaftliche Lage« in Westdeutschland »katastrophal« sei.[18]

Irmgard Schöningh handelte bald ganz in Paluccas Sinne. Sie gehörte zu denjenigen, die die Verleihung des Nationalpreises der DDR an Mary Wigman – die trotz ihres

Umzugs nach West-Berlin dafür noch im Gespräch war – vereitelte. Und sie setzte sich dafür ein, dass die Palucca-Schüler bei der Nahrungsmittelverteilung bevorzugt wurden. Sie versprach Palucca auch, dass sie für sie einen DKW, ein eigenes Auto, beantragen wolle und auch einen Chauffeur, denn Palucca konnte nicht Auto fahren.[19] Die Autofrage allerdings gestaltete sich bald doch wieder kompliziert und Irmgard Schöningh musste die Erfahrung machen, dass Palucca auf dem, was ihr einmal versprochen worden war, bestehen würde: »Ich möchte furchtbar gern die ganze Autoangelegenheit klären, weil wir doch in der kurzen Zeit in Berlin das nicht tun konnten«, schrieb Palucca an Schöningh: »Ich bin über Deinen offiziellen Brief vom 6.2.1950 ein bisschen erschrocken und finde mich da nicht ganz zurecht. Es war doch wohl so, dass Du einen Wagen für mich beantragt hattest und mir zuletzt sagtest, dass ich einen neuen Wagen bekäme, es würde zwar kein BMW sein, weil diese Wagen alle für Mitglieder der Regierung gebraucht würden. Du teiltest mir auch noch mit, dass nur drei neue Wagen genehmigt würden, und dass davon einer für mich bestimmt sei.« Unter keinen Umständen, so schrieb Palucca, könne sie in Zukunft Verpflichtungen in Berlin nachkommen, »wenn ich weiter unter so schwierigen Bedingungen mit der Bahn fahren muss.«[20]

Palucca bekam ihren Willen, ein Auto, einen Chauffeur – und schon bei einer der ersten Fahrten passierte ein Unfall. Am 17. Februar 1950 ließ Palucca sich von einem Auftritt bei den Städtischen Bühnen Brandenburg abholen, es ging über schlecht beleuchtete, beschädigte Straßen. Auf einmal geriet das Auto ins Schlingern, kam von der Straße ab, es gab einen heftigen Ruck und Palucca flog durch die Frontscheibe.[21]

Sie kam sofort ins nächste Krankenhaus. Irmgard Schönigh eilte herbei und bot an, Palucca von nun an zu vertreten. In einem Telegramm an Zwingenberger schrieb sie:

»Befinden Palucca den Umstaenden entsprechend befriedigend. Neben Verletzungen starke Schockwirkung Stop Daher allergrösste Schonung notwendig Stop keine geschäftlichen Anfragen Stop Dringende Angelegenheiten an mich Schoeningh«.[22]

Palucca erholte sich körperlich schnell, doch der Schock wirkte noch eine Weile nach. Zudem erfuhr sie, dass ihre Nase beim Unfall gebrochen war. Verzweifelt schickte sie ein Eiltelegramm an Schöningh: »Nasenbein gebrochen, muss mich für die Zukunft entscheiden, erbitte dringend Anruf und Rat, Palucca.«[23]

Und Palucca entschied sich für die Zukunft. Sie entschied sich – das zweite Mal in ihrem Leben – für eine Dreierkonstellation. Sie ließ von einem Speditionsunternehmen aus der Wiener Straße eine Kommode, einen kleinen Tisch, ein Spülbecken und eine große Couch abtransportieren[24] und in eine Ost-Berliner Wohnung anliefern, die sie dann von Zeit zu Zeit mit Irmgard Schöningh teilte. Zugleich blieb die Wiener Straße in Dresden, wo sie weiterhin mit Marianne Zwingenberger lebte, ihre Hauptadresse. Und sie entschied sich, ihre Bühnenkarriere nach 26 Jahren zu beenden, um nur noch Tanzpädagogin zu sein. Zwar war sie noch Ende 1949 von ihrer ehemaligen Schülerin Dore Hoyer angefleht worden: »Tanze – Palucca – tanze! Kümmere Dich nicht um die Meinung der Anderen. Bleibe reich in Dir. Du bist elementar! Wer ist das heute noch oder wieder?!«[25] Doch Palucca wollte einen neuen Lebensabschnitt beginnen.

Den Abschied von der Bühne feierte Palucca weder in Dresden noch in Berlin. Sie ging nach Sylt, an ihren Rückzugsort. Das erste Mal war sie hier gewesen als junge Ehefrau, als sie gerade eingeheiratet hatte in einen weltgewandten und kunstsinnigen Clan, der ihrem Ideal von Familie entsprach. Auf Sylt hatte sie ihr Bedürfnis nach Einfachheit und Askese befriedigen können: wenn sie sich mit Bienert zusammen ein schlichtes Lager in den Dünen gebaut, mit Grohmann ein Frühstück in ihrem Schlafzimmer improvisiert oder wenn sie ganz allein in ihrer Kate am Lister Strand gehaust hatte. Das Repräsentative und das Einfache – hier war es ihr leicht gefallen, diese Gegensätze zusammenzubringen. Sylt war der richtige Ort für sie, auch weil sich Palucca hier noch einmal ihres westdeutschen Publikums versichern konnte.

Im Sommer 1950 war Palucca 48 Jahre alt. Wäre sie beim klassischen Tanz geblieben, hätte sie sich schon längst von der Bühne verabschieden müssen. Im modernen Tanz aber gab es keine rigiden Altersgrenzen, Mary Wigman hatte vorgemacht, wie lange sich eine moderne Tänzerin auf der Bühne halten konnte und war bis zu ihrem 56. Lebensjahr aufgetreten. Trotzdem war es für Palucca nun Zeit, denn die Kritiken waren in der Nachkriegszeit im besten Falle wohlwollend gewesen. Palucca merkte, dass sie anfangen musste, Schwerpunkte zu setzen und ihre durch den Unfall angeschlagenen Kräfte zu bündeln. Und sie wusste auch, dass es ein Leben nach dem Bühnentanz für sie geben würde, ein Leben als Pädagogin und – so hoffte sie jedenfalls – als einflussreiche Kulturprominente: Im selben Jahr, 1950, war sie gemeinsam mit Anna Seghers, Helene Weigel, Johannes R. Becher, Bertolt Brecht, Hanns Eisler, Heinrich Tessenow und anderen zum Gründungsmitglied der ostdeutschen Akademie der Künste berufen worden.

Und so war nicht nur der Ort für sie richtig gewählt für einen Abschied von ihrem treuen, vertrauten Publikum; auch der Zeitpunkt war gut. Ihr Auftritt sollte in List sein. Seit Kriegsende standen etliche Baracken leer und die Turnhalle der Armee war von der Lister Gemeinde in einen Kinosaal umgewandelt worden, der sich auch als Bühnenraum eignete. Der Abend wurde in den Zeitungen und auf Plakaten groß angekündigt – es war das wichtigste Ereignis der Sylter Sommer-Saison. Ein Sonderzug sammelte Zuschauer aus allen Ecken der Insel und brachte sie nach List, prominentere Gäste kamen mit dem Auto vorgefahren. Der Abend war ausverkauft. Die Zuschauerreihen füllten sich. Als Ruhe eingekehrt war, erklang ein Gong. Palucca trat, wie immer ganz plötzlich, wie zufällig aus der Seitenkulisse heraus, barfuß und in einem schlichten wallenden Kleid. Sie gab am Anfang heitere Tänze zu »Zwei Préludes« von Claude Debussy und einer »Sonatine« von Boris Blacher. Dann wurde es ernster, Palucca tanzte »Aus den Tiefen« zur Musik von Modest Mussorgskis »Bilder einer Ausstellung« und »Phantasmen« von Béla Bartók. Ganz am Ende drehte sie noch einmal auf: zu den »Ungarischen Tänzen« von Johannes Brahms. Die »Ungarischen Tänze« enden plötzlich und unvermittelt. Im Programmheft hieß es vieldeutig, dass dies Paluccas »Schlußtänze« seien.

Das Publikum war begeistert, so begeistert, dass sich Palucca von ihren Freunden doch noch zu einem weiteren Tanzabend überreden ließ. Im Sylter Klappholtal, in der kleinen Laubenkolonie in den Dünen, trat sie dann noch einmal auf, ohne Vorankündigung, ohne große Öffentlichkeit, ohne Ehrungen und Dankesreden. Nur ihre Freunde schauten zu.[26]

Mit 200 eigenen Choreografien war sie zu einer der wichtigsten deutschen Tänzerinnen geworden und in Zukunft würde sie immer wieder gefragt werden, ob nicht eine andere Tänzerin ihre Stücke nachtanzen dürfe. Doch für Palucca kam das nicht in Frage. Sie hielt an der Überzeugung fest, dass die Werke des modernen Tanzes untrennbar mit der Persönlichkeit der Tänzer-Choreografen verbunden seien. Mit ihrem Abgang von der Bühne gab Palucca auch ihre Tänze verloren. Sie beendete diesen großen, wichtigsten Lebensabschnitt, ihr Bühnenleben, so, wie es zu ihr passte: große Bühne, kleine Bühne, viel Rummel und dann Rückzug. Ihre letzten beiden Auftritte waren nicht als Abschiedsvorstellungen angekündigt worden – Palucca stand auf der Bühne und behielt das, worum es eigentlich ging, für sich.

Auf diese Weise konnte sie sich noch offenhalten, vielleicht doch noch einmal aufzutreten. Und tatsächlich würde es noch einen einzigen, offiziellen und dann wirklich letzten Auftritt geben.

Im Herbst 1950 reiste Palucca nach Dresden zurück. Die langen Pausen, das wusste sie nur zu gut, waren ein Risiko. Es konnte immer passieren, dass in der Zeit ihrer Abwesenheit ein Machtverlust drohte. Und tatsächlich war die Kulturpolitik in eine entscheidende Richtung entwickelt worden – eine Richtung, von der Grohmann die Anfänge erspürt und mit seinem Weggang aus Dresden seine Konsequenzen gezogen hatte. Im Juli 1950 hatte sich die SED auf ihrem III. Parteitag zusammengefunden und Richtlinien für den ersten Fünfjahresplan verabschiedet: Jegliche Kulturarbeit sollte angeleitet und kontrolliert werden.[27]

In den kommenden Jahren sollte sich zeigen, dass der künstlerische Konformitätsdruck in der Kulturpolitik der DDR groß sein würde.[28] Am 14. Januar 1950 stand die Umorganisation des Staatsapparates auf der Tagesordnung der Sitzung des Sekretariats des ZK der SED. Es wurde beschlossen, das Ministerium für Volksbildung umzustrukturieren und die Hauptabteilung Kunst und Literatur aufzulösen. Die Aufgaben der Hauptabteilung Kunst und Literatur wurde einer »Staatlichen Kommission für Kunst und Literatur« übertragen; Vorbild dafür war das sowjetische Komitee für Kunstangelegenheiten. Zwar wurde die neue Behörde erst ein knappes Jahr später, am 10. Juli 1951, offiziell gegründet, doch die programmatische Ausrichtung war schon in den Monaten davor festgelegt worden. Die Staatliche Kunstkommission sollte in allen Schlüsselpositionen mit bewährten SED-Kadern besetzt werden. Ihre Weisungsbefugnisse waren nahezu unbeschränkt.[29]

Für Palucca war die neue Programmatik verheerend. Die Ästhetik, für die sie stand, der moderne Tanz, den sie in den zwanziger Jahren durch die Auseinandersetzung mit der abstrakten Malerei für sich entwickelt hatte, galt nun als dekadent, formalistisch, zu individualistisch. Es hieß, die Entwicklung eines kollektiven Geistes werde gestört, wenn es in der Kunst vor allem darum gehe, den eigenen Empfindungen nachzuspüren. Realistisch sollten Künstler von nun an vorgehen und der sowjetischen Kunst-Doktrin des »Sozialistischen Realismus« folgen. Als realistisch galt die gegenständliche Malerei, galten Bilder, die Arbeiter- und Bauernidyllen zeigten. Und so wurden aus der renommierten Dresdner Kunstakademie diejenigen Professoren entlassen, die Förderer abstrakter Stilrichtungen waren.[30] Auch die Neue Musik geriet in die Kritik. Die klassischen Ausdrucksweisen aber, Ballett und Musik des 18. und 19. Jahrhunderts, sollten gefördert werden, weil damit angeblich das kulturelle Erbe fortgesetzt würde. Es war eine merkwürdige Umkehrung der Verhältnisse: Hatten Palucca und ihre Freunde in den zwanziger Jahren versucht, mit der Moderne ein Bürgertum wilhelminischer Ausprägung zu überwinden, galt nun in der DDR ausgerechnet die Kunst der Moderne als Ausdruck spätbürgerlicher Lebensweise. Palucca tat sich schwer, diese Wende zu verstehen. Doch den Kulturpolitikern war es ganz recht, für Verwirrung zu sorgen, da ihre Institution als maßgebende Instanz auf diese Weise umso wichtiger wurde.

So geriet Palucca in eine Situation, die ihr bekannt war. Sie hatte sich wieder mit einer Kulturbehörde auseinanderzusetzen, die mit ihrem reglementierenden, programmatisch eingreifenden Charakter in wesentlichen Aspekten dem NS-Propagandaministerium glich. Auch inhaltlich gab es Parallelen: in der Anti-Moderne-Haltung und in der Aufwertung des klassischen Formenrepertoires. Und wieder wurde Palucca eine Zwischenrolle zugeschoben. Einerseits signalisierten ihr die Kulturpolitiker, dass sie sie unbedingt im Lande halten wollten, andererseits machten sie ihr klar, dass sie vom modernen Tanz – den Palucca selber jetzt als Neuen

Künstlerischen Tanz bezeichnete – nichts hielten. Palucca versuchte trotzdem, den modernen Tanz auch weiterhin in der DDR zu etablieren. Verschiedene Male in ihrem Leben hatte sie schon erfahren, dass es für sie Ausnahmeregelungen geben konnte und es schien nichts dagegen zu sprechen, es wieder zu versuchen. Schon als die ersten Gerüchte aufgekommen waren, dass ihr Fach, der Neue Künstlerische Tanz, abgewertet werden sollte, machte sie Pläne, wie sie die DDR-Kulturpolitiker von ihrem eigenen Stil überzeugen konnte. Sie wusste, dass sie selber die beste Propagandistin der von ihr erfundenen Tanzrichtung war, und so trat sie dann doch noch einmal auf, feierte ganz offiziell ihren Abschied beim 75. Geburtstag des ersten Präsidenten der DDR, Wilhelm Pieck, im Januar 1951: »Sehr geehrte Frau Palucca«, bedankte sich Pieck nach ihrem Auftritt, »ich spreche Ihnen hiermit meinen herzlichsten Dank für ihre Mitwirkung an der künstlerischen Veranstaltung aus, die anläßlich meines 75. Geburtstags in der Seelenbinder-Halle in Berlin stattfand. Diese Veranstaltung legte Zeugnis ab, was unsere Republik auf künstlerischem Gebiete zu leisten versteht, wenn die Künstler ihre Schaffenskraft in enger Zusammenarbeit mit den demokratischen Kräften unseres Volkes für die fortschrittliche Lösung der zentralen Probleme unserer Nation, für Frieden und Einheit einsetzen. Diese Veranstaltung wird zu den schönsten und bleibenden Erinnerungen meines Lebens gehören. Mit vorzüglicher Hochachtung«, schrieb der Präsident und unterschrieb persönlich mit einer Schnörkelschrift, der man die Prägung einer wilhelminischen Schulzeit noch ansah.[31]

Doch das Lob des Präsidenten – das ja auch als Warnung verstanden werden konnte, als Künstlerin bloß nicht das »Volk« aus dem Blick zu verlieren – nützte nicht viel. Zum Zeitpunkt von Piecks Geburtstagsfeier hatte ein Dozent für Gegenwartskunde begonnen, über die Palucca-Schule an das Ministerium für Staatssicherheit zu berichten: Die Kollegen seien unpolitisch, so monierte er in seinen Gutachten, man trenne an der Schule zwischen Kunst und Politik, es herrsche geistige Inzucht, es gebe keine SED-Gruppe in der Schule, dafür unterrichteten aber ehemalige NSDAP-Mitglieder, die Palucca selber eingestellt habe. Fazit: Paluccas Einfluss an der Schule müsse zurückgedrängt werden.[32]

Palucca direkt anzugehen und zu demontieren, das wagten die Vertreter der Staatlichen Kunstkommission nicht. Sie boten ihr vielmehr an, ihr Geld für den Bau eines eigenen Hauses auf Hiddensee zu geben, um sie damit weiterhin in der DDR zu halten. Gleichzeitig beschlossen sie aber gravierende Änderungen an der Schule: Die gesellschaftswissenschaftlichen Fächer und die Ausbildung im Klassischen Tanz sollten ausgebaut werden und es sollte ein neuer stellvertretender Direktor her, der über die politische Erziehung und über den Stellenwert des Ballettunterrichts an der Schule wachen würde.[33]

Palucca zeigte unverhohlen ihren Unmut über die neuen Beschlüsse. Gleichzeitig gefiel ihr aber der Gedanke, ein eigenes Haus auf Hiddensee zu besitzen. Vorsichtshalber begann sie wieder zu streuen, dass sie genauso gut in den Westen gehen könne, versuchte aber gleichzeitig, sich zu arrangieren und den neuen Maßgaben zumindest zum Schein gerecht zu werden: die Fächer »Ballett« und »Nationaltanz« – wie schon in der NS-Zeit – im Stundenplan zu akzeptieren. Doch der Staat verstärkte jetzt auch den Zugriff auf Irmgard Schöningh. Sie, die ausgebildete Geigerin, die sich aus einem bürgerlichen Leben in München, aus Ehe und Familie gelöst hatte, ihren geschiedenen Mann, Herausgeber einer wichtigen überregionalen Zeitung, und ihre fast erwachsene Tochter zurückgelassen hatte, um den Sozialismus mit aufzubauen, sollte in der DDR gefördert werden[34]: Sie wurde ab August 1950 stellvertretende Intendantin an der Staatsoper Unter den Linden. Bei der Staatssicherheit gingen positive Berichte über Irmgard Schöningh ein: »Gen.

Irmgard Schöningh [...] zeigt starkes Klassenbewußtsein, Parteiverbundenheit. Ihre Arbeit liegt hauptsächlich auf künstlerischem Gebiet, greift aber auch generell in das technische Gebiet über. Seit ihrem Hiersein in der Staatsoper sind spürbare Verbesserungen in politischer Hinsicht geschehen«.[35]

Im August 1951, ein gutes halbes Jahr, nachdem die Bespitzelung an der Palucca-Schule begonnen hatte und anderthalb Jahre, nachdem das Ministerium für Staatssicherheit gegründet worden war, wurde ein Mitarbeiter der Staatssicherheit losgeschickt, um Irmgard Schöningh ebenfalls für die Stasi zu werben. Der Stasi-Mann, der zuvor ein unverdächtiges Thema angegeben hatte, das er mit ihr besprechen wollte, suchte Schöningh in ihrem Dienstzimmer in der Staatsoper auf. Das Gespräch ging mit einigem Geplänkel los, dann aber steuerte der Stasi-Mann auf sein eigentliches Thema zu, fragte Irmgard Schöningh, ob sie sich vorstellen könne, inoffiziell zu arbeiten. Irmgard Schöningh willigte ein. Daraufhin gab sich der Mann zu erkennen, erklärte, wie er in seinem Bericht später notierte, dass er der Staatssicherheit angehöre: »Die Verpflichtung wurde dann sofort durchgeführt. Als Decknamen schlug sie selbst den Namen Arno als Vornamen und Alfred als Zunamen vor.«[36]

Von Hand schrieb Irmgard Schöningh auf ein einfaches Stück Papier mit klarer, schön geschwungener Schrift: »Ich verpflichte mich für den Frieden zu arbeiten, alle Feinde des Friedens der Staatssicherheit zu melden. Gleichzeitig verpflichte ich mich zur absoluten Schweigepflicht in dieser Angelegenheit. Mir ist bewußt, daß die Durchbrechung dieser Schweigepflicht nach den Gesetzen der DDR bestraft werden kann. Die Meldungen ergehen schriftlich unter Arno Alfred. Selbigen erkenne ich als meine Unterschrift an, Berlin, 27. August 1951.«[37] Irmgard Schöningh überreichte die Verpflichtungserklärung dem Stasi-Mann und »versprach alles zu tun«, wie dieser später befriedigt notierte. Die weiteren Besuche dürften allerdings weder in der Staatsoper noch in ihrer Wohnung sein. Am Schluss sagte Schöningh noch dem Stasi-Mann, dass sie zur Zeit von der Presse im Westen verleumdet würde. Sie müsse deshalb mit aller Vorsicht vorgehen.[38]

So hatte Palucca nun nicht nur Stasi-Leute an ihrer Schule, sondern auch noch eine Stasi-Frau an ihrer Seite. Die Lage spitzte sich zu, aber es zeigte sich im Verlauf der nächsten Monate – in denen Palucca 50 Jahre alt wurde –, dass sie zumindest im persönlichen Bereich ihren Einfluss geltend machen konnte: Schöningh würde nie über Palucca oder die Palucca-Schule an die Stasi berichten. Je mehr Zeit sie mit Palucca verbrachte, desto mehr entfernte sie sich von ihren Genossen, desto skeptischer wurde sie dem System gegenüber, weshalb auch die Stasi-Leute immer unzufriedener mit ihr wurden. Ein Zugriff über Irmgard Schöningh auf Palucca fand nicht statt.

Irmgard Schöningh und Palucca verlegten ihre Treffen immer mehr von Berlin nach Dresden, begannen Abstand von der Hauptstadt zu halten. In der Wiener Straße wurde Schöningh langsam in den Alltag integriert. Sie war bald nicht mehr wegzudenken, ließ sich von Paluccas Schneiderin Hemdblusen umarbeiten[39] und sorgte gemeinsam mit Zwingenberger dafür, dass Palucca genug aß. »Die vitaminreichen Dinge« aus den West-Paketen hoben sie für Palucca auf, genauso wie gutes Mundwasser und Zahnpasta.[40]

Paluccas Freunde – diejenigen aus dem Westen, die regelmäßig Pakete schickten, aber auch diejenigen aus dem Osten – konnten die häusliche Lage in Dresden kaum einschätzen, wussten nicht, welche der beiden Frauen Palucca näher stand. Einige von Paluccas Freunden ließen ausschließlich Zwingenberger grüßen, andere ausschließlich Irmgard Schöningh. Mal unterschrieben Zwingenberger und Palucca gemeinsam einen Brief, mal Schöningh und Palucca.[41] Und die Grußverhältnisse bildeten ab, wie es wirklich war: Paluccas Zuneigung wechselte, mal war ihr die eine, mal die andere näher. Sie selber war der Mittelpunkt im Dreierbund. Mal musste Marianne Zwingenberger an Weihnachten alleine mit Haushälterin Lämmchen in ihre Heimatstadt Hohenstein-Ernsttal ausweichen. Palucca feierte in Dresden, schien aber ein schlechtes Gewissen zu haben und beschenkte Zwingenberger mit einer, wie Zwingenberger in einem Dankesbrief schrieb, »überwältigenden Weihnachtsüberraschung«[42]. Die Sommer verbrachten gleich alle drei auf Hiddensee, in wechselnder Besetzung. Im Sommer 1952 war es wieder Zwingenberger, die die beiden anderen allein ließ und schon früher abreiste. Melancholisch schrieb sie dann an Palucca: »Alle Aufträge ausgeführt. Hier sehr kalt u. Regen. Und dort? Habt Ihr noch Sonne? Es war zu schön, vielen Dank! Auch an Schöningh.«[43] Den Frühherbst 1952 verbrachte Irmgard Schöningh dann allein auf Hiddensee. Palucca und Zwingenberger sorgten nun von Dresden aus für sie. Eine Sekretärin Paluccas schrieb an Schöningh: »Frau Dr. Zwingenberger läßt Sie herzlich grüßen und sendet Ihnen anbei ein paar Nüsse. Gleichzeitig legen wir Ihnen die neuen Schlüssel bei und möchten Sie bitten, diese, falls sie nicht ganz passen sollten, von einem dortigen Schlosser nachfeilen zu lassen.«[44]

Die drei Frauen rückten in einer Zeit zusammen, in der die wirtschaftliche, politische, auch die kulturpolitische Lage in der DDR immer schwieriger wurde. Im Februar 1952 schon hatte Palucca Irmgard Schöningh in einem verzweifelten Brief die Missstände an der Schule beschrieben, sich über Kälte, Krankheiten, fehlendes Geld beklagt und über die organisatorischen Schwierigkeiten, die dadurch entstanden, dass die Schule auf vier Gebäude in verschiedenen Straßen verteilt war: »Ich benutze eine Zwischenpause, um Dir noch einmal schnell diese völlig unhaltbaren Zustände bei uns zu schildern. Ich bin [...] mir vollkommen klar, daß es auf keinen Fall so weitergeht«. Eine der guten Lehrerinnen an der Schule bekomme nur 472 Mark im Monat, eine schlechtere aber 800 Mark: »Die Schülerinnen der Klasse II b sind in ihrer Garderobe so durchgefroren, daß sie einfach nicht mehr arbeiten können und krank werden. Warum, weil es nicht möglich ist, in der Garderobe ein Fenster einsetzen zu lassen aus Mangel an Holz [...] Die Putzfrauen müssen vier Etagen in vier verschiedenen Häusern bis halb acht Uhr fertig haben und bis 12 Uhr für ungefähr 60 Menschen das Essen zubereiten. Du kennst die Bereitwilligkeit und Treue zur Schule von den drei Frauen, aber sie können einfach nicht mehr. [...] der alte Aushilfsarbeiter Altendorf muß bis halb sieben Uhr früh neun bis zehn Öfen so geheizt haben, daß die Räume warm sind, was natürlich auch undurchführbar ist. Resultat, daß, wenn ich selber vor der Schularbeit für mich trainieren will [...] in der Wienerstr. 91 den Ofen selbst bedienen muß, das weitere, daß der Saal in der Karcher Allee 47 so eiskalt ist, daß ich nicht mehr verantworten kann, dort den Ballettunterricht geben zu lassen.«

Palucca klagte weiter, dass sie die dritte Sekretärin an der Schule selber zahlen müsse, mit 350 Mark im Monat und auch das sei »doch untragbar«: »Wir quälen uns und schuften und schuften, um nur einigermaßen durchzuhalten. Einer nach dem anderen wird unter diesen unglückseligen Zuständen krank. Und täglich kommen neue Rundschreiben, die uns wieder weitere Verpflichtungen auferlegen. Ich weiß mir bald aber keinen anderen Rat mehr als aufzuhören«.

Zu guter Letzt seien noch die Stipendien heruntergesetzt worden: »Die armen kleinen Schülerinnen, die sowieso so elend aussehen, können nicht mehr in der Schule essen. Das bedeutet, daß sie dann wieder hungern. Und was kommt dabei heraus? Daß ich von mir aus das alles zahle, damit die Schüler überhaupt in der Schule bleiben können, und davor stehe, [...] auf den BMW oder das kleine Wochenendhaus in Vitte zu verzichten. Es ist ein trostloser Zustand.«[45]

Im Juli 1952 wurde beschlossen, dass die Palucca-Schule ein eigenes Gebäude bekommen sollte – sogar einen Neubau. Eigentlich hatte Palucca versucht, das Palais im Großen Garten, eines der ältesten und schönsten Gebäude der Stadt, für ihre Schule zu bekommen, doch damit hatte sie zu hoch gepokert. Der Dresdner Bürgermeister schlug vor, dass sie die leer stehenden Räume der ehemaligen Wigman-Schule haben könne, doch das hatte Palucca wiederum nicht gewollt, denn ihre Schule sollte keinesfalls als Nachfolgeinstitut der Wigman-Schule gelten. Also einigte man sich auf den Neubau, obwohl das ein sehr aufwendiges Vorhaben war, weil es von allem zu wenig gab: zu wenig Holz, Stein, kein Linoleum für die Böden, keine Lampen für die Decken. Es war eine Auszeichnung für Palucca, dass diese Schule gebaut werden sollte, denn es wurden kaum neue Häuser gebaut. Die Innenstadt lag immer noch in Schutt und Trümmern und bis 1960 sollten die Dresdner damit beschäftigt sein, die circa 30 Millionen Kubikmeter Trümmerschutt aus der Stadt zu entfernen.[46]

Doch ob sich mit dem Bau einer neuen Palucca-Schule auch Paluccas Ästhetik würde durchsetzen können, das war so ungewiss wie nie zuvor. Schon die Pläne für ihr neues Schulgebäude zeigten, dass auch das baukünstlerische Erbe der Moderne nicht gefragt war, sondern Stalins »Zuckerbäckerstil«, wie manche über die staatlich verordnete Schnörkelseligkeit spotteten: Schon die Neubauten an der Stalinallee in Berlin und am Dresdner Altmarkt waren reich verziert worden. Bei der Palucca-Schule sollten nun Elemente eines nicht genauer definierten nationalen Kulturerbes zu sehen sein. Die Palucca-Schule sollte aussehen wie ein Palast, eine Trutzburg mit einem leicht geschwungenen Sandsteinsockel, hohen rechteckigen Fenstern und Senkrechtstreifen als Verzierungen. Gegen diese Pläne konnte Palucca nichts ausrichten. Es gab andere Sorgen im Land. Stalin war am 5. März gestorben, in Ost-Berlin herrschte große Verunsicherung, aus Moskau kamen keine klaren Anweisungen über den Kurs der nächsten Monate. Die Versorgung der Leute mit wichtigen Lebensmitteln war nicht mehr gesichert, der Lebensstandard war auf Nachkriegsniveau gesunken, die Zahl der Geburten zurückgegangen, die Flüchtlingszahlen kontinuierlich angestiegen.[47] Im Jahr 1951 waren 166000 Leute geflohen, im ersten Halbjahr 1953 waren es schon über 225000. Am Vormittag des 16. Juni formierte sich auf der Stalinallee in Berlin ein erster Demonstrationszug, zu dem immer mehr Arbeiter stießen. Die Arbeiter waren skeptisch geworden, ob sie denn auch tatsächlich, wie immer behauptet wurde, in einem Arbeiterstaat lebten, wenn sie doch überhaupt nichts in der Politik mitbestimmen durften. Zwischen SED und Arbeitern gab es kaum noch einen Konsens und das drückte sich auch in dem Protestmarsch aus. Im Laufe des folgenden Tages wurde aus dem Marsch ein Aufstand: Die Demonstranten forderten den Rücktritt der DDR-Regierung. Auch in Dresden brach am 17. Juni der Aufstand aus, im Sachsenwerk weigerten sich die Arbeiter, an ihre Maschinen zu gehen. Etwa 1400 Menschen versammelten sich um 9 Uhr im Werkshof und zogen gegen 10 Uhr zur benachbarten Firma ABUS, um von da aus einen ersten Demonstrationszug zu bilden. Ein Streikkomitee wurde gebildet und ein nächster Demonstrationszug in die Innenstadt. Doch am Dresdner Postplatz warteten bereits die Panzer. Die Besatzungsmacht übernahm die Initiative gegen die Aufständischen und verkündete den Ausnahmezustand. Auch in Berlin verhängte der sowjetische Stadtkommandant um die Mittagszeit des 17. Juni den Ausnahmezustand, in die Hauptstadt rückten ebenfalls Panzer ein. Hier wie dort zwangen Sowjettruppen die Aufständischen allmählich zur Aufgabe, die so genannten Rädelsführer wurden hart bestraft, manche standrechtlich erschossen. Sogar Sowjetsoldaten wurden wegen Befehlsverweigerung hingerichtet.[48]

Der Aufstand des 17. Juni erschütterte die DDR in ihren Grundfesten. Es waren die Arbeiter gewesen, die den Aufstand initiiert hatten, also genau jene Gruppe, die in der marxistischen Glaubenslehre die wichtigste war. Die DDR verlor rapide an Ansehen. Um die Lage nicht noch mehr zu verschlimmern, sollte verhindert werden, dass nicht auch noch die so genannte Intelligenz abwanderte. Und so bemühten sich ranghohe Politiker in der dramatischen Lage des Sommers 1953 auch um Paluccas Status in der DDR. Otto Grotewohl, Ministerpräsident der DDR, machte Palucca und den Mitgliedern der Akademie der Künste einen Vorschlag, mit dem er hoffte, sie im Land halten zu können: Palucca könne doch ein kleines Institut an der Akademie in Berlin bekommen und dort ihren Neuen Künstlerischen Tanz lehren, während die reguläre Tanzausbildung in Dresden fortan ohne Palucca laufen und vom Ballett bestimmt sein würde.

Palucca war klar, dass man sie damit zwar halten, aber in eine Nische abdrängen wollte. Sie zog ihre Konsequenzen – so entschieden wie nie zuvor in ihrem Leben: Im Juli 1953 legte sie ihren Unterricht nieder, entzog der Schule ihren Namen und drohte in einem Brief an die Akademie der Künste damit, in den Westen auszureisen. Die West-Presse griff die Querelen um Palucca auf und die Kulturpolitiker der DDR waren alarmiert: Genau das hatten sie verhindern wollen. Auch andere Angehörige der so genannten Intelligenz hatten erkannt, dass sie nur eine baldige Ausreise ankündigen mussten, damit sie von Politikern bekamen, was sie sich wünschten. So machten etwa Ingenieure unmissverständliche Andeutungen, wenn sie bestimmte Materialien brauchten.[49]

Palucca verschwand aus Dresden, doch – und das war der nächste Schachzug – ging sie nicht in den Westen, sondern reiste noch im Juli 1953 mit ihren Freundinnen Irmgard Schöningh und Marianne Zwingenberger nach Hiddensee.

Sie blieb im Osten und damit als Verhandlungspartnerin verfügbar.

Auf Hiddensee bekam sie aufmunternde Post von Egon Rentzsch, einem führenden SED-Mann: »Ich bin fest überzeugt, daß auch Sie die neue Richtung der politischen Gestaltung unseres Landes begrüßen werden und darin einen gangbaren Weg zur endlichen Wiedervereinigung unseres Vaterlandes sehen«,[50] schrieb er aufmunternd. Doch Palucca begrüßte die neue Richtung überhaupt nicht und von Wiedervereinigung war zwar in der DDR immer noch die Rede, aber in Wahrheit war der Kalte Krieg in vollem Gange, was selbst Paluccas Freunde in den USA merkten. Dort wurde jede Annäherung an den sowjetisch dominierten Teil der Welt panisch registriert und vereitelt: »Diese verdammte und hysterische Kommunistenschnüffelei wird uns hier bald zu einem hermetisch verschlossenen Bunker machen«, klagte Sibyl Moholy-Nagy in einem Brief an Palucca über das Amerika der antikommunistischen McCarthy-Ära.[51]

Es schien eine ausweglose Situation zu sein, doch gerade in dieser vertrackten Lage ging es Palucca gut. Wieder war sie mit ihren Freundinnen in das kleine Holzhaus in Vitte gezogen, der Garten blühte sommerlich, das Gras wuchs hoch und dazwischen lief Palucca entspannt herum: im Badeanzug oder mit kurzen Hosen und knappem Top. Irmgard Schöningh legte auf Hiddensee ganze Fotoserien von Palucca an: wie sie saß, stand, lächelte, las. Diese Fotos klebte Schöningh in ein Buch und schrieb mit ihrer schönen, klaren Schrift die Jahreszahl und den Ort hinein: »Vitte 1953«.[52] Auch Schöningh genoss in diesem Sommer eine neue Freiheit. Die Stasi hatte das Interesse an ihrer Mitarbeit verloren. Hartnäckig hatte Schöningh in den vergangenen Monaten jedes Treffen verweigert und keine Berichte geschickt. So hatten ihr die Stasi-Leute bald schlechte Beurteilungen ausgestellt: Schöningh sei, so hieß es 1953, »unpünklich zum Treff«, »erschien oft nicht zur angesetzten Zeit und suchte irgendwelche Ausreden« und habe sich nicht belehren lassen.[53] Im Ministerium wurde ein »Beschluß über das Abbrechen der Verbindung« aufgesetzt: »Aus den aufgezeigten Gründen schlage ich vor, [...] die Personalakte im Archiv der Abteilung XII der Verwaltung des Ministeriums für Staatssicherheit [...] abzugeben«.[54] Und so verlief der Hiddensee-Urlaub trotz der Unruhen in den Monaten zuvor erfreulich. Es war ein einfaches Leben rund um das Holzhaus herum. Die Frauen mussten die Toilette im Vorderhaus benutzen und morgens zum Waschen an den nahe gelegenen Süßwassersee gehen. Jeden Tag brachte der wortkarge Insel-Kutscher Thürke frisches Brot und Milch und Fisch vom Hafen.[55] Eine Nachbarin, Anneliese von Dossow, beobachtete, wie Palucca in jenem Sommer stundenlang mit ihrem Hund Stoffel spielte und mit dem Schaf und dem Baby der Nachbarin, der kleinen Bettine von Dossow: »Eine Wiese, ein Baby, ein Hund und ein Schaf, mehr braucht man nicht zum glücklich sein [sic]«, sagte Palucca.[56]

Sie sollte in diesem Sommer auch die Patentante der kleinen Bettine werden, was seit Monaten ausgemacht war. Palucca hatte schon vor ihrer Abreise nach Vitte an die Mutter des Babys geschrieben: »Grüsse an das Kleine und ich hoffe, dass wir ihm gute Patentanten werden«.[57] Für sie war es selbstverständlich, dass nicht sie alleine die Paten-Pflichten übernehmen würde, sondern ihre fürsorglichen Freundinnen gleichberechtigte Mit-Patinnen waren. So waren auch Schöningh und Zwingenberger zur Taufe im August 1953 eingeladen – doch es gab ein Problem: Palucca hatte keinen Rock dabei und die Großmutter des Täuflings wollte keine Frauen mit Hosen in der Kirche sehen. Schöningh und Zwingenberger steckten also einen von Zwingenbergers Röcken mit Sicherheitsnadeln enger und begleiteten Palucca feixend ans Taufbecken. Eigentlich hatte keine der Frauen einen engeren Bezug zur Kirche. Marianne Zwingenberger noch am ehesten,[58] Palucca aber war nicht religiös und Schöningh als bekennende Kommunistin erst recht nicht kirchlich, wie sich die Mutter des Täuflings erinnert.[59] Dennoch konnte der Auftritt der drei Frauen in der Kirche in der angespannten politischen Lage des Landes im Jahre 1953 durchaus als indirektes Anti-DDR-Bekenntnis gewertet werden, denn nur ein halbes Jahr vor der Hiddenseer Taufe hatte die FDJ einen agitatorischen Großangriff gegen evangelische Gemeinden gestartet, Schaukästen von Kirchen demoliert und christliche Studenten exmatrikuliert.[60] Nach der Taufe ging es zum Kaffeetrinken. Palucca nahm wie immer nicht viel zu sich, Schöningh und vor allem Zwingenberger aßen viel und gern, so als wollten sie der Askese der Freundin etwas entgegensetzen.

Im Alltag auf Hiddensee führte Irmgard Schöningh den Haushalt.[61] Palucca und Zwingenberger verbrachten ihre Zeit lieber in der Sonne, am Strand und in den Dünen und warteten auf Briefe aus Dresden und Berlin, die ihnen Kutscher Thürke überbrachte. Die Signale aus der Ferne aber waren schwer zu deuten. Im September 1953 wurde ein Richtfest für das neue Schulgebäude gefeiert und Palucca war dazu nicht einmal eingeladen worden. Zugleich aber hieß es, dass sich Ministerpräsident Grotewohl weiterhin um den Fall Palucca bemühe und dass man sie keinesfalls in den Westen ziehen lassen wollte. Zwingenberger fuhr im Frühherbst schon mal voraus nach Dresden. Palucca sandte gleich eine Karte hinterher, auf der sie selber abgebildet war: »Sonne weg, dafür gruselig viele Mücken. Schöningh geht es besser. Einmal gebadet, sehr kalt. Stoffel blieb im Strandkorb. Wie war die Fahrt?«[62]

Bald darauf kehrte auch Palucca erst einmal zurück nach Dresden und wartete ab. Sie vertrieb sich die Zeit mit Organisatorischem und erledigte manches, was sie schon lange vorgehabt hatte. Im November 1953 nahm sie ihren früheren Familiennamen wieder an. Noch war sie in den offiziellen Unterlagen als Margarethe Bienert geführt worden, nun ließ sie Bienert wieder durch Paluka ersetzen.[63]

Langsam kam auch politisch etwas in Gang. Ministerpräsident Grotewohl beschäftigte sich eingehend mit der Kulturpolitik und stellte fest, dass sich zwischen den Mitgliedern der Akademie der Künste und denen der Staatlichen Kommission für Kunstangelegenheiten eine unüberwindbare Front gebildet hatte. Seit Sommer 1953 spielte die Kunstkommission in den Arbeitsplänen der ZK-Kulturabteilung keine Rolle mehr und im September 1953 war dann die Bildung eines eigenen Ministeriums für Kultur erörtert worden. Die Staatliche Kunstkommission sollte nun im neuen Kulturministerium aufgehen. Am 7. Januar 1954 wurde der Dichter Johannes R. Becher als erster Kulturminister der DDR berufen – Becher galt als loyal, er hatte den Text zur Nationalhymne der DDR verfasst. Ihm wurden mit Alexander Abusch und Fritz Apelt zwei erfahrende Altkader zur Seite gestellt.

Becher gelang es immerhin, Palucca zum 1. Februar 1954 wieder zur künstlerischen Leiterin ihrer Schule zu berufen und der Schule ihren Namen zurückzugeben. Paluccas Gehalt wurde auf 4000 Mark aufgestockt, sie bekam ein neues Auto, der Chauffeur wurde vom Staat bezahlt. Überdies konnte Irmgard Schöningh überredet werden, ihren Intendantenposten an der Staatsoper in Berlin aufzugeben und als neue Direktorin an die Palucca-Schule zu kommen. Damit hatten Palucca und ihre Freundin die Leitung der Schule von nun an fest in ihren Händen. Gemeinsam erarbeiteten sie die Lehrpläne der nächsten Jahre, konzipierten und organisierten die Auftritte der Schüler und die Sommerkurse.[64] Irmgard Schöningh zog ganz in die Wiener Straße.

Palucca hatte bekommen, was sie wollte. Zwar musste sie akzeptieren, dass die Ballettausbildung nun Vorrang hatte, konnte aber weiter ihr eigenes Fach, den Neuen Künstlerischen Tanz, unterrichten und als Leiterin der ganzen Anstalt ihren Einfluss geltend machen. Ihr Privatleben und ihr Berufsleben gingen nun völlig ineinander auf, wie schon bei ihren Anfängen in den zwanziger Jahren, als sie in ihrer ehelichen Wohnung unterrichtet hatte. Bei den Schülern und Eltern brach allerdings mit der Berufung Irmgard Schöninghs zur Direktorin Unruhe aus. Ob denn die Schulleiterinnen lesbisch seien und ein Verhältnis miteinander hätten?[65]

Homosexualität wurde in der DDR nach wie vor pathologisiert. 1957 sollten Juristen Homosexuellen zwar eine nur »geringe Gesellschaftsgefährlichkeit« zuerkennen, doch auch dann gingen die meisten DDR-Bürger noch lange davon aus, dass Jugendliche in ihrer Entwicklung durch den Einfluss Homosexueller gefährdet seien.[66] Insofern achtete Palucca darauf, niemals zu definieren, was für ein Verhältnis sie zu den beiden Frauen hatte: Sie überließ es den anderen, den Schülern, Eltern, Kollegen, sich ein Bild zu machen. Und weil die Stasi-Leute nichts Genaueres herausbekamen und in ihren Berichten immer nur Gerüchte wiedergeben konnten, gewöhnten sich die Leute daran, dass Palucca, Schöningh und Zwingenberger nicht voneinander zu trennen waren.

Manchmal kam es noch zu unangenehmen Situationen. Eine von Zwingenbergers Kolleginnen ging einmal ahnungslos zu ihrer Chefin und beschwerte sich darüber, dass sie von einer älteren Oberärztin immerzu »betäschelt« werde: Sie regte sich auf und erwartete, dass Zwingenberger in ihr allgemeines Lamento über lesbische Frauen einstimmen würde. »Doch«, so erzählte die Ärztin, »Zwingenberger wurde immer blasser, rutschte auf ihrem Stuhl herum und sagte mit mildem Lächeln: ›So etwas gibt es und darf es auch geben‹«. Verstört verließ die junge Ärztin das Zimmer und erzählte zu Hause ihrem Mann von der merkwürdigen Reaktion ihrer Chefin. Ihr Mann reagierte seinerseits fassungslos, hielt ihr vor, ob sie denn nicht wisse, dass Zwingenberger mit Palucca zusammenlebe und dass es da noch eine dritte Frau gebe, die ganze Stadt spreche darüber. Die Ärztin war derartig peinlich berührt, dass sie sich tagelang nicht traute, Zwingenberger unter die Augen zu treten. Doch schon bald ließ sich das nicht mehr vermeiden. Zwingenberger tat, als sei nichts gewesen. Nie wieder kamen die junge Ärztin und Zwingenberger auf das Thema zu sprechen.[67]

Palucca, Zwingenberger und Schöningh versuchten auch, ihrem Zusammenleben einen selbstverständlichen Anschein zu geben. Auf den Faschingsfesten, die jedes Jahr in der Schule aufwendig gefeiert wurden, traten Schöningh und Zwingenberger gemeinsam auf, kamen einmal verkleidet als Konsum-Verkäuferinnen auf die Bühne, mit weißen Kitteln und Häubchen. Beide hielten eine Holzstange, an der ein Sack Kartoffen und Würstchen hingen. Sie spielten einen Sketch über den Warenmangel.[68]

Im Jahr 1955 stand der Schulfasching unter dem Motto »Auf dem Meeresgrunde«. Aus grün gefärbten Müllfetzen war auf der Veranda eine Grottenbar entstanden, der Pianist schwelgte in schmalzigen Schlagern, Palucca, Schöningh und Zwingenberger spielten in einer Aufführung die »Familie Paul Lukas«. Zwingenberger übernahm den Part der Omi, Schöningh den des Papas und Palucca natürlich den des hoffnungsvollen Sprösslings Paulchen.[69] Mit solcherlei Auftritten gaben die drei Frauen spielerisch etwas über sich und ihr Verhältnis preis und sorgten vor allem für gute Stimmung bei den Schülern. Schöningh und Zwingenberger wurden immer beliebter. Zwingenberger unterrichtete nach wie vor Anatomie an der Schule, ihre Stunden waren »klar aufgebaut«, so erzählte eine Schülerin: »Die Tänzerinnen staunten, von welchen Muskeln sie da bewegt wurden.«[70]

Irmgard Schöningh musste als Direktorin auch mal durchgreifen und darauf achten, dass die Regeln in der Schule eingehalten wurden. So sollten die Schüler ihre

Hosen, Röcke und Trikot-Oberteile, die sie von der Schule bekommen hatten, einmal in der Woche waschen und samstags getrocknet in die Schule bringen. Viele Schüler durften aber bei ihren Wirtinnen nicht waschen, weshalb sie heimlich in der Schule wuschen und dann die nassen Sachen in ihre Holzschränke in der Garderobe hängten. Das war verboten, weil die Schränke die Feuchtigkeit nicht vertrugen. Schöningh kam den Schülerinnen immer wieder auf die Schliche und ließ jedes Mal »ein Riesendonnerwetter« los, so erzählte eine Schülerin: »Man merkte aber genau, dass sie gar nicht richtig sauer war, sondern nur gut spielte«. Die Schüler sollten ihre Lektion lernen: »Schöningh war eine gute Pädagogin.«[71]

Schöningh, Palucca und Zwingenberger wussten, dass die Schüler es nicht leicht hatten, dass die meisten von kleinen Stipendien lebten und nur durch die staatlich genehmigte Schwerarbeiterzulage mal ein Brot extra, mal eine zusätzliche Portion Zucker bekamen. Die Schüler litten eigentlich immer unter Hunger, wurden von ihren Wirtinnen oft knapp gehalten, viele mussten sich mit den Töchtern oder Söhnen der Wirtinnen ein Zimmer teilen. Um heiß duschen zu können, fuhren sie hin und wieder nach Radebeul, hinter die Grenzen Dresdens, denn dort gab es im Schwimmbad Duschen. Sonst aber mussten sie sich kalt waschen. Die sanitären Anlagen der Palucca-Schule waren völlig marode und auf verschiedene Gebäude verteilt.

Trotzdem duldete vor allem Palucca keine Nachlässigkeiten. Manchmal gaben Schüler ihre Abschlussarbeiten auf Zetteln ab, die aus Heften herausgerissen waren, weil sie kein anderes Papier hatten, doch Palucca verlangte von ihnen, dass die Arbeiten entweder auf Durchschlagpapier getippt oder mit Hand in saubere Hefte geschrieben sein sollten. Also mussten die Schüler bei ihren Wirtinnen Schreibmaschinen ausleihen oder etwas von ihrem mühsam ersparten Geld abzwacken, um die Straßenbahn in die

Innenstadt zu bezahlen und dort neue Hefte zu kaufen. Erst einmal waren die Schüler verstimmt, konnten nicht verstehen, warum Palucca es ihnen noch schwerer machte, später aber waren sie dankbar, dass Palucca ihnen auch auf diese Weise beigebracht hatte, Wert auf Form und einen guten ersten Eindruck zu legen.[72]

Sie rechneten Palucca hoch an, dass sie ihnen im Unterricht half, sich selber kennenzulernen und ihnen damit Perspektiven eröffnete, die ihnen die eigenen Eltern nicht geben konnten. Selbsterforschung gehörte nicht ins Erziehungsideal der fünfziger Jahre. Eine Schülerin erzählte, wie ihr Vater einmal eine Unterrichtsstunde bei Palucca besuchte und entsetzt war, dass seine Tochter Wut empfinden und darstellen musste, dass sie von Palucca aufgefordert wurde auf dem Boden herumzustampfen, obwohl er selber seiner Tochter beigebracht hatte, Wut zu unterdrücken.[73]

Es gehörte nach wie vor zu Paluccas Unterricht, dass die Schüler das Spektrum ihrer Gefühle ausdrücken konnten: Wie fühlt man sich an welcher Stelle im Raum? Wenn man hinten steht, in der Mitte, vorne, seitlich? Wie fühlt man sich, wenn man ein Korsett trägt, wenn man Gavotte tanzt oder Menuett? Welche Geste macht man im Alltag, wenn man jemanden einladen oder ablehnen will? Das waren typische Fragen, die Palucca stellte.[74]

Sie wollte, dass ihre Schüler mutig waren und Außergewöhnliches wagten. »Hübsch«, »brav«, »harmonisch« waren Schimpfwörter in Paluccas Unterricht und bedeuteten nichts anderes als »spießig« und »langweilig«. »Warum seid Ihr alle zu mir gekommen?«, fragte Palucca, wenn sie ihre Schüler aus der Reserve locken wollte: »Weil Ihr erstickt, wenn Ihr Euch nicht bewegen dürft!«[75]

Es war nicht leicht für die Schüler, in Paluccas Unterricht einen produktiven, künstlerischen Egoismus zu entwickeln, wenn sonst von ihnen erwartet wurde, sich anzupassen, nicht auszuscheren aus dem sozialistischen Gemeinschafts-

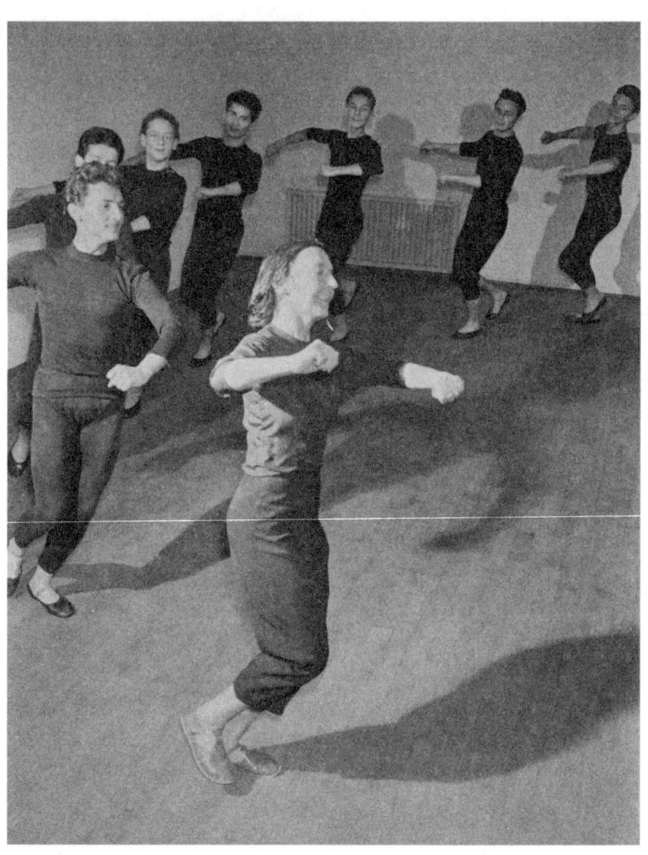

Palucca beim Training mit Schülern, 1955

geist. Sich indirekt auszudrücken – das galt im Überwachungsalltag der DDR als große Kunst. Palucca aber verlangte von ihren Schülern, deutlich zu sein, so deutlich, dass auch die Zuschauer in der letzten Reihe sofort wussten, was gemeint war. Paluccas Schule wurde so zu einer Art Gegenmodell zur DDR. Palucca war von diesem Effekt selber überrascht, denn ihre Absichten waren immer vor allem künstlerisch und nicht politisch gewesen.

Die meisten Schüler bemühten sich, das Beste aus ihrer Ausbildung zu machen. Samstags hatten sie in der Regel Gemeinschaftsunterricht bei Palucca. Schüler aller Altersstufen kamen hier zusammen und zeigten, was sie gelernt hatten, die Großen den Kleinen und umgekehrt. Manchmal mussten sich die Schüler vorher schon auf ein bestimmtes Thema vorbereiten, beispielsweise eine »Szene bei Hofe«: Die Schüler liehen sich bei ihren Wirtinnen aufwendig gemusterte Handtücher und alte Gardinen, die sie dann um glänzende Schlafanzughosen wickelten. Die Mädchen flochten sich ihre Haare zu Mozartzöpfen und so kamen sie dann bei Palucca an, die – wie immer, wenn es ums Verkleiden ging – begeistert war und die Schüler dann so hinstellte und anleitete, dass sich alles schnell zu einer Ball-Szenerie fügte. An solche Momente erinnerten sich viele ihrer Schüler ihr Leben lang.[76]

Auch in anderen Stunden brachte Palucca Tücher, Masken und andere Requisiten mit. Blitzschnell sollten die Schüler Kostüme herstellen und tanzen. Wenn aber Schülerinnen sich von sich aus die Haare färbten und ondulierten oder die Lippen schminkten, ging Palucca mit Beharrlichkeit dagegen vor, zitierte Schülerinnen zu sich oder kanzelte sie vor versammelter Mannschaft ab. Auch dabei wollte sie vermitteln, dass die äußerlichen Signale, die die Schüler setzten, Ausdruck ihrer selbst sein sollten und nicht Ausdruck wechselnder Moden. Wenn sich Schülerinnen die Haare rot färbten, weil sie fanden, dass das zu ihnen passte, dann war Palucca einverstanden. Wenn sie sich aber für rot entschieden, weil es gerade Mode war und die beste Freundin auch rote Haare hatte, dann war Palucca entsetzt.[77]

Palucca wollte ihre Schüler mit ihren Nörgeleien am Detail auch darauf einstimmen, mit Kritik umgehen zu können, denn Kritik gehörte zum Bühnenleben dazu. An den Theatern würden es die Choreografen sein, die auf ein stimmiges Gesamtbild und vor allem auf Störungen des Bildes

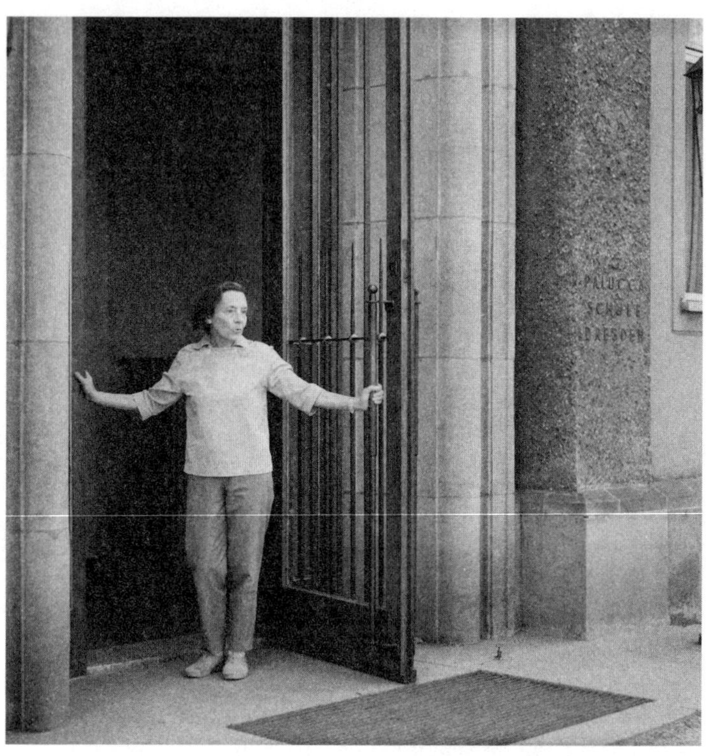

Palucca am Eingangsportal der neuen Palucca-Schule am Basteiplatz

achten würden. Palucca übertrieb es jedoch oft mit ihrer Kritik. Wenn sie mit Schülern grundsätzlich nicht zurecht kam, konnte sie hart, ungerecht und verletzend werden: »Das ganze Menuett ist einfach scheußlich bei Euch«, schimpfte sie dann. Palucca-Schüler wussten, dass »ihre Stunden zum größten Genuß, aber auch zum schlimmsten Mißvergnügen werden« konnten.[78]

Jedes Mal im Herbst, wenn ein neuer Jahrgang an die Schule kam, wunderten sich die Neulinge, woher Palucca ihre Namen kannte. Sie hatte sich ihre Fotos schicken lassen und sich Namen und Gesichter eingeprägt. Und sie hatte aus

Hiddensee Steine mitgebracht, die ihr besonders gut gefielen und die sie für besondere Leistungen verschenken würde. Die Schüler wussten bald, dass Palucca von ihnen absolute Identifikation verlangte. Einmal wollte ein Schüler mit 18 Jahren die Schule vorzeitig verlassen, um ein Engagement am Theater in Halle anzunehmen. Er wurde zu Palucca ins Zimmer gerufen und des »Hochverrats« bezichtigt, so dass er sofort einwilligte zu bleiben.[79]

Paluccas Strenge gegen sich und andere war bald legendär. Jeder wusste, dass die Schulleiterin im Alltag fast nichts zu sich nahm, dass sie sich mittags ein ausgehöhltes Brötchen mit einem warmen Eigelb und eine Tasse Brühe bringen ließ – ihre Hauptmahlzeit des Tages. Viele Schüler rätselten über das seltsame Missverhältnis zwischen Paluccas Askese und ihrer Leidenschaftlichkeit, ihrem Geiz und ihrer Großzügigkeit. Als sie einmal sah, dass ein Schüler im zweiten Jahr immer noch denselben Trainingsanzug trug wie im ersten Jahr und erfuhr, dass sich der Schüler wirklich nichts anderes leisten konnte, schenkte sie ihm einen wertvollen, wollenen Wintermantel. Wenn derselbe Schüler zu ihr nach Hiddensee eingeladen wurde, musste er ihr jedes Mal aus Dresden fünf Kilo Kartoffeln mitbringen, die 76 Pfennig kosteten. Meist gab Palucca dem Schüler das Geld überhaupt nicht zurück oder sie zählte es auf den Pfennig genau ab: »Sie war inkonsequent generös und inkonsequent geizig; ein sehr widersprüchlicher Mensch«, urteilte der Schüler später.[80]

Am 2. Juni 1954 nahmen Palucca, ihre Kollegen und Schüler den Neubau am Basteiplatz 4 in Besitz. Ganz fertig war das Schulgebäude nicht, es sollte noch gut zwei Jahre daran gearbeitet werden, doch nun hatten sie wenigstens die Tanzsäle, die Unterrichtsräume, den Speisesaal, die Sanitärräume und Garderoben unter einem Dach vereint. Palucca hatte es nicht weit zum Basteiplatz, der Platz lag am Ende der Wiener Straße, in der sie wohnte. In der Wiener

Straße waren zwar noch viele alte Villen erhalten, doch zwischendrin standen herrenlose Ruinen. Überall an den Bäumen hingen Zettel, um Väter und Mütter, Brüder und Schwestern zu suchen, die im Krieg oder auf der Flucht verloren gegangen waren. Es war immer noch eine Zeit der Not und des Mangels, weshalb der prächtige Neubau der Palucca-Schule eine Sensation war und als Symbol des Aufbruchs angesehen wurde. Aus dem ganzen Land kamen Leute, um das Gebäude zu betrachten, und bald wurde ein Film über die neue Schule gedreht, der 1957 als zehnminütiger Vorfilm in die Kinos kommen sollte.

Die Jahre zwischen 1954 und 1956 verliefen für Palucca relativ friedlich und auch in der Politik folgten auf das große Krisenjahr 1953 zwei einigermaßen ruhige Jahre. Doch diese Ruhe konnte auch trügerisch sein. Kontinuierlich baute die SED ihre Machtorgane aus, gleichzeitig setzte ein langsamer wirtschaftlicher Aufschwung ein. Palucca blieb skeptisch, achtete auf jedes Signal von oberster Stelle. 1954 hatte sie erfahren, dass sie, anders als ursprünglich geplant, nicht in den künstlerisch-wissenschaftlichen Beirat des neu geschaffenen Ministeriums für Kultur berufen werden würde. Sie schrieb einen empörten Brief und bekam eine beschwichtigende, fast unterwürfige Antwort aus dem Ministerium: »Gewiss irren Sie sich, liebe Frau Palucca, wenn Sie aus dieser Situation die Schlussfolgerung ziehen, wenn auch unausgesprochen, dass wir das große Vertrauen, das wir in Sie setzen, nicht auch nach außen hin sichtbar machen. Ungeachtet der Tatsache, dass ihre Berufung in den künstlerisch-wissenschaftlichen Beirat nicht erfolgte, können Sie gewiss sicher sein, dass sich in unserer Einstellung zu Ihnen und zu Ihrer Arbeit gar nichts geändert hat. [...] Schließlich werden wir auch in anderer Form zusammenarbeiten können, ganz abgesehen davon, dass unsere Hauptabteilung bemüht bleibt, das wieder gutzumachen, was Sie so nachdenklich stimmte.«[81]

Doch Palucca konnte diese kleinen Niederlagen schlecht verwinden. Tatsächlich musste sie vorsichtig bleiben. Im Oktober 1956 wurde ein Gutachten über sie erstellt, das dann dem Ministerium für Staatssicherheit übermittelt wurde. »In ihrer Einstellung zur SU und DDR ist sie nicht zu beurteilen«, hieß es, »da sie bisher in keiner Weise gesellschaftlich in ihrem Wohngebiet in Erscheinung trat«. Dann folgte eine »charakterlich-moralische Beurteilung«: »Sie versteht es ihren Willen durchzusetzen und neigt zur Hysterie, über ihre persönlichen und finanziellen Verhältnisse konnte nichts in Erfahrung gebracht werden. In moralischer Beziehung werden ihr homosexuelle Neigungen nachgesagt.« Unter der Rubrik »Verwandte und Bekannte« wurde auf Marianne Zwingenberger verwiesen und angefügt, dass Palucca »Verbindungen zu einem liberalen Personenkreis« unterhalte, »welcher unter dem Decknamen ›Die Hirsche‹ im Waldparkhotel zusammenkommt. Bekannt ist, daß die Zusammenkünfte wiederholt verboten wurden, jedoch heute unbekannten Ortes weitergeführt würden«.[82]

Auch wenn Palucca von solcherlei Berichten nichts wusste, blieb sie doch angespannt. Für ihre Freundinnen, auch für befreundete Kolleginnen, war es nicht leicht, dass keine Ruhe einkehrte, dass es nie genug war, was sie für Palucca taten. Und so kam es in Paluccas Umfeld zu einem Paradox: War die Stimmung bei Palucca und ihren Freundinnen in der existenziell bedrohlichen Lage des Jahres 1953 gut gewesen, manchmal sogar heiter, verfinsterte sich die Lage jetzt, obwohl der politische Druck erst einmal nachzulassen schien.

Bei Maritta Gubisch, der treuesten Lehrerin in Paluccas Kollegium, zeigten sich die typischen Symptome einer Depression. Gubisch war immer schon labil gewesen, in ihren Stimmungen abhängig von Paluccas Gunst. Sie hatte ängstliche Eltern gehabt und Palucca, die immer so mutig wirkte, war für sie zu einer Art Muttersatz geworden. Und so hatte Maritta Gubisch in den Jahren des Wiederaufbaus der Schule tatkräftig mitgemacht, um bloß in der Nähe Paluccas zu sein. Vielleicht hatte sie sich dabei überanstrengt, nun jedenfalls wirkte sie fahrig und abgelenkt, ständig unglücklich, fing immer neue Briefe an Palucca an, brach die dann mittendrin ab, strich ganze Passagen durch, beteuerte ihre Verehrung für die Schulleiterin.[83] In einer solchen labilen Situation fuhr Maritta Gubisch nach Berlin, um eine ehemalige Schülerin zu besuchen, die im dritten Stock eines Hinterhauses wohnte. Dort stellte sie sich ans Fenster, schaute hinunter und dachte laut darüber nach, wie es wohl wäre, hinunterzuspringen.[84]

Vor allem Irmgard Schöningh tat alles, um Maritta Gubisch wieder zu stabilisieren, mal gewährte sie ihr eine Prämie von 250 Mark und schrieb dazu ein paar aufmunternde Zeilen: »Wir alle wissen, daß Du gerne schläfst und trotzdem aufgestanden bist, um für die Schule da zu sein«.[85]

Palucca und Schöningh nahmen Maritta Gubisch auch mit nach Hiddensee und da war es wieder Irmgard Schöningh, die versuchte, alle bei Laune zu halten. Einmal initiierte Irmgard Schöningh eine Bootstaufe. Sie hatte sich ein Holzboot mit einem weißen Segel gekauft, das sie dann alle an einem See einweihten. Es war ein schöner Abend, der See lag still und die Segel des Bootes spiegelten sich auf der Wasseroberfläche. Maritta Gubisch vollzog die Schiffstaufe. Es sollte eine nette kleine Feier werden, doch die Stimmung löste sich nicht.

Immer öfter tauchten Schnaps- und Ginflaschen auf, wenn Schöningh und Gubisch sich fotografieren ließen. Überhaupt war Schöningh in den vergangenen Jahren deutlich gealtert, sie versteckte ihren Körper unter weiten Hosen und Hemden, ihre Haare unter weißen Käppis, während Palucca ihren glatten, jugendlichen Körper gerne vorzeigte.

Irmgard Schöningh hatte von allen Frauen, die Palucca umgaben, das meiste aufgegeben, um so zu leben, wie sie

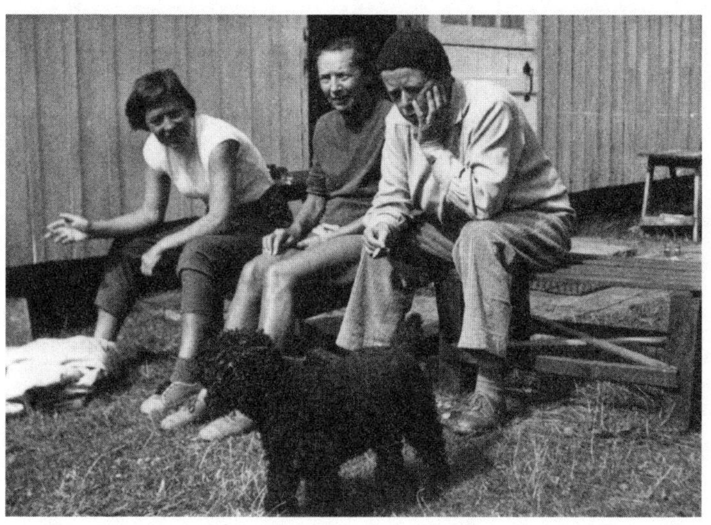

Maritta Gubisch, Palucca und Irmgard Schöningh auf Hiddensee

jetzt lebte. Sie hatte eine Ehe mit einem interessanten Mann hinter sich gelassen, von dem sie sich hatte scheiden lassen und den sie dann noch einmal geheiratet hatte: Ihr Mann war in den dreißiger und frühen vierziger Jahren Autor bei der renommierten katholischen Zeitschrift »Hochland« gewesen, bei der Irmgard Schöningh zwei Jahre lang als Redakteurin mitgearbeitet hatte. Sie und ihr Ehemann waren mit vielen Münchner Intellektuellen befreundet gewesen, und nun, in den fünfziger Jahren, machte ihr Ex-Mann eine typisch westdeutsche Wirtschaftswunderkarriere als Herausgeber einer Zeitung und Chef des Feuilletons. Er war wohlhabend und ließ sich mit einem Chauffeur zur Arbeit fahren. Irmgard Schöningh hatte auch ihre Tochter zurückgelassen. Über zwanzig Jahre alt war die Tochter jetzt schon, sie heiratete, brachte Kinder zur Welt und Irmgard Schöningh bekam im anderen Deutschland von alldem wenig mit.

Auch für Marianne Zwingenberger war es keine einfache Zeit. In der Klinik hatte sie immer wieder mitbekommen, dass einer ihrer Ärzte die Flucht vorbereitete, hatte geschwiegen, weil sie verstehen konnte, wenn sich jüngere Leute für einen Neuanfang im Westen entschieden. Die Arbeit an den ostdeutschen Krankenhäusern war uferlos, die Vergütung schlecht, sie, die Chefin, konnte ihren Leuten kaum etwas bieten, um sie zu halten.

Marianne Zwingenberger selber fuhr zwischen 1955 und 1958 mindestens einmal im Jahr nach Westdeutschland oder ins benachbarte Ausland. Von ihren Reisen schrieb sie verklausulierte Postkarten an Palucca, denn sie nahm an, dass die Karten von Dritten gelesen werden würden: »Die erste Etappe brachte gleich diesen neuen Vorschlag als Ersatz fürs – na Du weißt schon. Schöne Fahrt, hübsches Städtchen, Auto brav, viele herzliche Grüße dem ganzen Haus. D.M.«, schrieb sie aus Feuchtwangen. Oder aus Lüneburg: »Nach guter Fahrt und höflicher Grenze heute hier zur Nacht.«[86] Oder aus Brno in der Tschechoslowakei: »Furchtbar viel Essen. Grüsse an alle Menschen und Hunde«. Oder aus Regensburg: »Eben zurückgekommen, alles leichter als ich dachte. Morgen geht Päckchen ab. Zig Pfund schö. Käse für La. Rest für Dich (bescheiden), wollte gern Melone, gabs aber nicht. Bald kommt Brief, Gruß allen D.M.«.

Auch Palucca hielt ihre Kontakte in den Westen, besuchte regelmäßig die Tanzschulen ihrer ehemaligen Schüler und gab diese Fahrten als Dienstreisen aus. Sie wurde von ihrem Chauffeur in den Westen gefahren: »Vor einiger Zeit habe ich nun endlich den richtigen Fahrer gefunden, in jeder Beziehung in Ordnung«, schrieb sie im Herbst 1956 an eine Freundin im westfälischen Herford, kurz vor einer Reise dorthin: »Könnt Ihr ihn privat unterbringen? Wenn nicht, bitte ein einfaches Zimmer im Hotel bestellen.«[87]

Wenn irgendetwas in der DDR nicht zu bekommen war, holte sich Palucca die Erlaubnis der Dienststellen und holte sich »persönlich ein Angebot aus dem Westen ein«. Im neuen Schulgebäude war in den Tanzsälen mit großem Aufwand Parkettboden gelegt worden, Palucca aber befürchtete »Splittergefahr« und suchte nach Material für einen Korklinoleumboden, der, so klagte sie, »in der DDR nicht zu bekommen war«.

Sie erwartete auch regelmäßig Bücherpakete aus dem Westen, machmal fehlten ein paar Bücher und Palucca schaltete die Akademie der Künste ein, über die dann Nachforschungen angestellt wurden, wer die Bücher entnommen haben könnte. Sowieso ging ein Großteil der privaten Post für Palucca direkt an die Akademie, denn sie hoffte, dass die berüchtigten Post-Kontrolleure, die alle Pakete aus dem Westen öffnen durften, von der offizielle Adresse so beeindruckt sein würden, dass sie sich nicht an den Paketen bedienten.[88]

Die Stimmung hatte sich verdüstert, die Unruhe war geblieben, auch durch die vielen West-Kontakte, durch die ständigen Vergleiche zwischen hier und dort. Überhaupt hatte sich die Konkurrenz zwischen der DDR und der Bundesrepublik verschärft. Die Bundesrepublik galt nun als Wirtschaftswunderland und die DDR als ökonomisch uneffektiv und undemokratisch, als Land, das sich nur durch äußeren Zwang behaupten konnte.

Auch sehr treue Kollegen der Palucca-Schule verschwanden in den Westen, Anni Herberg, die mit nach Hiddensee gefahren war, um Irmgard Schöninghs Boot einzuweihen, ging im Dezember 1956 nach Süddeutschland, nach Ulm: »Verehrte, liebe Frau Palucca, durch mein Pech mit der Grippe ist es mir nicht möglich, mich persönlich von Ihnen zu verabschieden. Ich glaubte, an der Schule meine Lebensstellung gefunden zu haben, denn ich hing unbeschreiblich an dieser Arbeit. [...] Auch wenn ich mich jetzt von der Schule lösen muß, so bitte ich Sie herzlich, mir Ihre persönliche Zuneigung zu erhalten. In langjähriger treuer Verbundenheit bleibt meine Dankbarkeit, Verehrung und Liebe für Sie unverändert bestehen.«[89]

Wegen ihrer vielen West-Kontakte galt Palucca in den Behörden nach wie vor als unsichere Kandidatin. Im Frühjahr 1958 sickerte dann noch durch, dass die Genossen an der Schule sich immer wieder an oberster Stelle über Irmgard Schöningh beschwerten. Im März 1958 kamen Kontrolleure aus dem Ministerium für Kultur an die Schule, hospitierten im Unterricht, sprachen mit den Lehrern und reichten dann eine umfangreiche Mängelliste ans Ministerium weiter. Palucca und Irmgard Schöningh wurden auf dieser Mängelliste besonders oft erwähnt: Sie orientierten sich bei der Ausbildung nicht an den Beschlüssen von Partei und Regierung, hieß es da, überhaupt werde an der Schule zu wenig für die politische und gesellschaftliche Bildung getan. Palucca wurde zwar nicht direkt angegangen, aber indirekt: über Irmgard Schöningh. Bald wurde Schöningh ihres Direktorenpostens enthoben und durfte sich nicht mehr in die Erziehung und Ausbildung an der Schule einmischen.

Die Abende in der Wiener Straße wurden immer länger. Palucca, Schöningh und Zwingenberger saßen zusammen und berieten sich. Schöningh verlor merklich die Lust daran, ihre Arbeit an der Schule fortzusetzen, immer öfter sagte sie, dass sie am liebsten ganz weggehen wolle. Palucca wurde nervös, auch sie war erbost über die Beschlüsse der Kulturkommission, doch sie wusste auch, dass man sie nicht so leicht würde entmachten können wie Schöningh. Sie überredete Schöningh, erst einmal zu bleiben, und versicherte ihr zugleich ihre volle Solidarität. Sie würde ein warnendes Telegramm ans Ministerium für Kultur schreiben. Wenn eine von ihnen gehen müsse, so hieß es dann in dem Schreiben unmissverständlich, so gehe die andere gleich mit. Nun warteten die Frauen ab. Schöningh beschäftigte sich wieder mit der wissenschaftlichen Dokumentation von Paluccas Unterricht. Und sie musste hinnehmen, dass ein SED-Mann am 8. August ihren Direktorenposten übernahm.[90]

Die Dokumentation von Paluccas Unterricht war ein mühsames, im Grunde fruchtloses Unterfangen. Denn Palucca tat in ihren Stunden immer nur das, was ihr gerade einfiel. Sie ging so genau auf die jeweilige Situation ein, auf den Tänzer oder die Tänzerin oder die Gruppe, die sie gerade vor sich hatte, dass objektivierbare pädagogische Richtlinien gar nicht festzustellen waren. Irgendwann hörte Irmgard Schöningh auf, sich Notizen zu machen und sann, während sie Palucca zusah, wie sie ihre Schüler mal anfeuerte, mal tadelte, darüber nach, wie ihre eigene Zukunft an der Schule überhaupt noch aussehen könnte.

Tatsächlich war Schöninghs Amtsenthebung der Anfang vom Ende. Am 9. Juni 1958 wurde Palucca von Freunden aus der Akademie der Künste für den Nationalpreis der DDR vorgeschlagen. Der Preis war großzügig dotiert, der erste Preis mit 100000 Mark, der zweite mit 80000, der dritte mit 60000. Bisher hatten die Schriftsteller Johannes R. Becher und Heinrich Mann sowie die Schauspielerin Helene Weigel den Preis schon bekommen, Bert Brecht war sogar mehrfach ausgezeichnet worden. Am 7. Oktober 1958, zum neunten Jahrestag der Gründung der DDR, sollte die Preisverleihung stattfinden. Doch das Kommitée lehnte den Vorschlag der Akademie ab: Erst zu Paluccas 60. Geburtstag, vier Jahre später, wolle man noch einmal darüber beraten, ob sie den Preis für ihr Lebenswerk bekommen solle. Als Trost sollte Palucca mit dem Vaterländischen Verdienstorden bedacht werden – einer Auszeichnung der Arbeiterbewegung, die zu Palucca nicht passte, da sie zur Arbeiterbewegung keinerlei Beziehungen hatte. Nach der Verleihung des Ordens am 5. Oktober 1958 kam es zum Eklat. Palucca gab ihren Orden zurück, wurde daraufhin vom Kulturminister Alexander Abusch zurechtgewiesen und nahm die Rücknahme wieder zurück, blieb aber verstimmt.

Denn auch an der Schule lief es überhaupt nicht so, wie sie es sich vorstellte: Sie kam mit Schöninghs Nachfolger auf dem Direktorenposten nicht zurecht. Der neue Direktor Gerhart Dittmann, den Palucca als provinziell empfand, war vorher Lehrer am Pädagogischen Institut in Dresden gewesen. Immer wieder stritten die beiden, immer wieder drohte Palucca damit, ihr Amt niederzulegen. Auch Irmgard Schöningh mischte sich bald wieder in die organisatorischen Abläufe der Schule ein, aus denen sie sich eigentlich hätte heraushalten sollen. Also beschwerte sich Dittmann direkt beim neuen Kulturminister Alexander Abusch darüber, dass er nichts ausrichten könne. Am 1. Februar 1959 schickte das Ministerium wieder einen SED-Mann an die Schule, der Dittmann als Stellvertreter unterstützen sollte. Dittmann, sein Stellvertreter und die Internatsleiterin gründeten nun zusammen eine schuleigene Parteigruppe als politisches Gegengewicht zu Palucca, Schöningh und Gubisch. Damit war die Schulleitung in zwei Gruppen aufgespalten.

Wieder berieten die Frauen in der Wiener Straße, wie sie vorgehen sollten. Zu den konspirativen Treffen kam auch Maritta Gubisch hinzu. Mit jedem Gespräch wurde den Frauen klarer, dass sie nun handeln mussten. Palucca und Schöningh begannen, ihre Koffer zu packen. Sie würden in den Westen gehen. Zwingenberger würde als Verhandlungspartnerin für das Kulturministerium in Dresden verbleiben. Gubisch würde in dem Moment, in dem Palucca und Schöningh die Grenze passiert hatten, an der Schule kündigen.

Die Frauen setzten den Plan um. Ende Februar 1959 gelang es Palucca und Schöningh, unbemerkt aus Dresden zu verschwinden. Sie steuerten ohne Umwege Sylt an, wo sie bei Paluccas Freunden unterschlüpfen konnten. Für Palucca war es merkwürdig, als Exilantin nach Sylt zu kommen. Oft hatte sie in ihren Urlaubstagen davon geträumt, wie schön es wäre, für immer bleiben zu können, doch nun war ihr beklommen zumute.

Zuhause in Dresden verkündete Zwingenberger, dass Palucca und Schöningh verschwunden seien. Gleichzeitig kündigte Maritta Gubisch ihre Stelle. Die Genossen an der Schule waren zwar überrascht, aber auch erleichtert und begannen sofort mit der Umgestaltung der Schule in ihrem Sinne. Doch bald merkten sie, dass man auf höherer Ebene Paluccas Flucht nicht als Chance sah, die Schule politisch neu auszurichten, sondern dass man alles versuchte, sie zurückzuholen. Im Zentralkomitee der SED, im Kulturministerium, im Dresdner Rathaus – überall bemühte man sich um eine Sprachregelung, die alles offen hielt: Paluccas West-Aufenthalt wurde als Erholungsurlaub ausgegeben.

Doch der Erholungsurlaub dauerte. Im Juni 1959 war Palucca schon gut drei Monate weg, sie blieb bei ihrer Forderung, dass mindestens der unliebsame Direktor Dittmann abgelöst werden müsse, damit sie wiederkomme. Sie signalisierte jedoch gleichzeitig in persönlichen Schreiben an den Kulturminister, dass sie nicht glücklich sei im Westen und dass es durchaus Chancen gebe, sie zurückzugewinnen.[91]

Die Zeit nach der Flucht aus Dresden, die Monate auf Sylt verliefen tatsächlich nicht glücklich. Palucca hatte von der Akademie der Künste Geld bekommen: 500 Mark zu einem günstigen Wechselkurs, damit sie gut durch die erste Zeit ihres Exils kommen konnte.[82] Irmgard Schöningh aber musste sich Arbeit suchen, um sich ihre Existenz zu sichern. Sie tat das auch schnell und verhielt sich wie immer zupackend. Sie war nie auf den künstlerischen Bereich festgelegt gewesen, hatte als Geigerin, Taxifahrerin, Korrepetitorin, Gutsverwalterin, Leiterin eines Frauenchores, Redakteurin, Wirtschaftsleiterin in einem Kinderlandverschickungslager und stellvertretende Leiterin der Finanzabteilung einer Ortskrankenkasse gearbeitet.[83] Sie kannte ihre Begabungen und wusste sie auch zu nutzen – zwar nicht so, dass sie in irgendeinem Bereich hätte Karriere machen können, aber so, dass sie überall neu anfangen konnte und nie um ihre Existenz bangen musste. Auf Sylt fing sie gleich als Verkäuferin in einem Antiquitätengeschäft an.

Doch für Palucca war es undenkbar, ihr altes Leben aufzugeben und eine Arbeit als Angestellte anzunehmen. Sie hatte immer nur getanzt und das Tanzen gelehrt, war seit 35 Jahren, seit ihren ersten Soloauftritten, seit ihrer Eheschließung mit Bienert daran gewöhnt, herausgehoben und verwöhnt zu sein, eine Diva, der viele alltägliche Verrichtungen abgenommen wurden. Und sie hatte ihre Karriere in den vergangenen 25 Jahren in enger Abstimmung mit den staatlichen Institutionen vorangetrieben. In jenem Sommer 1959 war sie 57 Jahre alt. Die Aussicht auf einen Neuanfang im Westen, an der Schwelle zum Alter, machte ihr Angst. Irmgard Schöningh musste hinnehmen, dass sie nie ankommen würde gegen Paluccas Bedürfnis nach Zuwendung – einer Zuwendung, die eine Person alleine nicht befriedigen konnte. Es brauchte immer mehrere Menschen und auch Repräsentanten des Staates, um Palucca bei Laune zu halten und ihr das Gefühl zu geben, wichtig zu sein.

In Dresden übernahm Marianne Zwingenberger die alte Rolle als Paluccas Unterstützerin. Sie überbrachte den offiziellen Instanzen Paluccas Forderungen. Das Kulturministerium entschied, dass Paluccas Wunsch, Gerhart Dittmann aus der Schule zu entlassen, stattgegeben werde. Palucca war erleichtert, als sie davon hörte. Nun fing sie an, mit Irmgard Schöningh zu verhandeln. Sie selber wollte gerne zurück. Aber was würde dann aus ihrer Freundin werden? Schöningh wollte nicht wieder nach Dresden, sie hatte genug. Ihre Wege trennten sich nach zehn gemeinsamen Jahren. Palucca verabschiedete sich.

Anfang Juli 1959 kehrte sie nach Dresden zurück. Zwingenberger empfing sie im gemeinsamen Haus. Nun waren sie wieder zu zweit. Als Palucca die Schule betrat, war sofort alles wieder vertraut, das Klaviergeklimper, das Stampfen und Schleifen der Schritte, Palucca war froh, zurück zu sein und gab sich sogar damit zufrieden, die künstlerische Leitung der Schule abzugeben und nur noch Abteilungsleiterin für Neuen Künstlerischen Tanz zu sein.

Aber auch im Ministerium für Staatssicherheit merkte man sich die Eskapade. Noch Jahrzehnte später, als noch einmal intern entschieden werden sollte, ob Palucca zum Reisekader gehören solle oder nicht, wurde in einem Stasi-Bericht auf den Sylter Aufenthalt hingewiesen. Man kam aber zu dem Schluss, dass es nun nicht mehr riskant sei, Palucca für kurze Zeit in den Westen ziehen zu lassen.[94] Tilo Vogel, bisher Abteilungsleiter im Ministerium für Kultur, wurde 1959 als Schulleiter eingesetzt. Dittmann hinterließ ihm noch mahnende Worte und einen verheerenden Bericht über die Bedingungen an der Schule: Ein Lehrerkollegium aus Systemskeptikern erwarte den Neuen, der Anteil der Genossen müsse dringend erhöht werden.[95]

Palucca aber sollte sich mit Tilo Vogel gut verstehen, überhaupt war sie nun bereit, sich mit der Tatsache zu arrangieren, dass die Ballettausbildung und die sozialistische Erziehung an der Schule Vorrang haben würden. Einen Neuanfang in der Bundesrepublik konnte sie sich für lange Zeit nicht mehr vorstellen. Tatsächlich kehrte jeder zehnte Republikflüchtling in den fünfziger Jahren wieder in die DDR zurück. Diese Rückkehrer galten jedoch bei den Behörden als unsichere Kandidaten, die angeblich schnell wieder bereit waren, noch einmal fortzugehen. Und so sprach man in den Behörden von den Wanderern zwischen den Welten.[96] Obwohl nun Palucca bis zum Ende hauptsächlich in der DDR blieb, sollte auch sie eine solche Weltenwandlerin werden.

»Möge Dir [das neue Jahr] vor allem wieder die Verbindung zu Frau Schöningh bringen und eine gute Lösung für Eure gute und fruchtbare Partnerschaft«, schrieb eine Freundin Ende 1959 an Palucca.[97]

Doch so weit würde es nicht kommen: Schöningh blieb auf Sylt. Sie genoss das neue Dasein – mit dem Sozialismus hatte sie abgeschlossen. Doch wie schon so oft in Paluccas Leben war es keine Trennung im Groll. Schon im November 1959 plante Palucca ihre nächste Reise nach Sylt. Der neue Schulleiter Tilo Vogel teilte ihr Mitte November 1959 mit: »wie ich am Sonnabend, dem 7.11.1959 von Herrn Bork im Ministerium für Kultur erfuhr, ist das Original der Befürwortung für Ihre Reise nach List/Sylt direkt dem Volkspolizeikreisamt, Dresden A1 zugestellt worden«.[98]

Palucca versuchte, mit allen Mitteln Kontakt zu halten, und Schöningh hatte auch ein schlechtes Gewissen, die Freundin allein gelassen zu haben und munterte sie aus der Ferne auf. Entsetzt äußerte sie sich nach einem Telefonat über die Stimme der Heimgekehrten: »MlP«, schrieb Schöningh, das war ihre übliche Abkürzung für »Meine liebe Palucca«: »Was für eine spatzige Stimme. Ich war ganz durcheinander. Bin es noch. Diesen Kummer werde ich nicht mehr los. Ich denke sehr an Dich bei Deinem Anfang, würde Dir so gerne helfen.«[99]

Doch Irmgard Schöningh konnte Palucca nicht mehr helfen, sie konnte nur noch Karten schicken »als Empfangsgruss für MlP«. Sie suchte ein Blumenmotiv aus, einen von August Macke gemalten Gladiolenstrauß: Mit den Schwertblumen sollte Palucca gut gerüstet sein für den Neuanfang.

Schöningh selbst war mittendrin in ihrem neuen Leben. Im August 1959 schon – wenige Wochen nach Paluccas Abreise – schrieb sie ihr eine Karte, auf der sie sich ganz mit dem Dasein auf der Insel identifizierte: »MlP. Nun ist der Höhepunkt bald geschafft. Ab 20. August werden die Massen verschwinden. [...] Das Geschäft geht gut. [...] Ich werde bis 30. September in der Keitumstraße bleiben und kann zu Fe ziehen. Alle Einzelheiten über das geplante Importgeschäft sind noch nicht fest. Aber den Winter werde ich bestimmt hier bleiben [...] Auf keinen Fall aber werde ich die Arbeitsweise dieses Jahres wiederholen. Das kann ich nicht nochmal durchhalten«.[100]

Besagte Fe, zu der Schöningh zunächst ziehen wollte, war Else Fehnemann, der eine Buchhandlung im Inselort Westerland gehörte. In der Buchhandlung hatte Irmgard Schöningh ihre nächste Anstellung übernommen. Es gab dort eine Ecke mit Zeitungen und Zeitschriften, Schöningh kümmerte sich darum und lernte so ihre nächste Lebensgefährtin kennen: Annemarie Deutscher, die auf Westerland einen Zeitschriftengroßhandel betrieb, mit einem kleinen Laden dazu in der Strandstraße in Westerland. Auch Annemarie Deutscher war, wie Irmgard Schöningh, Mutter. Die beiden Frauen zogen später zusammen, in eine Dachgeschosswohnung gegenüber von Annemarie Deutschers Zeitschriftenladen.

Irmgard Schöningh versuchte nun, nach all den anstrengenden Jahren an der Seite der asketischen und zugleich so zuwendungsbedürftigen Palucca, das Leben zu genießen. Sie kochte aufwändig, rauchte nahezu ununterbrochen, trank gern Cognac mit Wasser gemischt, redete viel und war mit ihrer Intelligenz und ihrem Witz bald der Mittelpunkt einer Clique von lesbischen Frauen und schwulen Männern – die Sylter Gesellschaft war sehr liberal, viele Homosexuelle aus der BRD kamen hierher. In den sechziger Jahren, die nun begannen, fuhr sie jedes Jahr gemeinsam mit ihrer Freundin und dem weißen Schnauzer Julchen im DKW in die Ferien aufs Festland, vor allem in Schöninghs alte Heimat nach Süddeutschland, an den Chiemsee oder in den Schwarzwald.[101] Palucca bekam immer wieder Post, glückliche und wehmütige Zeilen. Auf Sylt hielt Schöningh Kontakt zu den Leuten, die Palucca schon seit den zwanziger Jahren in List kannte. Als der Bauer Peter Diedrichsen, bei dem Palucca noch mit Bienert und mit Grohmann übernachtet hatte, gestorben war, schickte Schöningh in ihrem und in Paluccas Namen Blumensträuße, »nichts auf den Friedhof, wegen der Kaninchen«,[102] schrieb sie in ihrer praktischen Art noch dazu. Schöningh fuhr auch oft alleine an den Ellenbogen, wo früher Paluccas Holzhütte gestanden hatte, um zu »dösen«, zu »klönen«, »mal abschalten« zu können und an alte Zeiten zu denken.[103] »MlP. Ich würde Dich so gerne mal wieder verwöhnen«, schrieb sie.[104] Und wenn Palucca ihr regelmäßig Fotos von sich schickte, dann bedankte sich Schöningh: die Fotos seien ihre »ganze Freude« und ihr »ganzer Kummer«: »Ich baue langsam Kultaltärchen auf. Eine Freude muß der Mensch haben«.[105]

»Mein lieber Peppe«,[106] nannte Schöningh Palucca in den Briefen oder »Peppe, guter«[107]: »Ich würde Dich so gern mal wiedersehen«.[108] Marianne Zwingenberger wurde von Schöningh »Zet« genannt und auch gegrüßt: »Zets Bluse immer noch nicht da.«[109]

Es gingen Pakete hin und her. Schöningh schickte Pflanzen[110], Pflaumen, Persil-Waschmittel, Lachsschinken, Butter, Tee, kandierte Früchte, zwei Mützen[111], Backfett, Parmesan, Teewürste, Katenwurst – »Denke an Dich und möchte Dir so viel Gutes tun«.[112] Schöningh sorgte sich weiterhin, dass Palucca es mit der Sonne und vor allem mit der Arbeit übertreiben könnte: »Tanzarchiv schreibt begeistert von Deinem Sommerkurs. Das ist schön, aber wahrscheinlich bist Du wieder völlig überanstrengt. Nochmal: Sei vorsichtig mit zuviel Sonne.«[113]

Schöningh bezog ihre neue Freundin Annemarie Deutscher in den Kontakt mit ein, immer mal wieder notierte Annemarie Deutscher auch ein paar Zeilen auf die Postkarten. Irmgard Schöningh hatte sich in ihrem westdeutschen Leben eingerichtet, doch sie blickte weiterhin kritisch auf die westdeutsche Gesellschaft, auf das ungebremste Wirtschaftswachstum, das vor allem auf Sylt seine zerstörerische Seite zeigte: Es entstanden Bettenburgen, die Zahl der Gäste war von 2000 im Jahre 1946 auf 15000 angewachsen, die Promenade war erweitert und eine Spielbank eröffnet worden; die Insel verlor ihren verträumten Zauber.[722] Nach einer schlechten Saison in den frühen sechziger Jahren prognostizierte Irmgard Schöningh: »Ich glaube, diesen Herbst ist es so weit, daß es bei allen, die so scheußlich hochgestapelt haben, fürchterliche Zusammenbrüche gibt.«[114] Es waren Sorgen aus einer anderen Welt. Deutschland war inzwischen ein Land, durch das eine Mauer ging.

In den Frühlings- und ersten Sommermonaten des Jahres 1961 waren die DDR-Bürger auffällig unzufrieden gewesen mit der SED-Regierung, allein im Juli 1961 hatten 30000 Menschen die DDR verlassen – seit 1949 waren über 2,6 Millionen Menschen geflohen. Es fehlte an allem, an Fleisch, Butter, Fisch und Öl. Die Sowjetunion gewährte der DDR zwar einen außerordentlichen Kredit von 2 Milliarden Mark, doch der Flüchtlingsstrom konnte durch solcherlei Zuwendungen nicht gestoppt werden. Und so versperrten in der Nacht vom 12. auf den 13. August Volkspolizisten und Soldaten die Sektorengrenze quer durch Berlin mit Stacheldrahtverhauen und Steinwällen.

In dieser Nacht hielten sich die meisten Weggefährten Paluccas im Westen auf. Friedrich Bienert verbrachte den Abend mit seiner Tochter in der gemeinsamen West-Berliner Altbauwohnung. Schöningh lebte auf Sylt, Wigman ebenfalls in West-Berlin. Will Grohmann gab bei sich zu Hause in seiner Villa in Berlin-Lankwitz eine Party und musste am nächsten Morgen diejenigen Gäste, die aus Dresden angereist waren, beraten, ob sie in den Osten zurückkehren sollten oder nicht. Denn für Rückkehrer würde es aus dem Osten kein Entkommen mehr geben.

Auch als in den folgenden Tagen und Monaten die Mauer gebaut wurde und die Grenzsoldaten aufgefordert wurden, auf Fliehende zu schießen, zweifelte Palucca nicht daran, dass sie in der DDR richtig aufgehoben war – zu fremd war der Westen ihr bei ihrem langen Sylter Aufenthalt gewesen, zu vertraut jeder Winkel in Dresden. Im Übrigen konnte sie als privilegierte Künstlerin sowieso reisen. Da Marianne Zwingenberger inzwischen in den Ruhestand gegangen war, hatten die beiden Frauen nun mehr Zeit füreinander. Sie waren schon weit gereist. Im Jahr zuvor, im Oktober 1960, waren sie bis nach China gekommen, um sich dort chinesisches Ballett anzusehen: »Man wollte mich nicht gerne allein fahren lassen«, erzählte Palucca und begründete damit, warum nicht nur sie, sondern auch ihre Freundin auf Staatskosten reisen durfte.[115] Man ließ sie nicht allein, man kümmerte sich um sie – dieses Gefühl war für Palucca ausschlaggebend und deswegen blieb sie in Dresden.

Als Belohnung für ihr Bekenntnis zu Dresden und der DDR bekam sie jetzt auch den Nationalpreis und sogar den Professorentitel verliehen. Und das Grundstück auf Hiddensee, das ihr so lange schon versprochen worden war. Mit dem Geld des Nationalpreises konnte sie dort ein eigenes Haus bauen. Sie durfte sogar genau das Grundstück kaufen, auf dem so viele Jahrzehnte die vertraute kleine Holzbaracke gestanden hatte und dort ein mit Reet gedecktes Haus bauen. Im fertigen Haus gab es drei Zimmer, wovon das größte für Palucca gedacht war. An einer Wand stand ein Regal, auf dem sich im Laufe der Zeit verschiedene besonders schöne Steine ansammelten, die Palucca von ihren Spaziergängen mitbrachte. Das Bett war mit einem Vorhang versehen, der zum Schlafen zugezogen werden konnte. Unter dem Fenster war ein schmaler Schreibtisch eingebaut worden, auf dem ein Reisewecker und ein transportables Radio standen. Die beiden anderen Zimmer waren für Zwingenberger und für Lämmchen vorgesehen. Dann gab es noch eine geräumige Küche mit zwei Spülbecken vor einer gekachelten Wand, einem Elektroherd und einem Kühlschrank – Palucca allerdings betrat die Küche nur, um ihrem Hund Futter zuzubereiten.

An der Hausfront, die zum Garten lag, waren drei große Fenster eingelassen worden, die an Sommertagen weit geöffnet werden konnten. Von der windgeschützten, überdachten Terrasse ging es in den 1000 Quadratmeter großen

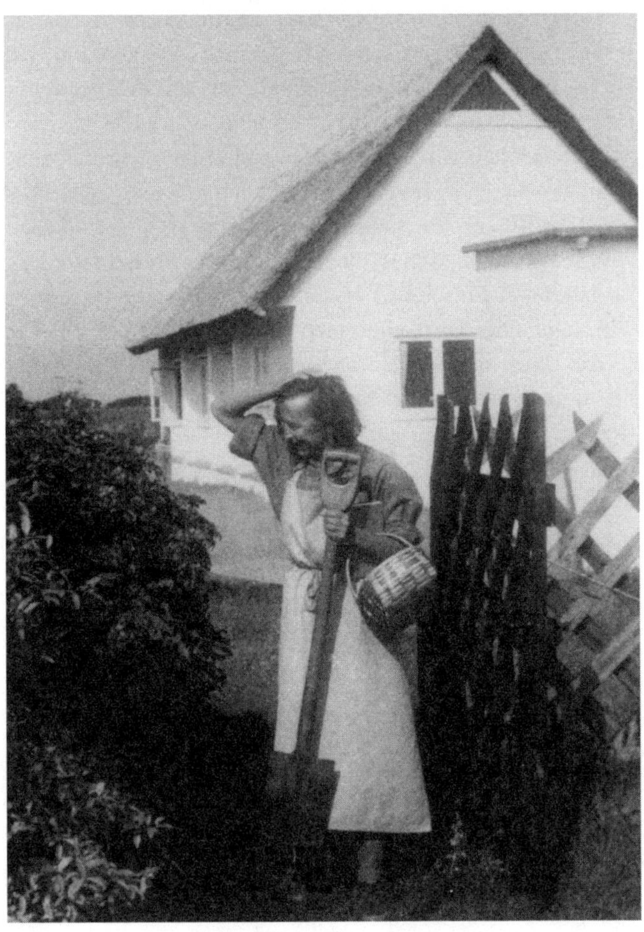

Palucca vor ihrem Haus in Vitte

Garten, der von einer Wildrosenhecke umrankt war. Im Garten waren Wäscheleinen gespannt worden und an einer Hauswand standen Mülleimer aus Silberblech. Die Rumpelkammer, die an die Terrasse angrenzte, füllte sich im Laufe der Zeit mit Liegestühlen, Seesäcken und Bierkisten.

Palucca war stolz auf ihr Haus in Hiddensee und als es fertig eingerichtet war, schrieb sie an ihren alten Freund Will Grohmann: »Mein Zimmer ist, glaube ich, gut gelungen, nur es fehlen Bilder, weil es sehr einfach und sachlich (eingebaute Möbel) gehalten ist. Ich finde hier nicht die richtigen Drucke, die ich nebeneinander hängen kann, Querformat 40 x 30 cm. Sie müßten etwas farbig sein, ein bißchen wie Seurat oder Signac, keine abstrakten Bilder, sondern Beziehung zur Insel oder Natur, nicht ganz so helle Farben wie Nolde oder Miro, aber doch farbig.«

Als Dank schickte sie an Grohmann einen besonderen Stein, den sie bei einem Strandspaziergang gefunden hatte: »Ich hoffe, daß er Dir gefällt und Du etwas Ähnliches noch nicht hast«.[116]

Auf Hiddensee ging Palucca frühmorgens, wenn der Strand noch leer war, nackt die paar Meter vom Haus zum Meer und badete. Sie scheute sich nicht einmal vor 12 Grad kaltem Wasser. Danach verschwand sie in ihrem »Pfuhl« – so nannte sie ein mit Bast abgedecktes Geviert, das im Garten stand und in dem sich an sonnigen Tagen Wärme staute. Hier trainierte Palucca, lief nackt auf der Stelle, machte Kniebeugen und Sprungübungen, Überschläge und Liegestützen, dehnte sich und ging danach ins Haus zurück, um sich das getrocknete Salzwasser von der Haut zu waschen.

Wenn das Wetter schön war, verbrachten Palucca und Zwingenberger die Tage im Garten, und immer dann, wenn Lämmchen nicht mitgereist war, kümmerte sich Zwingenberger um den Haushalt, putzte Gemüse, während Palucca auf einem Liegestuhl oder auf einer Luftmatratze lag und sich sonnte. Zwischendurch erhob sich Palucca von ihrem Sonnenplatz und tollte mit dem Hund.

An den Nachmittagen zogen Palucca, Zwingenberger und Hund Stoffel zu langen Spaziergängen los oder gingen gemeinsam baden. »Die Insel ist wieder wunderbar«, schwärmte Palucca in ihren Briefgrüßen aus Hiddensee, »ich finde immer noch Gegenden, die unberührt sind, das Baden macht Spaß, viel Wellen«.[117]

Im Winter fuhr Palucca zwar immer noch regelmäßig nach Sylt, aber auch nach Hiddensee, wohin sie sich von ihrem Fahrer Walter Werner fahren ließ. Einmal lag Schnee auf der Insel und um Paluccas Haus türmten sich weiße Massen. Palucca und Fahrer Werner bauten einen riesigen Schneemann, den Palucca dann selig umarmte. Als der Schnee geschmolzen und der Garten überschwemmt war, holte sie aus der Rumpelkammer eine Leiter, stellte sie an eine Hauswand, setzte sich auf eine Sprosse und begann, in den überschwemmten Wiesen zu angeln.[118]

Palucca und Zwingenberger waren glücklich auf Hiddensee und in den sechziger Jahren so innig wie nie zuvor: »Wenn die beiden miteinander waren, brauchten sie keinen Dritten«, beobachtete ein Hiddenseer Nachbar. Und weil sie sich hier so wohl fühlten, kaufte Zwingenberger ihrer Freundin auf dem Inselfriedhof in Kloster eine Grabstelle, bald nachdem Palucca gesagt hatte, dass sie nur hier begraben sein wollte. »Auf Sylt bin ich Gast«, so sagte Palucca nun, »auf Hiddensee will ich Heimat haben«.[119]

Tatsächlich kamen nun, kurz vor ihrem 60. Geburtstag die ersten Gedanken ans Alter auf. Palucca, deren Eltern und Bruder so früh auf unnatürliche Weise gestorben waren, konnte nicht ahnen, dass sie selber sehr alt werden würde. Weil sie keine eigene Familie mehr hatte, wünschte sie sich zu ihrem 60. Geburtstag Besuch von Zwingenbergers Verwandten aus dem Westen. Doch es stellte sich heraus, dass es nicht so einfach war, Zwingenbergers Neffen nach Dresden einzuladen. Gegen die Neffen, die ja ebenfalls aus dem Osten stammten, lief noch eine Anzeige – zwölf Jahre zuvor hatte man sie in einem Scheinprozess eines Wirtschaftsverbrechens angeklagt, um den familieneigenen Betrieb in Hohenstein-Ernstthal zu beschlagnahmen und zu verstaatlichen. Die Neffen wollten nicht riskieren, verhaftet zu werden, konnten also nicht zum Geburtstag kommen. Deswegen kündigte sich Ruth Zwingenberger, die Ehefrau von Zwingenbergers Lieblingsneffen, an, die sich in einem Hotel in der Nähe des Hauptbahnhofs einquartierte und sich dort darüber amüsierte, dass sie Geld und teuren Schmuck im Hotelzimmer liegen lassen konnte, nur nicht die Krimis, die sie aus dem Westen mitgebracht hatte. Die Krimis wurden nach und nach von den Zimmermädchen gestohlen. Vom Hotel aus ging Ruth Zwingenberger zur kleinen privaten Feier von Paluccas 60. Geburtstag in die Wiener Straße. Dort wunderte sie sich über die angespannte Stimmung. Palucca gab sich wortkarg und unterkühlt, Marianne Zwingenberger freundlich und ausgleichend wie immer, aber auch merkwürdig verhalten. Die wenigen Gäste verließen früh und ein wenig ratlos die Runde.

Ruth Zwingenberger reiste mit einem irritierten Gefühl ab, dachte sich auf ihrer Rückfahrt in den Westen, dass Palucca vielleicht Probleme mit dem Älterwerden habe oder dass die beiden Damen in der Wiener Straße doch wohl lieber für sich allein sein wollten. Nie würde der Gast aus dem Westen erfahren, was eigentlich los war an jenem Abend.

Es hatte Streit gegeben in der Palucca-Schule. Maritta Gubisch, die befreundete Kollegin, störte sich daran, dass Palucca sich mit dem Leben in der DDR arrangiert hatte, Preise entgegennahm, von Sonderrechten Gebrauch machte und sogar den Bau der Mauer akzeptierte. Gubisch selber empfand den Bau der Mauer als Kapitulationserklärung des Staates, in dem sie lebte, als massiven und nicht hinnehmbaren Eingriff in ihre persönlichen Freiheitsrechte. Ihre Stimmung verdüsterte sich, sie versuchte mit Palucca, die immer ihr großes Vorbild gewesen war, ins Gespräch zu kommen und sie zu einem Kommentar zur politischen Lage zu bewegen. Doch Palucca verweigerte sich politischen Auseinandersetzungen und hatte sich in den Monaten nach dem Bau der Mauer nur noch mehr abgeschottet und ihre private

Idylle genossen. Gubisch fühlte sich im Stich gelassen und begann, wie es Jahrzehnte zuvor Paluccas Mutter getan hatte, Druck auf Palucca auszuüben, sie zu zwingen, sich mit ihr und ihren Sorgen zu beschäftigen.

In der Nacht nach Paluccas Geburtstag strömte Gas aus dem Ofen in Maritta Gubischs Küche. Am nächsten Morgen wurde ihre Leiche gefunden. Für Palucca war dieser Tod eine Wiederholung: wie bei ihrem Bruder war es ein Todesfall mit Gas. Sie reagierte auf typische Weise, nahm sich zusammen, verhielt sich unterkühlt und abgegrenzt.

Sie sorgte dafür, dass der Tod von Maritta Gubisch in den Zeitungen erst Wochen später und dann auch noch als »tragischer Unglücksfall« annonciert wurde, damit niemand einen Zusammenhang zu ihrem Geburtstag herstellen konnte – dadurch wurde an der Schule nur umso mehr spekuliert, welche Zusammenhänge es tatsächlich geben könnte. Maritta Gubisch hatte immer schon mit Depressionen zu kämpfen gehabt, so dass ihre Verwandten vermuteten, dass sie sich in jener Nacht selbst das Leben genommen hatte. Wie auch immer sie starb – am Ende ihres Lebens war sie enttäuscht von Palucca. Es war ihr nicht gelungen, Kontakt zu derjenigen zu bekommen, deren Meinung ihr am wichtigsten war.

Gubischs Eltern wandten sich hilfesuchend an Palucca und so setzte sie ihren praktischen Verstand ein, um den Eltern über die Trauer hinwegzuhelfen: Die Eltern mögen doch möglichst bald einen Erbschein beantragen, riet Palucca ihnen: »Wir müssen unbedingt sehen, daß ich einige Dinge von Maritta verkaufen kann. Deshalb möchte ich Ihnen auch vorschlagen, Marittas gute Sachen wie wollene Pullover und Schuhe nicht zu verschenken. Die Schätzer für die Möbel, Radio, Plattenspieler und Pelzmantel haben wir benachrichtigt.« Die Eltern aber versuchten, Palucca zu bremsen, und bestanden darauf, die Sachen ihrer Tochter selber durchzusehen, sie bräuchten Zeit, denn »wir haben uns von unserem geliebten Kind auf eine so rauhe Art trennen müssen«.[120] Palucca musste erkennen, dass sie mit ihrer nüchternen Art nicht alles bewältigen konnte – doch diese Erkenntnis brauchte Zeit. Ein paar Jahre später sollte eine makabere Serie von Todesfällen auf sie zukommen. Sie würde das Trauern lernen müssen.

In den nächsten Jahren aber verlief Paluccas Leben ruhig. Sie bemühte sich weiterhin, im Sozialismus anzukommen und ließ ihre Schülerin Ruth Berghaus, die später eine bekannte Regisseurin werden sollte, für die Palucca-Schule Choreografien mit sehr konkreten politischen Botschaften entwickeln. Es waren Tanzszenen über den Befreiungskampf vom Kolonialismus, Stücke über »Zugvögel«, die ihren gewohnten Weg in den Süden ändern, wenn sie auf Landschaften stoßen, die von Atomstaub verseucht sind, oder Parabeln von reichen Katzen, die sich in einem Katzenhaus durchfressen, aber nicht helfen, als das Haus niederbrennt.

Die Choreografien von Ruth Berghaus waren zwar nicht ganz Paluccas Fall, da sie ihr zu wenig abstrakt waren. Doch Palucca ließ ihre Schülerin gewähren, weil auch sie merkte, dass die Symbiose aus ihrem eigenen improvisatorischen Stil und den konkreten Botschaften des Sozialistischen Realismus gut ankam. Politik und Presse reagierten begeistert und so wurde auch Paluccas Kunst nach und nach in der DDR rehabilitiert.

Doch es gab niemanden, der an der Palucca-Schule den Neuen Künstlerischen Tanz ganz genau so vermitteln konnte, wie Palucca es sich vorstellte. Für Maritta Gubisch gab es keinen Ersatz. »In unserer Schule bin ich nicht zu vertreten«, beklagte sich Palucca vier Monate nach Gubischs Tod beim neuen Schulleiter Tilo Vogel: Sie habe zu viel Arbeit, müsse täglich sieben bis acht Stunden unterrichten, dazu kämen noch ihre ganzen Repräsentationsaufgaben, erst neulich die »Abschlußsitzung wegen der sozialistischen Tanzfestspiele«

und ihre Verpflichtungen an der Akademie der Künste: »Ich habe mich gestern mit Frau Dr. Zwingenberger beraten«, schrieb Palucca an Vogel, »es gibt im Grunde nur eine Möglichkeit, und zwar die, daß ich ab sofort für ein Jahr, bis sich die Situation gebessert hat, von der Arbeit an der Akademie der Künste beurlaubt werde«.[121]

Palucca konnte zwar kurzfristig von ihren Verpflichtungen an der Akademie entlastet werden, doch längerfristig war das nicht möglich – so viele Vorzeigekünstler gab es in der DDR nicht. So musste Palucca 1965 auch zustimmen, zur Vizepräsidentin der Akademie gewählt zu werden.

Doch die Arbeit wurde ihr zu viel. Und langsam waren ihr die Belastungen auch anzusehen. Vor ihrem sechzigsten Geburtstag hatte sie noch bemerkenswert jung ausgesehen. Bald danach alterte sie deutlich, ihre Haut wirkte von den vielen Sonnenbädern gegerbt und wurde runzelig, die Kleidung schlabberte an ihrem mageren Körper. Noch leuchteten ihre Augen, doch es kam öfter vor, dass sie ihren Freunden und Kollegen gestand, dass sie »den ganzen Tag müde und zu keiner Tat oder Gedanken fähig« gewesen sei.[122] Immer wieder klagte sie über die hohen Ansprüche, die sie vor allem an sich selber setzte: »Ich muß dafür sorgen, daß ich selber noch vortanzen kann, leider habe ich nicht die Mitarbeiter, die diese Funktion übernehmen können«, schrieb sie. Dazu kamen Einladungen in die CSSR, in die Sowjetunion, Anfragen vom Fernsehen oder aus der Redaktion der »Aktuellen Kamera«, ob die Abschlussprüfungen im Neuen Künstlerischen Tanz für die Nachrichtensendung gefilmt werden könnten.[123] Immer wieder hospitierten neue Choreografen aus der Sowjetunion an der Schule, mussten begrüßt und eingeführt werden. Manche blieben auch für längere Zeit und die Schulleitung bemühte sich, bei Palucca gute Stimmung zu machen, damit sie die neuen Leute auch akzeptierte: »Iljana eingetroffen, seitdem weht ein frischer Ostwind in der Abteilung. Sie ist ein genauso ruheloser, fanatischer Mensch wie Sie«, schrieb Schulleiter Vogel aufmunternd an Palucca.[124]

Doch immer wieder war die Schulleitung besorgt, dass Palucca durch die vielen Verpflichtungen zu stark mitgenommen werde. Schulleiter Tilo Vogel schlug ihr vor, sich in Zukunft nur auf den Unterricht der Absolventen und der kleinen Kinder zu konzentrieren, damit diese »gut geschult entlassen und aufgenommen« werden könnten. »Wir sollten ganz offiziell im Kollegium bekannt geben, daß für Sie eine Ferienregelung notwendig ist, die Ihrem Alter, Ihrer Leistung und nicht zuletzt Ihrer Bedeutung entspricht«, schlug Vogel Palucca vor: »Mein Vorschlag wäre: Acht Wochen im Sommer, drei Wochen Weihnachten, 2/3 Wochen Ostern. Ich möchte gern mit dem Ministerium sprechen, damit wir ganz offiziell eine Regelung darlegen können«.[125]

Palucca war mit der Ferienregelung einverstanden und doch wurde ihr Verhältnis zur Arbeit immer ambivalenter. Seit sie die Schulleitung hatte abgeben und die Kompromisse zwischen dem Neuen Künstlerischen Tanz und dem Sozialistischen Realismus hatte hinnehmen müssen, hörte sie nicht mehr auf, die Zustände an der Schule zu kritisieren und immer wieder Änderungen vorzuschlagen. Sie machte deutlich, dass ihr Einsatz an der Schule ein Entgegenkommen war, dass sie es sich jederzeit anders überlegen und aufhören könne. »Ich kann Ihren Vorwurf, die Schule unterstütze ihre Arbeit nicht, nicht annehmen«, musste Schulleiter Vogel sich einmal verteidigen, die Schule spanne bis zum Äußersten ihre Kräfte an.

Trotz aller Kritik versuchte Palucca jedoch, für die Schule beste Bedingungen herauszuholen. Bei ihren Verhandlungen mit den Behörden wandte sie Strategien an, die sich bei ihren Auseinandersetzungen mit der Schulleitung bereits bewährt hatten: Sie drohte damit, wenn nötig, aufzugeben. Als etwa Schulleiter Vogel in Dresden wegen der allgemeinen Wohnungsnot keine Unterkunft bekam und monatelang von Berlin aus pendeln musste, schrieb Palucca in drohendem Ton einen Brief an den Rat der Stadt Dresden: Die Schule könne es sich nicht noch einmal leisten, »durch den Wechsel in der Leitung Schwankungen unterworfen zu sein; und ich selbst kann nach allem, was ich in den letzten Jahren an Schwierigkeiten durchgemacht habe, auch nicht nochmal neu anfangen. Ich möchte noch einmal betonen, daß ich mir vollkommen klar bin, wie schwer es ist, Wohnungen zu beschaffen, aber ich weiß, daß die Stadt Dresden, wenn es sich um so wesentliche kulturpolitische Dinge handelt, einen Weg finden wird.«[126]

Von Seiten der Politik wurde alles unternommen, um Palucca zu beschwichtigen und zu ehren. Vom Rat des Dresdner Stadtbezirks Ost wurde sie zu »zwanglosen Aussprachen« eingeladen: »Wir bitten Sie im Interesse einer guten Zusammenarbeit mit den örtlichen Organen der Staatsmacht recht herzlich um Ihre Teilnahme und bitten Sie desweiteren, Ihre Fragen und Probleme offen auszusprechen«.[127] Im September 1964 hieß es aus dem Bundessekretariat des Deutschen Kulturbunds: »Sehr verehrte Frau Professor Gret Palucca, wir freuen uns, Ihnen mitteilen zu können, daß das Präsidium des Deutschen Kulturbundes beschlossen hat, Sie auf Grund Ihrer Verdienste in der sozialistischen Kulturarbeit mit der Johannes-R.-Becher-Medaille auszuzeichnen. Die Verleihung soll in der Festsitzung des Präsdialrates anläßlich des 15. Jahrestages der Gründung der Deutschen Demokratischen Republik am 29. September 1964 in Berlin erfolgen.«[128]

Palucca war stolz auf diese hohe Auszeichnung und nahm zur Preisverleihung Marianne Zwingenberger mit. Zur Feier des Tages, zu der beiden Frauen Blumensträuße überreicht wurden, legte sie sogar ihren Mondsteinring an und frisierte sich sorgfältig.

Palucca wurde zur Vorzeigefrau der DDR. Der »Frauenfunk von Radio DDR« wandte sich einmal »mit einer großen

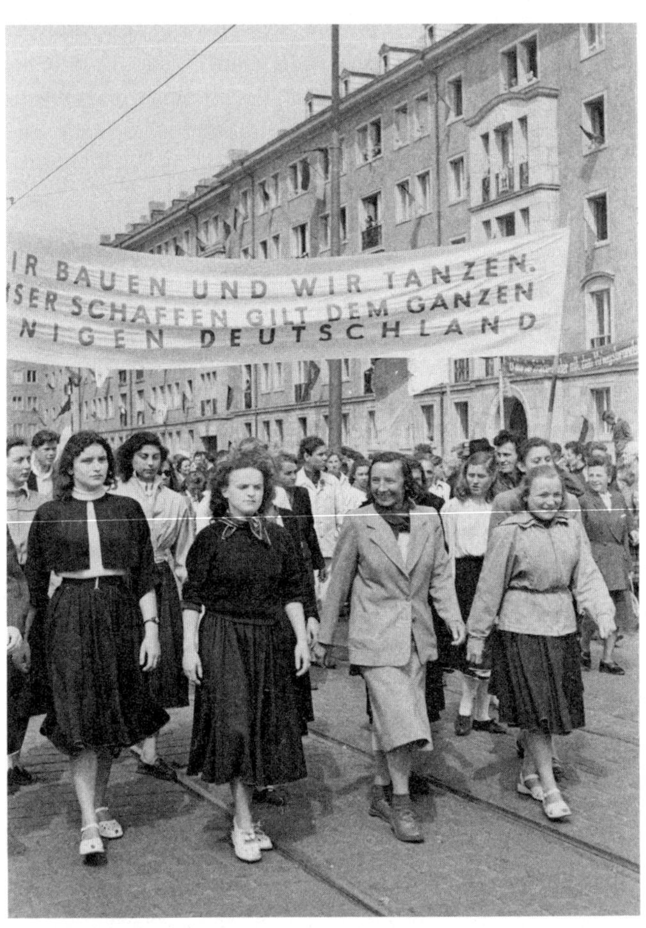

Teilnahme an den Kundgebungen zum 1. Mai, Ende der fünfziger Jahre

Bitte« an sie: »Wir haben die Absicht, in Vorbereitung der Kommunalwahlen eine Exklusiv-Umfrage zu halten, die unter dem Motto ›Wie regieren Sie mit?‹ stehen wird. Dabei sollen die bekanntesten Frauenpersönlichkeiten unserer Republik zu Wort kommen. Sie werden verstehen, daß uns deshalb an Ihrer Meinung besonders gelegen ist. Wir würden uns sehr freuen, wenn Sie uns Ihre Gedanken darlegen würden, wie Sie durch Ihre berufliche und gesellschaftliche Arbeit Einfluß auf das Wachsen und Werden unseres Staates nehmen.« Palucca antwortete mit steifen Worten: »Ich möchte unserer Jugend bei ihrer Entwicklung helfen«. Der DDR sollten »in späteren Jahren Menschen zur Verfügung stehen, die menschlich gefestigt und gebildet sind und die Fähigkeit haben, die Bedeutung der Kunst zum Besten der Nation zu fördern.«[129]

Solche Anfragen und Ehrungen halfen Palucca, sich mit dem Leben in der DDR zu arrangieren, auch wenn ihr in der Schule manches fremd war und sich Dresden zur sozialistischen Vorzeigestadt veränderte. Die Prager Straße, die vor dem Bombardement von 1945 die prachtvollste Einkaufsstraße der Stadt gewesen war und nach dem Bombardement über 15 Jahre in Trümmern gelegen hatte, wurde nun, in den sechziger Jahren, als sozialistisches Stadtzentrum mit Plattenbauten wieder aufgebaut. Am Terrassenufer der Elbe entstanden ebenfalls Hochhäuser. Man brauchte sehr schnell sehr viel Wohnraum und so kam es, dass die Architekten Abstand nahmen von der aufwendigen, verschnörkelten Bauweise der stalinistischen Ära und sich auf Plattenbauten verlegten.

Doch noch waren auch die Kriegswunden überall zu sehen, die Ruine der Frauenkirche ragte in den Himmel, die Betonpfeiler der Carolabrücke staksten aus der Elbe heraus, die Reste des prachtvollen Palasthotels Weber – in dem sich Palucca bei Mary Wigman vorgestellt hatte – standen noch an der Westseite des Postplatzes und sollten erst Ende der sechziger Jahre abgerissen werden.

Palucca sorgte auf ihre Weise für Kontinuität und pflegte nun, noch mehr als sie es in den späteren fünfziger Jahren getan hatte, ihre Kontakte in den Westen. Wieder gingen Pakete hin und her und zogen Briefe nach sich, in denen erörtert wurde, ob die Pakete auch richtig angekommen seien. »Geschenksendung / Keine Handelsware!!!« stand mit großen Lettern auf einem Westpaket, das eine ehemalige Kollegin Paluccas aufgegeben hatte. »Das Paket ist nach sechs Wochen in einem unglaublichen Zustand wieder bei mir gelandet«, schrieb dieselbe Adressatin bei anderer Gelegenheit. »Wir haben das in letzter Zeit sehr häufig und es macht mir schon nichts mehr aus. Ich schicke morgen wenigstens das Buch wieder auf die Reise und bin sehr zuversichtlich, weil ich inzwischen Ihren Brief mit der Sondergenehmigung erhalten habe.«[130]

Auch der Komponist Carl Orff versorgte Palucca mit Paketen, schickte aus München allerdings verbotenerweise Schallplatten und es dauerte ein halbes Jahr, bis die Schallplatten über die Akademie der Künste mit allerlei Sondergenehmigungen bei Palucca ankamen.

Bei einer Freundin aus Icking in Bayern bedankte Palucca sich für einen Vierfarbstift, den sie »täglich in der Schule« benutze und für eine Ledertasche: »Ich liebe Leder als Material sehr«.[131]

Eine ehemalige Schülerin schickte aus dem westfälischen Detmold Creme, Zigaretten für Zwingenberger, Schokolade, Kaffee, Butter, Camembert und Partygebäck. Und Palucca bedankte sich ausgerechnet mit Ameisengift, weil das in der DDR gerade leicht zu bekommen war.[132] Wenn eine lang ersehnte Sendung nicht ankam, wandte Palucca sich empört direkt ans Ministerium für Post- und Fernmeldewesen: »Sehr geehrte Frau Professor«, hieß es dann in der Antwort, »die in unserem Schreiben vom 1.11.1968 zugesicherte Untersuchung konnte inzwischen abgeschlossen werden. Leider waren unsere Bemühungen zur Klärung der Ursachen für die Rückleitung ohne Erfolg. [...] Wir bitten diese mangelhafte Arbeit zu entschuldigen und geben der Hoffnung Ausdruck, daß künftig in Ihrem Postverkehr keine Beanstandungen mehr auftreten.«[133]

Paluccas West-Verbindungen entgingen auch der Staatssicherheit nicht. Stasi-Leute konfiszierten ein Buch, in dem der Ausbruch des Dritten Weltkrieges prophezeit wurde und zogen eine Ausgabe der Wochenzeitung »Die Zeit« ein, Zeitschriften wie die »Motorwelt« und eine »Merian«-Ausgabe. Es liege ein Verstoß gegen Paluccas Sondergenehmigung vor, so lautete die Begründung. Die Sondergenehmigung berechtige nur »zum Bezug von Kunst und Literatur«.[134]

Die Stasi-Leute rätselten vor allem über Paluccas Verhältnis zu ihrem geschiedenen Ehemann, der in »WD« – in Westdeutschland – lebe. Sie sei zwar »lespisch« veranlagt, so stand es in falscher Rechtschreibung in einer Akte, doch stehe sie noch »mit ihm in Verbindung. Er nimmt Einfluß auf die Dresdner bildende Kunst und hat auch zu diesen Kreisen zahlreiche Verbindungen.«[135]

Tatsächlich schrieben sich Bienert und Palucca regelmäßig Briefe und Postkarten und besuchten einander. Bienert versorgte seine frühere Frau mit Lektüre, mit Kunstbänden und Lebensmitteln: »Lieber Fritz«, schrieb Palucca nach West-Berlin, »bei der Gelegenheit möchte ich Dir sagen, daß es vielleicht ganz gut ist, wenn auf den Umschlägen der Bücher oder Zeitschriftensendungen steht Sondergenehmigung Nr. 747« – »Auf das Buch Miller-Miro freue ich mich sehr, ich bin ja ein großer Anhänger von Miro«.[136]

Palucca verständigte Bienert, wenn sie im Winter nach Sylt fuhr oder wenn sie einen Aufenthalt in West-Berlin plante. Einmal wollte sie sich das neue Philharmonie-Gebäude auf dem West-Berliner Kulturforum anschauen. Der Architekt des wildwogenden leuchtend-gelben Baus war Hans Scharoun. Palucca berichtete Bienert, dass sie an Scharouns Ehefrau geschrieben habe, um Karten für ein Karajan-Konzert zu bekommen.

Bei fast jedem ihrer West-Berlin-Besuche schaute sie bei Bienert vorbei, der inzwischen geschieden war und seine Tochter alleine erzog. Sein Leben unterschied sich in vielerlei Hinsicht von seinem Dresdner Dasein, denn er war jetzt Privatier, wohlhabend, aber nicht mehr so reich wie früher. Wenn er Geld brauchte, trennte er sich schweren Herzens von einem Bild aus seiner Sammlung. Er versuchte, den Kontakt zu Künstlern zu halten, und lud sie zu Besuch in seine Wohnung ein.

Mit seiner Liebe zur Kunst hatte sich Bienert auch andere Eigenarten wie seinen Hang zur radikalen Schlichtheit bewahrt. In seiner West-Berliner Wohnung hatte er sich tagelang damit beschäftigt, eine Blumenverzierung am Badewannenrand so lange und so akribisch zu übermalen, dass bald nichts mehr davon zu sehen war.

Palucca fühlte sich wohl bei Bienert und seiner Tochter. Sie mochte die Tochter sehr und bat Bienert in einem Brief, ihr zu sagen, »daß ich mich immer über ihre Grüße freue. Ich wäre gern einmal ein bißchen länger mit ihr zusammen; von Anfang an habe ich einen ausgesprochenen Kontakt zu ihr gehabt«. Auch mit Ida Bienert hatte Palucca bis zu deren Tod im Jahr 1965 Kontakt gehalten. Ihre letzten beiden Lebensjahrzehnte hatte Ida Bienert in München gewohnt, bei Tochter und Schwiegersohn in einer großen Altbauwohnung in der Widenmayerstraße im Stadtteil Lehel, wo auch Palucca ihre ersten Lebensjahre verbracht hatte. Ida Bienert hatte nach wie vor Ausstellungen moderner Künstler besucht und war in der Münchner Kunstszene aufgefallen, weil sie sich extravagant kleidete, grüne Hüte und Kostüme trug und auf jedermann zuging und mit großem Interesse an dessen Schicksal Anteil nahm. Die Bayerische Staatsgemäldesammlung hatte von ihr bedeutende Gemälde als Leihgaben erhalten, darunter drei Bilder von Kokoschka, zwei Schlemmer-Bilder und Werke von Renoir, van Gogh, Chagall, Hans von Marées und Kandinsky. Viele Bilder hatte sie allerdings auch an wichtige deutschen Museen verkauft und trug somit dazu bei, dass in den Museen wieder moderne Werke zu sehen waren.[137]

Palucca hatte ihre ehemalige Schwiegermutter bis zuletzt sehr gern. Sie hatten sich über das Leben auf Sylt verständigt, denn Palucca hatte die Insel ja durch die Bienerts kennengelernt: »Mein liebes Puckchen«, schrieb Ida Bienert mit zittriger, kaum leserlicher Handschrift an Palucca und Palucca schrieb zurück: »Liebe Maida, so sehr habe ich mich über Deinen Brief gefreut. Wie gern käme ich nach München und erzählte Dir von List. Aber ich habe leider zu München gar keine beruflichen Beziehungen mehr und bin meist im Rheinland oder in Hamburg. Und die wenigen Ferientage, die ich habe, verbringe ich etwa oben auf Sylt oder im Sommer auf Hiddensee. Die Ostertage in List waren wieder ganz wunderbar. Die herrlichen einsamen Wanderungen, die Begegnungen mit Seevögeln, auf dem Wasser Delphine und Seehunde und keine Menschen. [...] Es hat sich natürlich sehr viel auf der Insel geändert. Im Sommer ist es unerträglich, Tausende von Autos, das ganze Leben, vor allem in Westerland und Kampen sehr snobistisch, ich möchte im Juli und August nicht mehr hinfahren. Du fragst nach den alten Lister Menschen. Es ist dort oben so viel gebaut worden, daß man die Häuser von den wirklichen Listern kaum noch bemerkt. Wenn ich da bin, besuche ich immer die alte Frau Käthe Paulsen, die frühere Besitzerin des alten Gasthofes. Wir sitzen dann immer zusammen und sprechen von früheren Zeiten. Dann bin ich oft bei Peter und Pauline Diedrichsen, sie leben ganz zurückgezogen und leiden sehr unter dem Fremdenverkehr [...] dann gibt es noch die ganzen Paulsens Kinder [...], die durch den Fremdenverkehr zu den merkwürdigsten Berufen gekommen sind, wie Gemüsehändler, Tankstellenwarte usw. Alle fragen immer sehr nach Dir, die Anhänglichkeit an die Familie Bienert ist sehr, sehr groß. Von mir kann ich Dir nur erzählen, daß ich von früh bis abends arbeite«.[138] Immer noch waren die Bienerts für Palucca eine Art Familienersatz. Wenn sie nach West-Berlin kam, war es, als käme sie in ein zweites Zuhause. Meist kam auch noch ihr ehemaliger Pianist Herbert Trantow dazu, der ebenfalls in West-Berlin lebte und auch mit Bienert befreundet war. Gemeinsam erinnerten sie sich an die zwanziger Jahre, als sie alle in Dresden fast täglich zusammen gewesen waren. 1964 strahlte das DDR-Fernsehen eine Sendung über Palucca aus und da schrieb Trantow: »Liebe Puck, würdest Du uns die Sendung im Fernsehen annoncieren können? Dann würden wir es Fritz Bienert sagen, der käme dann mit [seiner Tochter], und wir könnten es zusammen an unserem Apparat anschauen.« Im Oktober 1964 schrieb er: »Liebe Puck, Dank für Deinen Gruß! Wir haben eben ohne Dich bei Fritz das köstliche Hühner-Ragout gegessen. Palucca-Gedächtnismahl! Schade, daß Du nicht dabei sein konntest, denn es war – wie immer bei Fritz – amüsant und interessant und Du lachst ja doch auch ganz gern.«[139] Paluccas Freunde waren bei Friedrich Bienert immer willkommen. Und so schrieb ein anderer Freund ihr: »Am Donnerstagabend war ich noch bei Fritz, der roten Kaviar und seine allerbesten Weine nicht schonte, in seinem ›Klee-umhangenen Geviert‹, wie man seinen leicht nach Jute duftenden Raum wohl nennen könnte.«[140]

Auch zwischen Trantow und Palucca gingen Pakete und Briefe hin und her. 1966 bedankte sich Palucca für ein Picasso-Buch und berichtete dann über die Ungezogenheit ihres neuen Hundes Karlchen: »Eine ganz schlimme Sache habt Ihr allerdings mit dem Hundeball angestellt. Karlchen ist wie verrückt damit, spielt immerzu, hat aber die schlimme Angewohnheit, den Ball dauernd unter meinen Schreibtisch zu befördern, dann sitzt er davor und stöhnt und quiekt, und ich muß mit meiner Arbeit aufhören und Bällchen holen«.[141]

Etwas verhaltener, aber doch stabil war der Kontakt zu den Grohmanns. Grohmann lebte, wie in Zeiten seiner Liebe zu Palucca, in einer Dreiecksbeziehung, diesmal sogar mit Frau und Freundin unter einem Dach. Seine Frau war leidend und lag in ihrem Krankenzimmer in der Mansarde des

Hauses, Grohmann selber verbrachte die meiste Zeit mit seiner 34 Jahre jüngeren Freundin im Erdgeschoss. Er hatte sich als emeritierter Professor und Träger des Bundesverdienstkreuzes den Habitus eines Grandseigneurs angeeignet, empfing Gäste am Morgen in einem seidenen, marineblauen Hausmantel und ließ sich dann an seinem großen Schreibtisch nieder, auf dem lauter Bücher mit Lesezeichen lagen. In seinem West-Berliner Haus erinnerte zwar noch viel an das Dresden der zwanziger Jahre – die Hellerauer Möbel und all die Klees an den Wänden – und doch hatte sich sein ganzer Lebensstil sehr verwestlicht. Er machte Studienreisen nach Amerika, las die »New York Times«, besaß neben seiner Berliner Villa noch ein Haus im vornehmen Münchner Süden, reiste zur Erholung nach Mallorca und fuhr stolz einen teuren Wagen: »Wir sind auf einen BMW-2000-Coupé umgestiegen. Wir haben eins mit Automatic genommen, denn in 4/5 Jahren wird hier alles auf Atomatic umgestellt sein«, erfuhr Palucca.[142] Palucca und Zwingenberger schickten zu Geburtstagen »Sehnsuchtsgrüsse« [sic] an die verschiedenen Grohmannschen Adressen, aber ein Treffen ergab sich selten, dafür waren Grohmann und auch Palucca zu viel unterwegs.[143] Zu Mary Wigman aber hatte Grohmann intensiven Kontakt, sie sahen sich viel, wenn er in West-Berlin war, denn von seinem Haus in Lankwitz war es nicht sehr weit zu Wigmans Wohnung in Wilmersdorf.

Sie kannten sich nun alle schon seit vielen Jahrzehnten, Palucca, Mary Wigman, Grohmann und Bienert, und waren alle nicht mehr jung. Bei Grohmann zeigten sich die Anzeichen des Alters am frühesten. 1963 hatte er eine Lungenentzündung verschleppt und als er von einer Besprechung in London in sein Berliner Haus zurückkam, »geschah das Malheur: das Herz streikte«, berichtete er den Freunden.[144] Er musste lange liegen, konnte sich danach nur zentimeterweise voranschleppen und doch schonte er sich zu wenig. Er konnte von seinem Arbeitspensum nicht lassen und formulierte selbst im Krankenbett Aufsätze, Vorträge und Artikel über moderne Kunst.

Auch Mary Wigman verspürte in den sechziger Jahren erstmalig »die Flügel des Todesengels«, wie sie an Palucca schrieb.[145] Sie ging auf die achtzig zu.

Im Jahr 1965 erreichte die Todesangst die Wiener Straße in Dresden. Marianne Zwingenberger litt immer wieder unter Schwindelanfällen, ihr Blutdruck schwankte so stark, dass sie ins Krankenhaus musste. »Ich fahre täglich hin«, schrieb Palucca an die besorgten Verwandten in Westdeutschland: »Ende dieser Woche will die Ärztin ausführlich mit mir sprechen. [...] Bitte machen Sie sich keine Sorgen, Ihre Tante hat alles, was sie braucht.«[146]

Im Januar des darauffolgenden Jahres wurde Marianne Zwingenberger 70 und die »Sächsische Zeitung« brachte einen Lobesartikel über die »hochgeschätzte Kinderärztin« und Trägerin der »Hufeland-Medaille in Gold«. Stolz schnitt Palucca den Artikel aus und schickte ihn zu Irmgard Schöningh nach Sylt.[147]

Im selben Jahr aber erkrankte Zwingenberger wieder, diesmal an einer schweren Lungenentzündung. In einem Krankenhaus in Halle wurde der halbe Lungenflügel entfernt. Die Operation gelang zwar gut, doch Zwingenberger musste nun mit dem Rauchen aufhören. Palucca war das sehr recht, denn sie hatte nur bei Zwingenberger eine Ausnahme gemacht und war sonst immer unerbittlich gegen Raucher vorgegangen. Zwingenberger nahm die Entwöhnungskur mit Humor, jammerte gelegentlich, es sei »furchtbar unbequem«, nicht mehr zu rauchen: »Vier Zigarettenlängen und ich wußte, daß die Kartoffeln fertig sind«, erzählte sie augenzwinkernd, »zwei Zigarettenlängen und ich wußte, daß das Badewasser eingelaufen war«.[148]

Palucca aber konnte Zwingenbergers Krankheit nicht so gelassen nehmen. An ihren Freund, den Komponisten Paul Dessau, schrieb sie im November 1966: »In der letzten Zeit großen Kummer, Zwingenberger ist sehr krank gewesen.«[149] Doch einen Monat später war es Palucca selber, die nun wiederum ihrer Freundin Kummer bereitete. Am zweiten Weihnachtstag 1966 bekam sie während ihres Urlaubs auf Sylt eine schwere Grippe. Sie war nicht im Bett zu halten, denn sie wollte wenig später, an ihrem 65. Geburtstag im Januar, wieder auf den Beinen sein. Es hatten sich prominente Gäste zu einem Festakt ihr zu Ehren angekündigt. Der stellvertretende Vorsitzende des Ministerrats Alexander Abusch wollte kommen und auch der Kulturminister Klaus Gysi. Palucca schaffte es tatsächlich, die Feier durchzustehen und sogar, dabei wieder jung und mädchenhaft auszusehen. Sie durchschritt den Festraum mit kerzengerader Haltung und ging mit ausgestreckter Hand auf die Minister zu, gab sich fröhlich und freundlich. Doch knapp drei Wochen nach ihrem Geburtstag, am 28. Januar 1967, erlitt sie einen »schweren Rückfall«, wie sie Grohmann dann im April schrieb. Nun war sie es, die ins Krankenhaus musste, und an Ostern wurde ihr gesagt, dass sie vor dem 1. September auf keinen Fall wieder arbeiten durfte: »Du kannst Dir vorstellen, wie mir zumute ist«, schrieb sie an Grohmann.[150]

Immerhin erlaubten ihr die Ärzte, die Zeit bis zum Herbst auf Hiddensee zu verbringen, um sich dort auszukurieren. Marianne Zwingenberger pendelte nun zwischen Hiddensee und Dresden hin und her, um an beiden Orten Paluccas Wünsche zu erfüllen. Wenn sich auf Hiddensee die Sonne zeigte, klappte sie Liegestuhl und Sonnenschirm auf und führte Palucca vom Bett zur Terrasse, damit sie sich auf dem Liegestuhl ausruhen konnte. Zwingenberger selber ging Blumen pflücken und stellte sie neben Palucca in einer Vase auf.[151] Manchmal durfte Palucca auch aufstehen und mit Hund Karlchen spielen, der ebenfalls mitgekommen war. Palucca erzählte Freunden in Briefen in zärtlich-vorwurfsvollem Ton, Karlchen müsse »den ganzen Tag spielen, obwohl er doch nun schon erwachsen ist«.[152]

Ansonsten vertrieb sich Palucca die Zeit mit Lesen, bekam von ihren Freunden aus Westdeutschland Bücher zugeschickt. Mit Kunstbänden konnte man bei Palucca nie etwas falsch machen, stundenlang betrachtete sie einzelne Bilder und nahm sich dabei vor, welches Bild sie in einer Unterrichtsstunde einmal zeigen würde, damit die Schüler nach der dargestellten Szenerie improvisieren konnten. Doch sonst war es für die Freunde nicht ganz einfach, das Richtige für Palucca zu finden: »Schwere Sachen kann ich nicht lesen, dazu geht es mir nicht gut genug«, beklagte sich Palucca, »für die Nächte, die auch ziemlich quälen, wäre ich ganz dankbar für einen Krimi, aber ich glaube, daß man den nicht schicken darf«.[153]

Doch Palucca bekam Post und tröstende Worte von überall her. Der ehemalige Intendant der Ost-Berliner Staatsoper Max Burghardt wünschte gute Besserung und fügte an: »Ich habe mir Sie nie krank vorstellen können«.[154] Auch ihr früherer Pianist Trantow aus West-Berlin meldete sich, er habe auch Bienert über ihre Krankheit informiert: »Ich rief gleich bei Fritz an, der sehr bestürzt war – er wird Dir ja wahrscheinlich schon geschrieben haben«.[155] Ihre Sylter Wirte, die Paulsens, schrieben aufmunternde Karten und ermahnten sie, von der ewigen Diät zu lassen: »Ruhe, Ruhe und gut Essen« – »gut und reichlich Essen« – »Bleibe ruhig und gelassen, der Tag, an dem Du wieder voll genesen sein wirst, möge nicht fern sein«.[156] Im Mai versuchte Palucca, mit Penicillin gegen ihre Krankheit anzugehen, doch sie reagierte allergisch und bekam eine Gelbsucht. Nun ging es ihr noch schlechter als zuvor. Die Krise schlug ihr auf die Laune. Laufend schrieb sie Briefe an die Schulleitung, wollte die Prüfungsordnung ändern, beschwerte sich über dies und das, auch darüber, dass an der Schule zu viele Stunden ausfielen. Schulleiter Vogel wehrte sich schriftlich gegen die Vorwürfe: »Ich kann mir das nur so erklären, daß Sie nicht über die tatsächliche Arbeitsweise in der Schule informiert wurden.«[157] Vogel versuchte, Palucca auf andere Gedanken zu bringen und berichtete ihr, dass aus Monaco eine Bronze-Plastik von ihrem Kopf unterwegs sei, die in der Schule aufgestellt werden sollte.

Im Laufe des Sommers besserte sich Paluccas Stimmung. Der Sommer war heiß, kaum eine Wolke zeigte sich am Himmel und um Palucca herum herrschte fröhliche Ferienlaune, von der auch sie sich anstecken ließ. Sie schrieb dem Schulleiter nun versöhnliche Briefe, erzählte darin von ihren Liegekuren auf der Terrasse und wie sie die ausgelassenen Stimmen und die Wellen am Strand höre. Im Laufe des Juli wagte Palucca selbst die ersten Schritte an den Strand. Im August wurden die Spaziergänge immer länger und am 28. August schrieb Palucca stolz an Schulleiter Vogel, dass im West-Fernsehen nun bald eine Sendung über die Palucca-Schule kommen solle unter dem Motto »Erziehung im anderen Deutschland« und dass es auch sonst gute Nachrichten gebe: »Hier oben ist es immer noch schön, Sonne, Wärme, ich kann sogar im Bodden untertauchen, 25 Grad. Bin auch schon gewandert. Ich hoffe, dass es jetzt vorwärts geht. Leider ist unser Brunnen trocken, das kompliziert alles etwas, es geht aber nicht nur uns so. Die Insel hat ja seit Monaten keinen Regen gehabt; es sieht auch nicht so aus, dass er käme.«[158] Tilo Vogel freute sich über Paluccas Befund, ihre Wanderungen und ersten Wasserausflüge: »Da kann man wohl sagen, daß es nun endgültig bergauf geht. Grüße auch an Frau Dr. Zwingenberger und noch gute Erholung«.[159]

Marianne Zwingenberger bekam zwar auch von anderen Leuten Grüße ausgerichtet, aber sonst achtete kaum jemand auf sie, weil sich alles um Palucca drehte. Den meisten Gästen im Hiddenseer Haus entging, dass Zwingenberger die Hitze zu schaffen machte und dass sie immer blasser und ernster wurde. Diejenigen, die sich Gedanken über Zwingenberger machten, dachten sich, dass ihr die Sorge um Palucca zusetze und dass schon wieder alles gut werde, wenn nur Palucca wieder auf den Beinen wäre. In den ersten Septembertagen des Krankenjahres 1967 begleitete eine Hiddenseer Nachbarin, die Fotografin Ilse Ebel, die Frauen auf einem Abendspaziergang. Ilse Ebel lief ein paar Schritte hinter den beiden her und hielt auf Fotos fest, wie die schmale Palucca um ihre kräftige Freundin herumtänzelte und sie anstrahlte. Zwingenberger aber verschränkte die Arme hinter dem Rücken, hielt sich gebeugt und machte einen müden und angestrengten Eindruck. Von hinten wirkten die beiden wie ein Ehepaar, denn Zwingenberger sah so maskulin aus wie eh und je, trug Herrenhemd und -hose, Hosenträger und kurzgeschorene Haare.[160] Es waren die letzten Fotos von Palucca und ihrer Freundin.

In den Nachmittagsstunden des 11. September 1967 klagte Zwingenberger über starke Hitze und Kopfschmerzen und legte sich ins Bett. Sie hatte plötzlich hohes Fieber. Palucca schickte nach dem Arzt, der erst abends kam. Er wusste, dass Zwingenberger selber Ärztin war und hatte sie in den letzten Wochen regelmäßig gesehen und munter in Erinnerung gehabt. Als er am Abend endlich eintraf, gab er schnell Entwarnung und empfahl ein paar Tage Bettruhe. Doch das Fieber stieg und stieg. Schon hatte das letzte Schiff die Insel verlassen. Palucca fühlte sich wie gefangen. Auf Hiddensee gab es kein Krankenhaus, sie aber hatte nun entschieden, dass sie die Verantwortung nicht alleine tragen wollte, denn Zwingenberger war nun schon an der Grenze zur Bewusstlosigkeit. Palucca forderte ein Ambulanzschiff aus Stralsund an und wurde immer unruhiger. Als das Schiff in der letzten Stunde des Tages endlich ankam, rechnete sie bereits mit dem Schlimmsten. Als Marianne Zwingenberger auf einer Liege zum Schiff getragen wurde, hielt Palucca ihre Hand. Bei der Überfahrt legte sie sich neben die schwer atmende Freundin und drückte sie fest an sich. Zwingenberger muss noch gemerkt haben, wie das Schiff schwankte, wie sie von Palucca gehalten wurde, dann verlor sie endgültig das Be-

Während ihres Aufenthaltes auf Hiddensee verstarb völlig unerwartet am 11. September 1967

Dr. Marianne Zwingenberger

Trauerfeier und Beisetzung finden nach der Überführung der Urne in Hohenstein-Ernstthal statt.

Palucca
auch im Namen der Angehörigen

z. Z. Vitte / Hiddensee

Trauerkarte Paluccas für Marianne Zwingenberger

wusstsein. Bei der Ankunft im Stralsunder Krankenhaus war sie bereits tot.

Palucca war fassungslos. Am Morgen des 11. September hatten sie noch gemeinsam gefrühstückt und nun stand sie an der aufgebahrten Leiche ihrer Freundin. »Das Furchtbare an Zwingenbergers Tod war das Unerwartete«, schrieb Palucca an Tilo Vogel[161] – und ihrer Freundin Ilse Ebel: »Sie können sich meinen Zustand nicht vorstellen« – »Bin total kaputt«.[162] Sie verspüre »eine schreckliche Leere«.[163]

Palucca fuhr zurück nach Hiddensee. Im Haus war nun alles still, so still, dass Palucca sofort an die Schule nach Dresden telegrafierte, dass sie Hilfe brauche und nicht allein sein könne. In Dresden machte sich ihre Sekretärin am selben Tag auf den Weg. Am nächsten Tag begann sie gemeinsam mit Palucca, die Beisetzung in Zwingenbergers Heimatort Hohenstein-Ernsttahl zu organisieren, Zwingenbergers Angehörige im Westen sowie die Freunde und ehemaligen

Kollegen in Dresden zu verständigen: »Während ihres Aufenthaltes auf Hiddensee verstarb völlig unerwartet am 11. September 1967 Dr. Marianne Zwingenberger« formulierte Palucca die Trauerkarte für Zwingenberger.[164]

Auch Schulleiter Tilo Vogel begab sich nach Hiddensee, um Palucca zu trösten. Als er wieder weggefahren war, schrieb sie ihm: »Ich möchte sagen, daß ich sehr froh war, daß Sie zu mir gekommen sind. [...] Ich gebe mir größte Mühe, mich ruhig zu verhalten und viel zu liegen, aber das ist natürlich sehr schwer, weil man fortwährend denkt. Das Jahr ist sehr hart für mich, erst Zwingenbergers Operation in Halle, dann meine lange Krankheit und jetzt dieses Unglück. Ich habe nun hin und her überlegt, wie ich die nächste Zeit allein fertig werde. Das schlimmste sind die Weihnachtsferien, und ich wäre dem Ministerium sehr dankbar, wenn ich die Möglichkeit bekäme, wenigstens für 12 Tage nach Berlin zu fahren. Ich wäre dann nicht allein, könnte auch mit Mary Wigman zusammen sein und ab und zu durch Barlog ins Theater kommen. Es wäre mir auch eine Reiseerleichterung, wenn mich Werner nach Westberlin bringen könnte; das müßte ja ohne weiteres zu machen sein, weil er ja abends wieder zurückfährt, ich müßte sonst alle Koffer selbst tragen und das kann ich noch nicht riskieren. Wir haben hier oben herrliches Wetter, beinahe noch Hochsommer; aber es ist ganz eigenartig, ich habe im Augenblick keine Beziehung zur Natur und halte mich am liebsten im Haus auf.«[165]

Palucca wollte nun bald wieder nach Dresden zurückkehren und sich mit Arbeit ablenken, aber sie musste noch die Röntgenbilder abwarten, die am 26. September von ihrer Lunge gemacht werden sollten. Auch wegen dieser Untersuchung setzte sie die Trauerfeier für Zwingenberger erst für den darauffolgenden Monat an. Außerdem wollte sie den Verwandten ihrer Freundin im Westen die Möglichkeit geben, dabei zu sein und Zeit zu haben, um alle nötigen

Anträge zu stellen. Doch die Verwandten wagten sich immer noch nicht in die DDR, erst recht nicht nach Hohenstein-Ernstthal, wo einst der Familiensitz und die Firma gewesen waren.

Also begab sich Palucca in den ersten Oktobertagen allein nach Hohenstein. »Ich schufte von 7 bis 20 Uhr«, schrieb sie an eine Freundin auf Hiddensee, »es ist trostlos hier. Die Trauerfeier ist am 12.10. um 11 Uhr«. Auch Hund Karlchen sei krank vor Kummer, berichtete Palucca noch: »Er frißt nicht und liegt apathisch im Korb.«[166]

Am 12. Oktober fand die Trauerfeier auf dem Hauptfriedhof in Hohenstein statt. Ein evangelischer Pfarrer empfing die große Trauergemeinde, viele Kollegen von Zwingenberger aus dem Dresdner Klinikum waren gekommen und viele Hohensteiner, da die Zwingenbergers im Ort noch sehr bekannt waren. Der Pfarrer sprach von Zwingenbergers Leistungen als Ärztin und führte dann gemeinsam mit Palucca den Trauerzug an. Von der Kapelle ging es einen Hügel bergauf zur Friedhofsmauer, wo das Familiengrab der Zwingenbergers lag. Dort wurde die Urne beigesetzt.

Palucca fuhr noch am selben Tag nach Dresden zurück und fand in ihrem Haus in der Wiener Straße einen Berg Post vor: »Es ist alles so schrecklich«, schrieb sie Ilse Ebel, »als ich von der Trauerfeier kam, lag eine Mahnung vor, daß ich die Erbschaftangelegenheiten erledigen müßte. Man hat mich so vor den Kopf gestoßen«. Es war viel zu bewältigen für Palucca, doch es war auch nicht zu ändern: Ihre Freundin hatte sie als Haupterbin eingesetzt, nun musste Palucca sich kümmern. Immerhin konnte sie sich im Nachhinein an der gelungenen Trauerfeier aufrichten: Die Feier sei wunderbar gewesen, schrieb sie, »Blumen und Kränze«. »Montag werde ich versuchen zu unterrichten, hoffentlich halte ich durch. Ich habe in den letzten Tagen mächtig abgenommen.«[167]

Palucca sah die Briefe durch, in denen ihre Freundin als »Vorbild von Pflichttreue und einer ursprünglichen Selbstverständlichkeit« charakterisiert wurde.[168] »Wie gut kann ich verstehen, daß Sie sich vereinsamt fühlen und daran zweifeln, diesen Verlust je verwinden zu können«, schrieb eine Patientenmutter. »Verzeihen Sie das Verschreiben. Ich muß stets weinen, wenn ich davon schreibe.«[169]

Nun verschickte Palucca noch einmal Karten, diesmal mit einem Dank für die Anteilnahme. Sie pries darin ihre Freundin als »selbstlosen, ruhigen Menschen«.[170] In den persönlicheren Briefen drückte sie immer wieder ihre Verzweiflung aus: »Ich gebe von Frau Zwingenberger fast alles weg. Es ist eine traurige Aufgabe.« – »Was ist das für eine Zeit für uns.« – »Und das Karlchen so still und melancholisch.«[171]

Palucca konnte sich kaum trösten, denn auch aus Sylt kamen die schlimmsten Nachrichten. Bei Irmgard Schöningh hatten die Ärzte Krebs im Endstadium festgestellt. Viel zu spät war die Krankheit entdeckt worden. Noch im vergangenen Winter hatte Palucca Schöningh und Annemarie Deutscher auf Sylt besucht und es war alles wie immer gewesen. Sie hatten viel geredet und getrunken, bis der Aufenthalt jäh durch Paluccas Krankheit beendet wurde. Dann hatte Palucca die Sylter Freundinnen auf dem Laufendem gehalten, wie es ihr auf Hiddensee erging, hatte in Briefen vom »Kaffeeklatsch der Vitter« erzählt, bei dem sie eingeladen gewesen war und grüßte Schöningh noch von allen möglichen Vittern – es waren letzte Grüße. Am 14. November 1967 starb auch Irmgard Schöningh.

Es gab ein kurzes Hin und Her, wo Schöningh begraben sein sollte, in München bei ihrer Tochter oder auf Sylt bei ihrer Freundin. Letzten Endes fiel die Entscheidung auf Sylt. Nach einer Trauerfeier in der alten Dorfkirche wurde Irmgard Schöningh auf dem Friedhof auf Westerland begraben. Palucca schickte Schöninghs Freundin ein Foto als Erinnerung, das Irmgard Schöningh in den fünfziger Jahren vor der Hiddenseer Holzbaracke mit einem großen Fisch an der Angel zeigte. »Ich bekam (es) von meinen Nachbarn in Vitte,

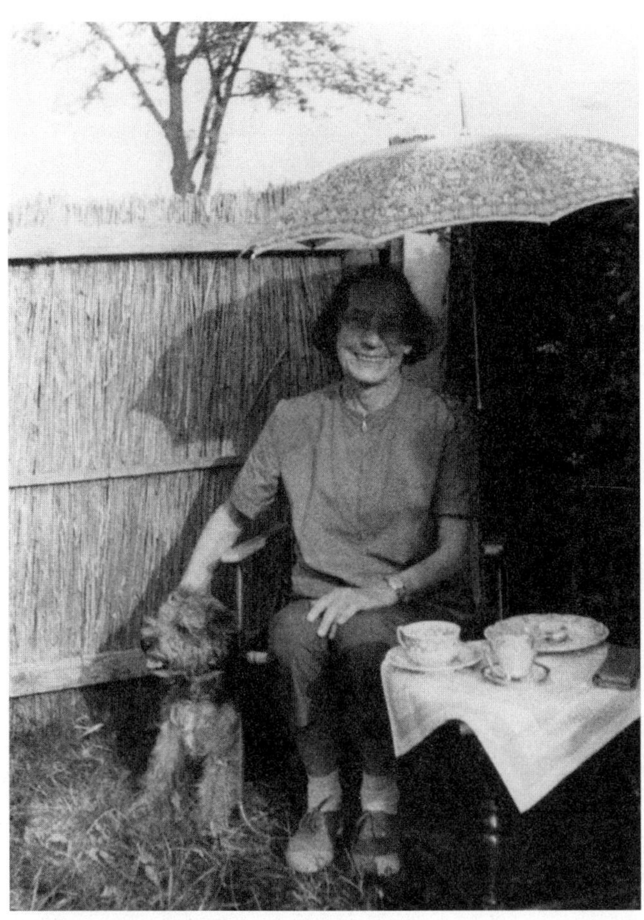

Palucca in Vitte, 1967

die oft mit Irmgard angeln waren«, schrieb Palucca dazu, »Irmgard war so stolz über den grossen [sic] Hecht. Du sollst das Bild haben. Herzlichst Deine Palucca.«[172]

Schöninghs Freundin schickte als Dank Fotos von Schöninghs Grab: »Ich habe sie mir sehr lange angesehen«,

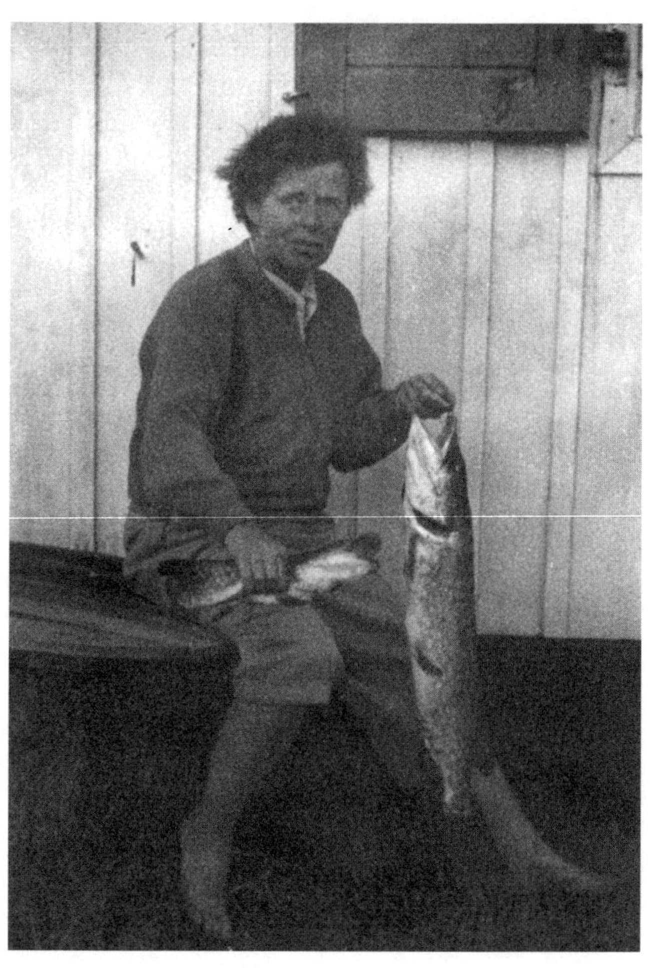

Irmgard Schöningh mit dem von ihr gefangenen Hecht

schrieb Palucca, »und bin natürlich wieder ganz traurig geworden«.[173] Und in einem nächsten Brief bedankte sie sich, »daß Irmgards Grab von Dir so liebevoll gepflegt wird«.[174] Nun schickte Palucca Rosen nach Sylt, mit der Bitte, sie auf die Grabstätte zu stellen. Auch von einer ehemaligen Kollegin an der Schule, die in den fünfziger Jahren eng mit Palucca und Schöningh zusammengearbeitet hatte und nun schon lange im Westen lebte, bekam Palucca Trauerpost: »Beim Bummel durch Würzburg stehe ich plötzlich vor der Buchhandlung Schöningh. Alle Erinnerungen sind wach – es ist wie ein Traum.«[175]

Die Nachricht von Schöninghs Tod erreichte bald auch Hiddensee, wo Schöningh als Paluccas enge Freundin immer noch bekannt war. Inselkutscher Thürke wandte sich gleich an Palucca, um zu erfahren, ob es denn wirklich wahr sein konnte, dass Schöningh so bald nach Zwingenberger gestorben sei. Palucca ließ ihre Sekretärin antworten: »Ja, Frau Schöningh ist Mitte November nach einer sehr schweren Operation in Westerland gestorben, für Frau Palucca kam diese traurige Nachricht ebenso unerwartet und schrecklich wie damals die kurze schwere Krankheit von Frau Dr. Zwingenberger und ihr schnelles Ende. Es war wirklich ein hartes Jahr.«[176] Inselkutscher Thürke kondolierte Palucca und schrieb: »Die Zeit heilt Wunden.«[177] Im Dezember 1967 schrieb Palucca dann persönlich an die Thürkes zurück: »Ja, es ist wirklich traurig, was in den letzten Monaten passiert ist, aber man muß ja irgendwie damit fertig werden, wenn es auch schwerfällt [...] Und nun noch das Unglück mit Frau Schöningh, das hat mich ganz kaputt gemacht. In der Schule arbeite ich wieder und habe eine sehr gute Beziehung zu den Schülern, das tröstet mich etwas. Weihnachten werde ich nicht in Dresden sein, es ist ohne Frau Zwingenberger gerade das erste Jahr zu schwer für mich. Hoffentlich haben Sie Freude an dem echten Dresdner Christstollen, den ich Ihnen beiden zu Weihnachten schicke, man behauptet ja, daß er anders schmeckt als die Stollen, die aus anderen Städten kommen, die Dresdner verraten nämlich nicht das Geheimnis, wie er gebacken wird. Ich werde Weihnachten sehr an Sie denken.«[178]

Die Weihnachtstage 1967 verbrachte Palucca dann wie geplant in West-Berlin, traf die Bienerts, die Grohmanns und Mary Wigman, traf auch, kurz vor Silvester, eine ihrer besten Schülerinnen, Dore Hoyer, die bereits in den zwanziger und dreißiger Jahren eine Berühmtheit geworden war. Dore Hoyer, die jetzt 56 Jahre alt war, lebte ebenfalls mit einer Frau zusammen. Sie war immer noch eine große Tänzerin, aber labil wie eh und je. Ein paar Tage nach Silvester erreichte Palucca die Nachricht, dass sich Dore Hoyer in der Nacht zum neuen Jahr umgebracht hatte. Palucca dachte an jedes Wort, das sie mit ihr noch gewechselt hatte und an jede Geste. Sie konnte auch im Nachhinein keine Hinweise auf einen Selbstmord finden; es sei Dore Hoyer nichts anzumerken gewesen, schrieb Palucca ratlos an eine andere ehemalige Schülerin: »Dore hatte uns ja immer gesagt, wenn sie nicht mehr tanzen könne, wolle sie auch nicht mehr leben und wir haben das sehr ernst genommen. Daß es aber nach ihrem großen künstlerischen Erfolg geschah, damit hatten wir nicht gerechnet.«[179]

Auch Mary Wigman, die Dore Hoyer ebenfalls gut gekannt hatte und Tänze für sie choreografiert hatte, schrieb Palucca einen ausführlichen Brief über den Todesfall. Sie bekannte darin, dass sie alle gewusst hätten, dass Dore Hoyer sich irgendwann umbringen würde, aber auch sie wunderte sich über den Zeitpunkt. Mary Wigman erzählte noch, wie Dore Hoyers Freundin zu ihr gekommen sei, »um sich an meiner Schulter auszuweinen« und sie aufzufordern auf der Gedenkfeier im Krematorium Wilmersdorf zu sprechen. Mary Wigman schrieb an Palucca, dass sie sich unschlüssig sei, ob sie wirklich auf der Feier reden solle, »denn ich kann so etwas nur völlig persönlich tun – und ich weiß nicht, ob das richtig ist. Auf der anderen Seite: Dürfen wir, die wir für den modernen Tanz gelebt haben, total schweigen, wenn es darum geht, der letzten großen Tänzerin die letzte Ehre zu erweisen? Liebste – ob es wohl möglich wäre, daß auch Du zu dieser Feier kommst? Ich weiß, es wäre eine Anstrengung für Dich. Aber schließlich hat die Dore bei Dir angefangen – die gemeinsamen Wurzeln und die Bindungen, die daraus wachsen sind stark – haben wir es nicht wieder erlebt bei unseren Begegnungen? Ach, mir ist das Herz so schwer. Ich frage mich – wieso lebe ich weiter, die ich das Soll meines Lebens erfüllt habe?«[180]

Palucca entschloss sich tatsächlich, zur Trauerfeier zu kommen. Gemeinsam mit Mary Wigman nahm sie Abschied. Die beiden Frauen kamen sich durch die Todesfälle der letzten Monate immer näher. Kurz nach der Trauerfeier für Dore Hoyer schrieb Wigman an Palucca einen Brief, der ein Dokument der Versöhnung ist – nach mehr als vierzig Jahren Feindschaft: »Es ist mir ein Bedürfnis, noch das Eine auszusprechen – daß ich so glücklich darüber bin zu wissen, daß das alte Vertrauensverhältnis zwischen uns sich so selbstverständlich wieder hergestellt hat. Ich spüre ja auch von Deiner Seite her, daß es so ist, wenn es nur diese elende Spaltung zwischen Ost und West nicht gäbe – die Menschen würden so oder so doch immer wieder zusammenfinden.«[181]

Die Versöhnung mit Mary Wigman war für Palucca der einzige Lichtblick in einer traurigen Zeit. Denn als sie von Dore Hoyers Trauerfeier wieder nach Dresden zurückgekehrt war, eröffnete ihr Haushälterin Lämmchen, dass sie aufhören werde, bei ihr zu arbeiten. Über zwanzig Jahre hatte Lämmchen Palucca und Zwingenberger versorgt – nun aber konnte sie nicht mehr. Palucca war immer schon sehr anspruchsvoll gewesen und da nun der Ausgleich durch Marianne Zwingenberger fehlte, hatte Lämmchen keine Kraft mehr. »Es hört bei mir nicht auf, mit all den Schwierigkeiten und dem Kummer«, schrieb Palucca an Marianne Zwingenbergers Verwandte. Sie beklagte sich über Lämmchens Weggang und die Einsamkeit nach Zwingenbergers Tod, erzählte aber auch, dass sie wenigstens am Hund Karlchen ihre Freude habe: »Natürlich wird es auch in Vitte nicht leicht sein, weil gerade unser Haus und alles, was dazu gehört, so sehr mit Ihrer Tante verbunden war. Sie fragen nach Karlchen; es geht ihm jetzt endlich wieder ganz gut. Ich glaube doch, daß er ein bißchen über den Verlust seines Frauchens hinweggekommen ist. Allerdings verwöhnen wir ihn sehr und er ist recht anspruchsvoll geworden. Aber ich bin froh, daß ich den kleinen Kerl habe.«[182]

Palucca bemühte sich in diesem Jahr sehr um ihre alten Kontakte. Sie wollte, dass wenigstens etwas vom früheren Leben weiterging. Ihr Freund Will Grohmann war im Dezember 1967 achtzig Jahre alt geworden – ein freudiger Höhepunkt in der traurigen Zeit. Palucca verfolgte am Radio, wie der Tag beinahe wie ein Staatsakt in West-Berlin gefeiert wurde. Einer der Laudatoren pries Will Grohmanns »scharfen, kühlen Verstand«, seine »seltene Sensibilität« und »echte Humanität«. Er sei ein »Autor und Deuter, Förderer und Kritiker«, hieß es.[183]

Grohmann hatte zwei Jahre zuvor, gleich nach dem Tod seiner Frau Eulein, seine junge Freundin geheiratet und die neue Frau Grohmann fing nun an, Briefe an Palucca zu schreiben. Darin ging es nicht um Kunst oder um die Leidenschaft für den Tanz und die Malerei, sondern um Alltägliches, den blühenden Garten und das Befinden der Tiere – auch die Grohmanns hielten einen Hund: »Joggel genießt den Berliner Frühling und grüßt das Karlemännchen«, hieß es im April 1968 aus Berlin nach Dresden. Doch in diesen fröhlichen Briefzeilen klang auch wieder Düsteres an. Grohmann schrieb ein paar Zeilen handschriftlich dazu, er sei nicht ganz gesund und fügte an: »Heute Kreutzberg mit 66 tot«[184] – Harald Kreutzberg, der in den frühen zwanziger Jahren mit Palucca zusammen zur ersten Klasse an der Wigman-Schule gehört hatte und bei den Olympischen Festspielen am selben Abend wie Palucca aufgetreten war. Im April 1968 kam wieder Post von den Grohmanns. Annemarie Grohmann berichtete, dass sie eigentlich mit ihrem Mann den Mai auf Mallorca verbringen wolle, damit er sich endlich erhole, doch er bestehe darauf, an einer Ausstellungseröffnung in Stuttgart teilzunehmen: »Hoffentlich überanstrengt sich Will nicht«. Grohmann selber notierte in dem selben Brief ein paar Zeilen dazu, in dem er wieder seine Trauer über den Tod eines Künstlers äußerte, diesmal des Malers Ernst Wilhelm Nay, den er sehr gefördert hatte. Grohmanns Frau fügte noch hinzu: »Will ist heute erkältet und liegt im Bett, deshalb die Krakelschrift.« Einen knappen Monat, nachdem der Brief an Palucca abgegangen war, war auch Will Grohmann gestorben. Er erlag den Folgen einer Lungenentzündung.

Die Zeitungen füllten sich mit Nachrufen und Lobeshymnen. Mary Wigman schrieb an Palucca: »Die Nachricht vom Tode Wills erreichte mich auf der Rückreise zufällig. Dir brauche ich nicht zu sagen, wie mir zumute ist. Auch Du hast einen Freund verloren [...] Es ist doch, als sei ein ganzes Stück des eigenen Lebens mit abgebrochen.«[185] Palucca bekam aus dem Nachlass Will Grohmanns eine Plastik von Mary Wigmans Kopf zugedacht, worüber sie sich sehr freute. Sie schrieb Mary Wigman: »Was sagst Du dazu? Ich habe bereits einen schönen Platz für sie«.[186]

Die junge Witwe Annemarie Grohmann hatte nun »eine Lawine von Anteilnahme zu bewältigen«, wie sie erzählte, »100 Telegramme aus aller Welt, Blumen, Briefe«.[187] Auch Palucca kondolierte Annemarie Grohmann und bekam sofort eine Antwort. Annemarie Grohmann berichtete von ihrer Trauer, von der Verunsicherung, nun allein zu Hause zu sein: »Aber wem erzähle ich das«, fügte sie hinzu, »Sie haben ja dasselbe kürzlich auch durchgemacht. Irgendwie fühlt man sich jetzt sehr erschöpft.«[188]

Palucca konnte das gut verstehen, doch sie hatte kein engeres Verhältnis zu Annemarie Grohmann aufgebaut und tat von nun an nicht viel dafür, den Kontakt zu halten. Nur von Ferne bekam sie mit, wie Annemarie Grohmann anfing, den umfangreichen Nachlass ihres Mannes zu sortieren, die Briefe zu ordnen und die wichtigsten Kunstwerke aus Grohmanns Besitz an die Staatsgalerie Stuttgart zu übergeben. »Vielleicht ist es ganz gut, daß man dauernd beschäftigt ist,« schrieb Annemarie Grohmann an Freunde, »man hat unmittelbar für Will zu tun und spürt die Einsamkeit nicht allzu schmerzlich«.[189] Doch als alles fertig war, setzte auch sie ihrem Leben ein Ende, indem sie sich in der Garage ihres Münchner Hauses von Autoabgasen vergiften ließ – sie wollte nicht mehr leben ohne Grohmann.

Für Palucca war es die Zeit des großen Sterbens. Nach dem Tode von Zwingenberger und Schöningh, von Dore Hoyer und Will Grohmann hatte sie Mühe, wieder zu ihrer alten Form zurückzufinden. Im Jahr 1968 schien sie nur noch aus Haut und Knochen zu bestehen, ihr Blutdruck sank immer weiter. Den jährlichen Sommerkurs mit den ausländischen Gästen an der Palucca-Schule in Dresden machte sie zwar noch mit, aber hinterher wunderte sie sich selber, »wie ich mit dem Blutdruck durchgehalten habe«.[190]

Unmittelbar nach dem Sommerkurs brach sie wieder nach Hiddensee auf, wo sie sich von den Strapazen erholen wollte. Doch schon die Reise war so beschwerlich, dass sie daran zweifelte, ob sie jemals wieder zur Ruhe kommen würde. Von Schaprode auf Rügen wollte sie nach Hiddensee übersetzen, doch als sie dort eintraf, kam ein Orkan auf. Das Schiff nach Hiddensee legte nicht mehr ab. Doch Palucca wollte unbedingt in ihrem Hiddenseer Haus übernachten und den Sturm nicht abwarten. Sie ließ sich zurück nach Stralsund fahren und nahm dort den Abenddampfer nach Hiddensee. Die Überfahrt war so turbulent, dass der Dampfer nicht in Vitte, sondern in Kloster, am nördlichen Ende der Insel, anlegte. Auch dort herrschte Sturm. Palucca ließ sich nicht beirren, sondern ging zur Feuerwehr und sagte, dass sie dringend in ihr Haus gefahren werden wolle. Mit einem Leiterwagen fuhren die Feuerwehrmänner ihren prominenten Gast quer über die Insel nach Vitte. Nun war es bereits zwei Uhr nachts, im Haus funktionierte das Licht nicht mehr und draußen ging, wie Palucca später berichtete, ein »böses Gewitter« nieder. Aber sie hatte trotz des Unwetters die Insel und ihr Haus erreicht. Ihr eiserner Wille war noch nicht gebrochen.

Nach ein paar Tagen im Haus fühlte sich Palucca jedoch unbehaglicher als erwartet. Sie hatte zwar eine Krankenschwester mitgenommen, die lange Zeit als Oberschwester bei Zwingenberger gearbeitet hatte, doch so fürsorglich die Schwester auch war – sie konnte Zwingenberger nicht ersetzen.

Immerhin gelang es der Schwester, Palucca einem starren Tagesablauf zu unterwerfen: »Um sieben Uhr stehe ich auf«, berichtete Palucca nach Dresden, »ein bißchen Haushalt, dann gehe ich spazieren, solange die Sonne noch nicht so stark ist. Von 10 bis 13 Uhr und von 14 bis 17 Uhr muß ich liegen, danach mit Karle an den Bodden, er schwimmt für mich mit. Um 19 Uhr muß ich wieder liegen.« Bei ihren Liegekuren auf der Terrasse blieb sie ungestört, denn der Weg, der an ihrem Grundstück vorbei zum Strand führte, war in diesem Sommer für eine neue Wasserleitung aufgerissen worden, also konnte dort niemand entlanggehen und Palucca über den Gartenzaun ansprechen, wie es in den Sommern zuvor oft geschehen war. So lag Palucca stundenlang still. »Ich höre bis ans Haus die Begeisterung am Strand. Leider kann ich nicht dabei sein.«

Hin und wieder musste sie zu Untersuchungen nach Stralsund fahren. Einmal dauerte die Untersuchung elfeinhalb Stunden. Palucca war danach völlig erschöpft. Die Ergebnisse waren beunruhigend, denn die Röntgenbilder aus dem Jahr zuvor hatten besser ausgesehen. Doch sie durfte keine Medikamente nehmen, weil sie darauf allergisch reagierte, sie durfte nur liegen, liegen, liegen, »keine Sonne, keine Besuche, die von auswärts kommen und mich sehr beanspruchen«. »Ich bin ziemlich unglücklich, dass ich dauernd darauf angesprochen werden, wie schlecht ich aussehe.« Die Fischer und Bauern brachten ihr täglich etwas zu essen vorbei, Eier, Fisch und Möhren – »es sind wirklich echte Freunde«, freute sich Palucca.[191]

Mit Schwester Irmgard unterhielt sich Palucca über Zwingenberger, doch besonders gut verstanden sich die Krankenschwester und ihre Patientin nicht. Palucca reagierte ungehalten, wenn die Schwester, ohne sie zu fragen, jemanden ins Haus einlud, und die Schwester war ihrerseits irritiert, dass Palucca ihr kein Honorar anbot, sondern annahm, es müsse eine Ehre sein, für sie zu arbeiten. Es war das alte Dilemma: Palucca ließ sich gern verwöhnen und interessierte sich kaum dafür, ob die anderen auch auf ihre Kosten kamen. Sie war geprägt vom traditionellen Selbstverständnis einer Diva, einem Selbstverständnis, das auch Mary Wigman teilte. In einem Brief an Palucca schrieb Mary Wigman einmal: »Ist Deine Haushälterin bei Dir und sorgt für Dich? Allein kannst Du doch nicht sein.«[192]

Auch Schulleiter Tilo Vogel musste aus Dresden für Besprechungen nach Hiddensee anreisen. Es ging um die Stundenpläne des nächsten Jahres. Palucca wünschte sich, in Zukunft immer zur selben Zeit unterrichten zu dürfen, um ein regelmäßigeres Leben zu haben. Als Vogel wieder abgereist war, berichtete Palucca ihm voller Stolz, dass Mary Wigman ihr auch nach Hiddensee schreibe und sogar eine Einladung zu ihr nach Dresden angenommen habe: »Mary hat mir so nett geschrieben. Sie will unbedingt kommen, fragt, ob im Oktober, wenn sie dann noch lebt, schreibt sie humorvoll, aber sie hat sich enorm über die Einladung gefreut. Wenn alles sich verwirklichen läßt, müssen wir es sehr nett und menschlich vorbereiten, ich hätte diese Reaktion nicht erwartet.«[193] Es grenzte tatsächlich an ein Wunder, dass sich die beiden Frauen wieder so gut verstanden. Beide merkten, dass ihre Zeit ablief, dass sie die Chance hatten,

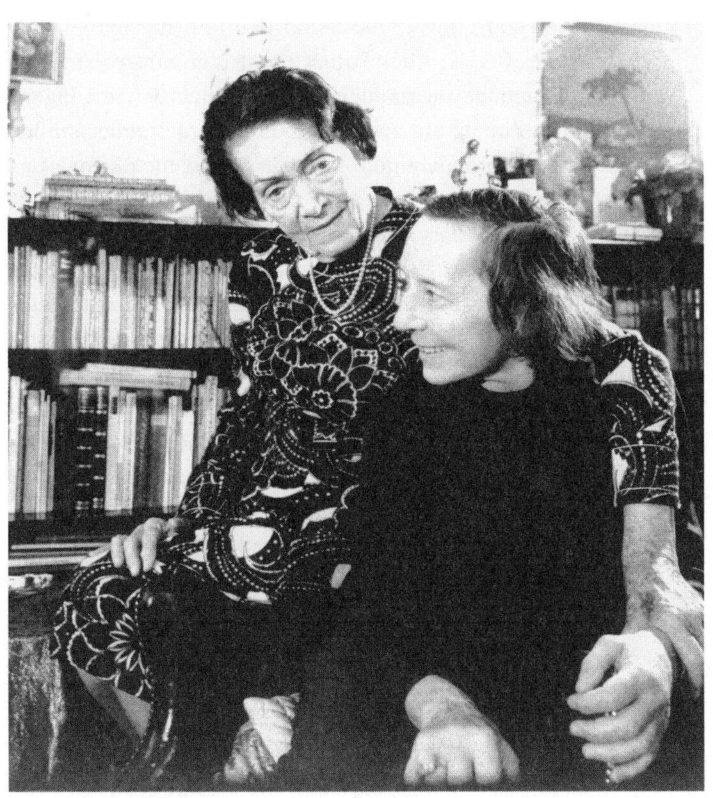

Mary Wigman und Gret Palucca, Januar 1969

sich jetzt zu versöhnen – oder nie. Als Palucca wieder nach Dresden zurückgekehrt war, trafen Mary Wigman und ausgewählte Palucca-Schüler tatsächlich bald aufeinander. Das Treffen galt als Sensation, denn Wigman hatte die Palucca-Schule bislang nie anerkannt. Palucca war auf ihre frühere Lehrerin stolz wie ein kleines Mädchen. Die Palucca-Schüler aber wunderten sich insgeheim über Mary Wigman. Sie waren von Paluccas natürlichem, unprätentiösen Stil geprägt und beinahe schockiert über Wigmans feuerrot gefärbte Haare, die grelle Schminke und die pathetische Mimik und Gestik. Auch Palucca und Wigman registrierten die Unterschiede aneinander, doch sie ließen sich ihre Eigenarten. Die Zuneigung zwischen ihnen wurde immer größer, jede sah in der anderen die Trägerin der eigenen Erinnerungen.

Auch wegen Mary Wigman fuhr Palucca nun häufig nach West-Berlin. Mary Wigman war ab 1969 der einzige enge Kontakt in die Stadt – denn auch Friedrich Bienert, der letzte männliche Gefährte aus den frühen Dresdner Tagen, war gestorben. Ihn hatte es am 15. Februar 1969 getroffen. Auch bei ihm, dem 77-Jährigen, kam der Tod überraschend, auch er war nur kurze Zeit krank gewesen. »Liebe, liebe Puck«, schrieb der gemeinsame Freund Herbert Trantow an Palucca, als er vom Tode Bienerts erfuhr, »unser erster Gedanke warst natürlich Du [...]. Ach, Puck, wir sind auch sehr, sehr traurig – wieder ist das Leben ein wenig ärmer geworden für uns.« Er selber sei immer »froh und ein bißchen stolz« gewesen, von Bienert der Freundschaft gewürdigt worden zu sein. »Ich habe noch seine Stimme im Ohr, wie oft haben wir uns, manchmal halbe Nächte lang, am Telefon unterhalten – und die immer reichen Abende bei ihm.« Doch Trantow tröstete sich damit, dass Bienert ein Siechtum erspart geblieben war, dass seine Tochter ihn nicht als Greis in Erinnerung behalten musste. Er sei ein »bemerkenswert schöner Mann noch in seinem Alter« geblieben, ein Mann, mit einem ungebrochenen Geist. »Es war schon so: einer der wenigen, den erlebt zuhaben, ein Geschenk war. Liebe, liebe Puck, wir wissen auch um Deine Trauer.«[194]

Friedrich Bienert hatte keine aufwändige Beerdigung gewollt. Nur seine Tochter sollte ihn zum Grab begleiten. Und einen weiteren Wunsch hatte er vor seinem Tod auch noch geäußert: Er wollte in Dresden in der Familiengruft der Bienerts begraben sein. In den »Dresdner Monatsblättern«, einer »Zeitschrift der Dresdner Heimatfreunde in Westdeutschland und Westberlin«, erschien im Mai 1969 ein ausführlicher Nachruf auf Bienert, in dem an seine Großzügigkeit und seinen künstlerischen Sachverstand erinnert wurde. »Die Dresdner Kulturgeschichte des 20. Jahrhunderts ist noch nicht geschrieben«, so schloss der Artikel. »Sie wird ein wichtiges Kapitel über Fritz Bienert enhalten müssen.«[195] Ein solches Kapitel aber wurde nie verfasst.

Für die weitverzweigte Familie der Bienerts, die es in alle möglichen Richtungen im Westen verstreut hatte, war nun Palucca der einzige Kontakt in Dresden. Deswegen wandte sich auch eine Schwester von Friedrich Bienert an Palucca und fragte, ob sie hin und wieder nach dem Familiengrab sehen könne, damit die Namen der dort liegenden Bienerts nicht mit Efeu bedeckt würden: »Meine Eltern und wir haben Dich alle sehr gern gehabt. Bitte, bitte, liebe Gretel, mache es doch möglich.«[196] Palucca sagte zu und kümmerte sich fortan auch um diese Gräber.

Sie fühlte sich jetzt ohnehin als Statthalterin des Westens im Osten. Nach dem Tod ihrer Freunde im Westen suchte sie umso mehr nach Anregungen aus dem anderen Deutschland. Empört schrieben Stasi-Spitzel, dass Palucca von ihren Reisen nach West-Berlin regelmäßig in rebellischer Stimmung zurückkehre. Sie nutze jede Gelegenheit, »um gegenüber der Schulleitung in Kontrastellung zu treten, vor allem führte sie den ›Nachweis‹, wie wenig die Leitung tut, um die Pädagogen über die westliche Kunst zu informieren. Dieses sei aber notwendig, um von ihr zu lernen und sich mit ihr auseinanderzusetzen.« Die Pädagogen, so wurde Palucca in den Stasi-Akten zitiert, sollten auch die westlichen Fachzeitschriften »Tanzarchiv« und »Theater heute« lesen dürfen. »Frau Palucca brachte aus Westberlin einen Ausschnitt aus dem »Spiegel« 1/2/69 mit und empfahl allen, sich über das großartige Raumfahrtunternehmen zu informieren. Der Artikel über »Apollo 8« erregte sofort das heftige Interesse der Lehrkräfte«.[197]

Doch auch in der Schule wurden Paluccas West-Verbindungen mit Skepsis gesehen. »Palucca hat an unserer Schule Narrenfreiheit«, beschwerte sich ein Kollege bei der Stasi, »da sie von Seiten des Ministeriums für Kultur in allen Fragen Unterstützung erhält. Ich bin zwar dafür, daß in einigen Sonderfällen Intelligenzpolitik gemacht werden muß, aber ich bin nicht dafür, daß ein großes Kollektiv darunter leiden muß, nur weil sich alles nach dem Willen und den Wünschen einer einzigen Person drehen muß.« Zwar könne Palucca die Leute im Ausland bei Kursen künstlerisch fesseln, so dass sie »auf jeden Fall repräsentativ für unseren Staat« wirke. »Was sie nicht kann, ist politisch überzeugende Argumentationen zu führen, die im Sinne unserer Kulturentwicklung verlaufen, da sie nicht zu trennen vermag zwischen unserer Entwicklung auf kulturellem Gebiet und dieser Entwicklung im kapitalistischen Ausland.«[198]

Selbst Paluccas Chauffeur traf die Eifersucht: »Die Studenten der Palucca-Schule können es nicht fassen, warum der Chauffeur nach West-Berlin darf, da er noch keine 60 Jahre alt ist«,[199] hieß es in Stasi-Akten. Tatsächlich mussten für ihn Anträge »auf wiederholte dienstliche Auslandsreisen gestellt werden«,[200] weil die »Professorin Margarethe Palucca« die »Tanzpädagogin Märie Wickmann« besuchen wollte.[201]

Wenn die beiden Frauen sich ein paar Wochen oder Monate nicht sehen konnten, gingen »1000 Grüße« zwischen ihnen hin und her: »Liebste Palucca« nannte Mary Wigman ihre alte Widersacherin nun oder einfach nur »Liebe« oder »Palucca, Liebe«. Und Palucca schrieb zurück: »Meine liebe Mary« – »wunderbar, daß die Menschen alle so an Dir hängen und Dich lieben«.[202] Oft ging es um Alltägliches in diesen Briefen zwischen 1968 und 1973. Mary Wigman beklagte, dass niemand mehr ihre alte Daunendecke reparieren wolle: »Seit 1927 hat sie mich zugedeckt und war so leicht, dass man sie nicht mal gespürt hat. Es wird schwer sein, etwas Ähnliches aufzufinden – wenn überhaupt wird es unerschwinglich sein.« Die Daunendecke sei 1927 ein »unerhörter Luxus« gewesen, »so weich, so sanft«.[203] Immer wieder erinnerte Mary Wigman an die alte Zeit, einmal fand sie Fotos und schrieb Palucca: »Mein Gott, wie jung, reizvoll und appetitlich wir doch mal waren.«[204]

An ihre alten Konflikte aber rührten Wigman und Palucca nicht. Einmal schrieb Mary Wigman an Palucca, sie arbeite an der Niederschrift ihrer Lebenserinnerungen und habe »große Erinnerungslücken in der Zeit unseres Zusammenarbeitens«.[205]

Bei Mary Wigman wechselten aktive Phasen mit niedergeschlagenen, sie reiste viel, besuchte ihre ehemalige Assistentin Berthe Trümpy in der Schweiz und erzählte Palucca davon. Sie fuhr auch wieder auf den Monte Verità, genoss das milde Klima, »das königliche Wetter«, »die Farbenprächtigkeit dieser zauberhaften Landschaft« und äußerte ihr Unverständnis, dass Palucca das rauhe Klima des Nordens bevorzugte.

Dann aber kamen schwierigere Phasen. Mary Wigman brach sich ein Bein, lag in Zürich und in Berlin wochenlang im Bett, klagte, dass die Knie streikten, dass ihre Knochen überhaupt so porös geworden seien, dass die Nägel, die bei einer Operation eingeschlagen worden waren, nicht mehr hielten. »Es ist zum Auswachsen, dass man pausenlos auf seinem schmerzenden Popo liegen muß«, schrieb sie Palucca. Es habe sich »ein grosses Loch am Popo« gebildet, »das nicht heilen will«. Dazu kamen Sehstörungen, »ich liege im Bett und starre ins Nichts«. Die Sehstörungen lösten eine »abgrundtiefe Melancholie aus«, »vor allem konnte ich dieses ewige Halbdunkel nicht vertragen. Es legte sich wie eine schwere Last auf das ganze Wesen«, so schrieb sie Palucca. Immer wieder stürzte und stolperte sie, »weil man das jeweilige Hindernis nicht wahrgenommen hat«. Unter all den Strapazen klappe ihre Haushälterin »gelegentlich so zusammen, dass mir Angst und Bange wird«. Mary Wigman klagte, dass »das Alter, das eines der schönsten Lebensjahre sein könnte, den Menschen durch [...] körperliche Schwäche so schwer gemacht wird«. Trotz aller Leiden fand die Überachtzigjährige immer noch liebevolle Worte für die nun siebzigjährige Palucca: »Meine Gedanken umgeben Dich mit viel Liebe – und allen innigen Wünschen [...] Bleib gesund und laß dich umarmen von Deiner Mary.«

Mary Wigman bewunderte Palucca für ihre nicht nachlassende Energie: »Du bist ja längst wieder mitten in der Arbeit – darfst froh sein, daß Du noch arbeiten kannst. Ich komme mir manchmal schon wie abgeschoben vor und weiß dabei ganz genau, daß ich nie mehr aktiv tätig sein könnte.« Wenn Palucca auf Sylt war und Wigman berichtete, wie sie sich am Watt zwischen lauter Ginsterblüten sonnte, schrieb Mary Wigman ihr zurück: »Und nun, Liebe, erhole Dich herzhaft und gründlich und kehre mit roten Bäcklein, an Leib und Seele erfrischt an die Arbeit zurück«. Manchmal aber bat sie Palucca auch: »Bitte geh ein bißchen ökonomischer mit Dir um«.

Doch mit ihren Kräften zu haushalten, daran dachte Palucca keine Sekunde. Zwar wurde sie immer wieder krank, bekam – wie etwa im Jahr 1969 – aus unerklärlichen Gründen auf einmal 40 Grad Fieber, musste wieder Zwingenbergers Oberschwester bitten, sich an der Klinik freizunehmen und in der Wiener Straße über sie zu wachen, doch sie ließ sich nicht längerfristig von der Arbeit abhalten. Sie erzählte in ihren Briefen an Mary Wigman auch weniger von den Krankheiten als von der Arbeit, und dass sie »gleich wieder in die Schule stürzen« müsse, »weil Zensuren gemacht werden« – »Ich schreib den Brief aus der Schule, es ist ziemlich viel Betrieb«.

Palucca schickte Mary Wigman zu Weihnachten 1969 einen Dresdner Stollen und auch Mary Wigman wollte ihrer ehemaligen Schülerin »eine extra Freude bereiten, aber ich bin am Rande meiner Möglichkeiten, plötzlich ist die Kasse leer«. Tatsächlich war Mary Wigman ganz auf die Zuwendungen ihrer Freunde und Bewunderer angewiesen. Ihre Freunde hatten ihr eine Wohnung gekauft und ihr ein Konto bei einer Schweizer Bank eingerichtet. Mary Wigman bezog zwar einen Ehrensold des Bundespräsidenten, konnte davon aber ihren ausschweifenden Lebensstil auf Reisen kaum finanzieren. Sie reiste gern nach Zürich und auf den Monte Verità und stieg immer in vornehmen Hotels ab. Zu Hause in Berlin musste sie dann eisern sparen. Palucca hatte es da besser. Sie war für DDR-Verhältnisse eine vermögende Frau, der der Staat die Gehälter für die Angestellten, eine neue Haushälterin und den Chauffeur zahlte.

»Ich führe quasi das Leben eines Fortgegangenen«, hatte Mary Wigman zu Beginn des intensiven Briefkontakts im Jahr 1968 an Palucca geschrieben.[206] Da blieben ihr noch fünf Jahre zum Leben, die Wigman und Palucca in ihre neue Freundschaft investierten.

Wenn Palucca nach West-Berlin kam, kündigte sie sich meist zur Mittagszeit bei Mary Wigman an. Sie konnte dann vormittags über die Grenze kommen und abends wieder zurückreisen. Bei einer dieser Begegnungen ließen sich die beiden Frauen fotografieren – beide saßen auf ein und demselben Sessel eng beieinander. Das Foto demonstrierte ihre späte Versöhnung. Doch auch hier, auf diesem einen Foto, waren die Unterschiede nicht zu übersehen. Wigman hatte ihr Haare gefärbt, trug eine Kette und ein wild gemustertes Kleid und blickte ernst. Palucca aber trug einen schlichten, hochgeschlossenen, schwarzen Pullover, lachte fröhlich, aber wandte sich halb von der Kamera ab. So war es immer bei ihnen gewesen in den Jahrzehnten, die hinter ihnen lagen: Mary Wigman war diejenige, die sich im Tanz und im Leben mit großem Ernst ihren Gefühlen widmete und unmittelbaren Kontakt aufnahm. Palucca aber war ambivalent geblieben, halb zugewandt, halb abgewandt, lächelnd, unverbindlich. Sie blieb die Kämpferin, die sich mit mädchenhafter Spannkraft über alle Widersprüche des Daseins hinwegsetzte.

Im September 1973 wollte Mary Wigman noch einmal auf den Monte Verità reisen, dorthin, wo sie gemeinsam mit Rudolf von Laban in den zehner Jahren den modernen Tanz erfunden hatte. Kurz bevor sie die Reise antreten konnte, stürzte sie und wurde mit einem gebrochenen Arm ins Krankenhaus eingeliefert. Ihr Zustand verschlechterte sich rapide. Ihre Nichte aus Essen reiste an und verbrachte viele Stunden am Krankenbett. Die Nichte berichtete später, wie Mary Wigman am Vormittag des 18. September 1973 einmal laut »Oh Gott« ausrief und nach einer Pause sagte: »Wenn man nach Gott ruft, geht es ans Sterben.«[207] Und so war es auch. Die Nichte hörte ihre Tante ein paar Mal flach und noch einmal tief ein- und ausatmen – dann war Mary Wigman gestorben. Sie war fast 87 Jahre alt geworden.

Die Nichte und Mary Wigmans Schwester organisierten die Trauerfeier in Berlin. »Liebe Gret Palucca«, schrieb die Schwester, »eben kam Dein sehr lieber Eilbrief hierher. Danke Dir für Deine Anteilnahme auf das Herzlichste! Ich glaube, Du würdest uns allen eine große Freude machen, wenn Du zur Trauerfeier am Donnerstag, 27.9., herkommen könntest, um mit uns Abschied zu nehmen von unserer Mary und vielleicht ein paar persönliche Worte dabei zu sprechen.«[208]

Palucca sagte zu und verständigte sich mit einem Mitarbeiter von der Akademie der Künste in West-Berlin über den Ablauf der Trauerfeier. Die Stasi hörte das Telefonat mit und protokollierte: »Gret Palucca bestätigt den Empfang eines Telegramms und teilt Herrn Huter mit, daß sie natürlich am Donnerstag zur Trauerfeier kommen wird. Frau Palucca war mit der verstorbenen Person befreundet. Aus diesem Grund möchte sie bei der Trauerfeier ein paar Sätze an die verstorbene Person richten. Es soll aber keine offizielle Rede werden. Anschließend will sie dann noch kurz mit den Verwandten sprechen. Die Trauerfeier beginnt am Donnerstag um 15 Uhr. Frau Palucca vereinbart mit Herrn Huter, daß sie 15 Minuten vor Beginn am Krematorium sein wird.«[209]

Tatsächlich fand sich Palucca pünktlich zur Trauerfeier ein. Obwohl sie ein großer Bühnenprofi war, spürte sie doch vor ihrer Rede eine gewisse Aufregung, denn sie wusste, dass das Reden nicht zu ihren Begabungen gehörte. Aber wie bei ihrer ersten Begegnung mit Mary Wigman im Palasthotel Weber war Palucca sich darüber im Klaren, dass sie sich nie verzeihen würde, nun zu versagen. Als sie an der Reihe war mit ihrer Rede, stand sie auf und stellte sich neben Mary Wigmans Sarg. Sie fand warme Worte, redete ganz frei, drehte sich dann mit ihrem feinen Gespür für choreografische Effekte um, stand nun mit dem Rücken zur Trauergemeinde und wandte sich nur noch dem Sarg zu. Sie dankte Mary Wigman noch einmal dafür, dass sie bei ihr lernen durfte und dass sie sie darin bestärkt habe, so zu tanzen, wie sie es gewollt habe und wie es zu ihr passte. Die Rede war mitreißend und wurde von den Zuhörern, die alle um die schwere Spannungen zwischen den Frauen wussten, als letzter Akt der Versöhnung wahrgenommen. Jeder konnte sehen, dass sich das Verhältnis der beiden Konkurrentinnen grundlegend gewandelt hatte. Sie sei die einzige gewesen, die Mary Wigman bei der Trauerfeier gerecht geworden sei, schrieb Herbert Trantow später an Palucca.[210]

Mary Wigmans Urne wurde ins Ruhrgebiet nach Essen überführt. Die Urne hätte auch im Familiengrab der Wiegmanns in Hannover beigesetzt werden können, doch Mary Wigman hatte sich gewünscht, dass sich jemand um ihr Grab kümmern würde, und in Essen lebte die Nichte, die das Grab von nun an pflegte. So waren die Gräber von Paluccas Dresdner Weggefährten in alle möglichen Richtungen verstreut worden. Wigman lag in Essen, Grohmann auf dem Waldfriedhof in München, Zwingenberger im sächsischen

Hohenstein-Ernstthal, Schöningh auf Sylt. Nur Friedrich Bienert war nach Dresden zurückgekehrt.

Palucca sollte ihre Weggefährten noch lange überleben, denn nach Wigmans Tod blieben ihr noch knapp zwanzig Jahre. Und so lange sie lebte, sollte sie arbeiten. Sie fand die Frage nach ihrem Erbe, ihrer Nachfolge »entsetzlich« und reagierte völlig verständnislos, wenn Gleichaltrige ihr in Briefen »eine neue Langsamkeit« als »Altersgeschenk« anpriesen.[211] Langsamkeit war Paluccas Sache nicht. So kam eine beruflich erfüllte, aber auch einsame Zeit auf sie zu. Ihr ganzes Leben hatte sie in engen Beziehungen gelebt, hatte sich umsorgen und verwöhnen lassen. Jetzt musste sie alleine zurechtkommen; diejenigen, die sie von nun an verwöhnten, wurden von ihr bezahlt. Sie holte sich immer neue Haushälterinnen in die Wiener Straße und forderte nun auch eine Privatsekretärin an, die tageweise ebenfalls bei ihr wohnen musste. Auch ihr Chauffeur verbrachte viele Stunden im Haus, saß in der Küche und wartete auf neue Aufträge.

Wenn Palucca einmal Vertrauen zu jemandem gefasst hatte, dann blieb sie auch treu. Selbst als ihr Friseur schon ein alter Mann war und längst nicht mehr arbeitete, wurde er regelmäßig von Paluccas Fahrer in die Wiener Straße geholt. Dort setzte Palucca sich auf den Fußboden, der Friseur selber setzte sich auf einen Stuhl, weil er nicht mehr stehen konnte, und begann, die immer gleiche Frisur in Ordnung zu bringen. Immer wieder wurde Palucca nahegelegt, an ihre vielen öffentlichen Auftritte zu denken und sich einen besseren Friseur zu suchen – doch sie dachte nicht daran. Als ihr Friseur gestorben war, ließ sie dessen Tochter kommen, die sich dann in gleicher Weise wie der Vater um die Frisur kümmerte.

Einige ihrer Angestellten ließen sich von der Stasi als Spitzel anwerben. Und auch in der Schulleitung fand sich

Anfang der siebziger Jahren ein Mann ein, der Palucca bespitzelte. Palucca ahnte lange nichts von der Stasi-Tätigkeit ihrer Vertrauten und baute zu ihrer Angestellten und auch zu den Kollegen in der Schulleitung enge Bindungen auf. Doch sie spürte durchaus, dass es Kontakte waren, bei denen beide Seiten auf ihren Nutzen achteten. So schlich sich insgeheim Argwohn in Paluccas Verhältnis zu anderen Leuten. Palucca zog sich immer mehr zurück, doch sie merkte auch, dass sich gerade durch diesen Rückzug der Kult um ihre Person verstärkte. Vor allem die Feierlichkeiten zu ihren Geburtstagen wurden immer aufwendiger. Palucca genoss einerseits die Aufmerksamkeit, andererseits spürte sie auch das Missverhältnis zu ihrer sonstigen Einsamkeit.

Ihr 69. Geburtstag hatte ihr noch rundum gut gefallen. Sie feierte am 8. Januar 1971 in List auf Sylt mit ihren alten Sylter Bekannten und auch der Lister Bürgermeister und der Kurdirektor hatten ihr Blumen und Geschenke übergeben und eine kurze Rede auf sie gehalten, in denen sie sagten, dass es »keinen anderen Gast« gebe, über den sich »die Gemeinde« so freue.[212]

Doch mit dem 70. Geburtstag begannen die Probleme. In der Palucca-Schule und in der Akademie der Künste in Berlin wünschte man sich ein opulentes Fest, aber Palucca war sich nicht sicher, was sie davon halten solle und sagte vorsichtshalber, sie wolle lieber im kleinen Kreis auf Sylt feiern. Schon Monate zuvor beklagte sie sich über den »Kampf wegen des 8.1. Geburtstag. Man will hier so gross feiern. Ich weiss bald nicht mehr aus noch ein. Grösste Enttäuschung, dass ich nicht da bin. Fürchte am 8. für die Lister Post«.[213]

Doch schließlich gab Palucca dem Druck nach. Sie fuhr nicht nach Sylt, sondern ließ sich am 8. Januar 1972 dann doch in Berlin »ganz groß« feiern, wie sie selber schrieb. Erich Honecker, inzwischen Erster Sekretär des ZKs der SED, richtete eine Grußadresse an Palucca, in der er hervorhob, dass sie zum Ansehen der DDR beitrage.

Mein 70. Geburtstag war für mich ein glücklicher Tag, weil mir so viel Freundschaft und Zuneigung entgegengebracht wurde. Für alle Glückwünsche, Ehrungen und Geschenke meinen herzlichsten Dank; es hat mich sehr berührt, daß so viele Menschen an mich gedacht haben.

Herzlichst
D. Palucca

Dresden, im Februar 1972

Paluccas Dankeskarte zum 70. Geburtstag

Über die Strapazen um ihren Geburtstag herum beklagte sie sich allerdings bei einer Freundin: »Ich hatte in der letzten Zeit sehr viel zu arbeiten, in der Schule, dann wurde ein Film gedreht, ein Buch kommt heraus, es hört einfach nicht auf.«[214] Und dann war sie doch ein wenig stolz auf die Zuwendung und ließ nach ihrer Geburtstagsfeier eine Dankeskarte drucken, in der sie immerhin zugestand, dass ihr 70. Geburtstag für sie »ein glücklicher Tag« gewesen war.

Nicht nur in Dresden und in Ost-Berlin wurde Palucca noch einmal sehr populär. Auch die westdeutsche Presse war fasziniert von dieser Frau, die immer wieder hinter dem eisernen Vorhang verschwand und dann auf einmal, wie auf einer Bühne, in Westdeutschland auftauchte. Wenn sie auf ihren Reisen nach Sylt kurz in Hamburg Zwischenstation machte, um ihre Cousine zu besuchen, war das der »Bild«-Zeitung eine Meldung wert: »Weltberühmte Tänzerin in Hamburg«, hieß es dann.[215]

In den siebziger Jahren wurde Palucca für die Stasi immer interessanter. Der neue Kollege in der Schulleitung arbeitete schon seit 1967 unter dem Decknamen »Tom« als informeller Mitarbeiter, wurde in den Akten als »auffallende Erscheinung« gelobt, er »sei ein ausgesprochener Frauentyp«.[216] 1971 kam er dann an die Palucca-Schule und sollte von da ab fast zwanzig Jahre lang Berichte über Palucca schreiben. Die Berichte waren oft mit Hand geschrieben, mit einer feinsäuberlichen, fast femininen Schrift. Mit dem Gestus eines Psychologen, aber mit einem unverhohlenen Kosten-Nutzen-Denken urteilte er über den »Zustand von Prof. Palucca«: »Die längeren Krankheiten haben sich in den letzten Jahren gehäuft und am Gesundheitszustand gezehrt«, hieß es einmal, »eine Arbeit und noch dazu mit ständiger Ansteckungsgefahr ist eigentlich ärztlicherseits nicht zuträglich. Ein Arbeitsverbot jedoch würde die außerordentlich starken psychischen Kräfte, die stets eine Herstellung der Arbeitskraft aufs Neue erreichten, in kurzer Zeit vernichten und zu einer schnellen physischen Erkrankung entsprechend des Alters führen. Das Gefühl des unersetzlichen Gebrauchtwerdens muß bei ihr erhalten werden, obwohl es oft bereits im Widerspruch zur tatsächlichen Lage steht. Dieses Gefühl und der Faktor, ohne jegliche private Beziehungen (nichtberufliche-familiäre Bindungen) zu leben, läßt sie einen unerhörten Willen und eine nicht zu erlahmende Intensität aufbringen. Ärztlicherseits besteht eine Begrenzung der Einsatzfähigkeit von täglich 2 zusammenhängenden Unterrichtsstunden mit anschließender Ruhepause, keine Teilnahme an sie belastenden außerunterrichtlichen Veranstaltungen (Beratungen, Konferenzen). Diesen 2. Teil der Auflage hält sie nur ein, wenn sie an der Thematik uninteressiert ist«. Palucca erwarte, dass ihre »Hinweise und Wünsche« sofort realisiert würden, und wenn das nicht passiere, »zieht sie sich zurück« – »Die Sucht nach hochdotierter staatlicher und internationaler Anerkennung ist stärker geworden« – »Ihre politischen Positionen sind nach wie vor eindeutig zu unserem Staat und den Grundzügen seiner Politik« – »Nach Reisen in das kapitalistische Ausland verurteilt sie stets die Ausweglosigkeit und Menschenverachtung, lobpreist aber auch die Möglichkeit, sich frei informieren, echten Meinungsstreit üben und kritisch sein zu können.«[217]

Befriedigt stellte »Tom« aber auch fest, dass sich Palucca nach ihrer Rückkehr von Reisen nach Westdeutschland empört darüber äußerte, dass im Westen alles teurer werde, die Mieten, die Hotelkosten und Gaststättenpreise, dass Menschen relativ leicht von ihren Arbeitgebern entlassen werden konnten, dass eine Bekannte mit drei Kindern keine Wohnung finde und dass die Leute ihre Wohnungen und Hotelzimmer mit Ketten sichern müssten. »Toms« Resümee: »Sie bezeichnete diese Gesellschaft als krank und morbide.«[218]

Tatsächlich äußerte sich Palucca kritisch über westdeutsche wie auch ostdeutsche Verhältnisse und das war durchaus typisch für die Haltung vieler DDR-Künstler in den siebziger Jahren. Einerseits genossen privilegierte Schriftsteller wie Christa Wolf oder Schauspieler wie Manfred Krug, Armin Mueller-Stahl und Angelica Domröse die vielen Auszeichnungen durch die Regierung und priesen offiziell das Projekt DDR als Versuch, eine bessere, gerechtere Gesellschaft zu etablieren, andererseits störten sie sich an den zunehmenden Repressionen für normale DDR-Bürger, an der Mangelwirtschaft und der Einschränkung der Meinungsfreiheit. Viele Künstler waren zwar hochgradig abhängig von den Zuwendungen der DDR-Spitzen, doch andererseits verstärkte sich bei manchen von ihnen das Bedürfnis nach Emanzipation.

Im Jahr 1976 kam es zum Eklat zwischen Künstlern und dem Politbüro. Am 16. November beschlossen die Mitglie-

215

214

Eine Überschätzung ihrer gegenwärtigen Leistung und die Sucht nach hochdotierter Staatspreise und internationaler Anerkennung ist stärker geworden.
Ihre nicht beherrschte Unterscheidung bei der Lösung wichtiger und unwesentlicher Probleme belastet die Arbeitsfähigkeit vieler leitender Mitarbeiter und dringt bis in persönliche Bereiche ein, die auch von Palucca kritisiert werden.
Um aus einer weiteren Isolierung herauszufinden, nutzt sie alle Gelegenheiten, einen Mitarbeiter gegen einen anderen auszuspielen.

2. politisch-ideologische Haltung:

Ihre politischen Positionen sind nach wie vor eindeutig zu unserem Staat und den Grundzügen seiner Politik.

Jedoch haben kritische Aspekte einen stärkeren Platz eingenommen, sie betreffen das WIE der Durchsetzung der Politik.
Idealvorstellungen vom Nutzen unserer Vorzüge, die sie allerdings unwissenschaftlich und subjektiv selbst sich entwickelt, geraten immer häufiger in Widerspruch zu den Erscheinungen des realen Sozialismus.
Das Sozialismus-Bild wird durch sozialdemokratische bzgl. Freiheiten und Freizügigkeiten, evtl. durch das ital. u. französ. Modell beeinflußt.
Nach Reisen in das kapital. Ausland verurteilt sie stets die Ausweglosigkeit und Menschenverachtung, lobpreist aber auch die Möglichkeit, sich frei informieren, ~~und~~ echten Meinungsstreit üben und kritisch sein zu können.
Am meisten kritisiert sie das Wohlstandsdenken, das auch in der DDR durch das sozialpolitische Programm Einzug gehalten habe, die unkritische Haltung und Auseinandersetzung zu Kunstwerken, die ungenügende Information durch die Massenmedien, die „unschöpferische" Arbeit in allen Bereichen und die Kulturpolitik im Zusammenhang mit Biermann.
Sie spricht von einer ausgeprägten Bürokratie, die unsere Arbeit in allen Bereichen und Ebenen durchzieht und verurteilt das Eingesperrtsein der DDR-Bevölkerung, vor allem der Jugend.
Diese Tendenzen haben systematisch zugenommen.

26.08.77

Tom

Auszug aus dem handschriftlichen Bericht des IM »Tom« über Palucca vom 26.8.1977

der des Politbüros, dem unbequemen Liedermacher Wolf Biermann die Staatsbürgerschaft abzuerkennen, denn Biermann hatte sich auf seiner Tournee durch Westdeutschland regimekritisch geäußert. In den folgenden Tagen und Wochen protestierten etliche Künstler mit ihrer Unterschrift gegen die Ausbürgerung Biermanns. Es war die erste öffentliche Kritik an einer staatspolitischen Maßnahme der DDR seit dem Arbeiteraufstand von 1953. Und die Folgen waren weitreichend. Etliche Künstler nahmen den Bruch mit der Staatsmacht zum Anlass, um in den folgenden Monaten und Jahren Ausreiseanträge zu stellen. Mehr als 350 Künstler, Schriftsteller, Musiker und Schauspieler verließen im Laufe der nächsten knapp anderthalb Jahrzehnte die DDR.

Viele derjenigen, die blieben, fühlten sich zwar noch immer vom Staat schikaniert, konnten aber auch bessere Bedingungen für sich aushandeln, da die DDR-Führung mehr als je zuvor darauf angewiesen war, die geistige Elite zu halten.

Palucca hatte nicht offiziell gegen die Biermann-Ausbürgerung protestiert, doch sie machte keinen Hehl daraus, dass sie mit den Rebellen sympathisierte und die Ausbürgerung Biermanns für eine falsche Entscheidung hielt. IM »Tom« notierte am 26. August 1977, Palucca kritisiere »die Kulturpolitik im Zusammenhang mit Biermann. Sie spricht von einer ausgeprägten Bürokratie, die unsere Arbeit in allen Bereichen und Ebenen durchzieht und verurteilt das Eingesperrtsein der DDR-Bevölkerung, vor allem der Jugend.«[219]

Palucca gehörte zur Gruppe derjenigen, die die angespannte kulturpolitische Lage nach der Biermann-Ausbürgerung nutzten, um bessere Bedingungen für ihr Bleiben in der DDR auszuhandeln. Sie drohte, dass ihr das Geld nicht ausreichen würde, falls sie in Rente gehen müsse, sie brauche die Zusage, dann mehr Geld zu bekommen, da sie ansonsten in die BRD gehen müsse. Ein Mitarbeiter im Kulturministerium berichtete an die Stasi über Paluccas Wünsche: »Sie möchte, wenn sie plötzlich einmal nicht mehr unterrichten kann, im gesamten Sommerhalbjahr in Hiddensee leben und dort mit vielen Tänzern und anderen Persönlichkeiten fruchtbare Gespräche führen, Erfahrungen übermitteln und so unserem Staat dienen. Wenn sie jedoch nicht über ausreichende finanzielle Mittel verfügt, muß sie Hiddensee (das Haus) und damit eine solche nützliche Tätigkeit aufgeben. Dann könnte sie doch auch in der BRD leben, wo ihre privaten Freunde sind. Diese haben ihr mehrmals angeboten, ein kleines Haus für sie auf der Insel Sylt zu kaufen. Das möchte sie aber nicht.«

Im Kulturministerium verstand man Paluccas Drohungen und Andeutungen. So schnell wie möglich wurde ihr eine »Ehrenpension« zugesagt.[220]

Doch Palucca ließ das Nörgeln nicht. Und IM »Tom« stellte ihr entsprechend schlechte Zeugnisse aus: »Ihre brgl.-human. Grundhaltung wird durch spätbrgl. Beeinflussung und zahlreiche Kontakte mit westl. Ausland nicht weiterentwickelt. Der ihr angeblich von Becher, Abusch und Gysi immer wieder angeratene Grundsatz ›Unbequem zu sein‹ wird in zunehmendem Maße von ihr zitiert und zur Begründung ihrer gesamten, sich verfestigenden Haltung verbunden mit Destruktivität herangezogen.« Palucca sehe sich und andere Kunstschaffende als die wichtigsten Kritiker im Staat. Sie kritisiere, so hieß es im Stasi-Bericht, die »dogmatische Enge« der Kulturpolitik und äußere Befürchtungen, dass gerade die jüngeren Menschen durch die »ungenügende Weltoffenheit«, isoliert würden, »eng, dogmatisch und unerfahren« blieben.[221]

Palucca achtete nun tatsächlich meist darauf, Distanz zum Staat zu wahren. Wenn sie Interviews für Zeitungen gab, ließ sie sich den fertigen Text noch einmal vorlegen und forderte die Streichung all jener Passagen, die ein eindeutiges Bekenntnis zur DDR nahelegten. Und als es im Mai 1979 bei einer geplanten Reise nach Bern, wo sie als Star einen Gastkurs geben sollte, Schwierigkeiten mit dem Visum gab, ließ sie sich zu grundsätzlichen Klagen über die Arbeit des Kulturministeriums hinreißen und nahm sich vor, falls die Reise wirklich ausfallen sollte, die Konventionalstrafe für die Nichteinhaltung des Vertrags direkt dem Ministerium für

Kultur in Rechnung zu stellen. Außerdem drohte sie, in der Schweiz eine Pressemitteilung zu verbreiten, in der stehen würde, dass sie nur deswegen nicht habe unterrichten können, weil das Ministerium für Kultur nicht in der Lage gewesen sei, ihr ein vernünftiges Visum zu erstellen. »Für diesen Staat engagiere ich mich nicht mehr«, rief sie am Ende des Konflikts aus.[222]

Doch Palucca beließ es bei den Drohungen und nahm befriedigt wahr, dass dann doch immer alles versucht wurde, um ihr jeden Wunsch zu erfüllen. DDR-Spitzenpolitiker waren gerade in den siebziger Jahren auf internationale Anerkennung bedacht. Protagonisten aus Sport und Kultur sollten zu einem besseren Ansehen des Staates in der Welt beitragen. Ruderer, Schwimmer, Eisschnellläufer wurden von klein auf trainiert und gefördert, damit sie bei den Olympiaden Medaillen holten, und gerade die Dresdner Musiker – die Kreuzchorsänger, Philharmoniker und Mitglieder der Staatskapelle – wurden ins Ausland geschickt. Und Palucca fuhr zu ihren Gastprofessuren nach Schweden und in die Schweiz.

Palucca genoss es, dass sie im Ausland mit jungen Tänzern zusammen sein konnte, die gerade dabei waren, die Tanzkultur der Moderne wieder zu entdecken und sich von den künstlerischen Konzepten der zwanziger Jahre anregen zu lassen. Bei ihren Gastkursen entwickelte Palucca ihre alte Energie und konnte mit der für sie typischen Mischung aus Lob und Anforderung junge Tänzer dazu bringen, sich ganz frei zu bewegen und ungehemmt zu improvisieren. Eine Tanzpädagogin, die Palucca oft bei den Kursen in Stockholm zusah, staunte, dass es gerade dieser Mix aus Unerbittlichkeit und Überschwang war, mit dem Palucca bei anderen Tänzern die erstaunlichsten Fortschritte erzielte.

Die jungen Tänzer interessierten sich auch deswegen in den siebziger Jahren wieder besonders für Palucca, weil manches, was Palucca populär gemacht hatte, in die Tänze der Jugendlichen einging. Gerade beim Jazz- und Hip-Hop-Tanz fanden sich typische Elemente von Paluccas Stil: artistische Einlagen, lockere, gebeugte Knie, Arme und Beine, die ein Eigenleben zu führen schienen, sich in Rhythmus und Ausdruck völlig unabhängig voneinander bewegten. Die jungen Leute bewegten sich auf den Tanzflächen der Diskotheken, wie Palucca es bereits in den zwanziger Jahren in den Dresdner und Berliner Bars getan hatte: Sie tanzten allein und improvisierten dabei viel, Standard- und Paartanz waren unpopulär geworden. Nur die Musik war anders als in Paluccas Jugendzeit. Inzwischen war es der Beat, der den Takt vorgab.

Palucca nahm zwar wahr, was sich in der Tanzkultur überall auf der Welt änderte, doch ihr entging auch nicht, dass die Neuerungen nun nicht mehr von Deutschland ausgingen. Das war anders als in den zehner, zwanziger und dreißiger Jahren, als die maßgeblichen Innovationen von deutschen Tänzern angeregt worden waren. Nun kamen die bedeutenden modernen Tänzer aus den USA, oft auch aus den Niederlanden und aus Belgien. Der moderne Tanz in Deutschland war durch die Anpassungsbereitschaft der Tänzer in der Nazi-Zeit immer noch diskreditiert.

Vor allem in der DDR der siebziger Jahre galt Paluccas Tanz eigentlich als unmodern. Die verblüffende Verwandtschaft zwischen Paluccas Stil und den ganz neuen populären Bewegungsformen des Jazz und des Hip-Hop wurde nicht gesehen oder bewusst übergangen, da die neue Musik in der DDR als Produkt westlicher Dekadenz galt. Dass sich auch die Jugendlichen in der DDR für Disco- und Poprhythmen begeisterten, sich die Haare lang wachsen ließen und eigene Bands gründeten, wurde von offizieller Seite als »Gammlertum« abgetan.

Palucca war zu alt dafür, um sich in die neuesten Fronten der Jugendkultur einzumischen. Und sie war auch zu abgelenkt und aufgerieben von den Widrigkeiten des Alltags. Sie war eine Pendlerin zwischen Ost und West, weshalb es gerade ihr nicht entging, wie sehr sich die Lebensbedingungen in beiden Systemen voneinander unterschieden und wie bedrohlich es für die DDR wurde, dass sich der Alltag im Westen scheinbar so viel leichter gestaltete. Palucca nutzte ihre Autorität und wies die Verantwortlichen immer wieder darauf hin, wenn in Dresden etwas nicht funktionierte. »Um jeden Dreck hat sie sich gekümmert«, sagte ihre Schülerin Ruth Berghaus über sie.[223]

In den siebziger Jahren führte sie einen schriftlichen Kleinkrieg mit der VEB Stadtbeleuchtung in Dresden und beschwerte sich, dass die Gasleuchten in der Wiener Straße immer wieder ausfielen, so dass sie und ihre Nachbarn nachts im Dunkeln tappen mussten. Die Verantwortlichen von der VEB Stadtbeleuchtung antworteten mit »sozialistischem Gruß«, und gestanden zerknirscht ein, dass es tatsächlich dringend nötig sei, die Gasbeleuchtung durch elektrische Beleuchtungsanlagen zu ersetzen. Allerdings, so gaben sie zu, fehlten die Mittel dafür.[224] Das nächste Mal beschwerte Palucca sich beim Rat der Stadt über die »Gehbahnschäden« auf der Wiener Straße: »Es kommt wieder der Winter und frühzeitige Dunkelheit, und jetzt schon habe ich festgestellt, daß Erwachsene und vor allem auch Kinder stürzen. Wir sind geradezu gezwungen, abends auf der Straße zu gehen, und das ist ja, wie Sie wissen, nicht gestattet.«[225] Währenddessen bekam sie gut gelaunte Post von ihren Bekannten aus Westdeutschland, die in immer fernere Fernen reisten. Eine ehemalige Kollegin der Palucca-Schule, die sich in den Westen abgesetzt hatte, schwärmte im Jahr 1976 von der »biblischen Landschaft« Mallorcas, »durch die uralten Oliven und vielen Schafherden«, zwei Jahre später von der »Ur-Landschaft« der Namib-Wüste, »steinig, dornig, sonnig«. Eine andere Freundin schrieb berauscht aus Kreta und Ischia, »von einem Meer, aus dem man nicht herausmöchte«.[226]

Viele von Paluccas westlichen Gastgebern gefielen sich in der Rolle der Weltläufigen und genossen es, ihrem scheinbar minderbemittelten Gast jeden Wunsch erfüllen zu können. Meist gefiel Palucca die Rolle der Bedürftigen auch und sie beklagte sich tatsächlich oft darüber, was alles in der DDR nicht zu bekommen sei, vor allem in den Sommermonaten auf Hiddensee: »Ich habe abgenommen, das ist wohl die schlechte Ernährungslage und dann bin ich viel herumgeradelt, etwas zu bekommen«, so schrieb sie und fügte an, dass sie ohne die Pakete aus dem Westen manchmal ganz verloren sei.[227] Doch ab und zu wurde ihr die Fürsorge aus dem Westen auch zuviel, vor allem dann, wenn sich die westlichen Paketabsender oder Gastgeber allzu herablassend verhielten.

Einmal begleitete ein Fernsehteam Palucca bei einer Reise in die Schweiz und sie musste sich an einen reich mit Spargel und Weißwein gedeckten Tisch setzen. Weil Palucca verschreckt wirkte und stumm blieb, übernahmen die Gastgeber vor laufenden Kameras das Wort und erzählten, wie gern Palucca Spargel esse und dass sie eigens zum Spargelessen nach Bern komme. Palucca lief rot an und lächelte verlegen. Als die Kameras aus waren, beschwerte sie sich darüber, dass man sie in eine peinliche Lage gebracht habe. Sie fühlte sich verkannt, denn eigentlich galt sie als jemand, der sich nichts aus Essen machte, zum Mittagessen immer noch nicht viel mehr zu sich nahm als ihr halbes ausgehöhltes Brötchen mit dem Eigelb und der Tasse Brühe. Sie war stolz auf ihren Ruf als Asketin – auch deswegen fühlte sie sich in der Fernsehszene falsch dargestellt.

Auch eine Nichte von Marianne Zwingenberger verärgerte Palucca mit einem allzu üppigen Geschenk. Sie schickte Palucca einmal einen Korb mit lauter erlesenen Esswaren – jene Art Korb, die in Westdeutschland »Fresskorb« genannt wurde. Palucca empfand sich jedoch nicht als jemand, dem etwas zu ›fressen‹ gegeben werden müsste und gab das auch deutlich zu verstehen. So konnte es also passieren, dass es Freunde aus dem Westen gut mit ihr meinten, Palucca aber ganz und gar nicht erfreut reagierte. Ein Freund aus Frankfurt am Main versuchte Palucca in den siebziger Jahren in einem langen Brief zu erklären, in welche Schwierigkeiten ein Schenkender geraten konnte: »Schreibe nur, wenn etwas angeschimmelt ist, damit wir lernen, es besser zu verpacken. Du mußt es ganz genau schreiben, denn sonst haben wir das Phänomen, das sich bei allen solchen Sendungen ergibt: Man ärgert sich zwar niemals über denjenigen, der niemals etwas schickt, aber über den, der etwas schickt, ärgert man sich, weil er das falsche schickt, oder weil er es zur falschen Zeit schickt, oder nicht schnell genug, oder nur zuwenig schickt, oder nicht sorgfältig genug oder nicht regelmäßig.«[228]

Die Missverständnisse zwischen Ost und West wurden nicht weniger, je länger die Teilung dauerte. Auch ostdeutsche Begleiter von Palucca fühlten sich bei ihren Reisen in den Westen nicht immer wohl, fühlten den Anspruch auf sich lasten, »den DDR-Bürger in uns zu überwinden«.[229] Ein Mitarbeiter, der in den siebziger Jahren Palucca bei ihren Gastkursen in Stockholm und Bern begleitete, beklagte sich im Nachhinein: »Bei meinen Gastgebern fühlte ich mich immer als bestaunter und bemitleideter Idiot. Für Sie stellte sich das nicht ganz so dar«, schrieb er an Palucca, »Da war es mehr das Erstaunen, daß Sie ›im Osten‹ lebten und auch immer wieder zurückgingen. Entsinnen Sie sich noch des Gerüchts, wir würden bleiben, damals in Bern? Welcher Schreck im Ministerium.«[230] Immer wieder kamen Paluccas Begleiter auf ihr Unwohlsein bei den Reisen zu sprechen: »Welche Mühe machte es [...], unsere Isolierung und befohlene Abgrenzung zu überwinden« – »Welchen Unsinn mußte ich vor jeder Reise unterschreiben.«[231]

Der Vergleich der Systeme war das bestimmende Thema bei Paluccas Ost-West-Kontakten. Meist kam der Osten schlechter weg als der Westen, ziemlich regelmäßig aber wurde auch die Fixierung auf das Materielle bei den Westlern beklagt. Der Tänzer Kurt Jooss, der als Gastdozent am choreografischen Institut in Kopenhagen lehrte, beschwerte sich bei Palucca: »Die menschen werden doch sehr verwöhnt – wir haben ja des öfteren davon gesprochen. mich fängt diese überbetonung des materiellen, die nun immer mehr der tonus unserer epoche zu werden scheint, an sehr zu irritieren und melancholisch zu machen. ich meine, um das leben zu ertragen und etwas daraus zu machen, muß man begeistert sein. und zur begeisterung gehört GEIST – und der geist weicht zurück, wenn die materie zu laut wird.«[232]

Trotz aller Bemühungen beiderseits war es für Ost- und Westdeutsche oft schwer, zueinander zu kommen und den Kontakt zu halten. Viele Westdeutsche fanden sich ohnehin damit ab, dass es bei der Teilung zu bleiben schien und störten sich auch nicht daran. Die DDR wurde für sie eine ferne Region, zu der sie keinerlei Verbindung spürten. Doch für diejenigen, die sich auch weiterhin interessierten und denen es um Menschen ging, die sie nicht aus ihrem Leben verlieren wollten, blieb die Trennung schmerzlich. Oft fluchten sie über die zahllosen Widrigkeiten und Schikanen, die es erschwerten, überhaupt etwas zu erfahren von ihren Verwandten und Freunden. »Mit dem Telefonieren ist es im Moment so«, stöhnte ein westdeutscher Freund in einem Brief an Palucca: »Entweder: ›nach Dresden 2 bis 3 Stunden Wartezeit‹. Oder: ›Nach Dresden Wartezeit unbestimmt‹. Oder: ›Dresden kann ich Ihnen sofort geben‹«.[233] In manchen abgehörten Telefongesprächen zeigte sich die Absurdität der politischen und zwischenmenschlichen Lage zwischen Ost und West besonders deutlich. Im März 1979 ging bei der Stasi ein beinahe dadaistischer Bericht über ein Telefonat ein, das im Hause Paluccas geführt wurde: »Die DDR-Bürgerin soll der Frau Professor einen schönen Gruß von der

BRD-Bürgerin ausrichten und sagen, daß alles in Ordnung ist. Ferner soll die DDR-Bürgerin auch Grüße von den BRD-Bürgern Theo und Gerd übermitteln.«[234]

In den achtziger Jahren verstärkten sich im Leben Paluccas die meisten Tendenzen, die sich bereits in den siebziger Jahren gezeigt hatten. Der öffentliche Kult um ihre Person ließ nicht nach, zugleich fühlte sich Palucca im Alltag immer einsamer. Sie machte weiter mit ihrem Unterricht, wurde aber mit den Schülern unzufriedener, empfand sie als ideologisch indoktriniert und unfrei. In einem der vielen Dokumentarfilme, die nun über Palucca gedreht wurden, schimpfte sie vor laufender Kamera, dass die Schüler sich »begrenzt und brav« verhielten: »Sie haben in der Kunst keine Zivilcourage. Ich sage ihnen, jetzt könnt ihr Euch mal frei bewegen, aber es bleibt alles begrenzt. Wie sollen sie die Menschen überzeugen?«[235]

Einmal ging Palucca vor laufenden Kameras auf eine Gruppe junger Schülerinnen zu und fragte sie gut gelaunt, was sie denn wollten vom Tanz. Ein Mädchen streckte sich und antwortete routiniert und deutlich, es gehe ihr darum, den Menschen im Sozialismus eine Freude zu bereiten. Palucca stutzte, ihre Gesichtszüge verdüsterten sich und sie sagte dann in schneidendem Ton, dass es ausschließlich darum gehe, Tanzen zu »müssen«. Sie betonte dabei das »Müssen« überdeutlich. Denn das war es, worauf Palucca ihr Leben lang beharrte: ›Tanzen müssen‹ war ihr künstlerisches Credo. Tänzer sollten zum Tanzen »geboren sein«, so sagte sie: »Sie sollen besessen sein« – »Es geht eigentlich nicht anders. Tänzer zu sein, ist solch ein schwerer Beruf«.[236]

Auch in Interviews äußerte sich Palucca enttäuscht über die Leistungen der Jugendlichen: »Ich möchte vor allen Dingen, daß die Menschen freier sind, daß meine Schüler ihre eigene Meinung im Tanzen haben und nicht so fürchterlich brav bleiben, daß sie aus sich herausgehen. Mir fällt seit fünf, sechs Jahren auf«, so sagte Palucca im Jahr 1983, »daß das überall auf der Welt schwieriger wird. Ob das von den Massenmedien kommt, die alles zu sehr servieren? Daß man zu viel zu sehen bekommt und nicht mehr genug selbst macht? Ich habe gestern mit meinen Kleinen gesprochen und gesagt, Ihr müßt mir auch ein bißchen helfen, um zu lernen. Die einen meinten, sie genierten sich, die anderen meinten, vor Schreck falle ihnen nichts mehr ein. Das ist ganz eigenartig. Das hat sich sehr verändert. Es ist nicht so, daß die Phantasie in den Kindern nicht drin steckt oder daß sie im guten Sinne nicht mehr selbstlos arbeiten wollen. Sie sind ›draußen‹, wenn sie sich nicht beobachtet fühlen. Wenn sie essen oder wenn sie irgendwo herumstehen, da sind sie lustig und frei. Aber im Saal, da sind sie am Anfang so gehemmt. Natürlich mit der Zeit wird das anders, aber man braucht unheimlich viel Geduld.«[237]

Um in ihren Unterrichtsstunden eine möglichst lockere, alltägliche Atmosphäre herzustellen, fing Palucca erstmal an, mit den Schülern über das Wetter oder das Essen zu plaudern. Dann fragte sie, wie die Schüler sich fühlten und ob sie Probleme hätten. Sie wollte »die Kinder als Menschen, als Persönlichkeiten auf alle Fälle ernst« nehmen.[238] Danach erzählte sie, was sie in dieser Stunde vorhabe und sagte eigentlich immer, dass gerade das, was sie nun gemeinsam erarbeiten wollten, ganz besonders entscheidend sei für den Tänzer-Beruf. Palucca gab die Idee für eine Improvisation vor, zog sich aus der Saalmitte zurück und rief den Schülern vom Rand aus viel Lob, aber auch Tadel zu. Paluccas Anfeuerungen vom Saalrand aus waren legendär. Da stand eine um die achtzigjährige winzige Frau und rief mit kehliger Stimme, als ginge es um ihr Leben: »Nur auf einem klingenden, gestimmten Körper können wir unsere Technik entwickeln. Weshalb seid ihr alle hierhergekommen? Weil Ihr erstickt, wenn Ihr Euch nicht bewegen könnt. Seid weder Seelenauswinder noch Gehirnakrobaten, sondern Tänzer! Wenn wir Schwünge üben, müssen wir selbst beschwingt sein. Wer nicht schwingen kann, ist ein unglücklicher Mensch. Ihr dürft der Musik gegenüber keine Nullen sein. Die Musik ist Euer Partner, Ihr dürft Euch nicht zu sehr unterordnen. Der Boden darf Euch überhaupt nicht annehmen. Mehr Freude am Rhythmus!«[239]

Für die Schüler war es nicht einfach, sich richtig zu verhalten. Palucca verlangte von ihnen Selbstständigkeit, achtete aber zugleich darauf, dass sie selber im Unterricht beherrschend war. So kam es, dass sie im Laufe des Alters besser mit den kleineren Kindern zurecht kam. Denen fiel es leichter, spontan zu sein und sich trotzdem der Lehrerin voller Bewunderung hinzugeben. An der Palucca-Schule wurden 10- bis 18-Jährige in einem achtjährigen Lehrgang unterrichtet. Und so übernahm Palucca zuletzt vor allem die Ausbildung der Neuankömmlinge.

Sie machte sich viele Gedanken darüber, wie sie mit den Kindern umgehen sollte, achtete darauf, dass sie sie kaum je anfasste, denn sie hatte das Empfinden, ihnen damit die Würde zu nehmen. Sie hielt Abstand, sah aber zu, dass diese Distanz die Kinder nicht verletzte. Zu jedem Geburtstag bekamen die Schüler ein Buch aus dem Insel-Verlag zum Preis von 1,25 Mark geschenkt, in das Palucca eine Widmung schrieb. »In der Kunst ist es glücklicherweise so, daß die Älteren von den Jüngeren ebenso lernen können, wie die Jüngeren von den Älteren«, sagte Palucca und fügte an: »Ich arbeite gern und habe das große Glück, immer wieder mit jungen Menschen zusammen zu sein, die mich dauernd fordern; so höre ich nie auf zu lernen«.[240]

Immer dann, wenn eine Unterrichtsstunde zu Ende war, machte sich Palucca Notizen und hielt fest, was ihr an Gutem und Schlechtem aufgefallen war. Sie nahm sich dann vor, in der nächsten Stunde an die Erfahrungen der vorherigen anzuknüpfen. So ergab sich eine Unterrichtsstunde direkt aus der vorangegangen – einem eigentlichen Lehrplan zu folgen, diesem Prinzip verweigerte sich Palucca immer noch. Tanzen hieß für sie Improvisieren, ebenso wie Tanz unterrichten.Viele Kollegen an der Palucca-Schule störten sich an Paluccas ewigem Bekenntnis zur Spontaneität. Immer wieder erhoben Kollegen die Forderung, dass Paluccas Improvisations-Unterricht genauso systematisiert werden müsse wie der Ballettunterricht. Doch Palucca weigerte sich beharrlich. Sie musste an ihren eigenen Unterricht bei Ballettlehrer Kröller denken und war sich sicher, dass sie so nie unterrichten wolle. Und im Laufe der Jahre gaben gerade viele Ballettlehrer zu, wie nützlich die Erkenntnisse aus Paluccas Unterricht tatsächlich gerade für die Ballettstunden waren. Stolz zitierte Palucca »die Bemerkung einer klassischen Lehrerin unserer Schule, daß man schon einige Monate nach Beginn der Improvisationsstunden bei den Kleinsten merkt, wie sie ihre Füße besser strecken, weil sie erkennen, wie notwendig Technik ist«.

»Alles gehört zusammen«, das war Paluccas Credo: Technik und Improvisation: »Improvisieren ist ja nicht Chaos oder ein sinnloses Drauflostanzen«. Jeder, der improvisiere brauche Technik. »Ich beharre auf diesem Standpunkt«, sagte sie, die Schüler müssten ihren Körper »von Kopf bis Fuß beherrschen«. Mit der Improvisation lerne man aber nicht nur Technik, so betonte Palucca, sondern auch Gestaltung. Sie erklärte ihren Schülern, dass sie immer dann, wenn sie tanzten, auch ihre eigenen Regisseure seien. »So verwundert es eigentlich nicht«, resümierte sie selbstbewusst in einem Interview, »daß hier im Lande fast alle Choreographen aus dieser Schule kommen«.[241]

Tatsächlich gingen aus der Palucca-Schule laufend große Künstlerpersönlichkeiten hervor: Ruth Berghaus war die gefeierte und auch im Ausland umjubelte Regisseurin von der Staatsoper Berlin, Hannelore Bey die allseits verehrte Primaballerina an der Komischen Oper in Berlin. Und Dietmar Seyffert, Hanne und Harald Wandtke und Enno Markwart gehörten zu den bekanntesten Choreografen der DDR.

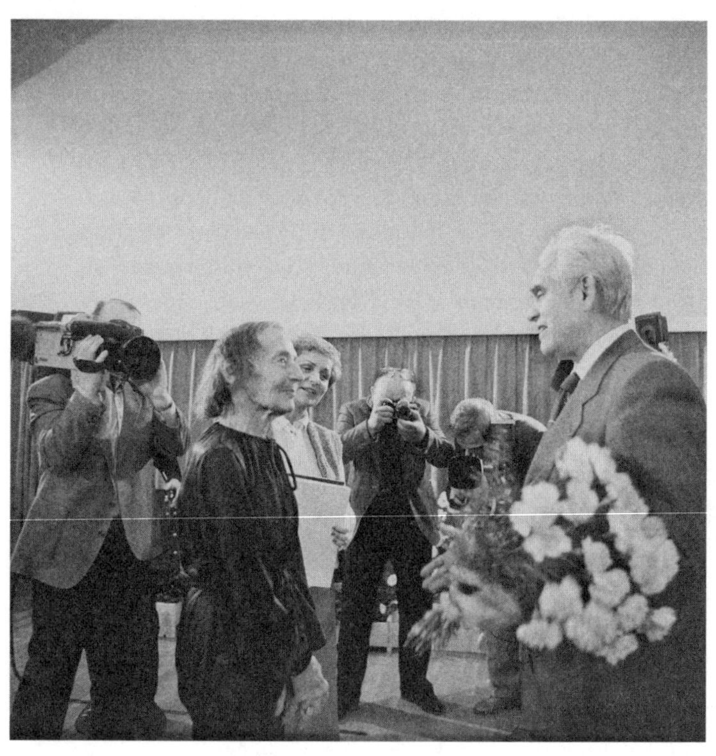

Palucca an ihrem 85. Geburtstag, 1987

Palucca war selber ein Star und produzierte Stars, wodurch sich ihr Ruhm in den achtziger Jahren ins scheinbar Unendliche potenzierte. »Ich werde von unserer Regierung restlos anerkannt und habe im Laufe der Jahre genug Ehrungen bekommen«, schrieb Palucca 1985 einer Freundin im Westen, die sich sorgte, dass Palucca in der DDR Schwierigkeiten haben könnte.[242]

Sie war so bekannt, dass sie nun im hohen Alter sogar als modisches Vorbild herhalten musste. Wenn jemand in einem Textilgeschäft der DDR eine schwarze Gymnastikhose ohne

Füßlinge kaufen wollte, dann sagte die Verkäuferin: »Ach, eine Palucca-Hose meinen Sie?«[243]

»Palucca ist zum Weltbegriff geworden«, hieß es zu ihrem 80. Geburtstag 1982.[244] Und der Kulturjournalist Rudolf von Arnheim, der schon in den zwanziger Jahren schwärmerische Artikel über sie geschrieben hatte und nun seit Jahrzehnten als Emigrant in den USA lebte, zitierte zur Feier des Tages einen Satz aus dem dritten Buch von Spinozas Ethik: »Was genügsam zeigt, daß der Körper aus den bloßen Gesetzen seiner Natur zu vielem fähig ist, worüber sein eigener Geist sich wundert«.[245] Ein anderer Palucca-Bewunderer schickte ihr einen Orden aus Lebkuchen mit »vaterländischen Liebesperlen«, und die westdeutsche »Frankfurter Allgemeine Zeitung« titelte: »Die Letzte der Großen«.[246]

Zu ihrem 85. Geburtstag im Jahr 1987 luden Spitzenpolitiker zu einem Tanzabend in die zwei Jahre zuvor wieder eröffnete Semperoper in Dresden ein. Der Abend wurde auch im Fernsehen der DDR gesendet. Palucca nahm in der Mitte des Ersten Ranges Platz, kleiner und zarter als diejenigen, die um sie herum saßen. Als am Ende der Vorführungen einige von Paluccas Schülern auf der Bühne anfingen Walzer zu tanzen, stand Palucca auf, begab sich ebenfalls auf die Bühne und tanzte ein paar Takte mit. Sie hatte ein Kleid aus mattbrauner Seide an, das sie sich eigens für diesen Festakt hatte schneidern lassen und das sie überhaupt nur an diesem einen Abend tragen sollte. Der Stoff für das Kleid war aus dem Westen gekommen, die Farbe stand ihr gut, es betonte das Leuchten ihrer Augen und ihren bronzen schimmernden Teint. Das Publikum war ergriffen von Paluccas Anblick, davon, wie die kleine alte Frau auf der Bühne zwischen ihren Schülern tanzte. Die Aufnahmeleiterin des DDR-Fernsehens, Elfriede Lange, die vor der Oper im Ü-Wagen saß und in den fünfziger Jahren ebenfalls Pa lucca-Schülerin gewesen war, musste weinen, während sie am Monitor zuschaute. Am Ende des Walzers nahmen die

Schüler Palucca in ihre Mitte und begaben sich mit ihr Hand in Hand an den Bühnenrand. Sie verbeugten sich vor dem Publikum, das aufgestanden war und nicht aufhören wollte zu klatschen. Dann lösten sich die Schüler von Palucca, umringten sie und klatschten ihrerseits. Palucca lächelte verlegen und stand ein wenig hilflos da – wie ein Mädchen, das sich freut und zugleich schämt, im Mittelpunkt zu stehen. In diesem Moment zeigte sich, was Palucca die meiste Zeit ihres langen Lebens gewesen war: die gefeierte, ein wenig einsame, ewig kindliche Frau.

In den Tagen um ihren 85. Geburtstag wurde im Dresdner Kulturpalast eine Ausstellung über Palucca eröffnet. Auf übergroßen, meterlang von der Decke herabhängenden Fahnen wurden Fotos und Texte gezeigt. Zugleich eröffnete im Dresdner Kupferstichkabinett eine Ausstellung unter dem Titel »Künstler um Palucca«. Paluccas Beziehungen zu Wassily Kandinsky, Paul Klee und László Moholy-Nagy waren Thema der Ausstellung. Im Ausstellungskatalog war ein Interview zu lesen, in dem Palucca von ihren Begegnungen mit den Kulturprominenten der zwanziger Jahre erzählte. Es erschien ein neues Buch über Palucca mit »Glückwünschen, Selbstzeugnissen und Äußerungen« und auch ein Dokumentarfilm war gedreht worden, diesmal von Maxim Dessau, dem Sohn des Komponisten Paul Dessau und der Regisseurin und Palucca-Schülerin Ruth Berghaus.

Im Film äußerte sich der bekannte DDR-Architekt Hermann Henselmann, er habe Palucca »auf den ersten Blick« gemocht, »weil sie eben so gerne lachte wie ich über ernste Sachen«. Und Felix Klee, der Sohn von Paul Klee, lobte Paluccas jugendliche Ausstrahlung.[247] Auch im Westen sahen viele den neuen Film über Palucca. Eine Schwester Friedrich Bienerts schrieb Palucca daraufhin: »Du warst wie früher in Ausdruck und Bewegung, in Deiner ganzen Art.«[248]

Palucca aber freute sich vor allem darüber, dass nicht nur sie selber geehrt wurde, sondern dass nun auch in der DDR eine zaghafte Rückbesinnung auf die Kultur der Klassischen Moderne begann. Mit der Ausstellung im Kupferstichkabinett waren Klee und Kandinsky gemeinsam mit ihr gefeiert worden. Drei Jahre zuvor hatte es sogar eine eigene große Paul-Klee-Ausstellung in Dresden gegeben, nun galt er nicht mehr als dekadenter spätbürgerlicher Künstler.

Mit der Rehabilitierung ihrer Freunde aus den zwanziger Jahren fühlte auch Palucca sich endlich nicht nur als Person und als Kulturprominente, sondern auch in ihren künstlerischen Bekenntnissen anerkannt. Im Westen war die Klassische Moderne sowieso längst wieder entdeckt worden. Palucca bekam in Briefen und Kartengrüßen immer wieder von neuen Kandinsky- und Klee-Ausstellungen erzählt, die in Westdeutschland eröffnet worden waren.[249] Und Felix Klee hatte Palucca bereits in den siebziger Jahren berichtet, dass aus Bern, der Heimatstadt Paul Klees, inzwischen eine richtige »Klee-Zentrale« geworden sei.[250]

Ende der achtziger Jahre überschlugen sich die Späher mit düsteren Berichten. Denn nun passierte etwas, womit vor allem Spitzel »Tom« überhaupt nicht mehr gerechnet hatte. »Tom« hatte es in den vergangenen 15 Jahren geschafft, einen intensiven Kontakt zu Palucca aufzubauen und unentbehrlich für sie zu werden. Er kümmerte sich um die großen Feiern, aber auch um den ewig wackeligen Zaun an Paluccas Haus. Doch auf einmal tauchten zwei Männer aus dem Westen auf, die altersmäßig ebenso wie »Tom« Paluccas Söhne hätten sein können, und bekamen Paluccas ganze Aufmerksamkeit.

Der eine Mann war ausgerechnet Björn Engholm, der Ehemann einer Nichte zweiten Grades von Palucca, mit der sie in den achtziger Jahren wieder Kontakt aufgenommen hatte. Björn Engholm war Politiker der Bundesrepublik, SPD-Chef, Ministerpräsident von Schleswig-Holstein, er galt als Kandidat für eine der kommenden Kanzlerschaften. Björn und Barbara Engholm besuchten Palucca nun häufig und die Stasi-Leute notierten jede Regung: wann das Auto des Ministerpräsidenten am Haus in der Wiener Straße vorfuhr, wann es wieder abfuhr, in welchen Restaurants die Engholms gemeinsam mit Palucca zu Mittag aßen. »Tom« entging nicht, dass Palucca sehr eingenommen war von Björn Engholm – der auch tatsächlich ein ebenso attraktiver Mann war wie »Tom« selber – und so versuchte der Spitzel, bei den Treffen möglichst dabei zu sein. Indigniert bemerkte »Tom«, dass sich Palucca nun an Engholm wandte, wenn sie nicht zufrieden war und Hilfe brauchte.[251]

»Tom« fürchtete, Palucca werde durch den hochrangigen West-Politiker immer mehr im westlichen Sinne beeinflusst. Im Jahr 1988 wurde Palucca sogar zu einem Wahltag nach Lübeck und Kiel eingeladen, wo sie auf den Ex-Kanzler der Bundesrepublik, Willy Brandt, treffen sollte. »Tom« berichtete stolz in einem Dokument für die Stasi, dass er Palucca von der Reise nach Lübeck und Kiel gerade noch abhalten konnte.[252]

In einem anderen Bericht rühmte er sich, dass es ihm gelungen sei, seinerseits ein Vertrauensverhältnis zu dem westdeutschen Ministerpräsidenten aufgebaut zu haben und von ihm sogar zu sich nach Hause nach Lübeck eingeladen worden sei.[253]

Doch kaum schien für »Tom« die Gefahr Engholm einigermaßen gebannt, tauchte auf einmal ein westdeutscher Journalist auf, Hans-Jürgen Börner, ein Mann der ARD, der als Korrespondent in Ost-Berlin akkreditiert war und zwei große Dokumentarfilme mit Palucca plante. Diesen Börner bekam »Tom« einfach nicht in den Griff. Zwar bemühte sich »Tom« mit allen Mitteln, in das immer intensivere Verhältnis zwischen Börner und Palucca einzuwirken, doch er merkte auch, dass der Journalist auffällig bemüht war, Abstand zu ihm zu halten. »Tom« ahnte, dass Börner ihn für verdächtig hielt, und erkannte bald, dass es dem Journalisten gelungen war, Paluccas ganzes Vertrauen zu bekommen.

Voller Ingrimm berichtete »Tom« der Stasi, dass sich Börner Palucca gegenüber »betont freundlich« und »sehr zuvorkommend« verhalte. Börner schaffe »phantastische Bedingungen« für Palucca, organisiere ihr einen Flug in die Schweiz, fahre mit ihr nach Sylt und »vermittelt ihr das Gefühl, immer für sie da zu sein«. »B. versorgt die Palucca ständig mit Presseerzeugnissen aus der BRD« – »die Palucca sucht B. in seiner Wohnung auf« – »B. organisiert für die Palucca den Aufenthalt im Metropol-Hotel, erkundigt sich dann ständig, wie geht es ihr, ist sie mit allem versorgt« – »Bei persönlichen Kontakten zwischen B. und der Palucca wird sie mit Mangelartikeln versorgt, wie Obst und Gemüse. B. bringt der Palucca oft Sekt aus der BRD, mit dem Hinweis, dass dieser wesentlich bekömmlicher sei, als der UdSSR- oder DDR-Sekt. Er wirkt in Gesprächen mit der Palucca auch ständig in diesem Sinne ein.«

Resigniert resümierte »Tom«, dass sich Börner Palucca »hörig gemacht hat« – »B. mischt sich schon in private Dinge der Palucca ein, indem er ihr z.B. sagt, die eine Haushälterin ist gut, die andere ist zu schnippisch und vorlaut.«

»Ich sehe die Gefahr, daß die Palucca bei einem weiteren Einwirken des B. alles verraten wird«, schrieb »Tom« in einem Bericht an die Stasi, strich dann die Worte »verraten wird« und ersetzte sie durch ein schwammigeres und steiferes »kundtun könnte«. »Desweiteren ist zu beachten, daß B. auch in dem Sinne auf die Palucca einwirkt, die DDR zu verlassen. Die Palucca erzählte mir, daß B. ihr die sehr guten Lebensbedingungen in der BRD schilderte«. Palucca sei in diesen Börner »regelrecht verliebt«, schrieb »Tom« entsetzt.

Die hauptamtlichen Vertreter der Stasi waren alarmiert durch »Toms« Bericht. Denn gerade am Ende der achtziger Jahre hatte der neue Regierungschef der Sowjetunion Michail Gorbatschow überraschend mit einer Entspannungspolitik gegenüber dem Westen begonnen und so gab es ohnehin schon erhebliche Unruhe in der DDR. Man rechnete mit einer schweren Krise im Land, wenn nun auch noch die letzten Kulturprominenten die DDR verließen.

Um mehr Klarheit im Fall Börner zu gewinnen, wurde im Jahr 1988 auch eine von Paluccas Angestellten zum Fall Börner angehört. Die Angestellte hatte schon einmal in den fünfziger und in den siebziger Jahren als Inoffzielle Mitarbeiterin der Stasi gearbeitet und galt nun wieder als zugänglich, da sie sich ausdrücklich wünschte, einmal ins westliche Ausland reisen zu dürfen. Also bot sie ihre Dienste der Staatssicherheit an und rechnete im Gegenzug damit, leichter an eine Reiseerlaubnis zu kommen. Die Stasi setzte große Hoffnungen auf Paluccas Angestellte: sie sei »in der Lage«, so hieß es, bei Palucca »bestimmte Wandlungen zu initiieren«.[254]

Am 21.12.1988 schickte sie unter dem Decknamen »Mary« einen »streng geheimen« Bericht »zum Kontakt Börner-Palucca« an die Stasi-Zentrale. »Marys« Bericht fiel milder aus als »Toms« Version. Sie schrieb nichts von einer Hörigkeit Paluccas – »Mary« deutete Paluccas Begeisterung für den Westdeutschen anders: »Da die Palucca nie eigene Kinder hatte, hat sich zu Börner ein faktisches Mutter-Sohn-Verhältnis entwickelt. Börner entspricht offensichtlich mit seiner Intelligenz, seinen Umgangsformen, seinem künstlerischen Sachverstand und seiner Fähigkeit, sich den Bedürfnissen der Palucca anzupassen, den Vorstellungen, die die Palucca von eigenen Kindern hat«. Bei den Angestellten in Paluccas Haus, so berichtete »Mary« weiter, werde Börner nur noch ironisch »Halbgott« genannt. Trotz alldem glaubte »Mary« fest daran, dass Palucca in Gesprächen mit Börner »stets die DDR vertrete«.[255] Doch »Tom« war sich da nicht so sicher. In seinen Berichten zitierte er Palucca: Es werde noch etwas »ganz Schlimmes« passieren, so habe sie gesagt, wenn die Westdeutschen in Börners Film zu sehen bekämen, wie ihr Haus verfalle und der Wasserhahn tropfe und sie einfach keinen Klempner und Maler bekäme.[256]

In den letzten Tagen des Jahres 1988 soll Palucca »Tom« gegenüber dann tatsächlich gesagt haben: »Glauben Sie mir, es ist mir ernst, die DDR zu verlassen.« Dann listete »Tom« auf, worüber sich Palucca alles beklagte: dass die Regierung »zu alt« sei, »es gibt keine jungen Leute« – »Es ist zu spät für Veränderungen« – »die Menschen sind enttäuscht und nicht mehr bereit«, es gebe »Versorgungsprobleme mit Obst und Gemüse«. Ihre Haushälterin und ihre Sekretärin arbeiteten nicht so, wie sie es sich wünschte. »Ich will keine Ausnahme sein, aber es kümmert sich niemand um meine Probleme.«

Noch wusste »Tom« nicht, wie Paluccas Äußerungen einzuschätzen waren: als »Erpressung«, wie er sich ausdrückte, damit »Palucca seitens der DDR mehr Aufmerksamkeit geschenkt« werde oder ob sie es wirklich ernst meinte mit einer Übersiedlung.

»Tom« vermutete, dass sich Palucca in einem Zwiespalt befand, dass sie sich sorgte, bei einem Weggang plötzlich unglaubwürdig zu wirken, weil sie sich doch immer offiziell zu Dresden und zum Leben in der DDR bekannt hatte. Andererseits sprach Palucca immer öfter vom Angebot ihrer Cousine, gemeinsam mit ihr in ihrem Haus in Hamburg-Bergedorf zu leben. Das Haus lag in einer ruhigen Seitenstraße, war schön und geräumig und hatte einen großen Garten.

Vor allem lebte der Choreograf John Neumeier ebenfalls in Hamburg. Neumeier sorgte gemeinsam mit seinem Tanzensemble von der Hamburger Staatsoper weltweit für Furore und schaffte es, klassische und moderne Elemente im Tanz auf eine Weise miteinander zu verbinden, die auch Palucca gefiel. Neumeier und Palucca mochten sich sehr, besuchten sich, schauten sich gegenseitig bei der Arbeit zu. Neumeier durfte, was andere sich nie erlaubten, Palucca sogar umarmen, er gab ihr zur Begrüßung Küsse auf ihre Wangen und legte ihr den Arm um die Schultern. Da waren also Hamburg, Neumeier und die Cousine auf der einen Seite und da war Dresden, die vertraute Stadt, die Palucca doch nie verlassen wollte, auf der anderen Seite. Die Cousine stammte aus dem mütterlich-jüdischen Teil von Paluccas Verwandtschaft, war eine Merfeld aus jenem Zweig, der lange in Spanien gelebt hatte. Sie war eine erfolgreiche Journalistin gewesen und eine selbstbewusste Frau – Palucca fühlte sich so verlockt wie bedroht von dem Angebot, mit ihr unter einem Dach zu leben. Denn ihre Merfeldsche Verwandtschaft hatte sie immer an ihre schwierige Mutter erinnert. Andererseits hatte sich Paluccas Verhältnis zur Familie gerade in den letzten Jahren entspannt. Nach den Filmen, die auch im Westen über sie gezeigt worden waren, hatten sich Verwandte bei ihr gemeldet und Kontakt gesucht, und Palucca hatte sich meist darüber gefreut. Die Verwandten schickten sogar Stammtafeln, so dass sich Palucca dem Gedanken gar nicht entziehen konnte, Teil eines familiären Verbundes zu sein.[257]

Es war also noch nicht sicher, was Palucca nun wirklich vorhatte, weshalb man an höchster Stelle beschloss, ihr den Alltag zu erleichtern, um sie wieder gnädig zu stimmen. Der Dresdner Stadtbaudirektor musste sich nun persönlich darum kümmern, dass Handwerker in Paluccas Haus geschickt wurden, um es wieder instand zusetzen. Dann wurde der stellvertretende Direktor eines Obst- und Gemüsekombinats aufgefordert, Palucca regelmäßig frische Ware zukommen zu lassen. Außerdem rief ein ranghoher SED-Mann direkt bei Palucca an und bat sie inständig, in Zukunft wieder mehr an der Schule zu arbeiten.[258] Punkt für Punkt wurde ein Plan abgearbeitet, um Palucca in der DDR zu halten.

Dann aber kam das Jahr 1989. Das Jahr begann für Palucca friedlich mit ihrem 87. Geburtstag. Sie feierte ihn mit Börner in Berlin. Sie hatte sich am 7. Januar von ihrem Fahrer dorthin fahren lassen, sich im Palasthotel einquartiert und am nächsten Tag, ihrem Geburtstag, bekam sie dort

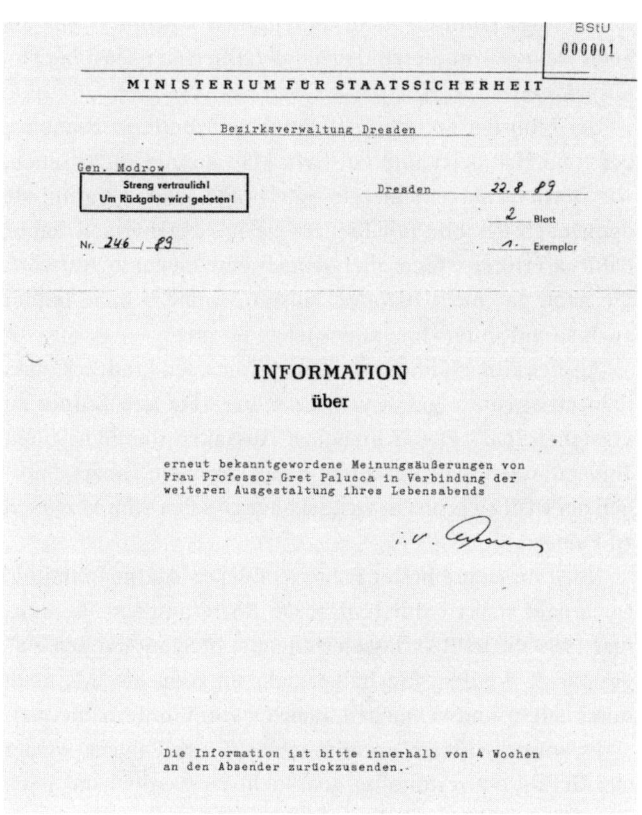
BStU
000001

MINISTERIUM FÜR STAATSSICHERHEIT

Bezirksverwaltung Dresden

Gen. Modrow

Streng vertraulich!
Um Rückgabe wird gebeten!

Dresden, 22.8.89

2 Blatt

Nr. 246 / 89

1. Exemplar

INFORMATION
über

erneut bekanntgewordene Meinungsäußerungen von
Frau Professor Gret Palucca in Verbindung der
weiteren Ausgestaltung ihres Lebensabends

i. V. [Unterschrift]

Die Information ist bitte innerhalb von 4 Wochen
an den Absender zurückzusenden.

Deckblatt einer Stasi-Akte vom 22.8.1989

einen herzförmigen Kuchen geschenkt. Gegen Mittag erschien Börner, mit dem Palucca dann gemeinsam aß. Danach ließ sie sich wieder von ihrem Chauffeur zurück nach Dresden fahren.

Vier Tage später aber kam es zu einem bizarren Treffen der Spitzel und Bespitzelten in Paluccas Haus: Palucca, Börner, IM »Tom« und IM »Mary« sahen sich gemeinsam eine Videoaufzeichnung von Börners Palucca-Film an, der zuvor im Westfernsehen zur Hauptsendezeit gelaufen war. Palucca und Börner konnten nicht ahnen, dass sowohl »Tom« als auch »Mary« von diesem Abend detailliert der Stasi berichten würden.

Der Film lief an, man sah Palucca in Bern, in Hamburg bei John Neumeier und auf Sylt. Man konnte sogar sehen, wie Börner Palucca eine gewagte Frage stellte: Warum sie denn nach der Ehe mit Bienert nie mehr geheiratet habe? Palucca errötete, fand aber schnell eine elegante Antwort: Sie habe gar nicht heiraten müssen, sondern habe immer auch so mit ihren »Freunden« leben können.

Als der Film zu Ende war, hatte »Tom« den Eindruck, dass Palucca davon angetan war. Er selber aber gab Börner zu verstehen, dass er mit manchen Aussagen durchaus nicht einverstanden war, vor allem damit, dass die Tanzpädagogen der DDR zu schlecht weggekommen seien – im Vergleich zu Palucca.

Noch herrschte hinter Paluccas Rücken Alarmstimmung. Doch bald sickerte durch, dass der Korrespondent im Sommer 1989 die DDR verlassen sollte, um in Skandinavien eingesetzt zu werden. Ein halbes Jahr mussten die IMs noch durchhalten und versuchen, Palucca von ihm fernzuhalten.

Es wurde wirklich an alles gedacht, um Palucca wieder das Gefühl zu vermitteln, gebraucht zu werden und nach Dresden zu gehören. Palucca konnte sogar davon überzeugt werden, sich einen neuen Hund anzuschaffen, denn man war dahintergekommen, dass ihr der Verlust des Hundes Jeffchen im Mai des Vorjahres nach wie vor zu schaffen machte.

Palucca hatte sich Freunden gegenüber zutiefst deprimiert geäußert: »Ich war wirklich richtig verzweifelt und meine Ferien auf Hiddensee waren deshalb sehr traurig.«[259] Jeffchen war nach einem Bandscheibenbruch eingeschläfert worden und Palucca hatte ihn, während er starb, mit einer solchen Innigkeit im Arm gehalten, dass alle Anwesenden ganz ergriffen waren.

Auch den Angestellten war bald klar geworden, dass es ohne Hund nicht ging, dass Palucca nicht bei Laune zu halten war. Doch Palucca hatte sich nach Jeffchens Tod zunächst dagegen entschieden, einen neuen Hund zu kaufen, denn sie wollte, wenn überhaupt, nur noch einen Mops haben. Und Möpse, das wusste sie, vertrugen keine Besitzerwechsel und konnten vom Tod ihres Herrchens oder Frauchens so verstört werden, dass sie sich davon nie mehr ganz erholten. Palucca war aber mit ihren 87 Jahren bewusst, dass jeder junge Mops, der zu ihr ins Haus geholt würde, sie mit aller Wahrscheinlichkeit überleben würde.

Doch selbst die ausgewiesenen Mops-Gegner in Paluccas Umfeld, die sich schon lange darüber wunderten, warum diese sportliche Frau ausgerechnet die krummbeinigen, knautschnasigen und behäbigen Tiere bevorzugte, waren bald nur noch dafür, dass ein neuer Mops her musste. Und am 12. Januar 1989, vier Tage nach Paluccas Geburtstag, war es so weit: Mopswelpe Alfons von Thales, genannt Max, wurde in der Wiener Straße übergeben. Er hatte ein Begleitschreiben dabei, in dem versichert wurde, dass er von »hervorragenden Elterntieren« abstammte.[260] Mops Max war der zehnte Hund in Paluccas Haushalt.

Palucca bestand darauf, dass sie die Einzige war, die dem Hund zu essen gab. Sie reagierte eifersüchtig, wenn jemand anderes sich Max zuwandte. »Mein Mops beißt überhaupt nicht, ist aber furchtbar wild«, berichtete Palucca Freunden. »Er frißt sämtliche Blumen und ist ein richtiger Vegetarier. Leider wird er von allen Menschen viel zu viel verwöhnt, weil er so ganz besonders nett aussieht«. Mops Max sei »ein Hund voll Menschenliebe«, schwärmte Palucca und diejenigen, die sie mit dem Tier beobachteten, wunderten sich, wie menschlich sie tatsächlich mit ihm sprach. Ständig sorgte sich Palucca um das Tier: »Er frißt alles, Steine, Tücher, Holz, überhaupt alles«, beklagte sie sich: »Er nimmt keine Belehrung oder Strafe an, er versteht es überhaupt nicht«. Sonst

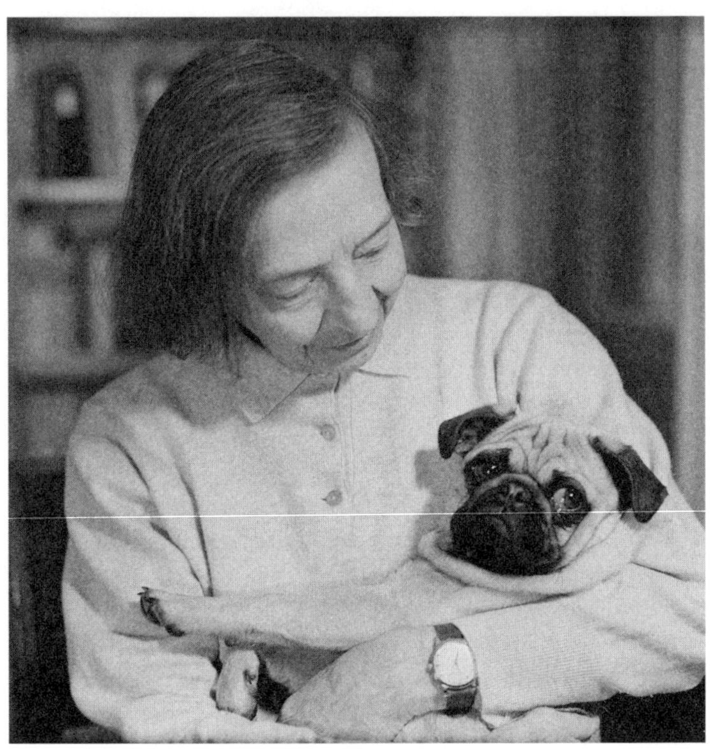

Palucca mit Mops

sei er aber ein »ganz ungewöhnlich guter, freundlicher und herzlicher Hund.«[261]

Mops Max bekam eine Patentante in Hamburg, die regelmäßig nach Dresden kam, um ihn kennenzulernen, und die Max nach Paluccas Tod übernehmen sollte.

Palucca hatte durch Max wieder Ablenkung. Sie genoss es, ein Wesen um sich herum zu haben, dass ihr zuhörte und nicht widersprach. Es ging ihr besser als in den Monaten nach Jeffchens Tod. Doch obwohl sich ihre Stimmung deutlich aufgehellt hatte, schien sich dennoch ihr Bedürfnis nach

Versorgung und Beachtung mit jedem Tag zu steigern. Zu jeder Zeit des Tages musste jemand mit ihr im Haus sein, 24 Stunden für sie verfügbar. So wechselten sich die beiden Haushälterinnen immer wieder ab, die eine blieb von Dienstag bis Dienstag – acht Tage hintereinander, was arbeitsrechtlich gar nicht erlaubt war. Dann kam die nächste Haushälterin an die Reihe. Auch Paluccas Privatsekretärin durfte sich nach ihrem Acht-Stunden-Tag nicht in den Feierabend verabschieden, sondern musste sich immer bereithalten. Wenn Palucca noch etwas einfiel, erwartete sie, dass die Sekretärin zu ihr zurückkam. Auch der Fahrer hatte eigentlich immer Bereitschaft und musste auch nachts mit seinem Wartburg ankommen. Es war für alle eine »Wahnsinnsarbeit«, so gestand eine der Angestellten. Die Angestellten nannten Palucca »die P.« oder »die Chefin« – im Haus in der Wiener Straße herrschte kein sozialistischer Geist.

Es war für die Angestellten auch nicht leicht zu verkraften, dass Palucca sich zunehmend in Privatangelegenheiten einmischte. Je weniger sie sich in der DDR gebraucht fühlte, desto mehr griff sie in das Leben derjenigen ein, die sie umgaben. Sie schimpfte mit ihren Angestellten genauso, wie sie es immer mit ihren Schülern getan hatte, wenn sie sich die Haare färbten. Jede Minute Unpünktlichkeit empfand sie als große Ungehörigkeit. Sie erwartete den vollen Einsatz und verstand nicht, was gemeint war, als ihre Privatsekretärin ihr einmal zu erklären versuchte, dass es ein Unterschied sei, ob man in seinem Traumberuf arbeite oder ob man ständig die Briefe anderer Leute tippen müsse: »Arbeit ist Arbeit, es macht keinen Unterschied«, sagte Palucca dann.[262] Sie konnte sich auch aufregen, wenn eine der Haushälterinnen bestimmte Länder nicht kannte – sie wollte die Beschränkungen der DDR-Prägung nicht akzeptieren.

Wenn sie alle beisammen vor einem Teller Kekse saßen, konnte es vorkommen, dass Palucca den Teller zu sich hinzog und alle Kekse alleine aufaß. Die Lust auf Süßes brach bei ihr manchmal heftig hervor, weil sie sich normalerweise zu wenig gönnte. Und wenn sie beschlossen hatte, dass alle Kekse für sie bestimmt seien, dann war es ihr egal, wenn die anderen zu kurz kamen und enttäuscht reagierten. Überhaupt konnte sie kaum noch abgeben. Die Leute, die zu ihr zu Besuch kamen, stellten sich schon vorher darauf ein, dass es nicht mehr als eine halbe Tasse Kaffee geben würde – obwohl bekannt war, dass sich in Paluccas Küchenschränken der Westkaffee stapelte. Wie bei allen Menschen wirkten sich auch bei Palucca im Alter die Ängste der jüngeren Jahre aus, es war, als werde die Verschwendungssucht der Mutter wieder zur Bedrohung für sie und die wirtschaftlichen Krisen mit den Hungersnöten nach den beiden Weltkriegen.

Palucca neigte nun auch zum Monologisieren, wandte sich an ihre Angestellten mit der Bitte um Rat, redete dann aber nur selber und wollte gar nicht wissen, was die anderen dachten, sondern wollte im Sprechen die eigene Meinung klären. Aber nicht nur das hohe Alter trug dazu bei, dass Palucca für sich selber und für die Leute, die sie tagtäglich umgaben, zur Belastung wurde – der ganze Verlauf des Jahres 1989 wirkte sich krisenhaft auf sie aus. Im März fuhr sie auf einen Tänzerkongress nach Essen und wurde als Weltstar gefeiert, was ihr die Enge ihres Dresdner Alltags wieder schmerzlich bewusst machte. Im April musste die Palucca-Schule ein lange geplantes Gastspiel bei den Ballett-Tagen in Hamburg absagen, weil zwei Kolleginnen der Schule zuvor von einer Reise in den Westen nicht zurückgekehrt waren. Dafür musste nun die ganze Schule büßen und Palucca hatte bald nicht mehr die Nerven für die ewigen Restriktionen, die zwar nicht sie selbst betrafen, aber doch ihr Lebenswerk. Dennoch konnte sie sich nicht entschließen, ihre Drohung wahr zu machen und in den Westen zu gehen. Daher beließ sie es bei der üblichen Taktik einer halbherzigen Verweigerung. Sie kündigte im Frühjahr an, ab

Herbst 1989 ihre Arbeit an der Palucca-Schule ganz niederzulegen: »Es lohnt sich nicht mehr, man kämpft nur allein«, sagte sie.[263] Für Juni sagte sie ihre Teilnahme bei einem Gala-Abend in der Semperoper ab. Damit sollte der Internationale Sommerkurs der Palucca-Schule gefeiert werden, doch sie sträubte sich und wollte lieber nach Hiddensee reisen. Ein anderes Mal wurde ihr eine »Friedensmanifestation der Dresdner Kulturschaffenden« zugeschickt, die sie unterschreiben sollte. Doch Palucca wollte sich nicht einspannen lassen: »So einfach geht es nicht«, sagte sie. In einem Stasi-Bericht hieß es dann: »Gegenwärtig fühlt sich die P. sehr einsam. Der IM hat den Eindruck, daß die P. zu allen Dingen gebettelt werden will«.[264]

Palucca verweigerte sich auch den üblichen Westbesuchen. Ein Journalist der »Stuttgarter Zeitung«, den sie schon länger kannte, hatte für Ende Mai sein Kommen angekündigt und als er dann tatsächlich da war, verschob Palucca die Verabredung immer wieder auf den nächsten Tag. Sie ließ den Journalisten warten und empfing ihn schließlich überhaupt nicht. In der »Stuttgarter Zeitung« dokumentierte er dann deprimiert die »Chronik einer nicht zustande gekommenen Begegnung«.[265]

Journalist Börner plante für Juni seinen letzten Fernsehbeitrag als Korrespondent in der DDR. Er wollte darin, so hieß es in einem aufgeregten Bericht der Stasi, Palucca als »Opfer der DDR-Kulturpolitik« darstellen und zeigen, wie sie »verlassen und ohne Betreuung« lebe.

Doch Palucca entzog sich auch hier und setzte sich im Juni tatsächlich nach Hiddensee ab. Dort forderte sie eine Angestellte auf, wie jedes Jahr zwischen der Wildrosenhecke herumzukriechen und den Gartenzaun zu streichen, obwohl das nicht zu deren Aufgaben gehörte. Abends verriegelte Palucca die Türen, da sie erwartete, dass die Angestellten, die sie begleiteten, ebenso früh ins Bett gingen wie sie selbst. Die Angestellten mussten sich, wenn sie noch etwas erleben wollten, nachts durchs Fenster aus dem Haus schleichen. Die Fluchtbewegungen aus Paluccas Haus glichen in irritierender Weise den allgemeinen Fluchtbewegungen aus dem ganzen Land. Anfang Mai 1989 waren in der DDR die Ergebnisse der Kommunalwahlen manipuliert worden und als das aufgeflogen war, kam es in vielen Großstädten, auch in Dresden, zu Protesten. Die Zahl der Ausreisewilligen stieg sprunghaft an. Als dann im Mai die Grenzbestimmungen zwischen Österreich und Ungarn gelockert wurden, kam es zur größten Massenflucht aus der DDR seit dem Jahr des Mauerbaus, seit 1961. Umgehend wurden Reisen aus der DDR nach Ungarn verboten. Tausende flüchteten daraufhin in die Botschaften der BRD in Warschau und Prag. Die Stimmung war zum Zerreißen gespannt, in der gesamten DDR, aber auch im kleinen Kreis um Palucca herum.

Im Herbst eskalierte alles. Am 3. Oktober fuhr der Zug mit den Prager Botschaftsflüchtlingen, die nun tatsächlich in die BRD ausreisen durften, durch den Dresdner Hauptbahnhof. Etwa 2000 Menschen hatten sich vor dem Bahnhof versammelt und riefen: »Wir wollen raus«. Die Polizei setzte Wasserwerfer und Tränengas gegen die Demonstranten ein, die wiederum Pflastersteine gegen die Volkspolizisten und das Bahnhofsgebäude warfen und Polizeiautos anzündeten. Der Lärm der Straßenschlacht war bis in die Wiener Straße zu hören.

Palucca wusste: Nun konnte sie keine Forderungen stellen, nun waren die Kräfte der Politiker anderweitig gebannt.

Am 7. Oktober trafen sich in Dresden noch einmal über 100000 Menschen in der Dresdner Innenstadt, um den 40. Jahrestag der DDR zu feiern, gleichzeitig gab es an anderen Dresdner Plätzen Massendemonstrationen gegen die DDR-Regierung. Im ganzen Land protestierten die Bürger. Am 9. Oktober demonstrierten auf Leipzigs Straßen 60000 Menschen. Die DDR-Regierung musste sich entscheiden, ob sie hart eingreifen oder endgültig auf die Macht verzichten sollte. Die Demonstration verlief friedlich. Am 18. Oktober legte Regierungschef Erich Honecker sein Amt nieder und nach ihm, im November, zahlreiche Funktionäre. Am 7. November trat die gesamte DDR-Regierung zurück.

Am 9. November 1989 fiel die Berliner Mauer und so war den Deutschen am Ende eines Jahrhunderts voller Gewalt und Zwang eine friedliche Revolution gelungen.

Drei Tage vor dem 9. November hatte Hanne Wandtke, Lehrerin an der Palucca-Schule und in den fünfziger Jahren eine von Paluccas Lieblingsschülerinnen, eine »Trommelaktion« gestartet und alle Schüler und Lehrer aufgefordert, sich um 11.45 Uhr im Foyer der Schule zu versammeln. »Dies ist ein Aufruf an ALLE aus der Lethargie zu erwachen«, riefen die Lehrerinnen, »die großen gesellschaftlichen Veränderungen in unserem Land müssen auch an unserer Schule sichtbar werden« – »Wir wollen aus dem peinlichen Mittelmaß heraus« – »Palucca hat ihr Leben lang gegen das Mittelmaß gekämpft, ihr Geist muß an der Schule weiterleben« – »Wir alle brauchen: Echte Demokratie. Information. Möglichkeiten umfassender Bildung. Chancen, sich in anderen Ländern umzusehen. Keine Bespitzelung und Nachteile bei freier Meinungsäußerung.«[266] Im selben Monat erschien ein Aufruf von Dresdner Kulturprominenten in der »Sächsischen Zeitung«, die Leute sollten doch jetzt in Dresden bleiben und nicht in den Westen gehen. Der Dresdner Komponist Udo Zimmermann hatte den Aufruf unterschrieben – und Palucca auch. Sie wusste, dass es nun zu spät war, um mit einem Weggang noch etwas zu bewirken. Sie hatte sich endgültig für Dresden entschieden. Zwar versuchte eine Sylter Freundin, sie zu locken, und schrieb ihr: »Jetzt könntest Du doch ganz einfach hierher übersiedeln. Hier hättest Du Hilfe«. Doch Palucca verzichtete.[267]

Am 13. November wurde der moderate Erste Sekretär der SED-Bezirksleitung Dresden, Hans Modrow, zum neuen Regierungschef gewählt– ein Amt, das er nicht allzu lange ausführen können. Am 17. November schlug Modrow der Bundesrepublik eine Vertragsgemeinschaft vor, doch Bundeskanzler Helmut Kohl hatte kein Interesse am Fortbestand der DDR. Er entwickelte bis zum 28. November seinen »10-Punkte-Plan« zur deutschen Einheit. Am 19. Dezember reiste Helmut Kohl nach Dresden und trat vor den Ruinen der Frauenkirche auf. Er hielt eine Rede, in der er noch einmal für die deutsche Einheit eintrat, umgeben von schwarzrot-goldenen Fahnen, umtost von Jubelrufen. Die DDR war am Ende. »Aus der Hoffnung auf eine bessere DDR wurde die Gewißheit, daß es gar keine mehr geben wird«, hieß es in einem Brief an Palucca.[268]

»Für Euren Staat denken wir das beste. Leb wohl, mein Puck«, schrieb Felix Klee aus Basel an Palucca.[269] Ein anderer schrieb: »Ja, die letzten Monate haben unser Leben verändert.« – »Was am Ende dieses begonnenen Weges steht, weiß keiner so recht.«[270]

Am 19. Dezember 1989, an eben jenem Abend, an dem Bundeskanzler Kohl in Dresden seine historische Rede hielt, setzte sich im fernen Michigan der Publizist Rudolf von Arnheim, der immer schon für Palucca geschwärmt hatte, an seinen Schreibtisch und schrieb ihr einen langen Brief: »Wie sehr oft habe ich an Sie gedacht in diesen Wochen. Die Springflut der Bürgerschaft kann Sie nicht unberührt gelassen haben, Sie, die ja unter den freien Künstlern der Republik aufgewachsen sind. Andererseits schien es mir immer, daß Sie eine Loyalität zum Prinzip des deutschen Oststaates hatten, die Sie nicht verlieren möchten. Der entscheidende Unterschied ist doch zwischen Gewaltherrschaft und einem gerechten Wohlfahrtsstaat, den Sie nicht verlieren wollen [...] Ich denke an Sie und wie sehr ungerecht es wäre, wenn man Sie für alle Ihre Dienste und Treue jetzt irgendwie beeinträchtigen würde«.[271]

Rudolf von Arnheim stellte in diesem Brief die entscheidende Frage, nämlich wie Palucca sich in Zukunft verhalten würde, wie sie zur DDR stehen würde und wie andere Leute sie nun wahrnehmen würden: als Repräsentantin des versinkenden Staates oder als dessen Gegnerin.

Palucca verhielt sich überhaupt nicht. Ihr war bewusst, dass sie diesen Staat offiziell vertreten hatte. Wenn sie gegen ihn protestiert hatte, dann immer nur indirekt. Andererseits wusste sie auch, dass ihre individualistische Art zu unterrichten und ihr Leben zu leben oft auch als Gegenprinzip zur DDR-Ideologie wahrgenommen worden war.

So ließ sich ihre Existenz in der DDR auf die eine, aber auch auf die ganz andere Weise bewerten. Palucca überließ die Bewertung den Leuten, die sich mit ihr beschäftigten. Sie wurde zur Projektionsfigur, rührte sich kaum, bekam aber von überall her Briefe, in denen die Adressaten ihre Sorgen und Hoffnungen äußerten und Palucca miteinbezogen in die eigene Sicht der Verhältnisse. Ein ehemaliger Kollege beklagte sich über »Jahrzehnte einer verfehlten Politik«. »An warnenden Stimmen fehlte es nicht, ich weiß, daß Ihre dabei war«.[272]

Palucca bekam erste Eindrücke aus dem Westen geschildert: »Noch beschränkte sich meine Reisemöglichkeit auf einen Gang nach West-Berlin«, schrieb ihr ein ehemaliger Mitarbeiter im Dezember 1989. »Besichtigung des Überflusses, an dem wir nicht teilhaben. Man sieht auch, was wir nicht haben wollen. Wird das eine ohne das andere möglich sein? So gesehen ist der Blick in die Zukunft nicht ungetrübt. Hoffnungen und Zweifel wechseln sich ab«.

Paluccas Freunde hofften, sich durch die Reisefreiheit endlich »als Gleiche unter Gleichen« fühlen zu können.[273] Doch sie äußerten sich auch bitter über die eigenen Mitbürger: »Oft könnte man verzweifeln an der Dummheit unseres DDR-Volkes. 15 Millionen ›Opfer‹, die sich nun von der D-Mark retten lassen wollen. Aber die Schuld liegt wohl bei denen, die aus einer Idee für die Menschheit in 40 Jahren einen Popanz machten«.[274]

Es war eine verwirrende Zeit für alle: »Man weiß morgens noch nicht, was man abends von dem Tag halten wird und ob das, was man gestern für richtig befand, übermorgen noch stimmt«, hieß es in einem Brief an Palucca.[275]

Palucca blieb ruhig. Selbst an den Weihnachtstagen, an denen sie oft verreist war, bewegte sie sich nicht fort. »Ich bleibe hier in Dresden«, schrieb sie im Dezember 1989 an eine Freundin in Westdeutschland. »Vielleicht kannst Du Dir vorstellen, wie schwierig alles ist, und ich weiß manchmal nicht, wo mir der Kopf steht. Ich will auch kein Weihnachten feiern und mich hauptsächlich mit meinem Möpschen beschäftigen«.[276]

Sie wurde krank, nahm sich aber vor, im März des neuen Jahres wieder zu arbeiten: »Palucca ist sehr mit Arbeit überlastet«, hieß es bald in den Briefen ihrer Sekretärin.[277] Tatsächlich aber mussten ihre Stunden oft abgesagt werden. Palucca nahm sich lediglich vor, arbeiten zu wollen. Sie begab sich kurz vor ihrer Unterrichtsstunde in das Büro der Schulsekretärin und blieb dort unverrichteter Dinge sitzen. Sie wollte, aber konnte sich nicht mehr aufraffen. Immer noch bekam sie Pakete aus dem Westen und gab reflexartig ihre Ratschläge: »Ich möchte Dir aber raten, wenn Du frische Sachen schickst, sie einzeln, am besten in Folie oder Butterbrotpapier einzupacken. Meistens packst Du immer alles zusammen und dadurch kommt Obst und Gemüse verschimmelt an.«[278] Viele Freunde aus dem Westen waren außer sich vor Glück über die Wende, schrieben Palucca, sie hätten »geheult vor Freude«[279]. Es kamen jetzt auch Besucher aus dem Westen voller Enthusiasmus bei Palucca vorbei, ehemalige Ostdeutsche, die Jahrzehnte zuvor in den Westen geflohen und nie wieder gekommen waren. Eine Nichte von Marianne Zwingenberger reiste das erste Mal nach knapp vierzig Jahren nach Hohenstein-Ernstthal, freute sich, am Haus ihrer Eltern und Großeltern immer noch ein großes »Z« prangen zu sehen, umarmte die Bäume, die sie in Kindertagen gepflanzt hatte und besuchte auf dem Rückweg in den Westen Palucca in Dresden.

Auch auf Hiddensee kehrten die Besitzer der Häuser aus Paluccas Nachbarschaft zurück und meldeten sich brieflich bei ihr: »Seit der Öffnung der Grenzen ist das Wufa-Haus natürlich wieder zum Gegenstand alter, lieber Erinnerungen und zum Objekt der Hoffnung für die sechsköpfige Enkelgeneration geworden.« Palucca schrieb zurück: »Eigentlich hatte ich die Absicht, Ende Juni auf die Insel zu fahren, aber ich muß nun erst einmal abwarten, wie sich die ganze Lage in der DDR entwickeln und klären wird« – »So leicht ist es ja jetzt für uns alle nicht, und ich hoffe nur, daß auch auf Hiddensee die ganzen Umstellungen friedlich verlaufen. Das ist ja gar nicht so einfach.«[280]

Diese Formulierung wählte Palucca in ihren Briefen immer wieder: »Es ist für die Leute nicht einfach«.[281] Sie drückte damit ihre verhaltene Skepsis gegenüber den politischen Neuerungen aus. »Die Zeiten sind nicht schöner geworden.«[282]

Im Sommer 1990 wurden Palucca die vielen Visiten und Anfragen und Veränderungen endgültig zu viel. Sie versuchte, die Leute von sich fern zu halten: »Im Augenblick kann ich Dir auch nicht raten, nach Dresden zu kommen. Die Stadt ist direkt überfüllt. Jetzt ist eigentlich alles sehr viel schwerer geworden«, schrieb sie an eine Freundin.[283] Verwandte, die nun wieder Kontakt zu ihr aufnehmen und ihr die Stammbücher der Familie vorbeibringen wollten, wurden von den Angestellten an der Haustür abgewimmelt.

Es blieben die Briefe. »Liebe Palucca«, schrieb eine ehemalige Kollegin, die in den fünfziger Jahren aus Dresden in den Westen gegangen war, »während des Umbruchs in der DDR habe ich viel an Sie gedacht. Damals 1945 war es ein Zusammenbruch und wir mußten neu anfangen. Das war ein Aufbruch, der auch gelang. Wenn jetzt die Walze der Marktwirtschaft über die DDR rollt und die Menschen keine Möglichkeit haben, ihre Meinung zu äußern, finde ich es nicht gut. Es geht zu schnell. Ich habe ein ungutes Gefühl, wenn ich an die jungen Menschen denke. Ich hatte kürzlich die Tochter einer früheren Schülerin zu Besuch, 20 Jahre: ›Alles ist doch nicht schlecht gewesen‹ – zum Schluß sagte sie nichts mehr. Und dabei wissen wir noch nicht, wie es in der UdSSR ausgeht. Aus dem schönen, gewaltlosen Anfang ist etwas ganz anderes geworden, etwas Riskantes, und dafür soll sich die DDR auch noch bedanken. Es kann gut gehen, und ich hoffe es. Hat sich die Schule sehr verändert? Sicher werden Sie dringend gebraucht.«[284]

Tatsächlich hatte sich an der Palucca-Schule viel verändert, es war unruhig geworden. Schüler blieben einfach weg, um zu reisen, ihnen war die Ausbildung im Moment nicht so wichtig. Palucca reagierte verständnislos, denn Arbeit hatte für sie immer Vorrang. »Die wissen nicht, was sie jetzt falsch machen«, kommentierte Palucca das Verhalten der Schüler.[285] Andererseits war sie selber es gewesen, die den Schülern vermittelt hatte, dass ein guter Tänzer sich nicht nur für Tanz interessieren dürfe, sondern auch Erfahrungen außerhalb der Kunst machen müsse. Eigentlich verhielten sich die Schüler mit ihren Reisen durchaus in Paluccas Sinne. Doch Palucca konnte nur noch Auflösungserscheinungen wahrnehmen.

Für beides – für Optimismus und Pessimismus – gab es im Jahr nach der Wende genug Anlass. Im Juni 1990 mussten sich in Dresden bereits 3000 Menschen arbeitslos melden, im Juli verdoppelte sich die Zahl der Arbeitslosen auf 6000. Fast 20000 Arbeitnehmer waren zur Kurzarbeit gezwungen. Viele verließen Dresden jetzt nicht mehr aus politischen Gründen, sondern um im Westen Arbeit zu finden. Andererseits begann im Sommer auch der Milliardentransfer von West nach Ost für alle öffentlichen Bereiche, für Verwaltung, Städtebau, Infrastruktur. Am 1. Juli kam die Währungsreform, ab jetzt gab es nur noch die D-Mark – und das war eine Neuerung unter unzähligen: Die Ostdeutschen mussten mit neuen Autos, neuem Recht und neuen Versicherungen, neuen Eigentümern und neuen Chefs, neuen Häusern und neuen Mieten, neuen Schulen und neuen Büchern zurechtkommen.

Als sich dann sogar bei der Grabpflege manches änderte und die Friedhofsleitung in Hohenstein-Ernstthal Palucca bat, sich mit »neuen Preisbedingungen« und einem »verbesserten Pflanzenangebot« für Zwingenbergers Grab auseinanderzusetzen, gab Palucca die Grabstätte ihrer Freundin frei.[286] Es wurde ihr alles zu viel.

Am 3. Oktober 1990 trat die DDR der Bundesrepublik bei.

»Viel Zeit wird vergehen, bis die geistige Mauer verschwinden kann«, schrieb eine Freundin aus dem Westen an Palucca nach Dresden.[287]

»Ganz gut durchgehalten« – Palucca in der Bundesrepublik

Es war nicht nur eine geistige Mauer zwischen Westdeutschen und Ostdeutschen zu überwinden, auch zwischen den Ostdeutschen selber richteten sich immer neue Mauern auf. Bald erreichten Palucca Gerüchte darüber, wer in ihrem Umfeld Spitzel gewesen war. Vor allem die Nachricht, dass ihr engster Vertrauter in der Schulleitung über sie berichtet hatte, verstörte sie zutiefst.

Es war auch alles andere als einfach, die Spitzeltätigkeit von IM »Tom« und IM »Mary« moralisch zu bewerten. Beide kannten Palucca gut und haben sie mit manchen ihrer Berichte sogar geschützt. Aber sie waren nicht ehrlich mit ihr und hatten sie für eigene Interessen genutzt. Palucca hatte zwar selber ihr ganzes Leben lang dazu geneigt, Menschen zu nutzen – doch auf völlig andere, oft sogar brutal ehrliche Art und Weise. So waren sie alle auf fatale Weise miteinander verbunden. Damit Palucca nicht noch mehr von dem erfuhr, was zu DDR-Zeiten mühsam von ihr ferngehalten worden war, schirmten sie auch die Angestellten immer mehr ab und ließen unangemeldete Besucher gar nicht erst ins Haus. Manchmal wurden Journalisten großer Blätter vorgelassen, die Palucca dann in umfangreichen Artikeln als eine Legende porträtierten, die zufällig noch in eine falsche Zeit geraten war. All die Jahre in der DDR habe sie, so wurde sie zitiert, »ganz gut durchgehalten«. Wenn Palucca jetzt in der Schule auftauchte und dabei erkennbar mit Gleichgewichtsstörungen und Schwäche zu kämpfen hatte, wurde sie von den Schülern stumm bestaunt und ehrfürchtig gegrüßt – an einen konzentrierten Unterricht bei ihr war gar nicht mehr zu denken. Die Befürchtungen, die Schule werde geschlossen, bewahrheiteten sich jedoch nicht. Paluccas Schule sollte bald zur einzigen eigenständigen Tanzhochschule der gesamten Bundesrepublik werden.

Palucca aber setzte es zu, als sie merkte, dass sie immer mehr aus der Mitte der Ereignisse verschwand. Es kam vor, dass sie zu viel trank. Vor allem während ihrer Urlaube an der See hatte sie immer schon gern Schnäpse getrunken. Damit hatte sie Spannungen lösen und Abstand vom Dresdner Alltag gewinnen können, doch nun übertrieb sie es gelegentlich mit dem Alkohol. Leute, die sie bei Anrufen in ihrem Haus zufällig ans Telefon bekamen, hatten immer mal wieder den Eindruck, sie sei betrunken gewesen. »Ich kann mich doch nicht umbringen«, sagte sie einmal zu einem Neffen und wollte damit begründen, so vermutete ihr Neffe, warum ihr wenigstens der Alkohol helfen sollte, aus dem Hier und Jetzt zu verschwinden.

Es hatte sich zu viel verändert für sie. Jahrzehntelang hatte sie mit Mächtigen verhandelt, um Privilegien, ums Dableiben und Weggehen, dadurch hatte sie ihren Wert für die Gesellschaft immer aufs Neue taxieren können. Nun gab es die alten Verhandlungspartner nicht mehr. Palucca habe sich »leider« in diesem Jahr »nicht so richtig erholen« können, hieß es aus ihrem Sekretariat im Oktober 1991: »Es ist zuviel Unruhe im Land.«[1]

Nur wenn sie an die ganz alte Zeit erinnert wurde, lebte Palucca wieder auf. Einmal fuhr sie nach Dessau und lief an den verfallenen Meisterhäusern ihrer Freunde aus den zwanziger Jahren entlang. Die Häuser, die früher weiß gewesen waren, sahen nun dunkelgrau aus, die Rollläden waren zugezogen, überall wuchs Unkraut, doch Palucca war glücklich, hier an ihre besten Jahre denken zu können: »Irgendwie fühle ich mich immer noch mit dem Bauhaus verbunden«, schrieb sie 1991 dem Bauhausdirektor, »und ich wollte Ihnen sagen, wenn sie noch irgend etwas aus den früheren Zeiten wissen möchten, bin ich gern bereit, Ihnen einmal ein bißchen zu erzählen. Ich habe die Bauhausmeister sehr gut gekannt und es war damals eine sehr produktive Zeit.«[2]

Auch als sich Lotte Goslar, Paluccas beste Schülerin aus den späten zwanziger Jahren, wieder aus Amerika meldete, blühte sie so sehr auf, dass Goslar bei einem Treffen in Dresden in ihr tatsächlich noch ihre Lehrerin von früher erkennen konnte: »Du hast Dich so gar nicht verändert, natürlich sind wir alle älter geworden, aber damit hat das nichts zu tun. Du bist dieselbe geblieben. Dasselbe Leuchten«.

Palucca überlegte nun allen Ernstes, Lotte Goslar in Amerika zu besuchen und somit tatsächlich noch einmal auf den Kontinent zu reisen, den sie über achtzig Jahre lang nicht betreten hatte – doch solcherlei Pläne waren nur noch Träumereien. Denn Palucca war, anders als es Lotte Goslar sehen wollte, ganz und gar nicht »dieselbe« geblieben. Das Leuchten in ihren Augen kehrte nur noch zurück, wenn sie an die schönen Jahren ihres Lebens dachte. Nach Amerika konnte sie nicht mehr reisen.

Für ihren 90. Geburtstag, am 8. Januar 1992, war wieder ein großes Fest in der Semperoper geplant. Doch Palucca stellte klar, dass sie keine Feier mehr wollte. Der Festakt wurde abgesagt. Am 8. Januar kamen trotzdem Gäste ins Haus in der Wiener Straße. Hanne Wandtke, die vertraute Ex-Schülerin und Lehrerin an der Palucca-Schule, kam mit jungen Leuten vorbei, sie hatten im Großen Garten einen meterhohen Ast geschnitten und daran selbstgebastelten Schmuck gehängt. Sie überreichten ihn, und in diesem Augenblick freute Palucca sich, ließ den Ast in ihr Treppenhaus stellen und sagte dann: »Der wird mich überleben«. Im Wohnzimmer saßen bereits Gäste, Journalisten, Abgesandte der Stadt – und auch die Leute, die Palucca bespitzelt hatten. Paluccas Freude über den Ast aus dem Großen Garten war schnell verflogen. Sie ging ohne ein Wort des Abschieds in ihr Zimmer im ersten Stock und ließ sich nicht mehr blicken. Irgendwann wurde Hanne Wandtke gebeten, nach Palucca zu sehen, sie ging hoch und klopfte, Palucca öffnete die Tür mit zornverzerrtem Gesicht. Sie hatte ihren

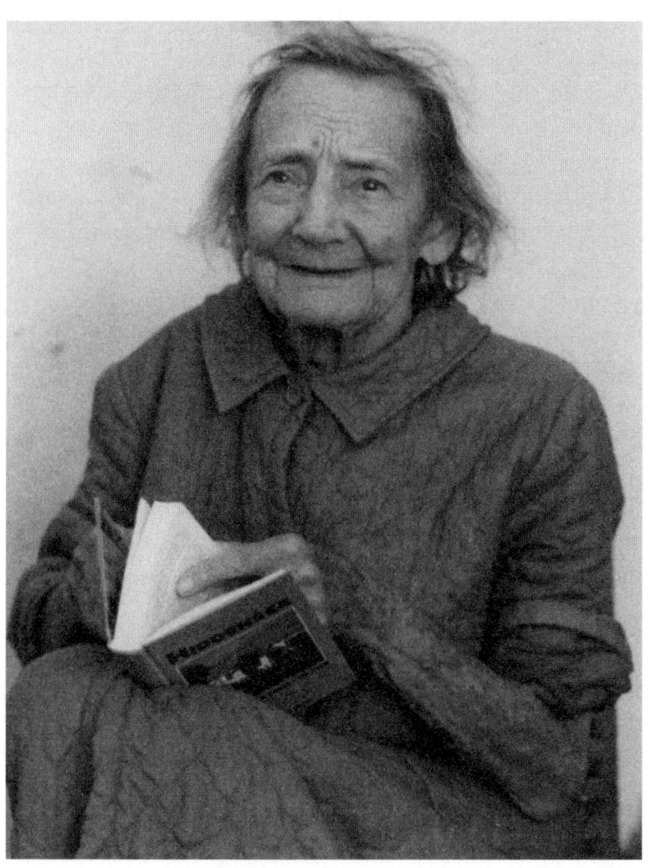

Palucca auf Hiddensee, 1991

Trainingsanzug angezogen, ihr Gebiss abgelegt und zischte: »Schmeiß sie raus, schmeiß sie alle raus«. Hanne Wandtke begab sich wieder ins Wohnzimmer, sagte höflich, Palucca fühle sich nicht gut. Die Runde löste sich in gedrückter Stimmung auf. Heute vermutet man, Palucca habe ein paar Tage vor ihrem Geburtstag erfahren, dass sie bespitzelt worden war.

Wenig später wurden in Paluccas Haus neue Wasserleitungen gelegt und eigentlich hätten bei der Gelegenheit die Armaturen in Bad und Küche ausgetauscht werden müssen, doch die neuen Wasserhähne, die Palucca angeboten wurden, waren ihr zu auffällig, zu »glitzerig«, wie sie sagte. Sie brachte die Handwerker dazu, die alten Armaturen wieder anzubringen. Palucca hielt nichts von der Ästhetik der neuen Zeit.

»Immer wieder taucht die bange Frage auf, wie Sie mit diesen unvorhergesehenen, überstürzten Ereignissen fertig werden«, schrieb ihr eine alte Bekannte im Januar 1992 und setzte dann zu einer erbitterten Abrechnung mit westdeutschem Gebaren an: »Mir macht das, was hier geschieht, unglaublich zu schaffen. Als besonders unerträglich empfinde ich die Überheblichkeit und Arroganz, ja Bösartigkeit und Hinterhältigkeit, mit der von der westdeutschen Seite her die ehemalige DDR und ihre Bewohner niedergemacht und herabgewürdigt werden.«[3]

Von einer Euphorie über die deutsche Einheit war in der Wiener Straße nicht viel zu spüren. Palucca äußerte sich allerdings nie grundsätzlich kritisch über den Einheitsprozess. Sie betonte lediglich, dass die neuen Entwicklungen zu viel seien für einen alten Menschen. Sie wollte nicht mehr verantwortlich sein.

Ihr Körper hatte sie mit bemerkenswerter Spannkraft durchs Leben begleitet, Palucca hatte sich mit ihrer Sportlichkeit und ihrem Ausdrucksvermögen aus den Beklemmungen ihrer Jugendzeit retten und in der Bewegung Erfüllung finden können. Aus der Tatsache, dass sie sich auf ihren Körper hatte verlassen können, hatte sie gefolgert, dass es für sie am besten sein würde, einfach immer weiter zu tanzen, egal unter welchen Bedingungen, egal unter welcher Regierung.

Tanzen zu müssen – das war zur Leitidee ihres Lebens geworden. Zum Tanzen aber gehörte für sie das Improvisieren dazu. Und so wie sie tanzte – konsequent und spontan zugleich – hatte sie auch gelebt. Sie war in der Lage gewesen, sich in dem wechselvollen Jahrhundert, das sie mit ihrer Lebenszeit beinahe ganz ausgefüllt hatte, geschmeidig auf immer neue politische und gesellschaftliche Konstellationen einzulassen. Sie hatte sich immer darauf verlassen, dass sich das eine aus dem anderen ergeben würde, und hatte sich damit ganz anders verhalten als ihre Eltern, die aus eigener Initiative immer neue Experimente gewagt, sich vor allem vor Ortswechseln nicht gescheut hatten. Palucca blieb Dresden treu – es reichte ihr, dass es immer wieder ein anderes Dresden war, auf das sie sich hatte einstellen müssen: das Dresden der ausgehenden Monarchie, das der Revolution nach dem Ersten Weltkrieg, das avantgardistische der Weimarer Republik, das faschistische, das sozialistische.

Die Defizite ihrer Jugendzeit hatte Palucca umwandeln können. Zwar hatten in ihrem Elternhaus Aufmerksamkeit und Stabilität gefehlt, doch Palucca hatte sich beides durch den Tanz und bei ihren Freunden und Förderern geholt. Sie verlangte viel von ihren Freunden, doch sowohl Bienert als auch Grohmann als auch Zwingenberger und Schöningh und alle Bekannten in West und Ost waren immer bereit gewesen, viel zu geben, weil sie sich gerne anstecken ließen von Paluccas Leidenschaft. Und doch wirkten die Defizite der frühen Zeit auch auf ungute Weise fort. Palucca hatte in ihr übergroßes Bedürfnis nach Zuwendung und Versorgung nicht nur ihre Freunde, sondern immer auch die jeweils Mächtigen miteinbezogen – egal, wofür die Mächtigen gestanden haben.

Das Prinzip Palucca – künstlerisches Vermögen und Ruhm zu einer Art Ware zu machen und mit den Machthabern immer wieder über die Bedingungen ihres künstlerischen Einsatzes zu verhandeln – war zwar erfolgreich gewesen, es hatte Paluccas Fortkommen gedient, es war aber auch zum Selbstläufer geworden. Vor allem in den frühen Jahren der Nazi-Zeit und am Ende der sozialistischen Ära in Deutschland war nicht mehr klar, ob Palucca den Systemen wirklich aus freien Stücken diente oder ob sie aus dem einmal eingerasteten Mechanismus aus Verhandlung und Belohnung nur nicht mehr herausgekommen war. Paluccas Einsatz als einflussreichste Tänzerin, die es in Deutschland je gegeben hat, war hoch. Der Preis war es auch. Ausgerechnet ihre so abstrakte, kaum festlegbare und doch vor allem auf Befreiung angelegte Kunstform war für die NS-Ideologie genutzt worden. Später kam es unter völlig anderen Umständen und ohne dass Palucca dafür direkt verantwortlich war, zu einer Symbiose aus Paluccas Ästhetik und dem Sozialistischen Realismus. Es war wohl gerade die Mischung aus unbedingtem Wollen und einer gewissen Vagheit, durch die Palucca und ihre Kunstform attraktiv wurden für all jene, die im Namen der Kunst Ideologie betreiben wollten. So hat Palucca in Kauf genommen, dass sich zwar durchaus nicht durchgängig, aber doch in entscheidenden Momenten ihrer Karriere ihre große Botschaft –, dass nämlich Tanz Befreiung und ansonsten nichts anderes als Tanz sein soll –, ins Gegenteil verkehrt hatte.

Sie wusste wohl um die Ambivalenz ihres Vermächtnisses, weshalb sie sich am Ende ihres Lebens in jeder Hinsicht vage verhalten hatte. Als es um ihr faktisches materielles Erbe ging, um das, was sie ihren Freunden, Kollegen, Verwandten nach ihrem Tod hinterlassen sollte, war sie hilflos geworden. Sie war verbittert, sie sah ihre Schule und ihr Vermächtnis in Gefahr. Am 7. Januar 1993, einen Tag vor ihrem 91. Geburtstag, widerrief sie handschriftlich alle ihre bisherigen Verfügungen über ihr Erbe. Eigentlich hatte die Schule das meiste erben sollen, doch davon wollte sie jetzt, nachdem sie erfahren hatte, dass es in der Schule Spitzel gegeben hatte, nichts mehr wissen. Sie überließ es den Nachgeborenen zu entscheiden, was aus ihrem Erbe werden würde.

Am 22. März 1993 bekam Palucca nach Wochen, in denen sie an einer schweren Bronchitis erkrankt war, einen Schwächeanfall. Sie wurde ins St. Josephs-Stift in Dresden gebracht und starb dort am selben Tag zwanzig Minuten vor Mitternacht friedlich im Schlaf.

Als ihr langjähriger Pianist Peter Jarchow am Morgen nach Paluccas Tod das Haus in der Wiener Straße betrat, stand Paluccas Frühstückstablett so da, als würde sie gleich um die Ecke biegen, sich an den Tisch setzen, die Tasse, die verkehrt herum auf der Untertasse lag, umdrehen und mit dem Frühstück beginnen. Wie an beinahe jedem Morgen ihres Erwachsenenlebens war auch diesmal auf fürsorgliche Weise an sie gedacht worden.

Zur selben Zeit, als Peter Jarchow das Haus in der Wiener Straße betrat, bestellte Hanne Wandtke in der Palucca-Schule alle Lehrer und Schüler in den größten Übungssaal ein. Hanne Wandtke war zuletzt die Einzige, in der Palucca eine ebenbürtige Nachfolgerin gesehen hatte. Wandtke erzählte den versammelten Schülern und Lehrern, dass Palucca nun gestorben sei. Im Saal herrschte noch lange Schweigen.

Da sie ihr Erbe nicht geregelt hatte, trat die gesetzliche Erbfolge ein. Die Verwandten, die Palukas und Merfelds, bekamen das Haus in der Wiener Straße, das Haus auf Hiddensee und all das, was sonst noch geblieben war.

Am 31. März 1993 fanden sich ost- und westdeutsche Künstlereliten zu Paluccas Trauerfeier in der Semperoper ein. Paluccas Schülerin Ruth Berghaus trat auf die Bühne und hielt eine Rede: »Jedesmal, wenn ich in diese so sehr verwundete Stadt zurückkomme, reißen Narben auf, doch Trauer verfliegt«, sagte sie, »es kommt heitere, lichte Erinnerung über mich«. Sie erzählte, wie sie als Schülerin bei Palucca getanzt hatte, bis ihr »Hören und Sehen« verging: »Wer durch diese Schule gegangen ist, hat es nicht leicht gehabt – und macht es sich nicht leicht –, aber er hat sicher mehr gelacht und mehr geweint als manch anderer«. Und zum Schluss sagte Ruth Berghaus: »Was zählt ist das Beispiel. Der Tod bedeutet nichts«.[4]

Dann traten andere ehemalige Schüler vor, tanzten noch einmal für Palucca und verabschiedeten sich so, wie Palucca einige von ihnen nach dem Zweiten Weltkrieg begrüßt hatte: Sie überreichten eine Rose, legten sie an den Bühnenrand, also dorthin, wo Palucca immer am liebsten gestanden hatte. Während die Schüler die Rosen auf den Boden legten, spielte ein Pianist den »Rosenkavalierwalzer« von Richard Strauss, zu dem Palucca einen ihrer erfolgreichsten Tänze getanzt hatte. Und all die Tänzer, Choreografen, Regisseure, Ballettmeister, Pädagogen, Freunde und Verwandten, die sich im Zuschauerraum der Semperoper versammelt hatten, erhoben sich von ihren Plätzen, um Palucca noch einmal zu ehren. Am darauffolgenden Tag wurde Palucca in Kloster auf Hiddensee beerdigt. Der evangelische Inselpfarrer hielt in der alten Dorfkirche die Trauerfeier. Dem Sarg folgten viele Insulaner, aber auch Verwandte wie Barbara und Björn Engholm und Paluccas Lieblingsneffe Klaus Knapp, der aus Madrid angereist war. Es folgten auch IM »Tom« und IM »Mary«, die offiziell noch nicht enttarnt worden waren.

Palucca hatte sich eine Grabstätte im hinteren Teil des Friedhofs ausgesucht, weit weg von dem gewaltigen Findling, auf dem mit Riesenlettern der Name des Dramatikers Gerhart Hauptmann eingemeißelt war und auch weit weg von der mit schweren schmiedeeisernen Ketten umgrenzten Ruhestätte des Opernregisseurs Walter Felsenstein. Palucca hatte ein schlichtes Grab gewünscht, direkt an der Grenzhecke. Und auf ihrem Grabstein sollte nur ihr Künstlername stehen: »Palucca«. Kein Vorname, keine Verzierungen, keine Daten – schlicht und geheimnisvoll, so wie sie sich selber immer gegeben hatte.

Ein Trauergast aus Hiddensee will sich später daran erinnern, dass auch ein Rabbiner auf Paluccas Beerdigung aufgetaucht sei. Tatsächlich aber ist es nicht so gewesen. Und doch liegen bis heute immer wieder kleine Steine auf Paluccas Grab – so als werde hier das jüdische Ritual vollzogen. Zwar hat es auch mit diesen Steinen eine ganz andere Bewandtnis, sie werden von Freunden und Palucca-Bewunderern dorthin gelegt, weil Paluccas Liebe zu besonderen Steinen immer noch bekannt ist. Die Nicht-Eingeweihten aber müssen denken, dass hier eine Jüdin begraben liegt.

Tatsächlich ging hier ein Leben zu Ende, das seine Kraft und seine Schwäche aus typisch deutschen Traumata bezog, und eines dieser Traumata war eine verdrängte jüdische Identität. Noch entscheidender für Paluccas Entwicklung im 20. Jahrhundert aber waren wohl die bürgerlichen Prägungen im Wilhelminismus. Von der Ästhetik des Wilhelminismus hatte sie sich lösen können, doch das typische Anspruchsdenken der Bürger dieser Ära wirkte auch bei ihr in ihrer unstillbaren Sehnsucht nach maximaler Absicherung fort. In ihre privaten und ihre politischen Kontakte hatte sie immer dieses eine Bedürfnis hineingetragen: versorgt zu werden. So hatte sie sich wohl vor allem deswegen für ein Leben im sozialistischen Staat entschieden, weil ausgerechnet dieser ihr eine großbürgerliche Lebensweise garantierte. Doch Palucca war nicht nur gefangen in den Zwängen dieses ungeheuerlichen 20. Jahrhunderts, sondern hatte auch das Glück, etwa die Teilung zwischen Ost und West immer wieder überwinden zu können. Solange die Teilung währte, tat sie das Ihrige dafür, dass der Kontakt zwischen den beiden Deutschlands nicht abriss. Am Ende ihres Lebens mag es ihr so vorgekommen sein, als kämen Deutschland Ost und West nicht mehr zueinander und doch ist gerade Palucca inzwischen zu einem Symbol gelingender Einheit geworden. Sowohl in ost- als auch in westdeutschen Orten wird sie heute geehrt.

So können die vielen Gäste, die zu Besuch nach Dresden kommen, bald nach ihrer Ankunft am Hauptbahnhof an der

Gret-Palucca-Straße vorbeikommen und an manchen Abenden in der Semperoper und anderswo Veranstaltungen der Palucca-Schule sehen. Sie können auch die Palucca-Schule besuchen. Im Eingang steht seit jeher der bronzene Palucca-Kopf, im modernen Anbau gibt es aber ein neues Kunstwerk, das zeigt, dass Palucca bis heute Künstler anregen kann. Roland Fuhrmann hat ein leuchtendes Mobile aus lebensgroßen Rohrformen entworfen, das auf abstrakte Weise einen Palucca-Sprung im Raum zeigt. Grell orange ist dieses Mobile – keine Palucca-Farbe, in der Abstraktion und Dynamik aber dann doch ganz Palucca.

Am Hafen in List auf Sylt legt mehrmals täglich der Kutter »Gret Palucca« ab, der Gäste der Insel aufs Meer hinausfährt. Und auf Hiddensee treten jeden Sommer Palucca-Schüler am Strand von Vitte auf; Paluccas Haus, das einmal hier in der Nähe gestanden hat, ist 2009 abgerissen worden. Auch die Schüler lassen sich im Tanz vom Wind und den Wellen inspirieren – mal sind es Bänder, mal Tücher, mal Haare, die im Wind flattern.

Tanzen ist etwas ganz Natürliches, der Körper fordert sein Recht auf Bewegung – das sind Gedanken, die den Zuschauern der Palucca-Truppe durch den Kopf gehen mögen. Und das war es auch, was Palucca zu sich und ihrem Leben am ehesten eingefallen war: »Ich muß einfach tanzen«.

Tanzen zu müssen – das war ihre Botschaft und ihr Vermächtnis. Der Journalist und lebenslange Palucca-Verehrer Rudolf von Arnheim schrieb in den achtziger Jahren in einem Brief an die alte Freundin: »Nichts hat Sie je von dem abhalten können, was Sie als ihre Sendung erkannt hatten. Nun ist alles bewahrt in den Herzen der vielen Menschen, denen Sie Unvergessliches gegeben haben.«[5]

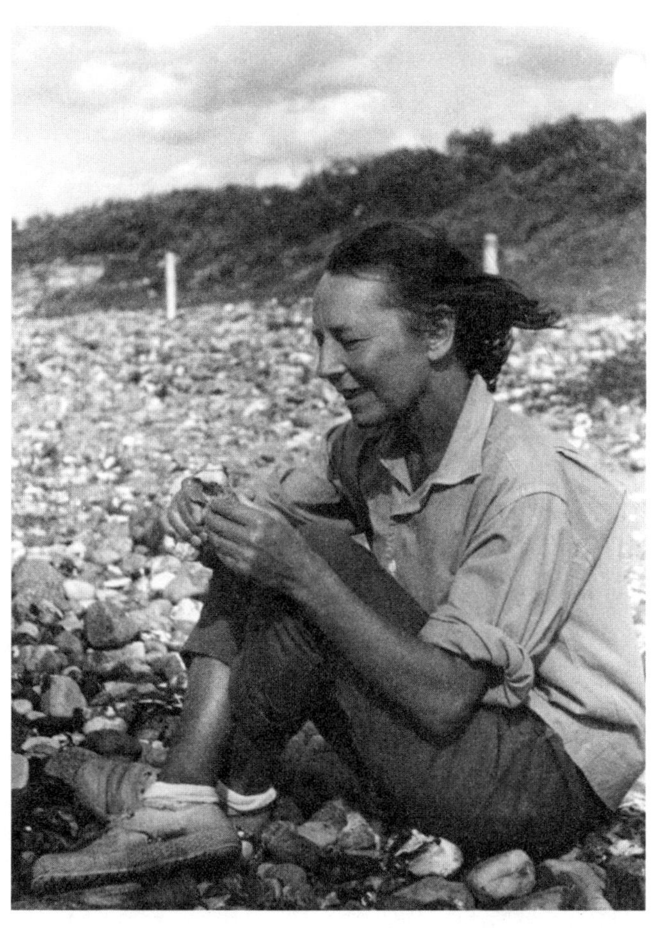

Die Steinsammlerin Palucca auf Hiddensee

Abkürzungen

AdK: Akademie der Künste Berlin
BStU: Der Bundesbeauftragte für die Unterlagen der Staatssicherheitsdienstes der ehemaligen Deutschen Demokratischen Republik, Außenstelle Dresden.
SLUB: Sächsische Landes- Staats- und Universitätsbibliothek Dresden
MfS: Ministerium für Staatssicherheit

Aus personenschutzrechtlichen Gründen wurden die Quellenangaben aus dem Privatnachlass Paluccas anonymisiert. Trotz gewissenhafter Recherchen ist es uns in einzelnen Fällen nicht zweifelsfrei gelungen, die Rechtsinhaberschaft zu klären. Etwaige Rechtsinhaber werden gebeten, sich mit dem Verlag in Verbindung zu setzen.

Anmerkungen

Ein deutsches Jahrhundertleben –Vorwort

[1] Vgl. Bernd Hahlweg: »Tanz, der das Leben bejaht«, Märkische Allgemeine, 8.1.2001.
[2] Olaf Rydberg [Will Grohmann]: »Die Tänzerin Palucca«, Dresden 1935, S. 8 ff.
[3] Vgl. Rolf Garske: »Das Leben ist ein ewiger Tanz. Drei Kronzeugen geben Auskunft: Martha Graham, Tatjana Gsovsky, Gret Palucca«, in: »Ballett« 1985, S. 53.
[4] Ruth Berghaus: »Gret Palucca, eine Nachrede«, in: »Deutsche Bühne« 64, 1993, S. 9.

»Hüte Dich« – Die Vorfahren

[1] Privatarchiv Albert Paluka, Stammbaum.
[2] Interview Albert Paluka.
[3] unterschiedliche Schreibweise des Nachnamens in verschiedenen Dokumenten, auch mal Lacker geschrieben, häufiger jedoch Lagger. Quelle: Privatarchiv Barbara Matthes, Stammbäume der Familie Paluka.
[4] Interview Albert Paluka, Interview Barbara Mehling.
[5] Interview Barbara Mehling.
[6] Interview Albert Paluka.
[7] Vgl. Hendrikje Kilian, Vera Frost: »Es war mir wie ein Traum, Bilder aus dem alten Istanbul«, Heidelberg 2001.
[8] Interview Albert Paluka.
[9] Interview Barbara Matthes.
[10] Interview Albert Paluka.
[11] Interview Albert Paluka.
[12] Privatarchiv Barbara Matthes, Stammbäume.
[13] Hier ist bisher nur von den väterlichen Vorfahren Paluccas die Rede gewesen. Mütterlicherseits ist die Zahl der Nachkommen begrenzt. Rosa Merfeld, die Mutter von Gret Palucca, hatte keine Enkel und nur zwei Geschwister, ein Bruder starb ohne Nachkommen im Ersten Weltkrieg, ihre Schwester hatte Nachkommen; einen davon, Klaus Knapp, den Haupterben Paluccas, konnte die Autorin interviewen. Die wenigen Angaben zu den Merfelds stammen von ihm oder aus den

Standesamtsdokumenten im Privatarchiv Barbara Matthes. Palucca hatte eine enge Beziehung zu ihrer Großmutter mütterlicherseits, Mathilde Merfeld. Als Mathilde Merfeld mit 88 Jahren am 22.3.1930 starb, war Palucca 28 Jahre alt.
[14] Interviews mit Albert Paluka, Barbara Mehling, Barbara Matthes.
[15] Palucca-Mappe, Grohmann-Archiv, Staatsgalerie Stuttgart.
[16] Rydberg, a.a.O., S. 12.
[17] Ebd., S. 10.

»Vergiß mich nicht« – Die Eltern

[1] Privatarchiv Barbara Matthes, Standesamtsdokumente.
[2] Ebd., Geburt am 14.3.1880.
[3] Interview Klaus Knapp; Privatarchiv Barbara Matthes. Rosa Merfelds Mutter, Mathilde Merfeld, stammte aus Bielefeld, laut Knapp war sie die Tochter eines Textilunternehmers. Karl Kohn, der Vater von Rosa Paluka, war am 2. Mai 1828 in Kittsee (Burgenland) geboren, zu einer Zeit, in der es dort so viele Juden gegeben hatte wie nie zuvor und nie danach, und zwar 800. Auch die Kohn/Merfeldschen Familienlegenden führen nach Konstantinopel, angeblich war ein Vorfahr Schreiber am Hofe eines Sultans.
[4] Thomas Mann: »Gladius Dei« (1902), in: »Thomas Mann. Die Erzählungen. Band 1. Gesamtausgabe«, Frankfurt a.M. 1985, S. 149.
[5] Vgl. Dieter Hein: »Bürgerliches Künstlertum. Zum Verhältnis von Künstlern und Bürgern auf dem Weg in die Moderne«, in: Dieter Hein, Andreas Schulz: »Bürgerkultur im 19. Jahrhundert. Bildung, Kunst und Lebenswelt«, München 1996, S. 102. ff.
[6] Interview Klaus Knapp.
[7] Vgl. Dirk Heißerer: »Wo die Geister wandern. Eine Topographie der Schwabinger Bohème um 1900«, Kreuzlingen/München 2001.
[8] Klee begann sich für den Körper in Bewegung, vor allem für den Tanz, wie er in seinem Tagebuch und in einem Brief an seine Geliebte Lily Stumpf festhielt, zu interessieren. Ein Künstler könne vom Tanz viel lernen. vgl. Reto Sorg: »Vom Pathos der Bewegung zum Topos des Raums«. Freier Tanz und gemessener Schritt bei Paul Klee, in: Stefan Koslowsi (Hg.), »Berner Almanach«, Bd. 2 Theater, Bern 2000, S. 367.
[9] Interview Lilian Karina.
[10] Interview Klaus Knapp.
[11] »Palucca – Ich will nicht hübsch und lieblich tanzen«, Regie: Konrad Hirsch, Ralf Stabel, Hirsch-Film Dresden 2002.
[12] Barbara Matthes, Standesamtsdokumente.
[13] Palucca-Archiv, AdK, 164, Fotografie der Geschwister Gret und Hans.
[14] Ralf Stabel: »Tanz, Palucca! Die Verkörperung einer Leidenschaft«, Leipzig 2001, S. 12.
[15] Rydberg, a.a.O., S. 7.
[16] Ob zuletzt auf dem Land- oder Seeweg, ist nicht bekannt.
[17] Palucca-Archiv, AdK, 6458, März 1924.
[18] Ebd.
[19] Vgl. Rolf Garske: »Von Kind auf lernen, selbständig zu denken«, Interview mit Palucca in: »Ballett International«, 1983, 12, S. 17.
[20] Staatliche Kunstsammlungen Dresden (Hg.): »Künstler um Palucca – Ausstellung zu Ehren des 85. Geburtstag«, Dresden 1987, S. 17.
[21] Peter Jarchow, Ralf Stabel: »Palucca, Aus ihrem Leben. Über ihre Kunst«, Berlin 1997, S. 16.
[22] Rydberg, a.a.O., S. 6.
[23] Palucca-Archiv, AdK, 3678.
[24] Stabel 2001, a.a.O., S. 13.

»Selbstbeweise meines Mutes« – Bewegung als Ausweg

[1] Interview Klaus Knapp.
[2] Palucca-Archiv, AdK, 165.

[3] Hirsch u. Stabel, a.a.O.
[4] Rydberg, a.a.O., S. 14.
[5] Stabel 2001, a.a.O., S. 19.
[6] Vgl. ebd., S. 15.
[7] Erich Kästner: »Parole Emil. Romane für Kinder«, Gesamtausgabe, Hg. v. Franz Josef Görtz u.a., Bd. 7, München, Wien 1998, S.12.
[8] Hirsch u. Stabel, a.a.O.
[9] »Palucca Tanz Palucca«. Film zum 85. Geburtstag von Gret Palucca, Regie: Maxim Dessau, Fernsehen der DDR, 1987.
[10] Vgl. Katja Erdmann-Rajski: »Gret Palucca, Tanz und Zeiterfahrung in Deutschland im 20. Jahrhundert: Weimarer Republik, Nationalsozialismus, Deutsche Demokratische Republik«, hg. vom Deutschen Tanzarchiv Köln, Hildesheim, Zürich, New York 2000, S. 135.
[11] Rydberg, a.a.O., S. 16.
[12] Vgl. Garske 1985, a.a.O., S. 53.
[13] Vgl. Erdmann-Rajski 2000, a.a.O., S. 133.
[14] Hirsch und Stabel, a.a.O.
[15] Vgl. Erdmann-Rajski 2000, a.a.O., S. 134.
[16] Hirsch u. Stabel, a.a.O.
[17] Palucca-Archiv, AdK, 1055, Artikel von Will Grohmann, in: »Blätter der Forster Volksbühne«, 5. Heft, 1, 1929.
[18] Palucca-Archiv, AdK, 163, Schul-und Tanzstundenaufnahmen, 1910-1918.
[19] Palucca-Archiv, AdK, 162, Fotografie von Paluccas Konfirmation 1917, 163.
[20] Palucca-Archiv, AdK, 5488, Poesie-Album Gretl Palucca.
[21] Privatarchiv Barbara Matthes, Nachlassdokumente.
[22] Palucca-Archiv, AdK, 3678, 6.1.1915.
[23] Interview Klaus Knapp.
[24] Stabel 2001, a.a.O., S.17.
[25] Vgl. ebd, S. 25.
[26] Fritz Löffler, »Otto Dix, Leben und Werk«, Dresden 1960, S. 37.
[27] Uwe Schieferdecker: »Das war das 20. Jahrhundert in Dresden«, Gudensberg-Gleichen 2000, S. 24.
[28] Dresdner Geschichtsverein e.V (Hg.): »Dresden. Die Geschichte einer Stadt. Von den Anfängen bis zur Gegenwart.«, Dresden 2002, S. 200.
[29] Privatarchiv Barbara Matthes, Standesamtsdokumente. Ob es wirklich ein Unfall war oder Selbstmord, darüber gibt es bis heute unterschiedliche Meinungen und vor allem sehr viele Andeutungen. Klaus Knapp legt sich im Interview allerdings fest: »Es war ein Unfall, daran gibt es keinen Zweifel.«.
[30] Interview Maria Kreher.
[31] Palucca-Archiv, AdK, 160.
[32] Stabel 2001, a.a.O., Bildteil.
[33] Palucca-Archiv, AdK, 1857.
[34] Hirsch u. Stabel, a.a.O.
[35] Gerhard Schumann (Hg.): »Palucca, Porträt einer Künstlerin«, Berlin 1972, S. 174.

»Hier war der Mensch, den ich brauchte« – Mary Wigman, die Lehrerin

[1] Palucca-Archiv, AdK, 164, Kinderfotos.
[2] Interview Marlies Heinemann. Mary Wigmans Großvater war Schäfer, die Großmutter Magd.
[3] Wigman-Archiv, AdK, 446, November 1936, Juli 1937-März 1940.
[4] Ebd.
[5] Vgl. Ulrich Linse (Hg.): »Zurück, o Mensch, zur Mutter Erde. Landkommunen in Deutschland 1890-1933«, München 1983, S. 157.
[6] Vgl. Lilian Karina, Marion Kant: »Tanz unterm Hakenkreuz. Eine Dokumentation«, Berlin 1996, S. 31.
[7] Evelyn Holst, Christine Nagel: »Der Tänzer im Kristall. Aufstieg und Fall des Choreografen Rudolf von Laban«, Feature über Tanz und Politik. Deutschlandfunk 2005.
[8] Vgl. ebd. S. 39.

[9] Interview Lilian Karina.
[10] Vgl. Gabriele Fritsch-Vivié: »Mary Wigman«, Reinbek 1999, S. 36.
[11] Interview Marlies Heinemann.
[12] Vgl. Hedwig Müller: »Mary Wigman. Leben und Werk der großen Tänzerin.«, Berlin 1986, S. 68.
[13] Müller, a.a.O., S. 61f.
[14] Schieferdecker, a.a.O., S. 26.
[15] Olaf Rader: »Kleine Geschichte Dresdens«, München 2005, S. 120.
[16] Vgl. Garske 1983, a.a.O., S. 15.
[17] (ohne Autor:) »Gret Palucca, Lebenslauf«, in: »Tanzdrama« 6, 1992, S. 22.
[18] Vgl. Garske 1983, a.a.O., S. 15.
[19] Hirsch u. Stabel, a.a.O.
[20] Marianne Forster: »Berthe Trümpy – eine frühe Wigman-Schülerin«, in: »Tanz & Gymnastik« 3/2003.
[21] Marlies Heinemann betont im Interview, dass der Ton »gedeckt« gewesen sei und nicht, wie es in bisherigen Überlieferungen heißt »knallrot«.
[22] Müller, a.a.O., S. 76.
[23] Ebd.
[24] Interview Marlies Heinemann.
[25] Ebd.
[26] Interview Lilian Karina.
[27] Vgl. Bernd Hahlweg: »Tanz, der das Leben bejaht«, Märkische Allgemeine, 8.1.2002.
[28] Schumann (Hg.), a.a.O., S. 174.
[29] Palucca-Archiv, AdK, 3378, 16.9.1973.
[30] Palucca-Archiv, AdK, 3378.
[31] Akademie der Künste der DDR (Hg.): »Palucca, Zum Fünfundachtzigsten, Glückwünsche, Selbstzeugnisse, Äußerungen«, Berlin 1987, S. 20.
[32] Hirsch u. Stabel, a.a.O.
[33] Dresdner Geschichtsverein e.V. (Hg.), a.a.O., S. 218.
[34] Stabel 1997, a.a.O., S. 26.
[35] Vgl. Garske 1983, a.a.O., S. 15.
[36] Palucca-Archiv, AdK, 3378: »Beim Tanz Dreieck stand ich in der Ecke und fing Dich nach einem Lauf mit den Armen auf. Das war jedesmal wie ein Wiederfinden, auch wenn wir uns vorher weniger gut verstanden hatten.«
[37] Palucca-Archiv, AdK, 3378, 16.9.1973.
[38] Akademie der Künste der DDR (Hg.), a.a.O., S. 21.
[39] Vgl. Erdmann-Rajski 2000, a.a.O., S. 157.
[40] Vgl. Garske 1983, S. 15.
[41] Vgl. Stabel 2001, a.a.O., S. 25.
[42] Vgl. Erdmann-Rajski 2000, a.a.O., S. 137 f.
[43] Fred Hildenbrandt: »Woran erkennt man sie?«, in: »Musik und Theater – Schallkiste«, 3. Jg. Dezember 1928, S. 2, zitiert nach: Amelie Soyka (Hg.) »Tanzen und tanzen und nichts als tanzen. Tänzerinnen der Moderne von Josephine Baker bis Mary Wigman«, Berlin 2004, S. 10.
[44] Fritsch-Vivié, a.a.O., S. 66.
[45] Heinz Spielmann: »Oskar Kokoschka. Leben und Werk«, Köln 2003, S. 206 f.
[46] Ebd. S. 208.
[47] Ebd. S. 214.
[48] Ebd. S. 216.
[49] Staatliche Kunstsammlungen Dresden (Hg.), a.a.O., S. 26.
[50] Leni Riefenstahl: »Memoiren«, Köln 2000, S. 59.
[51] Brief der Leni Riefenstahl-Produktion vom 27.6.2001.
[52] Hirsch u. Stabel, a.a.O.
[53] Vgl. ebd.
[54] Victor Klemperer: »Leben sammeln, nicht fragen wozu und warum«. Tagebücher 1925-32, Berlin 1996, S. 306.
[55] Fritsch-Vivié, a.a.O., S. 66.
[56] Staatliche Kunstsammlungen Dresden (Hg.), a.a.O, S. 26.
[57] Ebd. S. 29.

[58] Fritz Löffler: »Das alte Dresden. Geschichte seiner Bauten«, Leipzig 1987, S. 423.
[59] Schieferdecker, a.a.O., S. 28.
[60] Georgia van der Rohe: »La donna e mobile. Mein bedingungsloses Leben«, Berlin 2001, S. 67.
[61] Vgl. Erdmann-Rajski 2000, a.a.O., S. 138.
[62] Ebd. S. 146.
[63] Vgl. Stabel 1997, a.a.O., S. 34.
[64] Vgl. ebd., S. 32.
[65] Stabel 2001, a.a.O., S.32, S. 34; Erdmann-Rajski 2000, a.a.O., S. 144f.
[66] Vgl. Erdmann-Rajski 2000, a.a.O., S. 144.
[67] Müller, a.a.O., S. 106.
[68] Stabel 2001, a.a.O., S. 32.
[69] Müller, a.a.O., S.106.
[70] Vgl. Erdmann-Rajski 2000, a.a.O., S. 139.
[71] Ebd. S. 115.
[72] Stabel 2001, S. 35 f.
[73] Vgl. Erdmann-Rajski 2000, a.a.O., S. 140.
[74] Vgl. Garske 1983, a.a.O., S. 15.
[75] Akademie der Künste der DDR (Hg.), a.a.O.
[76] Interview Marlies Heinemann.
[77] Vgl. Erdmann-Rajski 2000, a.a.O., S. 142.
[78] Stabel 2001, a.a.O., S. 125; Stabel 1997, a.a.O., S. 7.
[79] Vgl. Garske 1983, a.a.O., S. 15.
[80] Tanzdrama 58, S. 17.
[81] Vgl. Angela Rannow: »Tanz ist Tanz: Palucca«, in: Amelie Soyka (Hg.), a.a.O., S. 77.
[82] Stabel 2001, a.a.O., S. 38.
[83] Vgl. Erdmann-Rajski 2000, a.a.O., S. 165.
[84] Ebd., S. 45.
[85] Ebd.
[86] Katja Erdmann-Rajski: »Palucca – Künstlerische Identität in politischen Systemen«, in: »Tanzforschung« 11, 2001, S. 143.
[87] Staatliche Kunstsammlungen Dresden (Hg.), a.a.O., S. 66 f.; Waldemar Wirsing: »Musiker um Palucca, Eine Zeitreise«. In: Ralf Stabel (Hg): »Palucca Schule Dresden. Geschichte und Geschichten«, Dresden 2000, S. 133; Akademie der Künste der DDR (Hg.), a.a.O., S. 87.

»Mein Mann läßt Sie herzlich grüßen« – Friedrich Bienert, der Mäzen

[1] Heike Biedermann: »Aufbruch zur Moderne – Die Sammlungen Oscar Schmitz, Adolf Rothermundt und Ida Bienert«, in: »Dresdner Hefte 49, Sammler und Mäzene in Dresden«, hg. vom Dresdner Geschichtsverein e.V. 15. Jahrgang, 1/97, S. 35.
[2] Christine Müller: »Gottlieb Traugott Bienert - Vom Dorfmüller zum Industriellen«, Quelle: http://www.elbhang-kurier.de/02_aelter/2002/aktuell0502/bienert.html, 9.2.2009.
[3] Stabel 2001, a.a.O., S. 48.
[4] Klemperer, »Tagebücher 1918-24«, S. 518.
[5] Vgl. Fritz Löffler, »Dresden, Visionen einer Stadt«, Dresden 1995, S.70; Dieter Hoffmann: »Ida Bienert, Millionen Nachtigallen schlagen«, in: Katrin Nitzschke, »Die großen Dresdner«, Leipzig 1999. S.245.
[6] Klemperer, a.a.O., S. 511.
[7] Ida Bienert wurde 1870 geboren.
[8] Klemperer, Tagebücher 1918-24, a.a.O., S. 518.
[9] Däubler-Archiv, AdK, 323. Hier und da ist auch von einem »Liebesverhältnis« Ida Bienerts zu Däubler die Rede (vgl. Spielmann a.a.O., S. 203). Däubler schreibt aber in seinen Briefen an Dritte in der Regel distanziert von »Frau Bienert«.
Die Bienerts würden nach 1945, nachdem sie allesamt in den Westen geflohen waren, ihre Sammlung verkaufen müssen; die Verbindung nach Dresden riss ab und der Beitrag dieser besonderen Familie zur

Kulturgeschichte des 20. Jahrhunderts ist beinahe vergessen worden. Die Dresdner Kunsthistorikerin Dr. Heike Biedermann veröffentlichte zahlreiche Beiträge zu Ida Bienert und ihrer Sammlung, so auch in ihrer Dissertation: »Private Kunstsammlungen in Dresden um 1900 bis 1933«.

[10] Vgl. Biedermann, a.a.O., S. 37.

[11] Vgl. Löffler 1995, a.a.O., S. 71; vgl. auch: Henrike Junge: »Vom Neuen begeistert – Die Sammlerin Ida Bienert«, in: Henrike Junge: »Avantgarde und Publikum. Zur Rezeption avantgardistischer Kunst in Deutschland. 1905-1933«, Köln, Weimar, Wien 1992, S. 31.

[12] Interview Katja Rupé.

[13] Grohmann, Will: »Die Sammlung Ida Bienert«, Potsdam 1933.

[14] Klemperer, »Tagebücher 1918-24«, a.a.O., S. 517f.

[15] Staatliche Kunstsammlungen Dresden (Hg.), a.a.O., S. 23.

[16] Palucca-Archiv, AdK, 3336, 1973.

[17] Privatarchiv Barbara Matthes, Standesamtsdokumente, Friedrich Bienert wurde am 21.11.1891 geboren.

[18] Interview Luellin Bienert.

[19] Privatarchiv Barbara Matthes, Standesamtsdokumente.

[20] Ebd.

[21] Rydberg, a.a.O., S. 8.

[22] Vgl. Stabel 2001, a.a.O., S. 60.

[23] Palucca-Archiv, AdK, 196.

[24] Michael Jürgs, Tassilo Trost: »Die Insel – Bilder von Sylt, Geschichten über Sylt, Menschen auf Sylt«, Hamburg 1978, S. 9ff.

[25] Palucca-Archiv, AdK, 6297.

[26] Interview Anne-Dore Noak und Jürgs/Trost, a.a.O., S. 144.

[27] Vgl. Stabel 1997, a.a.O., S.119.

[28] Hirsch u. Stabel, a.a.O.

[29] Tanz mit Courage, Gret Palucca, Skizzen eines Lebens, Regie: Hans-Jürgen Börner, NDR 1989.

[30] Paul-Klee-Archiv, Zentrum Paul Klee, Palucca an Paul Klee, 13.11.1924.

[31] Vgl. »Palucca«, Porträt, Regie: Gitta Nickel, Film DFF, 1971.

[32] Akademie der Künste der DDR (Hg.), a.a.O., S. 95f. Die Zeitzeugin beschreibt zwar Paluccas Wohnung in den dreißiger Jahren, aber Palucca änderte nicht viel an ihrer Einrichtung und die Beschreibungen passen so genau zu Bienerts Geschmack, dass die Einrichtung mit ziemlicher Sicherheit auf Bienert zurückzuführen ist.

[33] Interview Luellin Bienert.

[34] Interview Luellin Bienert. Die Tochter Friedrich Bienerts aus zweiter Ehe meint sich zu erinnern, dass immer von zwei Wohnungen die Rede gewesen sei und in dem Interview-Buch »Künstler um Palucca« (S. 24), spricht Palucca von »meiner Wohnung«, von der aus eine kleine Treppe ins Souterrain führte.

[35] Staatliche Kunstsammlungen Dresden (Hg.), a.a.O., S. 19.

[36] Rydberg, a.a.O., S. 10.

[37] Ebd. S. 11.

[38] Paul-Klee-Archiv, Zentrum Paul Klee, Palucca an Paul Klee, 16.11.1924.

[39] Briefpapier Palucca, Paul-Klee-Archiv, Zentrum Paul Klee, Palucca an Paul Klee, 13.11.1924.

[40] Paul-Klee-Archiv, Zentrum Paul Klee, Palucca an Paul Klee, 13.11.1924.

[41] Ebd., Palucca an Paul Klee, 16.11.1924.

[42] Interview Klaus Knapp.

[43] Privatarchiv Barbara Matthes, Standesamtsdokumente; Interview Klaus Knapp. Rudolf Berthold, Paluccas Stiefvater hatte zwar viele »Verehrerinnen«, wie eine Angestellte später Palucca berichtete, aber »er wollte keine Frau mehr«, so soll er gesagt haben. Palucca-Archiv, AdK, 5019.

[44] Interview Klaus Knapp.

[45] Vgl. Erdmann-Rajski 2000, a.a.O., S. 162.

[46] Ralf Stabel: »Zu eigenem Denken und Handeln führen, Geschichte der Palucca-Schule Dresden 1925 bis 1964«. In: Stabel 2000, a.a.O., S. 22.

[47] Erdmann-Rajski 2001, a.a.O., S. 147 und Erdmann-Rajski 2000, a.a.O., S.165.
[48] Staatliche Kunstsammlungen Dresden (Hg.), a.a.O., S. 23.
[49] Schieferdecker, a.a.O., S. 31.
[50] Akademie der Künste der DDR (Hg.), a.a.O., S. 65.
[51] Palucca-Archiv, AdK, 1252.
[52] Ebd.
[53] Akademie der Künste der DDR (Hg.), a.a.O., S. 90 ff.
[54] Vgl. Hahlweg, a.a.O.
[55] Ebd. Die Schülerin bezieht sich auf den Unterricht in den dreißiger Jahren, es lässt aber nichts darauf schließen, dass sich der Unterricht in den Zwanzigern unterschied.
[56] Akademie der Künste der DDR (Hg.), a.a.O., S. 67.
[57] Vgl. Eva Prase: »Die große Tänzerin der Moderne«, Freie Presse, 11.7.2000.
[58] Vgl. Erdmann-Rajski 2000, S. 206.
[59] Vgl. Nickel, a.a.O.
[60] Akademie der Künste der DDR (Hg.), a.a.O., S. 25.
[61] Hirsch u. Stabel, a.a.O.
[62] Interview Wolfgang Gubisch.
[63] Akademie der Künste der DDR (Hg.), a.a.O., S. 89.
[64] Stabel 2001, a.a.O., S. 100; Erdmann-Rajski 2000, S. 162.
[65] Vgl. Erdmann-Rajski 2000, S. 163.
[66] Vgl. Stabel 2001, a.a.O., S. 55.
[67] Helmut Trauzettel: »Erinnerungen an Palucca«, in: »Hiddensee. Inselnachrichten«, Juli 1999, S. 8.
[68] Vgl. Erdmann-Rajski 2000, S. 163f.
[69] Vgl. Nickel a.a.O.
[70] Palucca-Archiv, AdK, 5665.
[71] Palucca-Archiv, AdK, 5658.
[72] Palucca-Archiv, AdK, 5662.
[73] Ebd.
[74] Paul-Klee-Archiv, Zentrum Paul Klee, handschriftliche Aufzeichnungen von Paul Klee auf dem Briefbogen, den die Sekretärin der Palucca-Schule für Anschreiben genutzt hat. Brief der Palucca-Sekretärin stammt vom 10. August 1925.
[75] Palucca-Archiv, AdK, 5658.
[76] Ebd.
[77] Palucca-Archiv, AdK, 6073.
[78] Palucca-Archiv, AdK, 5828.
[79] Dresdner Geschichtsverein e.V. (Hg.), a.a.O., S. 219.
[80] Ebd.
[81] Stabel 2001, a.a.O., S. 54.
[82] Staatliche Kunstsammlungen Dresden (Hg.), a.a.O., S. 29.
[83] Dresdner Geschichtsverein e.V. (Hg.), a.a.O., S. 220.
[84] Palucca-Archiv, AdK, 5662.
[85] Waldemar Wirsing: »Musiker um Palucca«, in: Stabel 2000, a.a.O., S. 140.
[86] Erdmann-Rajski 2000, a.a.O. S. 187.
[87] Ebd. S. 186 ff.
[88] Vgl. (Ohne Autor) »Prof. Gret Palucca, deutsche Tänzerin, Choreographin und Tanzpädagogin«, Munzinger, Internationales biographisches Archiv, 28.6.1993, S. 2 f.
[89] Akademie der Künste der DDR (Hg.), a.a.O., S. 87.
[90] Ebd., S. 25.
[91] Vgl. Erdmann-Rajski 2000, S. 189.
[92] Akademie der Künste der DDR (Hg.), a.a.O., S. 87.
[93] Erdmann-Rajski 2000, a.a.O., S. 229.
[94] Rydberg, a.a.O., S. 13.
[95] Stabel 2001, a.a.O., S. 55.
[96] Hedwig Müller, Patricia Stöckemann: »... jeder Mensch ist ein Tänzer. Ausdruckstanz in Deutschland zwischen 1900–1945«, Gießen 1993, S. 36, 50f.
[97] Peter Reichel: »Der schöne Schein des Dritten Reichs. Faszination und Gewalt des Faschismus«, Frankfurt am Main 1996. Reichel weist in seinem Kapitel über die »Weimarer Kulturrevolution« ausdrücklich

auf die Simultaneität, auf das Nebeneinander der verschiedenen Ausdrucksformen hin.

[98] Willi Wolfradt: »Tanz. 1. Ansage«, in: Freie Deutsche Bühne, 1. Jg, H. 9, Oktober 1919, S. 215, zitiert nach Amelie Soyka (Hg.), a.a.O.

»Für einen jungen Menschen ein großes Glück« – Künstlerfreunde

[1] Staatliche Kunstsammlungen Dresden (Hg.), a.a.O., S. 25.
[2] Interview Luellin Bienert.
[3] Spielmann, a.a.O., S. 203.
[4] Ebd.
[5] Reichel, a.a.O., S. 48.
[6] Vgl. Erdmann-Rajski 2001, a.a.O., S. 165.
[7] Kandinsky-Mappe, Grohmann-Archiv, Staatsgalerie Stuttgart, Kandinsky an Grohmann, 17.5.1926.
[8] Ebd., Kandinsky an Grohmann, 10.2.1925.
[9] Vgl. Stabel 2001, a.a.O., S. 47.
[10] Paul-Klee-Archiv, Zentrum Paul Klee, Palucca und Friedrich Bienert an Paul und Lily Klee, 10. IV. 1924.
[11] Kai-Uwe Hemken: »El Lissitzky, Revolution und Avantgarde«, Köln 1990, S. 99 ff.
[12] Paul-Klee-Archiv, Zentrum Paul Klee, Palucca an Paul Klee, 21.5. 1926.
[13] Staatliche Kunstsammlungen Dresden (Hg.), a.a.O., S. 18.
[14] Ebd., S. 19.
[15] Ebd., S. 29.
[16] Stabel 2001, a.a.O., S. 51.
[17] Interview Luellin Bienert.
[18] Interview Maria Kreher.
[19] Kandinsky-Mappe, Grohmann-Archiv, Staatsgalerie Stuttgart, Kandinsky an Grohmann, 24.6.1925.
[20] Ebd., Kandinsky an Grohmann, 14.10.1925.
[21] Staatliche Kunstsammlungen Dresden (Hg.), a.a.O., S. 24.
[22] Ebd.
[23] Ebd., S. 20.
[24] Ebd.
[25] Ebd., S. 21.
[26] Ebd., S. 20 f.
[27] Hirsch u. Stabel, a.a.O.
[28] Einschätzung von Walter Gropius. Sibyl Moholy-Nagy: »László Moholy-Nagy – ein Totalexperiment«, Mainz 1972, S. 10.
[29] Vgl. Staatliche Kunstsammlungen Dresden (Hg.), a.a.O., S. 21.
[30] Interview Hanne Wandtke.
[31] Palucca-Archiv, AdK, 6104.
[32] Staatliche Kunstsammlungen Dresden (Hg.), a.a.O., S. 22.
[33] Hirsch u. Stabel, a.a.O.
[34] Erdmann-Rajski 2000, a.a.O. S. 158 f.
[35] Ellen de Visser: »Aspekte der gesellschaftlichen und politischen Situation von Frauen in der Weimarer Republik«, in: Barbara Determann (Hg.): »Verdeckte Überlieferungen«, Arnoldsheimer Texte, Bd. 68, Frankfurt am Main 1991, S. 107 ff.
[36] Interview Luellin Bienert.
[37] Staatliche Kunstsammlungen Dresden (Hg.), a.a.O., S. 28.
[38] Wann genau die Porträtsitzungen waren, lässt sich nicht bestimmen. Palucca war sich sicher, dass es vor 1927 gewesen war, aber da lebte Dix noch gar nicht mit seiner Frau in Dresden, dass diese aber immer dabei war, betont Palucca ausdrücklich (Staatliche Kunstsammlungen Dresden (Hg.), a.a.O., S. 28). Dennoch besteht kein Anlass, an der von Palucca geschilderten Begebenheit zu zweifeln.
[39] Staatliche Kunstsammlungen Dresden (Hg.), a.a.O., S. 53; Stabel 1997, a.a.O., S. 93.
[40] Staatliche Kunstsammlungen Dresden (Hg.), a.a.O., S. 25.
[41] Dieses Bild sollte zu den wichtigen Bildern seines Spätwerks gehören. Abbildung in »Künstler um Palucca«, S. 9.
[42] Staatliche Kunstsammlungen Dresden (Hg.), a.a.O., S. 28 und 21.

»Wir haben uns weiter gut verstanden« – Übergänge

[1] Löffler 1995, a.a.O., S. 102.
[2] Staatliche Kunstsammlungen Dresden (Hg.), a.a.O., S. 26.
[3] Grohmann, a.a.O., S.11. Auch Schülerinnen von Palucca können sich nicht vorstellen, dass Palucca ein Kind hätte bekommen wollen.
[4] Privatarchiv Barbara Matthes, Standesamtsdokumente.
[5] Ab 1941 mussten Juden die Sterne tragen.
[6] Interview Luellin Bienert.
[7] Palucca-Archiv, AdK, 3336.
[8] Staatliche Kunstsammlungen Dresden (Hg.), a.a.O., S. 28.
[9] Gert Fröbe: »Auf ein Neues, sagte er ... (und dabei fiel ihm das Alte ein). Geschichten aus meinem Leben«, München 1988, S. 73 ff.
[10] Vgl. Schieferdecker, a.a.O., S. 35 f.
[11] Ebd.
[12] Rader, a.a.O., S. 126.
[13] Erdmann-Rajski 2000, a.a.O., S. 236 ff.
[14] Vgl. ebd., S. 238.
[15] Stabel 2001, a.a.O., S. 103.
[16] Palucca-Archiv, AdK, 154.
[17] Stabel 2001, a.a.O., S. 102.

»Wir gehörten zusammen« – Will Grohmann, der Publizist

[1] Klee-Mappe, Grohmann-Archiv, Staatsgalerie Suttgart, Dessau 3. Juli 1929.
[2] Klee-Mappe, Grohmann-Archiv, Staatsgalerie Stuttgart. »Das Bildchen von Ihnen hängt und erzählt, was man erlebt, wenn man mehr Zeit hat«, schrieb Grohmann an Klee.
[3] Kandinsky-Mappe, Grohmann-Archiv, Staatsgalerie Stuttgart.
[4] Nina Kandinsky: »Kandinsky und ich«, München 1976, S. 100.
[5] Kandinsky-Mappe, a.a.O., Kandinsky an Grohmann, 18.4.1923.
[6] Ebd., Kandinsky an Grohmann.
[7] Ebd., 31.7.1925.
[8] Kandinsky-Mappe, Grohmann-Archiv, Staatsgalerie Stuttgart, Kandinsky an Grohmann, 6.9.1925.
[9] Klee-Archiv, Zentrum Paul Klee, Kandinsky und Klee an Grohmann, Datum unleserlich.
[10] Wigman-Mappe, Grohmann-Archiv, Staatsgalerie Stuttgart.
[11] Bienert-Mappe, Grohmann-Archiv, Staatsgalerie Stuttgart.
[12] Klee-Mappe, Grohmann-Archiv, Staatsgalerie Stuttgart.
[13] Palucca-Archiv, AdK, 1857.
[14] Interview Renate Glück, Grohmanns Schwägerin und Erbin.
[15] »In Memoriam Will Grohmann 1887-1968 – Wegbereiter der Moderne«, Staatsgalerie Stuttgart 1988, S. 7.
[16] Giuseppe Marchiori: »An Freund Grohmann«, in: Karl Gutbrod (Hg.): »Künstler schreiben an Will Grohmann«, Köln 1963, S. 20.
[17] Karl Gutbrod (Hg.), a.a.O., Bildteil.
[18] Rydberg, a.a.O., S.9 ff.
[19] Ebd., S. 8 u. 10.
[20] Interview Renate Glück.
[21] Bundesarchiv, RKK 2101, biografische Angaben zu Gertrud Grohmann.
[22] Palucca-Archiv, AdK, 6332.
[23] Bundesarchiv, RKK 2101.
[24] Palucca-Archiv, AdK, 177.
[25] Staatliche Kunstsammlungen Dresden (Hg.), a.a.O., S. 25.
[26] Rydberg, a.a.O., S. 43,
[27] Vgl. Erdmann-Rajski 2000, a.a.O., S. 252.
[28] Rydberg, a.a.O., S. 19.
[29] Ebd., S. 43.
[30] Ebd. 8 ff.
[31] Ebd., S.12.
[32] Ebd., S. 13.
[33] Palucca-Archiv, AdK, 1006, dreißiger Jahre.

[34] Karl Gustav Grabe: »Greta Palucca«. in: »Der Jungdeutsche«, Berlin, 13.11.1932, zitiert nach: Erdmann-Rajski 2000, S. 246.
[35] »Palucca«, in: 8 Uhr-Abendblatt Berlin, 9.11.1932, zitiert nach Erdmann-Rajski 2000, a.a.O., S. 247.
[36] Grabe, a.a.O., S. 247.
[37] Stabel 2001, a.a.O., S. 74.
[38] Vgl. Rydberg, a.a.O., S. 21, S. 46.
[39] Erdmann-Rajski 2000, a.a.O., S. 244 ff.
[40] Katrin Stiehr weist in einem Aufsatz über Weiblichkeitsbilder im Nationalsozialismus darauf hin, dass Hitler zwar »gern den wesenseigenen Wirkungskreis der Frau an Heim und Herd« betont habe, zugleich aber mit dafür gesorgt hatte, dass sich Mädchen und junge Frauen im BDM sportlich ertüchtigten. Im BDM seien Mädchen erstmals, so wie die Jungen, in eine nationale Organisation eingebunden worden. Katrin Stiehr: »Auf der Suche nach Weiblichkeitsbildern im Nationalsozialismus«, in: Barbara Determann (Hg.): »Verdeckte Überlieferungen«, Arnoldsheimer Texte, Bd. 68, Frankfurt am Main 1991, S. 27.

»Ich weiß, daß Sie von mir enttäuscht sein werden« – Aufstieg im Nationalsozialismus

[1] Klee-Mappe, Grohmann-Archiv, Staatsgalerie Stuttgart, 31.1.1933.
[2] Ebd., 3.12.1933.
[3] Kandinsky-Mappe, Grohmann-Archiv, Staatsgalerie Stuttgart, 23.1.1932.
[4] Ebd., 29.5.1932.
[5] Bundesarchiv, RKK 2101.
[6] Klee-Mappe, 18. November 1933, Grohmann-Archiv, Staatsgalerie Stuttgart.
[7] Christian Rümelin: »Paul Klee. Leben und Werk«, München 2004, S.90 f.
[8] Kandinsky-Mappe, Grohmann-Archiv., Staatsgalerie Stuttgart, Kandinsky an Grohmann, 4.12.1933.
[9] Ebd.
[10] Ebd.
[11] Ebd., 6.8.1935
[12] Hajo Düchting: »Wassily Kandinsky, 1866-1944, Revolution der Malerei«, Köln 1990.
[13] Kandinsky-Mappe, Grohmann-Archiv., Staatsgalerie Stuttgart, 4.12.1933.
[14] Vgl. Löffler 1995, a.a.O., S. 102.
[15] Ebd.
[16] Kandinsky-Mappe, Grohmann-Archiv, Staatsgalerie Stuttgart, 9.10.1932.
[17] Ebd., 2.7.1932.
[18] Ebd., Kandinsky an Grohmann, 6.12.1932.
[19] Sächsische Zeitung, 11.9.1999.
[20] Dresdner Geschichtsverein e.V. (Hg.), a.a.O., S. 228.
[21] Reichel, a.a.O., S. 66 f.
[22] Ebd. S. 116.
[23] Vgl. Fritsch-Vivié, a.a.O., S. 91.
[24] Rader, a.a.O., S. 130.
[25] Victor Klemperer: »Ich will Zeugnis ablegen bis zum letzten, Tagebücher 1933-1941.«, Berlin 1995, S. 8 ff.
[26] Vgl. Müller, a.a.O., S. 218.
[27] Wigman-Mappe, 23.3.34, Grohmann-Archiv Staatsgalerie Stuttgart.
[28] Palucca-Archiv, AdK, 5091, 8.1.1982.
[29] Palucca-Archiv, AdK, 6137.
[30] Stabel 2001, a.a.O., S. 83 f.
[31] Vgl. ebd.
[32] Vgl. Erdmann-Rajski 2000, Palucca, S. 400 ff.
[33] Palucca-Archiv, AdK, 6137.
[34] Stabel 2000, a.a.O., Abbildung, S. 27.
[35] Vgl. Stabel 2001, a.a.O., S. 89.

[36] Müller, Stöckemann, a.a.O., S. 126 ff.
[37] Karina, Kant, a.a.O., S.136.
[38] Palucca-Archiv, AdK, 5266.
[39] Palucca-Archiv, AdK, 5267, 17.10.1934.
[40] Palucca-Archiv, AdK, 5268, 5275.
[41] Palucca-Archiv, AdK, 5277, 5.9.1935, 4.9.1935.
[42] Palucca-Archiv, AdK, 5278, 28.10.1935.
[43] Palucca-Archiv, AdK, 5277, 13.10.1935.
[44] Palucca-Archiv, AdK, 5277, 13.9.1935.
[45] Ebd.
[46] Palucca-Archiv, AdK, 5266.
[47] Palucca-Archiv, AdK, 5277, 4.9.1935, 5.9.1935.
[48] Vgl. Stabel 2001, a.a.O., S. 113.
[49] Palucca-Archiv, AdK, 5269, 15.11.1934, 20.11.1934.
[50] Palucca-Archiv, AdK, 5267.
[51] Vgl. Müller, Stöckemann, a.a.O., S. 155.
[52] Wigman-Archiv, AdK, 447.
[53] Vgl. Erdmann-Rajski 2000, a.a.O., S. 252.
[54] Alle Zitate aus vorangehenden Absätzen zum Fall Meisterwerkstätten: Mary-Wigman-Archiv, AdK, 454.
[55] Das Festspiel wurde von Carl Diehm und Hanns Niedecken-Gebhard gestaltet.
[56] Palucca-Archiv, AdK, 6180, 7.4.1935, 13.9.1935, 17.9.1935.
[57] Palucca-Archiv, AdK, 4152, 9.5.1936.
[58] Palucca-Archiv, AdK, 4151, 26.6.1936.
[59] Palucca-Archiv, AdK, 4152, 3.7.1936.
[60] Alle Zitate aus vorangehenden Absätzen zur Olympiade: Mary-Wigman-Archiv, Adk 454.
[61] Palucca-Archiv, AdK, 5019, 1259.
[62] Elke Fröhlich (Hg.): »Die Tagebücher von Joseph Goebbels«, Teil 1, Bd. 2, München 1987, S. 563.
[63] Karina, Kant, a.a.O., S. 165 ff.
[64] Vgl. Fritsch-Vivié, a.a.O., S. 105.
[65] Palucca-Archiv, AdK, 4153, 3.4.1936.
[66] Vgl. Müller, Stöckemann, a.a.O., S.174.
[67] Palucca-Archiv, AdK, 551, ohne Datum.
[68] Ebd.
[69] Ebd.
[70] Ebd.
[71] Hirsch u. Stabel, a.a.O.
[72] Reichel, a.a.O., S. 269 f. Peter Reichel spricht im Olympia-Kapitel seines Standardwerks vom faschistischen System der Entdifferenzierung und wählt als Beispiel Leni Riefenstahls Olympia-Film.
[73] van der Rohe, a.a.O., S. 70.
[74] Riefenstahl, a.a.O., S. 265 f.
[75] Vgl. Müller, Stöckemann, a.a.O., S.174.
[76] Beschreibung des Festspiels ebd., S. 174 ff.
[77] Palucca-Archiv, AdK, 4151, 27.7.1936.
[78] Palucca-Archiv, AdK, 4152, 6.8.1936.
[79] Vgl. Klemperer, Tagebücher 1933-1941, a.a.O., S. 291 ff.

»Es war eine solche Verzweiflung« – Abstieg im Nationalsozialismus

[1] Vgl. Karina, Kant, a.a.O., S. 268.
[2] Vgl. ebd., S. 269.
[3] Eberhard Jäckel, Peter Longerich, Julius H. Schoeps (Hgs.): »Enzyklopädie des Holocaust. Die Verfolgung und Ermordung europäischer Juden«, Band 2, Berlin 1993, S. 956.
[4] Vgl. ebd., S. 271.
[5] Vgl. Karina, Kant, a.a.O., S. 272.
[6] Müller, Stöckemann, a.a.O., S. 207.
[7] Ebd.
[8] Vgl. ebd., S. 277.
[9] Karina, Kant, a.a.O., S. 279.

[10] Interview Lilian Karina.
[11] Erich Kästner: »Zeitgenossen, haufenweise. Gedichte«. Gesamtausgabe, Hg. v. Franz Josef Görtz u.a., Bd. 1, München, Wien 1998, S. 281.
[12] Karina, Kant, a.a.O., S. 282 f.
[13] Wigman-Archiv, AdK 447, 8.3.1937.
[14] Ebd., 13.3.1937.
[15] Vgl. Karina, Kant, a.a.O., S. 238.
[16] Fröhlich, a.a.O., S. 199.
[17] Ebd., S. 201 f.
[18] Jäckel, Longerich, Schoeps (Hgs.), a.a.O., S. 956.
[19] James Knowlson: »Samuel Beckett. Eine Biographie«, Frankfurt am Main 2001, S. 324 ff.
[20] Palucca-Archiv, AdK, 4151, 15.7.1937.
[21] Palucca-Archiv, AdK, 6247, 30.7.1937.
[22] Palucca-Archiv, AdK, 6248, ohne Datum und Absender, wahrscheinlich 23.12.37, vgl. Karina, Kant, a.a.O., S. 291.
[23] Vgl. Karina, Kant, a.a.O., S. 292.
[24] Vgl. ebd.
[25] Palucca-Archiv, AdK, 6246.
[26] Ebd.
[27] Bundesarchiv, RKK 2101.
[28] Klee-Mappe, Grohmann-Archiv, Staatsgalerie Stuttgart, 16.3.1936.
[29] Klee-Mappe, Grohmann-Archiv, Staatsgalerie Stuttgart, Lily Klee an Grohmanns, 2.12.1935: »Prachtvoll sind die Aufnahmen von Palucca. Wir hörten schon, wie sehr sie in Berlin gefeiert worden war«.
[30] Knowlson, a.a.O., S. 324. Auch Kunsthistoriker werfen Grohmann heute vor, er habe sich als Publizist bei der Auswahl seiner Themen und vor allem sprachlich zu sehr an Nazi-Interessen angepasst, irgendwann in den dreißiger Jahren sei nicht mehr zu erkennen gewesen, wohin er nun gehörte. Er habe vom »stolzen Reichtum des deutschen Mutterbodens« fabuliert (Monika Wucher: »Dr. Grohmanns Empfehlungen. Leitmotive moderner Kunstpublizistik im Nationalsozialismus. Kunsthistoriker und Künstler 1925-1937«, Köln 1999, S. 113). Und tatsächlich finden sich auch in seinem Palucca-Buch Wendungen über die »nordische Rasse«, über eine »Überlegenheit des Blutes« (Rydberg, a.a.O., S. 6 f.). Dass sich Grohmanns Sprache auf so unangenehme Weise veränderte, dafür liefert allerdings Viktor Klemperer eine Erklärung: Er stellte in seiner Studie über die Lingua Tertii Imperii – die Sprache des Dritten Reiches – fest, dass Regimegegner und Regimefeinde sprachlich nicht mehr voneinander zu unterscheiden waren. (Vgl. Viktor Klemperer: »LTI. Notizbuch eines Philologen«, Leipzig 1975, S. 22).
[31] In Memoriam Will Grohmann, a.a.O., S. 7.
[32] Rader, a.a.O., S. 131.
[33] Harald Voigt: »Der Sylter Weg ins Dritte Reich«, Münsterdorf 1977, S. 110.
[34] Stabel 2001, a.a.O., S. 124.
[35] Vgl. Eva Karcher: Otto Dix, Bindlach 1992, S. 74; Heike Biedermann: »Ernst Bursche und die Dresdner Kunstsammler Fritz Glaser und Friedrich Bienert«, in: Städtische Galerie Dresden (Hg.): »Ernst Bursche zum 100. Geburtstag«, Dresden 2007, S. 18.
[36] Interview Renate Glück.
[37] Paul-Klee-Archiv, Zentrum Paul Klee, Getrud Grohmann an Paul und Lily Klee, 28. Dezember 1939.
[38] In den dreißiger Jahren ließ Friedrich Bienert in seinen Karten an Palucca Will Grohmann noch grüßen, in den vierziger Jahren tat er dies nicht mehr. Palucca-Archiv, AdK, 857.
[39] Alle Zitate zum Ende der Beziehung: Wigman-Archiv, AdK, 449, Februar bis Juni 1941.
[40] Vgl. Fritsch-Vivié, a.a.O., S. 112.
[41] Jäckel, Longerich, Schoeps (Hgs.), a.a.O., S. 956 f.
[42] Rader, a.a.O., S. 132 f.
[43] Stabel 2001, a.a.O., S. 124.
[44] Hans Wilhelm Vahlefeld: »Deutschlands totalitäre Tradition«, Stuttgart 2002, S. 51 ff.

[45] Palucca-Archiv, AdK, 3217.
[46] Palucca-Archiv, AdK, 2087, 16.11.1943.
[47] Palucca-Archiv, AdK, 2051, 21.3.1940.
[48] Interview Anne Dore Noak.
[49] Hirsch u. Stabel, a.a.O.
[50] Vgl. Jürgs, a.a.O., S. 90.
[51] Vgl. Voigt, a.a.O., S. 108.
[52] Palucca-Archiv, AdK, 3217, 29.4.1940.
[53] Palucca-Archiv, AdK, 1857, 29. 8. 1943
[54] Akademie der Künste der DDR (Hg.), a.a.O., S. 100.
[55] Palucca-Archiv, AdK, 2011, 14.12.1942.
[56] Palucca-Archiv, AdK, 2051, 29.7.1941, 5.2.1940, 25.12.1942.
[57] Palucca-Archiv, AdK, 2087, 1. Advent 1942, undatiert – wahrscheinlich Jahreswechsel 1942/43, 16.11.1943.
[58] Interview Maria Lindenmeier, einer Verwandten Zwingenbergers. Als die Nazis an die Macht kamen, wurde es für sie schwierig: Sie hatte sich 1935 geweigert, dem NS-Ärztebund beizutreten, musste ihre Praxis ganz oder zeitweilig aufgeben und »Luftschutzsanitätsdienst« leisten. Vgl. NS-Archiv des MfS, Hauptstaatsarchiv Dresden, ZW 139 A. 8, Charakteristik des Volkspolizeipräsidiums Dresden, 9.9.1949).
[59] Rader, a.a.O., S. 130.
[60] Vgl. Stabel 2001, a.a.O., S. 127.
[61] Jäckel, Longerich, Schoeps (Hgs.), a.a.O., S. 957.
[62] Vgl. Stabel 2001, a.a.O., S. 126.
[63] Dresdner Geschichtsverein e.V. (Hg.), a.a.O., S. 232.
[64] Rader, a.a.O., S. 129.
[65] Löffler 1984, a.a.O., S. 10.
[66] Schieferdecker, a.a.O., S. 50.
[67] Palucca-Archiv, AdK, 564, Manuskript der Erinnerungen Paluccas an die Luftangriffe für ein Dresdner Jahrbuch zur Geschichte der Stadt, offenbar herausgegeben im Jahr 1980.
[68] Schieferdecker, a.a.O., S. 52.
[69] Walter Kempowski: »Der rote Hahn. Dresden im Februar 1945«, München 2001, S. 56.
[70] Ebd. S. 57.
[71] Ebd.
[72] Klemperer, Tagebücher 1933-1941, a.a.O., S. 662.
[73] Interview Luellin Bienert, vgl. auch Löffler, a.a.O., S. 101.
[74] Palucca-Archiv, AdK, 564.
[75] Ebd.
[76] Ebd.
[77] Ebd.
[78] Jörg Friedrich: »Angriff auf die Antilopen. Wie der Dresdner Zoo verbrannte«, Der Tagesspiegel, 23.2.2003.
[79] Palucca-Archiv, AdK, 564.
[80] Interview Ruth Zwingenberger, Verwandte von Marianne Zwingenberger.
[81] Vgl. Müller, a.a.O., S. 264.
[82] Palucca-Archiv, AdK, 567.
[83] Schieferdecker, a.a.O., S. 52.
[84] Dresdner Geschichtsverein e.V. (Hg.), a.a.O., S. 237.
[85] Golo Mann: »Deutschland in Flammen. Warum Dresden zur Frontstadt werden mußte«, Frankfurter Allgemeine Zeitung, 18.2.2005, S. 37.
[86] Palucca-Archiv, AdK, 564. Dass es Marianne Zwingenberger war, mit der sie nach Langenhennersdorf geflohen war, sagte Palucca selber so nicht, sie sprach in dem Dokument, das eine Befragung Paluccas zum 35. Jahrestag der Angriffe wiedergibt, von einer »Ärztin«. Zwingenbergers Nichte, Maria Lindemeier aber gab im Interview an – ohne Paluccas Version zu kennen – die beiden Frauen seien gemeinsam nach Langenhennersdorf geflohen und machte weitere Angaben zu dem Aufenthalt.

»Und nun hoffe ich, daß alles aufwärts geht« – Palucca in der sowjetisch besetzten Zone

[1] Palucca-Archiv, AdK, 564.
[2] Hirsch u. Stabel, a.a.O.
[3] Dresdner Geschichtsverein e.V. (Hg.), a.a.O., S. 237.
[4] »Palucca Tanz Palucca«. Film zum 85. Geburtstag von Gret Palucca, Regie: Maxim Dessau, Fernsehen der DDR, 1987. Palucca sagt in dem Film, bezogen auf die Nachkriegszeit: »Fangste wieder an«.
[5] Dresdner Geschichtsverein e.V. (Hg.), a.a.O., S. 239.
[6] Das jedenfalls ist wahrscheinlich, es ist mehrfach überliefert, dass Palucca ihren Schülern am 1. Schultag Rosen schenkte und einen Blumenladen wird es im Juni 1945 kaum gegeben haben.
[7] Palucca-Archiv, AdK, 2050, 8.2.1946.
[8] Dresdner Geschichtsverein e.V. (Hg.), a.a.O., S. 237.
[9] Staatliche Kunstsammlungen Dresden (Hg.), a.a.O., S. 17.
[10] Akademie der Künste der DDR (Hg.), a.a.O., S. 108 f.
[11] Ruth Berghaus: »Gret Palucca, eine Nachrede«, in: »Deutsche Bühne« 64, 1993, S. 9.
[12] Palucca-Archiv, AdK, 3217, ohne Datum.
[13] Palucca-Archiv, AdK, 3648, 9.10.1945.
[14] Palucca-Archiv, AdK, 3649, 21.7.1945, 16.6.1945, 15.6.1945.
[15] Palucca-Archiv, AdK, 3214, 14.5.1947, 2.2.1948.
[16] Palucca-Archiv, AdK, 6726, 19.6.1945.
[17] Schieferdecker, a.a.O., S. 53; Rat des Bezirks Dresden (Hg.): »Vom kulturellen Anfang im Raum Dresden nach der Befreiung vom Hitler-faschismus«, in: Dresdner Hefte 6, Dresden 1985, S. 36 ff.
[18] Schieferdecker, a.a.O., S.53.
[19] Schieferdecker, a.a.O., S. 54.
[20] Vallentin-Archiv, AdK, 000928, 1.9.1946-8.9.1946.
[21] Alfred Nemeczek: »Beim großen Bilderstreit flogen die Fetzen«, Art, 1.4.2004.
[22] Palucca-Archiv, AdK, 3648, 19.10.1945.
[23] Palucca-Archiv, AdK, 6220, 27.11.1945.
[24] Wigman-Archiv, AdK, 454, 20.7.1945.
[25] Wigman-Archiv, AdK, 454, 14.6.1945.
[26] Wigman-Archiv, AdK, 454, 20.7.1945.
[27] Vgl. Müller, a.a.O., S. 268.
[28] Wigman-Archiv, AdK, 454, 14.6.1945.
[29] Palucca-Archiv, AdK, 2050, 8.2.1946.
[30] Stabel 2001, a.a.O., S. 135.
[31] Bundesarchiv, RKK 2703, Palucca wurde auch befragt, ob sie in der Reichskulturkammer Mitglied gewesen sei und sie antwortete darauf mit »nein nicht betreffend«. Dass sie aber Mitglied der Reichstheater-kammer war, gab sie mit einem klaren »ja« zu. Die beiden Antworten zeigen, dass Palucca sich über die Strukturen im NS-Staat, die sie unmittelbar betroffen hatten, nicht im Klaren war: Mit ihrer Mitglied-schaft bei der Reichstheaterkammer war sie automatisch auch Mit-glied in der Reichskulturkammer.
[32] Schieferdecker, a.a.O., S. 56.
[33] Palucca-Archiv, AdK, 3217, 21.8.1947
[34] Palucca-Archiv, AdK, 1281.
[35] Otto von Keudell wird im Internet auf mehreren Listen als SS-Offizier geführt.
[36] Palucca-Archiv, AdK, 1281, 26.8.1947.
[37] Palucca-Archiv, AdK, 5337, 7.2.1946.
[38] Palucca-Archiv, AdK, 1857, 7.2.1946.
[39] Palucca-Archiv, AdK, 1857, 18.10.1946.
[40] Ebd.
[41] Palucca-Archiv, AdK, 6726, 24.8.1945.
[42] Palucca-Archiv, AdK, 3214, 5.12.1945.
[43] Palucca-Archiv, AdK, 3214, 19.1.1946.
[44] Palucca-Archiv, AdK, 6726, 28.8.1945.
[45] Interview Rolf Kohlrausch, Musulin-Schüler; Ernst Krause: »Das Bildnis Branka Musulins«, Dresden 1958; Bienert-Mappe, Grohmann-

Archiv, Staatsgalerie Stuttgart. Zwischen Palucca und Branka Musulin gab es im künstlerisch-pädagogischen Ansatz durchaus Parallelen. Musulin gab ihren Schülern, wie auch Palucca, selten praktische Tipps, sondern sie versuchte ihnen das Wesen des Klangs zu vermitteln. Musulin verglich Noten oft mit Farben, wie Palucca ging es ihr vor allem darum, die künstlerische Empfindung zu stärken.

[46] Grohmann-Archiv, Staatsgalerie Stuttgart, Bienert-Mappe, Friedrich Bienert an Will Grohmann, 25.9.1946.

[47] Ebd.

[48] Palucca-Archiv, AdK, 1857, 18.10.1946.

[49] Heike Biedermann: »Ida Bienert in München 1945 bis 1965«, »Dresdner Kunstblätter« 6/1997, S. 194f.

[50] Palucca-Archiv AdK, 1857, 18.10.1946.

[51] Schieferdecker, a.a.O., S. 54.

[52] Palucca-Archiv, AdK, 3217.

[53] Dresdner Geschichtsverein e.V. (Hg.), a.a.O., S. 242.

[54] Palucca Archiv, AdK, 2121, 11.8.1949.

[55] Palucca Archiv, AdK, 2121, 2.3.1949.

[56] Palucca-Archiv, AdK, 2077, 27.10.1946.

[57] Palucca-Archiv, AdK, 1886, 10.12.1947.

[58] Palucca-Archiv, AdK, 2140, 20.12.1946.

[59] Vgl. Stabel 2001, a.a.O., S. 142f.; Mary-Wigman-Archiv, AdK, 456, 5.1.1947.

[60] Akademie der Künste der DDR (Hg.), a.a.O., S. 76 f.

[61] Stabel 2001, a.a.O., S.147/157.

[62] Hirsch u. Stabel, a.a.O.

[63] Palucca-Archiv, AdK, 2077, 29.9.1946, 10.3.1946, 27.10.46.

[64] Palucca-Archiv, 1658, 14.8.1946.

[65] Palucca-Archiv, 1658, 31.7.1947.

[66] Grohmann-Achiv, Staatsgalerie Stuttgart, Moholy-Mappe, Sibyl Moholy-Nagy an Will Grohmann, 9.5.1948.

[67] Interview Helmut Trauzettel, (Architekt, Studium in Weimar 1947–1951).

[68] Palucca-Archiv, AdK, 1654, 23.11.1946.

[69] Palucca-Archiv, AdK, 1654, 28.1.1947.

[70] Palucca-Archiv, AdK, 1654, 23.11.1946.

[71] Palucca-Archiv, AdK, 1877, 5.9.1946.

[72] Palucca-Archiv, AdK, 1877, 8.7.1947.

[73] Palucca-Archiv, AdK, 1877, 5.4.1948.

[74] Palucca-Archiv, AdK, 1654, 6.8.1949.

[75] Palucca-Archiv, AdK, 2121.

[76] Palucca-Archiv, AdK, 2121, 19.12.1949.

[77] Börner, a.a.O.

[78] Interview Maria Lindenmeier.

[79] Interview Maria Kreher.

[80] unabhängig voneinander geführte Interviews mit Christian Zwingenberger, Neffe von Marianne Zwingenberger; Maria Lindenmeier, Nichte von Marianne Zwingenberger; Peter Zwingenberger, Neffe von Marianne Zwingenberger.

[81] Interview Verwandte Zwingenbergers.

[82] Interview Marianne Schmeiser.

[83] Interview Ruth Zwingenberger.

[84] Ebd.

[85] Ebd.

[86] BStU, MfS, AIM Nr. 333/91.

[87] Interview Ruth Zwingenberger.

[88] Palucca-Archiv, AdK, 2087, 24.12.1950.

[89] Interview Marianne Schmeiser.

[90] Interview Ruth Zwingenberger.

[91] Interview Günther Eisold, 1947–1958 Arzt in der Kinderklinik Johannstadt.

[92] Interview Maria Lindenmeier.

[93] Interview Hildegund Olbrich, ab 1950 Ärztin Johannstädter Klinikum, Vgl. dazu auch Fotos Palucca-Archiv, AdK, 5402.

[94] Interview Günther Eisold.

[95] Palucca-Archiv, AdK, 2685, 2.1.1967.

[96] Interview Hildegund Olbrich.
[97] Interview Günther Eisold.
[98] Interview Hildegund Olbrich.
[99] Interview Günther Eisold.
[100] Palucca-Archiv, AdK, 2872, 9.5.1968.
[101] Das Grundstück, auf dem die Holz-Baracke stand, gehörte der kunstsinnigen Elisabeth von Blücher, einer älteren Dame, die sich Jahrzehnte zuvor ein altes Fischerhaus gekauft hatte mit einem großen Grundstück, das vom Bodden auf der Ostseite des Inselstreifens bis zum Meer auf der Westseite reichte.
[102] Palucca-Archiv, AdK, 2176, 24.8.1948.
[103] Interview Anneliese von Dossow, Vormieterin der Baracke; Interview Leonore Muthesius, Erbin des Blücher-Hauses; Renate Seydel (Hg.): »Hiddensee. Geschichten von Land und Leuten«, Berlin 2000.
[104] Palucca-Archiv, AdK, 442, 444, 443 u.a.
[105] Palucca-Archiv, AdK, 2050, 3.8.1946.
[106] Palucca-Archiv, AdK, 2121, 18.11.1948.
[107] Palucca-Archiv, AdK, 2050, 3.8.1946.
[108] Palucca-Archiv, AdK, 3394, 21.1.1949.
[109] Palucca-Archiv, AdK, 27.6.1947.
[110] Palucca-Archiv, AdK, 1924, 27.10.1950.
[111] Christoph Hölscher: »NS-Verfolgte im ›Antifaschistischen Staat‹. Vereinahmung und Ausgrenzung in der ostdeutschen Wiedergutmachung«, Berlin 2001, S. 80 ff.; Claudia Schoppmann: »Nationalsozialistische Sexualpolitik und weibliche Homosexualität«, Pfaffenweiler 1991, S. 10ff.
[112] Akten des Volkspolizeipräsidiums Dresden, Sächsisches Hauptstaatsarchiv, ZW 139 A.8 (vormals Bundesarchiv, NS-Archiv des MfS, übergeben ans Sächsische Hauptstaatsarchiv im März 2005).
[113] Stabel 2001, a.a.O., S. 148.

»Ich möchte, daß die Menschen freier sind« – Palucca in der DDR

[1] Palucca-Archiv, AdK, 1925, 25.10.1947.
[2] Palucca-Archiv, AdK, 2011, 21.4. 1949/26.4.1949.
[3] Dresdner Geschichtsverein e.V. (Hg.), a.a.O., S. 249.
[4] Grohmann-Archiv, Staatsgalerie Stuttgart, Wigman-Mappe, Will Grohmann an Mary Wigman 9.5.1949.
[5] Interview Marlies Heinemann.
[6] Giuseppe Marchiori: »An Freund Grohmann«. In: Karl Gutbrod (Hg.): a.a.O., S. 20.
[7] Grohmann-Archiv, Staatsgalerie Stuttgart, Berlin-Mappe.
[8] Grohmann-Archiv, Staatsgalerie Stuttgart, Wigman-Mappe, Will Grohmann an Mary Wigman, 31.8.1951.
[9] Interview Michael Zwingenberger; Interview Christian Zwingenberger.
[10] Thomas Großbölting: »Diktatorische Gesellschaftskonstruktion und soziale Autonomie. Bürgertum und Bürgerlichkeit im (werdenden) Arbeiter- und Bauernstaat«, in: Heiner Timmermann (Hg.): »Die DDR – Analysen eines aufgegebenen Staates«, Berlin 2001, S. 177.
[11] Thomas Großbölting: »SED-Diktatur und Gesellschaft. Bürgertum, Bürgerlichkeit und Entbürgerlichung in Magdeburg und Halle«, Halle (Saale) 2001, S. 30.
[12] BStU, MfS, Aim, Nr. 756/53.
[13] Palucca-Archiv, AdK, 3367, 16.10.1948.
[14] Palucca-Archiv, AdK, 2077, 19.10.1948.
[15] Palucca-Archiv, AdK, 2077, 6.1.1949.
[16] Palucca-Archiv, AdK, 2077, 21.1.1949.
[17] Palucca-Archiv, AdK, 3367, 5.8.1949.
[18] Palucca-Archiv, AdK, 3367, 16.5.1949.
[19] Palucca-Archiv, AdK, 3367, 5.8.1949.
[20] Palucca-Archiv, AdK, 5113.
[21] Vgl. Stabel 2001, a.a.O., S. 149.
[22] Palucca-Archiv, AdK, 3367, 20.2.1950.
[23] Palucca-Archiv, AdK, 3367, 3.3.1950.

[24] Palucca-Archiv, AdK, 5078, 22.5.1950.
[25] Palucca-Archiv, AdK, 1176, 17.11.1949.
[26] Vgl. Stabel 2001, a.a.O., S. 152 f.
[27] Dagmar Buchbinder: »Kunstadministration nach sowjetischem Vorbild«. In: Timmermann (Hg.): »Die DDR – Analysen eines aufgegebenen Staates«, Berlin 2001, S. 394.
[28] Detlef Schmichen-Ackermann: »Diktaturen im Vergleich«. Wissenschaftliche Buchgesellschaft, Darmstadt 2002, S. 85.
[29] Buchbinder, a.a.O., S. 395 f., S. 398.
[30] Dresdner Geschichtsverein e.V. (Hg.), a.a.O., S. 249.
[31] Palucca Archiv, AdK, 2009, 12. Januar 1951.
[32] Stabel 2001, a.a.O., S. 161 f.
[33] Ebd.
[34] Irmgard Schöningh kam aus bürgerlichen Verhältnissen, war 1908 in Kassel als Irmgard Barbara Wegener geboren worden. Ihr Vater war Chirurg gewesen. Ihre Mutter stammte aus Norwegen. Schon früh lernte sie Geige spielen, trat als junges Mädchen auf, leitete ein Streichorchester. Dann ging sie zum Musikstudium nach München, bekam dort auch Gesangsunterricht (BStU, MfS, Aim, Nr. 756/53/08). Irmgard Schöningh heiratete mit 21 einen katholischen Theologen. Das Ehepaar bekam ein Kind, eine Tochter, ließ sich scheiden, sie heiratete noch einmal (Interview Marie-Alice Schöningh, Detmold). Im Zweiten Weltkrieg ging der Ehemann nach Polen, Irmgard Schöningh blieb allein mit der Tochter und lebte mit Frauen zusammen, so dass sich ihr Mann, als er aus dem Krieg zurückkehrte, noch einmal von ihr scheiden ließ und die Tochter endgütig zu sich nahm (Interview Lorenz Schöningh).
[35] BStU, MfS, Aim, Nr. 756/53/16, 1.8.1951.
[36] BStU, MfS, Aim, Nr. 756/53/19, 28.8.1951.
[37] BStU, MfS, Aim, Nr. 756/53/18, 27.8.1951.
[38] BStU, MfS, Aim, Nr. 756/53/19, 28.8.1951.
[39] Palucca-Archiv,. AdK, 2100, 18. 5. 1950, AdK, 2141, 2.2.1957.
[40] Palucca-Archiv, AdK, 2121, 7.3.1950.
[41] Palucca Archiv, AdK, 1910, 20.12.1953; AdK, 1881, 22.8.1955; AdK, 1881 ohne Datum.
[42] Palucca-Archiv, AdK, 2087, 24.12.1950.
[43] Palucca-Archiv, AdK, 2087, 9.9.1952.
[44] Palucca-Archiv, AdK, 6602, 17.9.1952.
[45] Palucca-Archiv, AdK, 6602, 21.2. 1952.
[46] Dresdner Geschichtsverein e.V. (Hg.), a.a.O., S. 236.
[47] Ebd., S. 249.
[48] Hermann Weber: »Geschichte der DDR«, München 1999, Aktualisierte und erweiterte Neuauflage, S. 164 ff.; Dresdner Geschichtsverein e.V. (Hg.), a.a.O., S. 250.
[49] Patrick Major: »Abwanderung, Widerspruch und Loyalität: Die DDR und die offene Grenze vor dem Mauerbau«, in: Heiner Timmermann (Hg.): a.a.O., S. 204.
[50] Palucca-Archiv, AdK, 2015, 31.7.1953.
[51] Grohmann-Archiv, Staatsgalerie Stuttgart Moholy-Mappe, Sibyl Moholy-Nagy an Will Grohmann, 12.12.1952.
[52] Palucca-Archiv, AdK, 6752.
[53] BStU, MfS, Aim, Nr. 756/53/23, 31.3.1953.
[54] BStU, MfS, Aim, Nr. 756/53/24, 31.3.1953.
[55] Interview Helmut Trauzettel.
[56] Interview Anneliese von Dossow.
[57] Palucca-Archiv, AdK, 1907, Pfingstsonntag 1953.
[58] Interview Maria Lindenmeier.
[59] Interview Anneliese von Dossow.
[60] Dresdner Geschichtsverein e.V. (Hg.), a.a.O., S. 249.
[61] Interview Anneliese von Dossow.
[62] Palucca-Archiv, AdK, 462, 1953, Palucca an Zwingenberger.
[63] Privatarchiv Barbara Matthes, Nachlass Margarethe Palucca, Urkundenänderung am 25.11.1953.
[64] Stabel 2001, a.a.O., S. 170 ff.
[65] Stabel 2001, a.a.O., S. 176.
[66] Christina Schenk: »Lesbische Existenz in der DDR – ein Rückblick

mit Aussichten«, in: Agnes Joester (Hg.): »So nah beieinander und doch so fern. Frauenleben in Ost und West«, Herbolzheim 1992, S. 187ff.
[67] Interview Marianne Schmeiser.
[68] Palucca-Archiv, AdK, 5476, Datum unbekannt.
[69] Stabel 1997, a.a.O., S. 104 f.
[70] Interview Elfriede Lange.
[71] Ebd.
[72] Ebd.
[73] Ebd.
[74] Ebd.
[75] Stabel 2001, a.a.O., S. 193.
[76] Interviews Elfriede Lange, Maria Kreher.
[77] Interview Monika Frost.
[78] Vgl. Stabel 2001, a.a.O., S. 223.
[79] Frank Junghänel: »Die Insel der Beseelten«, Berliner Zeitung, 22.1.2000.
[80] Hirsch u. Stabel, a.a.O.
[81] Palucca-Archiv, AdK, 3637, Regierung der Deutschen Demokratischen Republik, Ministerium für Kultur an Palucca, 29.3.1954.
[82] BStU, MfS, KD Ddn. Stadt, Nr. 15548, 8.10.1956.
[83] Palucca-Archiv, AdK, 3217.
[84] Interview Elfriede Lange.
[85] Palucca-Archiv, AdK, 3217.
[86] Palucca-Archiv, AdK, 2087, 10.9.1955, 3.5.1956, 24.10.1957, 25.7.1958.
[87] Palucca-Archiv, AdK, 2121, 30. 10.1956.
[88] Palucca-Archiv, AdK, 2121, 8.11.1954/3.7.1956.
[89] Palucca-Archiv, AdK, 1932, 14.12.1956.
[90] Stabel 2001, a.a.O., S. 191 ff.
[91] Stabel 2001, a.a.O., S. 203.
[92] Ebd.
[93] BStU, MfS, Aim, Nr. 756/53/08, 10.2.1948.
[94] BStU, MfS, KD Ddn. Stadt, Nr. 15548, 17.2.1972.
[95] Stabel 2001, a.a.O., S. 203 f.
[96] Patrick Major, a.a.O., S. 203.
[97] Palucca Archiv, AdK, 2051.
[98] Palucca Archiv, AdK, 953, ohne Datum.
[99] Palucca Archiv, AdK, 5113, 31.8.1959.
[100] Palucca Archiv, AdK, 5113, 13.8.1959.
[101] Interview Rosemarie Deutscher.
[102] Palucca-Archiv, AdK, 6602, 1.8.1965.
[103] Palucca-Archiv, AdK, 6602,18.7.1962.
[104] Palucca-Archiv, AdK, 6602, 24.8.1961.
[105] Palucca-Archiv, AdK, 6602, 28.8.1961.
[106] Palucca-Archiv, AdK, 6602, 18.7.1962.
[107] Palucca-Archiv, AdK, 6602, 28.8.1961.
[108] Ebd.
[109] Palucca-Archiv, AdK, 6602, 1.8.1965.
[110] Palucca-Archiv, AdK, 6602, 23.3.1965.
[111] Palucca-Archiv, AdK, 6602, 1.8.1965, 21.7.1961.
[112] Palucca-Archiv, AdK, 6602, 26.9.1961.
[113] Palucca-Archiv, AdK, 6602, 18.7.1962.
[114] Palucca-Archiv, AdK, 6602, 18.7.1962.
[115] Staatliche Kunstsammlungen Dresden (Hg.), a.a.O., S. 30.
[116] Palucca-Archiv, AdK, 3214, 27.1.1965.
[117] Palucca-Archiv, AdK, 953, 11.08.1965.
[118] Palucca-Archiv, AdK, Fotos, 444, 6384, 463, 445, 442.
[119] Helmut Trauzettel: »Erinnerungen an Palucca«, in: »Hiddensee. Inselnachrichten«, Juli 1999, S. 8.
[120] Palucca-Archiv, AdK, 3218.
[121] Palucca-Archiv, AdK, 953, 14.5.1962.
[122] Palucca-Archiv, AdK, 953, 11.8.1965.
[123] Palucca-Archiv, AdK, 953, 11.8.1965, 7.6.1966.
[124] Palucca-Archiv, AdK, 953, 27.10.1960.
[125] Palucca-Archiv, AdK, 953, 15.8.1965.

[126] Palucca-Archiv, AdK, 3694, 13.3.1961.
[127] Palucca-Archiv, AdK, 3694, 13.6.1962.
[128] Palucca-Archiv, AdK, 3635, 19.9.1964.
[129] Palucca-Archiv, AdK, 3524, 9.8.1965, 6.9.1965.
[130] Palucca-Archiv, AdK, 1932, ohne Datum, 6.3.1966.
[131] Palucca-Archiv, AdK, 1281, 26.11.1965.
[132] Palucca-Archiv, AdK, 2163, 6.2.1967.
[133] Palucca-Archiv, AdK, 3576,, 26.11.1968.
[134] BStU, MfS, KD Ddn. Stadt, Nr. 15548, ohne Datum, 22.6.1968, 15.10.1968.
[135] Ebd., 7.9.1964.
[136] Palucca-Archiv, AdK, 1857, ohne Datum.
[137] Junge, a.a.O., S. 35.
[138] Palucca-Archiv, AdK, 1858, 7.7.1957; Palucca-Archiv, AdK, 1857, 21.10.1965, 9.12.1965, 14.9.1966, 21.9.1966.
[139] Palucca-Archiv, AdK, 1252, 4.5.1964, 16.4.1964.
[140] Palucca Archiv, AdK, 2001, 2.2.1968.
[141] Palucca-Archiv, AdK, 1252, 18.1.1966.
[142] Palucca-Archiv, AdK, 3213, ohne Datum.
[143] Palucca-Archiv, AdK, 3214, ohne Datum.
[144] Grohmann-Archiv, Staatsgalerie Stuttgart, Grohmann an Boleslav Barlog, 7.10.1963.
[145] Palucca-Archiv, AdK, 2079, 28.11.1968.
[146] Palucca-Archiv, AdK, 2449, 3.3.1965.
[147] Privatarchiv Susanne Beyer.
[148] Interview Dr. Schmeiser.
[149] Palucca-Archiv, AdK, 1235, 30.11.1966.
[150] Palucca-Archiv, AdK, 3214, 6.4.1967.
[151] Palucca-Archiv, AdK, 473.
[152] Palucca-Archiv, AdK, 1932, 1967.
[153] Palucca-Archiv, AdK, 1932, 18.5.1967.
[154] Palucca-Archiv, AdK, 1881, 5.6.1967.
[155] Palucca-Archiv, AdK,1252, 17.3.1967.
[156] Palucca-Archiv, AdK, 2371, 31.3.1967, 9.6.1967.
[157] Palucca-Archiv, AdK, 953, 20.4.1967.
[158] Palucca-Archiv, AdK, 953, 28.8.1967.
[159] Palucca-Archiv, AdK, 953, 30.8.1967.
[160] Privatarchiv Ilse Ebel.
[161] Palucca-Archiv, AdK, 953, 17.9.1967.
[162] Privatarchiv Ilse Ebel, Palucca an Ilse Ebel, 5.10.1967.
[163] Privatarchiv Ilse Ebel Palucca an Ilse Ebel, 8.10.1967.
[164] Privatarchiv Susanne Beyer.
[165] Palucca-Archiv, AdK, 953, 17.9.1967.
[166] Privatarchiv Ilse Ebel, Palucca an Ilse Ebel, 5.10.1967.
[167] Privatarchiv Ilse Ebel, Palucca an Ilse Ebel, 8.10.1967.
[168] Palucca-Archiv, AdK, 2874, 9.5.1968.
[169] Palucca-Archiv, AdK, 2685, 2.11.1967.
[170] Privatarchiv Ilse Ebel, ohne Datum.
[171] Privatarchiv Ilse Ebel, Palucca an Ilse Ebel, 10.11.1967.
[172] Privatarchiv Susanne Beyer, Palucca an Annemarie Deutscher, 29.7.1967, ohne Datum.
[173] Palucca-Archiv, AdK, 2613, 28.6.1968.
[174] Privatarchiv Susanne Beyer, Palucca an Annemarie Deutscher, 25.4., ohne Jahr.
[175] Palucca-Archiv, AdK, 1932, 1968.
[176] Palucca-Archiv, AdK, 3376, 26.1.1968.
[177] Palucca-Archiv, AdK, 3376, ohne Datum.
[178] Palucca-Archiv, AdK, 3376, 12.12.1967.
[179] Palucca-Archiv, AdK, 2163, 21.2.1968.
[180] Palucca-Archiv, AdK, 2079.
[181] Palucca-Archiv, AdK, 2079, 8.2.1968.
[182] Palucca-Archiv, AdK, 2449, März 1968.
[183] Gutbrod, a.a.O. S. 7.
[184] Palucca.Archiv, AdK, 3213.
[185] Palucca-Archiv, AdK, 2079, 19.5.1968.
[186] Palucca-Archiv, AdK, 2080, 1.7.1971.

[187] Stuckenschmidt Archiv, AdK, 377, 1969.
[188] Palucca.Archiv, AdK, 3213, 28.5.1968.
[189] Stuckenschmidt Archiv, AdK, 377, 1969.
[190] Palucca-Archiv, AdK, 953, ohne Datum.
[191] Ebd.
[192] Palucca-Archiv, 2079, 11.7.1969.
[193] Ebd.
[194] Palucca-Archiv, AdK, 1252, 17.2.1969.
[195] Dresdner Monatsblätter, Ausgabe Mai 1969, 20. Jahrgang, Folge 5, Fankfurt/Main, S. 25 f.
[196] Palucca-Archiv, AdK, 3336, 5.9.1973.
[197] BStU, MfS, Kd Ddn. Stadt, Nr. 15548, 15.1.1969.
[198] Ebd., 15.3.1978.
[199] Ebd., 27.4.1972.
[200] Ebd., 15.8.1973.
[201] Ebd., 27.4.1972.
[202] Palucca-Archiv, 2080/2079, 30.1.1970.
[203] Palucca-Archiv, 2079, 8.2.1968, 21.2.1968.
[204] Palucca-Archiv, 2079, 21.3.1969.
[205] Palucca-Archiv, 2080, 27.10.1971.
[206] alle Zitate, Palucca Archiv AdK, 2079 und 2080 zwischen 1968 und 1973.
[207] Interview Marlies Heinemann.
[208] Palucca Archiv AdK, 2081, 22.9.1973.
[209] BStU, MfS, Kd Ddn. Stadt, Nr. 15548, 25.9.1973.
[210] Palucca Archiv, AdK, 1252, 5.10.1973.
[211] Vgl. Rolf Garske 1985, a.a.O., S. 53 / Palucca-Archiv, AdK, 5019, 3.11.1989.
[212] Vgl. Sylter Rundschau, 9.1.1972.
[213] Privatarchiv Susanne Beyer, Palucca an Annemarie Deutscher, 11.10.1971.
[214] Privatarchiv Susanne Beyer, Palucca an Annemarie Deutscher, 16.11.1971.
[215] Vgl.: Bild-Zeitung, 2. März, ohne Jahresangabe.
[216] BStU, MfS Dresden XII 527/67, Nr. 754/84.
[217] Ebd., 26.8.1977.
[218] Ebd., 8.2.1973.
[219] Ebd., 26.8.1977.
[220] Ebd., 23.9.1977.
[221] Ebd., ohne Datum, wahrscheinlich 1978.
[222] Ebd., 19.5.1979.
[223] Ruth Berghaus: »Gret Palucca. Eine Nachrede«. In: »Deutsche Bühne« 64, 1993, S. 9.
[224] Palucca-Archiv, AdK, 3522, 4.12.1972.
[225] Palucca-Archiv, AdK, 3522, 28.10.1975.
[226] Palucca-Archiv, AdK, 1924, ohne Datum.
[227] Palucca-Archiv, AdK, 953, 30.8.1971.
[228] Palucca-Archiv, AdK, 2001, 11.4.1976.
[229] Palucca-Archiv, AdK, 911.
[230] Ebd.
[231] Ebd., 19.10.1989.
[232] Palucca-Archiv, AdK, 3244, 1.12.1970.
[233] Palucca-Archiv, AdK, 2001, 11.4.1976.
[234] BStU, MfS, Dresden XII, Nr. 15548, 16.3.1979.
[235] Börner, a.a.O.
[236] Vgl.Garske 1983, a.a.O., S. 17.
[237] Vgl. ebd., S. 15 f.
[238] Vgl. ebd., S. 17.
[239] Ebd.
[240] Vgl. Garske 1985, a.a.O., S. 53.
[241] Vgl. Garske 1983, a.a.O., 12, S. 17.
[242] Palucca-Archiv, AdK, 2135, 18.11.1985.
[243] Vgl.: Heidrun Müller: »Gret Palucca. Das sind Dinge, um die Ihr wissen müßt«. In: Kathrin Nitzschke (Hg.): »Die großen Dresdner«, Leipzig 1999, S. 325.
[244] Palucca-Archiv, AdK, 5019, 3.1.1982.

[245] Palucca-Archiv, AdK, 5019, Januar 1982.
[246] Palucca-Archiv, AdK, 5019 ohne Datum; Jochen Schmidte: »Gret Palucca zum Achtzigsten«, Frankfurter Allgemeine Zeitung, 8.1.1982.
[247] Maxim Dessau, a.a.O.
[248] Palucca-Archiv, AdK, 2408, 6.9.1988.
[249] Palucca-Archiv, AdK, 1932, 10.3.1989, 7.12.1989.
[250] Palucca-Archiv, AdK, 2225, 2.2.1972.
[251] BStU, Dresden XII, HAXX 9387, 3.1.1989.
[252] MfS, Dresden XII 1574/86, Archiv Nr. 2548/91, 3.3.1988.
[253] BStU, MfS, Dresden XII 1574/86, Nr. 2548/91, 20.12.1988.
[254] BStU, MfS, Aim, Nr. 333/91, 3.11.1988.
[255] BStU, MfS, Aim, Nr. 333/91, 21.12.1988.
[256] BStU, MfS, Dresden XII 1574/86, Nr. 2548/91, 3.3.1988.
[257] Palucca-Archiv, AdK, 3306, 8.1.1986.
[258] BStU,MfS, Dresden XII 1574/86, Nr. 2548/91, 12.1.1989.
[259] Palucca-Archiv, AdK, 1659, 10.2.1989.
[260] Palucca-Archiv, AdK, 1878, Januar 1989.
[261] Palucca-Archiv, AdK, 1878, 21.4.1989.
[262] Interview Kreher.
[263] Vgl. BStU, MfS, Aim, Nr. 333/91, 16.5.1989.
[264] BStU, MfS, Dresden XII 1574/86, Nr. 2548/91, 29.8.1989.
[265] Horst Koegler: »Warten auf Palucca«, in: Stuttgarter Zeitung, 31.5.1989.
[266] Stabel 2000, a.a.O., S. 86.
[267] Palucca-Archiv, AdK, 3223, 16.12.1989.
[268] Palucca-Archiv, AdK, 911, 4.3.1990.
[269] Klee-Archiv, Bern, Palucca-Mappe, ohne Datum.
[270] Palucca-Archiv, AdK, 911, 19.10.1989.
[271] Palucca-Archiv, AdK, 721, 19.12.1989.
[272] Palucca-Archiv, AdK, 911, 19.10.1989.
[273] Palucca-Archiv, AdK, 911, 14.12.1989.
[274] Palucca-Archiv, AdK, 911, 4.3.1990.
[275] Palucca-Archiv, AdK, 2265, 8.12.1989.
[276] Palucca-Archiv, AdK, 1281, 10.12.1989.
[277] Palucca-Archiv, AdK, 2048.
[278] Palucca-Archiv, AdK, 1281, 14.2.1990.
[279] Palucca-Archiv, AdK, 16.12.1989.
[280] Palucca-Archiv, AdK, 1989, 5.5.1990, Mai/ 6.6.1990.
[281] Palucca-Archiv, AdK, 2088.
[282] Palucca-Archiv, AdK, 911, 5.1.1991.
[283] Palucca-Archiv, AdK, 2135, 6.6.1990.
[284] Palucca-Archiv, AdK, 1932, 4.7.1990.
[285] Interview Kreher.
[286] Palucca-Archiv, AdK, 5369, 21.2.1990, 14.2.1990.
[287] Palucca-Archiv, AdK, 1932, 1.9.1992.

»Ganz gut durchgehalten« – Palucca in der Bundesrepublik

[1] Palucca-Archiv, AdK, 2135, 1.10.1991.
[2] Palucca-Archiv, AdK, 3477, 2.3.1991.
[3] Palucca-Archiv, AdK, 1924, 15.1.1992.
[4] Vgl. Ruth Berghaus: »Gret Palucca, eine Nachrede«, in: »Deutsche Bühne« 64, 1993. S. 9.
[5] Palucca-Archiv, AdK, 5019, 11.12.1986.

Literatur (Auswahl)

Akademie der Künste der DDR (Hg.): »Palucca, Zum Fünfundachtzigsten, Glückwünsche, Selbstzeugnisse, Äußerungen«, Berlin 1987.

(Erdmann-Rajski 2000): Katja Erdmann-Rajski: »Gret Palucca, Tanz und Zeiterfahrung in Deutschland im 20. Jahrhundert: Weimarer Republik, Nationalsozialismus, Deutsche Demokratische Republik«, Hg. Deutsches Tanzarchiv Köln, Hildesheim, Zürich, New York 2000.

(Erdmann-Rajski 2001): Katja Erdmann-Rajski: »Palucca – Künstlerische Identität in politischen Systemen«, in: Tanzforschung 11, 2001.

Gabriele Fritsch-Vivié: »Mary Wigman«, Reinbek 1999

(Garske 1983): Rolf Garske: »Von Kind auf lernen, selbständig zu denken«, Interview mit Palucca in: »Ballett International«, 12/1983.

(Garske 1985): Rolf Garske: »Das Leben ist ein ewiger Tanz. Drei Kronzeugen geben Auskunft: Martha Graham, Tatjana Gsovsky, Gret Palucca«, in: »Ballett«, 1985.

Karl Gutbrod (Hg.): »Künstler schreiben an Will Grohmann«, Köln 1963

Lilian Karina, Marion Kant: »Tanz unterm Hakenkreuz. Eine Dokumentation«, Berlin 1996.

(Löffler 1995): Fritz Löffler, »Dresden, Visionen einer Stadt«, Dresden 1995.

(Löffler 1987): Fritz Löffler: »Das alte Dresden. Geschichte seiner Bauten«, Leipzig 1987.

Hedwig Müller: »Mary Wigman. Leben und Werk der großen Tänzerin.«, Berlin 1986.

Olaf Rydberg [Will Grohmann]: »Die Tänzerin Palucca«, Dresden 1935.

Gerhard Schumann (Hg.): »Palucca, Porträt einer Künstlerin«, Berlin 1972.

Staatliche Kunstsammlungen Dresden, Kufperstich-Kabinett (Hg.): »Künstler um Palucca«, Dresden 1987.

(Stabel 2001): Ralf Stabel: »Tanz, Palucca! Die Verkörperung einer Leidenschaft«, Leipzig 2001.

(Stabel 2000): Ralf Stabel (Hg): Palucca Schule Dresden. Geschichte und Geschichten, Dresden 2000.

(Stabel 1997): Ralf Stabel, Peter Jarchow: »Palucca, Aus ihrem Leben. Über ihre Kunst«, Berlin 1997.

Filme

»Tanz mit Courage, Gret Palucca, Skizzen eines Lebens«, Regie: Hans-Jürgen Börner, NDR 1989.

»Palucca Tanz Palucca«. Film zum 85. Geburtstag von Gret Palucca, Regie: Maxim Dessau, Fernsehen der DDR, 1987.

»Palucca«, Porträt, Regie: Gitta Nickel, Film DFF, 1971.

»Palucca – Ich will nicht hübsch und lieblich tanzen«, Regie: Konrad Hirsch und Ralf Stabel, Hirsch-Film Dresden 2002.

Bildnachweis

S. 2, SLUB Dresden / Deutsche Fotothek, Erich Höhne, Erich Pohl.

S. 13, unbek. Fotograf, Privatarchiv Susanne Beyer.

S. 23, Palucca-Archiv, AdK, 5988_1, o. A.

S. 29, Palucca-Archiv, AdK, 165_5, o. A.

S. 32, Palucca-Archiv, AdK, 168, o. A.

S. 38, Foto: Erika Strödel, Palucca-Archiv, AdK, 4966_1.

S. 47, SLUB Dresden / Deutsche Fotothek, Erich Höhne, Erich Pohl.

S. 48, Privatbesitz.

S. 63, Palucca-Archiv, AdK, 5889_4, o. A.

S. 69, SLUB Dresden / Deutsche Fotothek, Reprod.

S. 81, Foto: Hugo Erfurth, Privatbesitz. © VG Bild-Kunst, Bonn 2014.

S. 83, Privatbesitz.

S. 84, Palucca-Archiv, AdK, 196_8, Nolte (Mauritius).

S. 87, Palucca-Archiv, AdK, 196_6, Nolte (Mauritius).

S. 88, Foto: Charlotte Rudolph, Palucca-Archiv, AdK, 5980_1, © VG Bild-Kunst, Bonn 2009.

S. 93, SLUB Dresden / Deutsche Fotothek, Martin Würker / Kupferstich-Kabinett, Staatliche Kunstsammlungen Dresden, D 1981-345, Martin Würker.

S. 104, SLUB Dresden / Deutsche Fotothek, Reprod.

S. 107, Foto: Genja Jonas, Palucca-Archiv, AdK, 3757_35.

S. 114, Foto: László Moholy-Nagy, SLUB Dresden / Deutsche Fotothek, Martin Würker / Kupferstich-Kabinett, Staatliche Kunstsammlungen Dresden, D 1981-351, Martin Würker, © VG Bild-Kunst, Bonn 2014.

S. 123, Wassily Kandinsky, SLUB Dresden / Deutsche Fotothek, Martin Würker, © VG Bild-Kunst, Bonn 2014.

S. 124, SLUB Dresden / Deutsche Fotothek, Martin Würker / Kupferstich-Kabinett, Staatliche Kunstsammlungen Dresden, D 1981-358, Martin Würker. © VG Bild-Kunst, Bonn 2014.

S. 129, Kupferstich-Kabinett, Staatliche Kunstsammlungen Dresden, D 1981-348, Herbert Boswank.
S. 140, aus: Karl Gutbrod (Hg.): Künstler schreiben an Will Grohmann, Köln 1968.
S. 142, Palucca-Archiv, AdK, 180_2, o.A.
S. 149, SLUB Dresden / Deutsche Fotothek, o.A.
S. 160, Verlagsarchiv.
S. 175, Foto: Otto Umbehr. Palucca-Archiv, AdK, 6623_36. © Phyllis Umbehr / Galerie Kicken Berlin.
S. 179, ullstein bild.
S. 182, ullstein bild.
S. 203, Palucca-Archiv, AdK, 6371_1, o.A.
S. 204, Palucca-Archiv, AdK, 5402_1, o.A.
S. 217, SLUB Dresden / Deutsche Fotothek, Erich Höhne, Erich Pohl.
S. 241, SLUB Dresden / Deutsche Fotothek, Erich Höhne, Erich Pohl.
S. 247, Foto: Ilse Ebel. Privatarchiv Maja Löffler.
S. 254, Privatarchiv Susanne Beyer.
S. 280, SLUB Dresden / Deutsche Fotothek, Erich Höhne, Erich Pohl.
S. 282, SLUB Dresden / Deutsche Fotothek, Erich Höhne, Erich Pohl.
S. 287, AdK, Palucca-Archiv, 464_1, L. Naewiger.
S. 301, Foto: Ilse Ebel. AdK, Palucca-Archiv, 454_4.
S. 310, SLUB Dresden / Deutsche Fotothek, Erich Höhne, Erich Pohl.
S. 323, Privatarchiv Susanne Beyer.
S. 327, unbek. Fotograf, Privatarchiv Susanne Beyer.
S. 328, unbek. Fotograf, Privatarchiv Susanne Beyer.
S. 337, Foto: Eva Kemlein, © Stiftung Stadtmuseum Berlin.
S. 348, Privatarchiv Susanne Beyer.
S. 351, BStU, MfS, Kd Ddn. Stadt, Nr. 754/84.
S. 364, SLUB Dresden / Deutsche Fotothek, Erich Höhne, Erich Pohl.
S. 373, BStU, MfS, Kd Ddn. Stadt, Nr. 246/89.
S. 376, SLUB Dresden / Deutsche Fotothek, Erich Höhne, Erich Pohl.
S. 391, unbek. Fotograf, Privatarchiv Susanne Beyer.
S. 399, Foto: Ilse Ebel. Privatarchiv Maja Löffler.
S. 422, Foto: Lelia Geiger.

Register

Dank

Herzlich möchte ich all jenen Zeitzeugen danken, die mir zwischen 2001 und 2008 in ausführlichen Gesprächen von Palucca und ihrem Umfeld erzählt haben:

Frau Aurich (Berlin), Luellin Bienert (Berlin), Frau Deutscher (Sylt), Annebärbel v. Dossow (Hiddensee), Bettine v. Dossow (Hiddensee), Annemarie v. Dossow (Hiddensee), Ilse Ebel (Hiddensee), Günther Eisold (Gelsenkirchen), Renate Glück (Dresden), Marlis Heinemann (Essen), Dieter Hoffmann (Ebersbrunn), Lilian Karina (Stockholm), Klaus Knapp (Madrid), Rolf Kohlrausch (Bad Homburg), Elfriede Lange (Berlin), Maria Lindenmeier (Kiel), Barbara Mehling (München), Leonore Muthesius (Wolfsburg), Anne-Dore Noak (Sylt), Hildegund Olbrich (Bautzen), Albert Paluka (Amberg), Katja Rupé (München), Frau Seifert (Sylt), Helmut Trauzettel (Dresden), Hanne Wandtke (Dresden), Christian Zwingenberger (Saarbrücken), Ruth Zwingenberger (Karlsruhe)

Für wertvolle Hinweise danke ich herzlich:

Renate Abdank (Hohenstein-Ernstthal), Renate und Ulrich Beyer (Bielefeld), Heike Biedermann (Dresden), Nils Diedrichsen (Sylt), Evelyn Doerr (Berlin), Bianca Dombrowa (München), Christiane Filius-Jehne (Dresden), Friedrich Geiger (Hamburg), Saskia Guggemos (Berlin), Konrad Hirsch (Dresden), Jochen Klug (Hannover), Barbara Matthes (Birstein), Hattula Moholy-Nagy (Ann Arbor), Carla Petersen (Sylt), Lorenz Schöningh (Seoul), Peter C. v. Seidlein (München), Ralf Stabel (Berlin), Steffen Trantow (Gütersloh), Ludwig Wolff (Dresden), Peter Zwingenberger (Freiburg), Michael Zwingenberger (Karlsruhe).

Für die Unterstützung bei der Archiv-Arbeit danke ich:

Stephan Dörschel (Akademie der Künste, Berlin), Rafaela Schröder (BStU, Berlin), Christine Hopfengart (Zentrum Paul Klee, Bern).
Danken möchte ich auch für die Nutzung des Berliner Bundesarchivs, des Will-Grohmann-Archivs an der Staatsgalerie Stuttgart und des Sächsischen Hauptstaatsarchivs in Dresden.

Zur Autorin

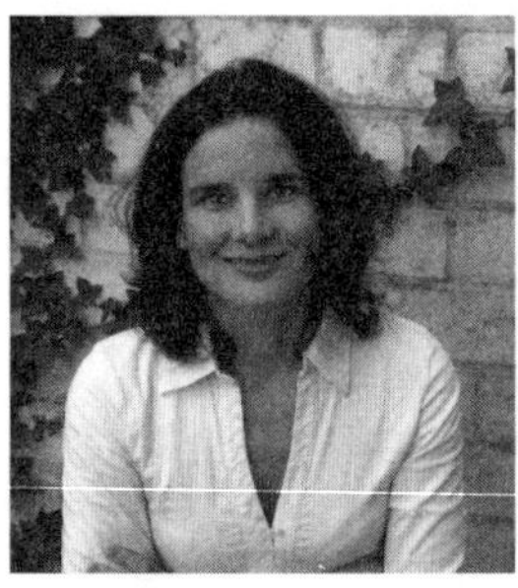

Foto: Lelia Geiger

Susanne Beyer

Jahrgang 1969. Studium der Germanistik, Geschichte und Journalistik in Bamberg und Wien. Seit 1996 Kulturredakteurin beim SPIEGEL in Hamburg, 2014 stellvertretende Leiterin des Kulturressorts, von 2015 bis Anfang 2019 stellvertretende Chefredakteurin. seitdem schreibt sie als Autorin für den SPIEGEL

Das Buch ist in der neuen Rechtschreibung verfasst. Zitate wurden jeweils in der Originalschreibung belassen, wobei die Schreibweisen von ß und ss variieren.

ISBN: 978-3-932338-66-3

Umschlagfoto: Nolte (Mauritius): Palucca auf Sylt
Palucca-Archiv, Akademie der Künste, Berlin, Nr. 196_2
Umschlaggestaltung: Britta Jürgs

Druck: Beltz Bad Langensalza GmbH

Erstausgabe 2009 im AvivA Verlag
2. Auflage der überarb. Neuausgabe von 2014

AvivA Britta Jürgs GmbH
Emdener Str. 33, 10551 Berlin
fon (0 30) 39 73 13 72
fax (0 30) 39 73 13 71
info@aviva-verlag.de
www.aviva-verlag.de